COMUNICACIÓN POLÍTICA
UNA GUÍA PARA SU ESTUDIO Y PRÁCTICA

MARÍA JOSÉ CANEL

COMUNICACIÓN POLÍTICA
UNA GUÍA PARA SU ESTUDIO Y PRÁCTICA

SEGUNDA EDICIÓN

Diseño de cubierta:
J. M. Domínguez y J. Sánchez Cuenca

En la colección Semilla y Surco, Serie de Ciencia Política:
1.ª edición, 1999
1.ª reimpresión, 2001
2.ª reimpresión, 2005

En la colección Biblioteca Universitaria:
2.ª edición, 2006
Reimpresión, 2016

Reservados todos los derechos. El contenido de esta obra está protegido por la Ley, que establece penas de prisión y/o multas, además de las correspondientes indemnizaciones por daños y perjuicios, para quienes reprodujeren, plagiaren, distribuyeren o comunicaren públicamente, en todo o en parte, una obra literaria, artística o científica, o su transformación, interpretación o ejecución artística fijada en cualquier tipo de soporte o comunicada a través de cualquier medio, sin la preceptiva autorización.

© MARÍA JOSÉ CANEL, 1999
© EDITORIAL TECNOS (GRUPO ANAYA, S. A.), 2008
Juan Ignacio Luca de Tena, 15 - 28027 Madrid
ISBN: 978-84-309-4440-8
Depósito Legal: M-33.046-2008

Printed in Spain

ÍNDICE

		Pág.
Prólogo		11

Cap. 1. ¿QUÉ ES LA COMUNICACIÓN POLÍTICA? 17

I. No hay política sin comunicación 17
II. Los intentos de definición de comunicación política 19
III. Una concepción amplia de los actores y de los contenidos de la comunicación política: la noción de mensaje 22
IV. La comunicación política como enfrentamiento de mensajes 23
V. Hacia una definición integradora: la comunicación política como resultado de procesos de interacción 24
VI. Las áreas de estudio de la comunicación política 28
VII. Modelo para el estudio de la comunicación política: la acción dramatúrgica y la acción comunicativa 30

Cap. 2. LA COMUNICACIÓN POLÍTICA DE LAS CAMPAÑAS ELECTORALES 35

I. Fases de la estrategia de comunicación para conseguir el voto 35
II. El análisis del contexto 36
    1. *Delimitaciones* 36
    2. *Marco legal* 37
    3. *Segmentación del votante* 39
III. La elaboración del mensaje electoral 45
    1. *Componente partidista: la imagen del partido* 45
    2. *Componente programático: la imagen del programa electoral* 46
    3. *Componente personal: la imagen del candidato* 48
    4. *El ajustado equilibrio del mensaje electoral* 50
IV. La comunicación del mensaje electoral 51
    1. *El logo y el eslogan* 52
    2. *La organización de eventos* 55
        A) Encuentros directos con el votante 55
        B) Los debates electorales 57
    3. *La publicidad electoral* 61
        A) Vallas publicitarias 65
        B) Inserciones publicitarias en prensa 66
        C) Inserciones publicitarias en radio 67
        D) Inserciones publicitarias en televisión 67
        E) Internet 74
    4. *Técnicas informativas: la relación entre partidos políticos y medios de comunicación en campaña electoral* 76
    5. *Mailing y marketing directo* 78
V. Una reflexión final sobre la estrategia de comunicación electoral 80

Cap. 3. LA COMUNICACIÓN POLÍTICA DE LAS INSTITUCIONES 83

I. Técnicas para la comunicación del mensaje político de las instituciones 84
  1. *La cesión de información* 86
  2. *El ocultamiento de la información* 88
  3. *La organización de eventos* 92
  4. *La publicidad institucional* 95
  5. *La figura del portavoz y de los jefes de prensa* 96
II. La infraestructura comunicativa de las instituciones políticas. Estudio de caso: la evolución de la oficina de comunicación de la Casa Blanca........... 99
  1. *Inicios* 99
  2. *La comunicación presidencial entendida como relaciones públicas* 101
  3. *Hacia la coordinación de decisiones políticas y comunicativas* 103
  4. *La comunicación, asesora del Presidente* 104
  5. *George W. Bush: la planificación apoyada en la evaluación* 105
III. Estrategias de comunicación política para la imagen presidencial: ¿cómo se vende un Jefe de Estado y un Jefe de Gobierno? 107
  1. *«Campaña permanente», presidencia e imagen* 108
  2. *El Presidente «competente, honrado y coherente»* 110
  3. *El contexto de la imagen presidencial* 112
  4. *Estrategias específicas: el Presidente personal y estatal* 113
IV. Técnicas y estrategias de comunicación política para la gestión de la imagen del Parlamento. Estudio de caso: la imagen de las Cortes Nacionales españolas en la prensa.. 121
  1. *El Gabinete de Prensa del Parlamento español* 122
  2. *Rasgos de la imagen del Parlamento en la prensa* 124
  3. *El pluralismo político de la información sobre el Parlamento* 125
  4. *Las declaraciones a los medios, foro de debate parlamentario* 125
  5. *La «participación» del periodista en la imagen del Parlamento* 126
  6. *La presencia de los ciudadanos en la cobertura del Parlamento* 127
V. Estrategias de comunicación política para la imagen de la Justicia.......... 131

Cap. 4. LA REACCIÓN DE LOS MEDIOS DE COMUNICACIÓN A LAS ESTRATEGIAS DE LAS INSTITUCIONES. LA «MEDIACIÓN» DE LAS IMÁGENES POLÍTICAS.. 134

I. ¿Qué interesa a los medios de comunicación? 134
  1. *La producción del mensaje político* 135
  2. *El gatekeeping: la criba de las informaciones políticas* 135
  3. *Niveles de mediación del mensaje político* 138
  4. *Pero exactamente, ¿quién, por qué y cómo se decide la noticia?* 141
    A) Modelo periodista individual 142
    B) El modelo organizacional burocrático 142
    C) El modelo económico 143
    D) El modelo tecnológico 143
  5. *Las pautas culturales en las decisiones de noticias* 144
  6. *El mundo político de los medios de comunicación* 146
II. El profesionalismo de los periodistas y mensaje político 148
  1. *El profesionalismo de la comunicación* 148
  2. *Los criterios profesionales de la noticia política* 150
  3. *La relación entre políticos y periodistas* 153
    A) Tipología normativa 154
    B) Tipología fáctica 156
  4. *Las actitudes profesionales de los periodistas y control de la noticia política* 157

III.	METODOLOGÍA PARA EL ANÁLISIS DE LAS ACTITUDES PROFESIONALES DE LOS PERIODISTAS ANTE LA NOTICIA POLÍTICA	163
	1. *Los sondeos a los periodistas*	163
	2. *La observación de redacciones*	170
IV.	LAS ACTITUDES PROFESIONALES DE LOS PERIODISTAS ESPAÑOLES	173
	1. Estudio de caso: «las actitudes profesionales de los periodistas españoles: informar, defender, analizar y atacar»	173
	2. Estudio de caso: «las actitudes profesionales de los periodistas españoles en la cobertura de la campaña electoral de 1996»	178
	A) Los códigos de objetividad de TVE 1 y Antena 3TV	178
	B) Diseño del programa informativo	179
	C) El estilo del presentador y de los periodistas	180
	D) El contenido de las noticias electorales	180
	E) La actitud hacia las informaciones gubernamentales	181
	F) Clasificación de las redacciones de TVE 1 y Antena 3TV	182
	G) Unas notas sobre el debate catalán en torno a los bloques electorales de los informativos (junio 2006)	183
V.	¿QUÉ DICEN, DE HECHO, LOS MEDIOS DE COMUNICACIÓN?: LA COBERTURA	184
	1. *Los medios enfocan las noticias*	185
	2. *Cómo advertir los enfoques de las noticias*	189
	3. *¿Dónde lleva el análisis de los enfoques de las noticias?*	189
	4. *Algunos ejemplos de la cobertura de noticias políticas*	192
CAP. 5.	¿QUÉ PIENSAN LOS CIUDADANOS DE LAS IMÁGENES POLÍTICAS?: LOS EFECTOS DE LAS ESTRATEGIAS DE COMUNICACIÓN POLÍTICA EN LAS AUDIENCIAS	194
I.	¿QUÉ ES EL «EFECTO» DE LOS MEDIOS DE COMUNICACIÓN?	195
II.	¿SE CREEN LOS CIUDADANOS LO QUE DICEN LOS MEDIOS DE COMUNICACIÓN?	197
III.	PARADIGMAS ACTUALES DE INVESTIGACIÓN	200
	1. *Los efectos de los medios en forma de «espiral del silencio»*	200
	2. *Los efectos de la comunicación política en el conocimiento. La teoría de la* agenda-setting	201
	3. *La influencia de los medios de comunicación en los juicios. La teoría del* priming *y el segundo nivel de la agenda-setting*	205
	4. *Pero, ¿realmente hemos conseguido relacionar la cognición con la emoción?*	207
	5. *No, todavía no damos con el efecto*	209
IV.	LOS EFECTOS DE LOS DEBATES ELECTORALES	212
V.	LOS EFECTOS DE LOS ANUNCIOS POLÍTICOS EN TELEVISIÓN	214
VI.	LOS EFECTOS DE LAS NOTICIAS POLÍTICAS	216
VII.	LOS EFECTOS DE LOS NUEVOS MEDIOS	217
VIII.	LOS EFECTOS DE LA COMUNICACIÓN POLÍTICA EN LA PARTICIPACIÓN Y EN EL COMPROMISO CÍVICO	217
IX.	LOS EFECTOS DE LA IMAGEN PRESIDENCIAL EN LOS CIUDADANOS	220
	1. *La percepción pública de la imagen presidencial en términos de popularidad*	220
	2. *Mediciones sustantivas de la percepción pública de la imagen presidencial: aportaciones doctrinales*	224
X.	LOS EFECTOS EN EL FRONTISPICIO DE LA COMUNICACIÓN POLÍTICA: REPENSAR LA NOCIÓN DE EFECTO	228
CAP. 6.	PENSAR LA COMUNICACIÓN POLÍTICA	230
I.	APORTACIONES PRECEDENTES SOBRE EL ESTADO DE LA INVESTIGACIÓN EN COMUNICACIÓN POLÍTICA	230

II.	Los esfuerzos interdisciplinares de la comunicación política	232
III.	¿Dónde nos encontramos con la comunicación política a comienzos del siglo XXI?	233
IV.	Los cambios en la política: la profesionalización	234
V.	Los cambios en los medios: las modificaciones en el proceso de *gatekeeping*	236
VI.	Los cambios en la sociedad: fragmentación de audiencias y globalización	237
VII.	Algunas paradojas reveladoras	237
	1. *Espectáculo* versus *visibilidad del político «monitorizada» por el ciudadano: del público-espectador al público-inspector*	238
	2. *Mediatización ilimitada* versus *mediación respetuosa con los límites*	239
VIII.	A modo de final: los retos de la comunicación política	241

Referencias bibliográficas 245

PRÓLOGO

> El hombre inexperto se siente afligido ante el poder mágico de las palabras necesarias. Esas palabras que pueden tomar vida y moverse por doquier en el corazón de los oyentes.
>
> KIPLING, *Discurso*, 1906.

Comunicación Política. Es ésta una etiqueta ciertamente elegante, que ha cautivado los esfuerzos de no pocos especialistas en comunicación; pero es también la unión de dos términos que parecen llevar en sí una contradicción: suena a comunicar para mentir.

La comunicación política ha sido frecuentemente asociada a las acciones propagandísticas llevadas a cabo en los conflictos mundiales y en los regímenes totalitarios. Tales son, por ejemplo, las estrategias de comunicación con las que Goebbels consagró la figura del Fürher, el «agit-prop» que usó Lenin para instaurar su sistema, el populismo de exaltación patriótica de Mussolini, o los mensaje radiofónicos destinados a minar la moral del soldado enemigo. Eran todas ellas «comunicaciones» que, usando de la manipulación y de la coacción, tenían la profunda y no expresa intención de influir en los ciudadanos, es decir, de provocar en ellos unos determinados comportamientos.

La comunicación política es hoy irremediablemente vista como una forma más sutil de aquella propaganda. Es el arte de la ilusión que practica el político inexperto, que necesita dominar las palabras y las imágenes para moverse con soltura en el corazón de quienes le escuchan. No por ser sutil escapa este arte a las connotaciones de seducción, de fraude, de engaño o de manipulación que tuvieron los intentos propagandísticos arriba mencionados.

Ahora bien, estas acciones de comunicación destinadas a provocar unas reacciones determinadas en el receptor, hunden sus raíces en lejanos tiempos. Se practican desde antiguo, como la exaltación de la gloria de aquéllos que contribuyeron a lo cívico, a lo público. Términos actuales de la comunicación política, tales como voto, edil, senador, partido o facción nos vienen ya desde la Roma clásica. Y el primer «manual del candidato» lo escribió el hermano de Cicerón en el año sesenta y cinco antes de Cristo. La comunicación política consistía en la representación simbólica de la política, y se hacía para que los ciudadanos conocieran el entorno en el que habían de desarrollar su vida pública.

De ahí que podamos decir con verdad que hoy encontramos comunicación política en nuestras monedas, en el monumento al soldado desconocido, en el himno nacional, en la plaza de la Constitución o en la Avenida de la Libertad. Todos estos son ejemplos de simbolizaciones que están como rindiendo homenaje a determinadas ideas, para que éstas penetren con agrado en la mente de quien las ve, y para que lleguen a formar parte de un imaginario común.

Entramos en el misterioso mundo de las imágenes políticas, con las que nos topamos todos los días, y con las que nos hemos acostumbrado a vivir: la bandera, los edificios públicos, los desfiles oficiales, el mapa del propio país, las vallas publicitarias, los eslóganes, etc. Son símbolos e imágenes creadas por unos políticos que buscan votos, mantenidas por unas instituciones que quieren ser aceptadas, impulsadas por los publicistas que les añaden creatividad, mediadas por unos periodistas que de ellas desconfían, y compartidas o rechazadas por los ciudadanos que las reciben.

Es el mundo teatral del espectáculo político, en el que los temas, los lugares o los conflictos entran en un mecanismo dramático del que sale un héroe, los leales, los fraudulentos, los vencedores y los vencidos. Como en el drama, en la comunicación política todos tenemos un poco de actor y un poco de espectador. Y también como en el drama, los significados que aquí se crean tienen algo de real y algo de ilusorio (Gosselin, 1998). Porque, por ejemplo, ¿quién podría decir cuál es el significado exacto de términos como nuevo plan económico, impulso democrático, potencia mundial, transición a la democracia, liberalización moral, lealtad patriótica, cruzada contra el crimen, plan de choque contra la corrupción, déficit democrático, control político, Estado de Derecho, o despertar nacional?

Si el que lee estas líneas se ha preguntado alguna vez por la magia de la comunicación política, le recomiendo las páginas que siguen. A él van dirigidas. No desvelaré secretos: en la comunicación política, aunque parezca lo contrario, apenas los hay. Tampoco daré claves, pues no es mi intención enseñar a «gobernar con las palabras» como pensaba Disraeli (Disraeli, *Contarini Fleming*, I, 21). Lo que pretendo es, más bien, acompañar al lector para que se asome y vea qué se hace en el mundo de las imágenes políticas, del que todos, de manera consciente o inconsciente, participamos.

Desde que en 1999 se publicara la primera edición de este libro, he tenido la oportunidad de pasar por algunas experiencias profesionales de verdadero interés: como asesora y Directora General del Gabinete de la Ministra de Educación, Cultura y Deporte (2000-2004), participé en la observación y toma de decisiones de comunicación política. Además de las tareas propias de dirección de gabinete para apoyo de la Ministra (coordinación del trabajo de Asesores, de Secretarías de Estado y de Direcciones Generales), tuve que diseñar y ejecutar planes de comunicación estratégica de la Legislatura, asesorar a altos cargos en la gestión de su imagen, elaborar intervenciones públicas, comunicar procesos de negociación con distintos sectores políticos, comunicar políticas públicas, analizar percepciones públicas, contribuir a las relaciones con los medios de comunicación y formar parte de la coordinación de la comunicación con el resto del gobierno.

Guardo esos años como años francamente buenos para mi historia personal y profesional. Tuve la suerte de trabajar con un equipo de gran competencia que, además, quería y sabía pasarlo bien. Un equipo que, por voluntad de la Ministra, reflejaba en su composición, estructura y dinámica de trabajo la sensibilidad hacia la comunicación. Un equipo que trabajó con enorme intensidad, y con el que compartí experiencias inolvidables.

Las anécdotas son muchas y variadas, y merecen ser objeto de otra publicación. Intentamos mantener una relación fluida con los medios, tratando siempre de poner a disposición la información; comprobamos qué significa que la fuerza comunicativa depende de que haya o no proyecto político; experimentamos la tensión de tener que buscar todos los datos en unos minutos para reaccionar a tiempo y bien; tuvimos momentos de gran visibilidad, en los que éramos noticia casi sin proponerlo; contemplamos cómo una noticia puede saltar inesperadamente de algo que apenas considerabas relevante; afrontamos los típicos embistes de la oposición, cuando sobredimensiona o desfigura informaciones para ganar terreno; padecimos los perjuicios de filtraciones no intencionadas; y, en fin, atravesamos etapas de mucha presión mediática.

Tengo para mí que nuestra intención fue siempre procesar aquella tensión —la que supone tomar unas treinta decisiones de relevancia al día— con previsión, la posible, y con la evaluación de quién con frecuencia visiona y relee la cobertura en los medios para sacar consecuencias operativas sobre cómo comunicar mejor. No soy persona indicada para valorar nuestra relación con los medios, pero creo que puedo decir que las muchas conversaciones que mantuvimos con los periodistas fueron de interés para ambas partes.

De la experiencia de esos años extraigo dos conclusiones. La primera, algo obvia, que la práctica profesional enriquece el saber teórico. La segunda, quizás menos obvia, que la Universidad no está en la inopia: los que trabajamos en el campo de la Comunicación Política estamos expuestos al estudio de problemas tan reales que, cuando con gran rapidez tienes que decidir sobre ellos, compruebas que lo estudiado verdaderamente te asiste. Así lo experimentamos (una buena parte del equipo ministerial gozaba del título de doctor en Ciencias Políticas, Sociología o Comunicación) en múltiples ocasiones.

Algo (poco) de esta experiencia profesional recojo en esta segunda edición, en la que he actualizado bibliografía, casos, debates y ejemplos. Pero lo he hecho en todos los capítulos salvo en el tercero, que se refiere a la comunicación de instituciones políticas, cuya actualización la dejo como objeto de un trabajo posterior. He querido también recoger en cada capítulo una reflexión crítica sobre la teoría y la práctica desde el «pensar» de la Comunicación Política. Además, he añadido un capítulo en el que expongo lo que considero que son los problemas y los restos que se presentan a la Comunicación Política a comienzos del siglo XXI.

He tratado de mostrar el punto álgido en el que se encuentran varios debates. Para ello he recogido la bibliografía más actualizada, además de las conversaciones que al respecto se mantuvieron en la división de Comunicación Política de las dos últimas convenciones de la *International Communication Association*, la celebrada en Nueva York en mayo de 2005, y la de Dresden, de junio de 2006.

El libro va dirigido a los que se dedican a la investigación académica en Comunicación Política, con quienes me gustaría compartir las reflexiones sobre un campo de estudio todavía emergente. En especial, al Grupo de Investigadores en Comunicación Política, que inició su andadura en abril de 2005, y en el que hemos tratado de reunir a todos los investigadores que tienen interés en esta materia.

A quienes tienen como profesión la comunicación política (gabinetes de comunicación de instituciones, publicistas, expertos en marketing político, jefes de prensa, gestores de campañas o directores de relaciones públicas) trato de ofrecer unas modestas consideraciones sobre lo que en esta materia se ha hace y estudia, con la esperanza de que las encuentren útiles para la práctica profesional. Las muchas conversaciones que he podido y puedo mantener con muchos de ellos me han sido de gran utilidad para estas páginas.

El libro está escrito también para los periodistas, que nunca consiguen conocer del todo a los políticos, a quienes tienen que dar cobertura. Espero haber sabido reflejar bien las demandas de quienes tienen que contar la política, demandas tantas veces llenas de sentido común y profesional.

Por último, aunque bien ellos saben que están en primer lugar, este manual es para los estudiantes de Comunicación que en un futuro quieren llevar la comunicación de instituciones o la cobertura de los procesos políticos.

No es mi deseo defender la Comunicación Política de los ataques de aquellos que dudan de ella. El índice del libro habla, en este sentido, por sí solo. Describo, primero, qué es lo que se hace para comunicar unas determinadas ideas políticas. Después, muestro qué es lo que los ciudadanos perciben de aquello que se ha comunicado. El lector comprobará, y podrá juzgar por sí mismo, que la magia no era tan mágica y la mentira no tan engañosa.

La estructura del libro es como la de un embudo. Tras exponer en el primer capítulo qué es la Comunicación Política en el actual contexto científico académico, analizo, en el segundo y tercer capítulos, en qué consiste la práctica de la comunicación política; es decir, cómo se comunican a sí mismos los partidos, los candidatos electorales, los Jefes de Gobierno, los Parlamentos, los Presidentes o los jueces. Éste es el mensaje político que sale de las instituciones, un mensaje amplio, extenso y rico en contenidos que son favorables a la institución. Pero el embudo se estrecha en el cuarto capítulo, cuando las imágenes que fueron creadas llegan a las redacciones de los medios de comunicación. Los periodistas las «engullen», seleccionándolas e interpretándolas para, una vez transformadas, «enviarlas» a los ciudadanos. En el quinto capítulo trato de la percepción que éstos, los ciudadanos, tienen de aquellas imágenes que fueron creadas por las instituciones y mediatizadas por las redacciones. El sexto capítulo constituye una reflexión final.

Pido al lector un poco de paciencia. No descubrirá hasta llegar al final cuáles son los verdaderos efectos de los debates electorales, de los anuncios políticos de la televisión, de los mensajes radiofónicos o de las ruedas de prensa. He dejado esto para el final, porque considero que no es posible verificar los efectos hasta conocer cómo es la mediación total de la imagen política.

Tanto si el lector encuentra en este libro respuesta a su pregunta sobre el poder mágico de la comunicación política, como si no la encuentra, los comentarios serán muy bien recibidos en mjcanel@ccinf.ucm.es. Las sugerencias que recibí como reacción a la primera edición me fueron de gran utilidad, y espero haber sabido darles cauce en esta segunda edición.

Ya no me queda más que expresar mi deseo de sintonizar con todos aquellos que, como yo, tienen la suerte de haber quedado enganchados en el estudio de estas cuestiones. De manera particular, mi agradecimiento a Karen Sanders, Nazareth Echart, Roberto Rodríguez, Laura Ruiz de Galarreta, Teresa Sádaba, Rocío Zamora, Belén Amadeo y Mario García Gurrionero, por lo mucho que con ellos he disfrutado y disfruto al compartir esta materia de investigación, en su estudio (en las investigaciones doctorales) y en su práctica. Al Grupo de Investigadores en Comunicación Política, con quien espero poder consolidar más el desarrollo de la teoría y la actividad de esta materia. Al Departamento de Comunicación Audiovisual y Publicidad II de la Universidad Complutense de Madrid, donde he encontrado gente con verdadera capacidad para estimular el buen entendimiento, tan necesario para fomentar la investigación. A la gente con la que compartí mi trabajo en el Ministerio: a la que fue su Ministra (Pilar del Castillo) y a funcionarios y no funcionarios que allí emplearon sus mejores energías: por tantas buenas horas compartidas y por lo mucho aprendido con los sofocos. Y al profesor Gómez Antón, porque me «dijo» que la política es un arte; pero, sobre todo, porque me permitió comprobar en sus enseñanzas que el verdadero arte está en entenderla.

CAPÍTULO 1

¿QUÉ ES LA COMUNICACIÓN POLÍTICA?

Comunicación Política (con mayúsculas) es una expresión que designa un campo de reciente y creciente desarrollo en el ámbito académico científico; la comunicación política (con minúsculas) es un término amplio, apenas utilizado en el mundo profesional, pero que incluye una serie de fenómenos comunicativos que han recibido etiquetas tan variadas como propaganda, marketing electoral, marketing político, relaciones públicas políticas o comunicación institucional política.

Tanto la Comunicación Política como la comunicación política necesitan de los esfuerzos conjuntos de académicos y profesionales, pues las dos acogen un cúmulo de significados, acciones, principios y prácticas no del todo definidos ni acotados. Porque, ¿de qué estamos hablando cuando hablamos de la comunicación política?

I. NO HAY POLÍTICA SIN COMUNICACIÓN

La confusión que reina en torno a la definición del término Comunicación Política se debe, fundamentalmente, al rápido desarrollo que los medios de comunicación tuvieron durante el siglo XX. Con un ritmo más rápido del que muchos gobernantes hubieran deseado, los medios de comunicación han llegado a merecer calificaciones como la de «agentes políticos», «grupos de interés», «grupos de presión» o «miembros de la élite política». Bajo estas designaciones se entiende que los medios son verdaderos agentes de poder y que tienen un rango que se acerca al propio de las instituciones políticas.

Con el fin de identificar bien el papel que tiene la comunicación en la política, veamos primero la definición de política, para después analizar cómo ha influido en ella la comunicación.

El Diccionario de la Real Academia Española define la política como «el arte de gobernar los pueblos» y «la actividad de los que rigen o aspiran a regir los asuntos públicos». Diccionarios más especializados definen la política como «un conjunto de supuestos, principios, medios y actividades con que se organiza y dirige un grupo humano para la consecución de determinados objetivos; es el actuar prudencial de quien posee dotes especiales, más naturales que adquiridas, para la dirección, gobierno o pastoreo de las personas en colectividad» (González Vila, 1997: 962).

Siguiendo estas definiciones, ¿cuáles se podría decir que son los rasgos esenciales de la política?

a) La política hace referencia a un *arte*, a una *actividad*. No es un saber teórico *a priori* apoyado en unas reglas fijas. Por el contrario, en la medida en que el político está sometido a situaciones cambiantes, a la variación de las condiciones, a lo nuevo y a lo imprevisto, la política es, más bien, una forma de *saber práctico*; es un saber que se realiza con la puesta en práctica de unos principios. Por eso se afirma que la política es una actividad que consiste, esencialmente, en la *toma de decisiones* que incluyen proyectos, planes y programas de acción. Precisamente porque son decisiones para la acción, son flexibles y abiertas al cambio. Por eso la política no se aprende en los libros; y, por lo mismo, no se dice «buen político» del que puede afirmar cosas acertadas sobre cómo se ha de dirigir una nación, sino del que realmente la dirige con acierto.

b) En cuanto que la política es el *gobierno* o la *dirección y pastoreo de las personas*, las medidas políticas tienen unas consecuencias que son vinculantes; son decisiones que obligan. En este sentido, las medidas políticas (SÁNCHEZ AGESTA, 1970: 528-529; HARIOU, 1970):

— hacen referencia a un *fin* por el que se gobierna, que es la consecución del bien público;
— se apoyan en el *poder*, es decir, en que quien adopta las decisiones está legitimado para ello por unas instituciones y unas leyes;
— implican *conflicto*, en el sentido de que en torno a ellas caben diferentes posturas y posiciones, no siempre coincidentes sino más bien, con frecuencia, enfrentadas.

c) Por último, la política es el gobierno *de los asuntos públicos, la dirección de un grupo humano, la dirección de las personas*; es decir, las decisiones que se adoptan, y que son vinculantes, lo son para la organización de una colectividad de personas, de una comunidad.

Siguiendo estos rasgos esenciales de la política, y con el fin de llegar a una concepción de la política que permita entender qué es la Comunicación Política, defino la política como la «actividad por la que se adoptan y aplican las decisiones en y para la comunidad».

Pues bien, la comunicación incide substancialmente en esa actividad de adopción y aplicación de decisiones en y para la comunidad. Veamos en qué sentido esto es así.

a) La comunicación es esencial, en primer lugar, a la actividad de toma de decisiones, en el sentido de que la adopción de medidas necesita de una información (un conocimiento de la situación, una recogida de datos) y de un intercambio de opiniones entre aquellos que están implicados. Por tanto, todos los procesos de toma de decisiones requieren de la comunicación, de una concatenación de intercambio de signos, señales y símbolos.

b) En segundo lugar, la comunicación es esencial para que las medidas que han sido adoptadas sean vinculantes, es decir, tengan fuerza sobre aquellos a quienes van dirigidas. Aquí la comunicación es necesaria en dos niveles:

1. En el origen del poder, ya que los procesos que legitiman la autoridad necesitan de la comunicación. Por ejemplo, hoy día no es posible ganar unas elecciones si el candidato no aparece en los medios de comunicación para darse a conocer a los votantes.

2. En el ejercicio del poder, ya que, en un sentido muy básico, para que las medidas adoptadas por la autoridad legítima sean cumplidas, es preciso que sean conocidas (y, para ello, publicadas). En un sentido más complejo, la legitimidad obtenida en las elecciones sólo se consolida si se gestiona adecuadamente la comunicación, es decir, si el que está en el poder se comunica, de manera fluida, con aquellos a quienes gobierna, de manera que sus medidas sean entendidas y asumidas.

c) Por último, la comunicación es esencial a la organización de la comunidad. Sirve para orientar la sociedad por medio de la definición de unos objetivos y de la identificación de los problemas; sirve para conseguir consenso, ya que acerca intereses, facilitando la comprensión de las distintas posturas así como las percepciones de los valores y tradiciones; sirve para la resolución de conflictos, transcendiendo las diferencias, verificando las distintas opciones, y razonando la elección de una de ellas entre varias.

Esta estrecha relación entre la política y la comunicación ha llevado a muchos autores a afirmar, sencillamente, que «la política es comunicación»; o a expresar la idea metafóricamente de diferentes maneras: la comunicación está en el corazón del triunfo electoral, es lo que aceita la maquinaria del gobierno; sostiene el liderazgo efectivo; orienta el transcurrir de las comunidades; acuña la memoria social colectiva; y, en fin, es el modo y medio del gobierno democrático (DEUTSCH, 1963; MEADOW, 1980; GRABER, 1992; SMITH y SMITH, 1994; MAZZOLENI y SCHULZ, 1999).

II. LOS INTENTOS DE DEFINICIÓN DE COMUNICACIÓN POLÍTICA

La comunicación está, entonces, como «impregnando» todos los niveles de la política, fenómeno del que ha nacido el campo de investigación académica denominado Comunicación Política. Académicos de diversas disciplinas (entre los que están políticos, juristas, sociólogos, psicólogos, retóricos, etc.) se han acercado a éste con la intención de explicar qué le pasa a la política por necesitar de la comunicación, tratando de acotar conceptualmente la Comunicación Política, con el fin de establecer unas pautas más o menos comunes para el estudio de la misma.

Clasifico los esfuerzos de los teóricos en tres grupos.

1. Por una parte están los autores que, procedentes de las ciencias jurídicas, tienden a considerar que la comunicación en la política ha invadido terrenos ajenos, por lo que las aportaciones académicas, consideran, deben ofrecer un sistema estricto de control. Estas reflexiones tienen como resultado una *teoría política* y *jurídica* de los medios de comunicación, y no conceden a la Comunicación Política una entidad en sí misma como área de investigación.

2. En segundo lugar, están los autores que consideran que la política es comunicación en cuanto que el orden social al que aquélla aspira sólo se consigue por medio de la transacción de símbolos entre los miembros de la comunidad. Bajo esta concepción, realidades políticas como el poder, la influencia, la autoridad, el control o la negociación son vistas con sentido comunicativo: son realidades que necesitan del intercambio de mensajes. Es decir, para llegar al poder, para influir en los ciudadanos, para conseguir autoridad, o para negociar con otros miembros de la sociedad es preciso que haya comunicación. Estas reflexiones tienen como resultado una *teoría política de la comunicación*.

3. Por último, están los investigadores que no asumen que toda la política sea comunicación ni que toda comunicación sea política, sino que consideran que hay entre estas dos actividades, entre política y comunicación, un terreno común de intersección, que tiene entidad propia, y que es independiente tanto de la política como de la comunicación. Son autores que consideran que es preciso hacer una *teoría de la comunicación política*.

Las definiciones que la investigación académica ha ofrecido de Comunicación Política se sitúan fundamentalmente en el segundo y en el tercer grupo de los arriba indicados. Veamos cómo ha sido la evolución de la definición.

Dan Nimmo y Keith Sanders sitúan los orígenes de la Comunicación Política como campo diferenciado en los años cincuenta, y más concretamente en el libro *Political Behavior* publicado en 1956 por Eulau, Eldersveld y Janowitz. Estos autores definen la Comunicación Política como «uno de los tres procesos (junto con el del liderazgo político y las estructuras de grupo) de intervención por medio del cual se movilizan y transmiten las influencias políticas entre unas instituciones gubernamentales formales y el ciudadano-votante». La comunicación política es entendida aquí como un proceso mediador, en el sentido de que es por ella por la que se hace posible la relación entre las instituciones gubernamentales y los electores.

El mérito de estos tres autores consiste, a juicio de Nimmo y Sanders, en conseguir atribuir a la Comunicación Política un campo substancial a la Ciencia Social con identidad propia. Sin embargo, señalan también, no se ofrece junto a ello una clara delimitación del mismo, sino que, por el contrario, aquellos autores se limitaron a constatar la falta de acuerdo que se da entre los estudiosos de la comunicación política sobre las materias que forman parte de este objeto de estudio (NIMMO y SANDERS, 1981: 12).

Desde que se sugiriera esta primera definición, y ante el rápido desarrollo del campo, muchos han sido los intentos de definir y acotar la Comunicación Política. Así, se ha afirmado que Comunicación Política es:

— «Actividad comunicativa considerada política en virtud de las consecuencias tanto actuales como potenciales que tiene en el funcionamiento del sistema político» (FAGEN, 1966: 20).

— «Símbolos políticos más sobresalientes en la élite de la prensa» (ARORA y LASSWELL, 1969).

— «El papel de la comunicación en el proceso político» (CHAFFEE, 1975: 15).

— «Comunicación con efectos actuales o potenciales en el funcionamiento de un estado político o de una entidad» (BLAKE y HAROLDSEN, 1975: 44).
— «Actividad comunicativa considerada política en virtud de sus consecuencias actuales o potenciales en la regulación de la conducta humana, cuando ésta se encuentra en condiciones de conflicto» (NIMMO, 1978: 7).
— «Cualquier intercambio de símbolos y mensajes que está condicionado por el sistema político y que, a su vez, influyen en éste» (MEADOW, 1980: 4).
— «Símbolos creados por los medios de comunicación para que la sociedad mantenga la consciencia de la existencia de unas instituciones políticas; es decir, son las imágenes que ayudan a que el pueblo recuerde que se vota, que se controla al gobierno o que la constitución funciona» (TRENT y FRIEDENBERG, 1995: 4).

En todas estas definiciones se pueden identificar una serie de rasgos comunes, que son los siguientes:

a) En primer lugar, todas ellas hacen referencia al *carácter comunicativo* de la Comunicación Política. En ese «área» que se intenta definir se incluye una actividad comunicativa que, en cuanto tal, implica un intercambio de mensajes y de símbolos entre aquéllos que en ella participan.

b) En segundo lugar, todas las definiciones consideran que la comunicación adquiere carácter político en virtud de los *efectos* o *consecuencias* que tiene en el sistema político: en el funcionamiento de la política, en la regulación de la conducta humana, en el estado político, en los periodistas y en los políticos. Es preciso anotar aquí que esos efectos de la comunicación política no son necesariamente intencionados (como es intencionado el efecto que persigue un organizador de campaña al elaborar un eslogan que incita al ciudadano a votar a su partido), sino que pueden ser, también, no-intencionados (es no-intencionado, por ejemplo, el efecto que provoca en un político conocer los resultados de un sondeo sobre su popularidad).

c) En conjunto, se puede afirmar que todas estas definiciones están como reconociendo dos cuerpos de actividad, uno el de la actividad-comunicación, y otro el de la actividad-política. Pero son éstos dos mundos distintos y separados; la comunicación política surge cuando el primero influye en el segundo, es decir, cuando la comunicación tiene unos efectos en la política.

A mi juicio, este modo de entender la Comunicación Política es limitado pues tiene una visión restringida de la actividad que aquí se produce. La restricción está, por una parte, en la consideración de los protagonistas: estas definiciones tienen en cuenta sólo a aquellos actores que ostentan poder o aspiran a ostentarlo. No tiene en cuenta, por ejemplo, la participación en la comunicación política de otros actores como ONG, asociaciones profesionales, un grupo empresarial de medios de comunicación o, sin más, los ciudadanos. Por otra, hay también una restricción en cuanto a la concepción de la intencionalidad de los mensajes: sólo se consideran aquéllos que han sido elaborados estratégicamente con el fin de provocar unos efectos en el receptor. Pero es también comunicación política una carta al director. En la comunicación política hay otros protagonistas y otras intenciones (o incluso no-intenciones) que no están considerados en este planteamiento.

III. UNA CONCEPCIÓN AMPLIA DE LOS ACTORES Y DE LOS CONTENIDOS DE LA COMUNICACIÓN POLÍTICA: LA NOCIÓN DE MENSAJE

En línea con la última afirmación del epígrafe anterior, me identifico con la crítica que realiza Michael Schudson (1997) cuando señala que es una visión restrictiva aquélla que limita la Comunicación Política a la transmisión de mensajes que tienen, o intentan tener, un efecto en la distribución o uso de poder en la sociedad.

Considera este autor que a esta concepción restrictiva de la Comunicación Política subyace una noción errónea del término «mensaje»: es la concepción del mensaje como «comunicaciones» expresas, concretas, puntuales e intencionales (Schudson, 1997). Tales son los discursos de campaña electoral, editoriales (en los que los periodistas voluntariamente transmiten su postura ante la realidad política), mítines (discursos elaborados por los políticos con intención persuasiva para lograr el voto), y debates parlamentarios (enfrentamiento de discursos entre los representantes de las distintas fuerzas políticas). Ahora bien, se pregunta este autor, ¿dónde está considerado en esta noción de Comunicación Política algo de tanta importancia como el contexto en el que todos estos mensajes se producen?

Schudson aboga, por una parte, por una noción amplia de mensaje que incluye tanto lo dicho como lo no dicho, es decir, tanto los mensajes expresos como aquéllos que están implícitos y que participan de los elementos que forman parte del contexto cultural. Por otra parte, aboga por una consideración extensa de la esfera pública, que no esté sólo formada por los actores susceptibles de ser elegidos, sino que tenga en cuenta esquemas representativos mayoritarios. El estudio de la Comunicación Política, entonces, debería extenderse a la dimensión comunicativa de cualquiera de los actos de las estructuras políticas, así como a la acción de emisión de mensajes por parte de todos los posibles protagonistas.

Entiendo que una visión así requiere una definición de la Comunicación Política que supere las limitaciones de las definiciones arriba recogidas. Considero que están bajo esa superación las aportaciones de los siguientes autores.

Jean Blondel (1990), uno de los autores para quien la comunicación es lo que dinamiza el sistema político, ve la comunicación como un intercambio de demandas y decisiones entre los distintos miembros de la sociedad. Por eso, entiende, el estudio de las operaciones de comunicación van mucho más allá de lo que dicen o hacen los políticos; y muchos más allá, también, de lo que hacen los medios de comunicación.

La comunicación no es entendida por este autor como el resultado del poder, de las influencias entre unos elementos y otros de la sociedad, o de las soluciones que se dan al conflicto. Aboga por estudiar la comunicación del mismo modo que se realiza el estudio del sistema político, es decir, tomándola como un todo en términos del intercambio que se produce entre políticos, comunicadores, periodistas y ciudadanos. La concepción del espacio público que aquí está implícita es la de aquél que está formado por unas complejas redes de instituciones y de procesos de comunicación (BLONDEL, 1990: 96).

La definición de Federico Rey (1995: 23) aboga por una visión también más abarcante de la Comunicación Política. Este autor parte de:

a) Una definición amplia de *comunicación*, entendida ésta como la transmisión de signos, señales o símbolos de cualquier clase entre personas físicas o sociales; un basto campo de intercambio de hechos y opiniones entre los seres humanos.

b) Una definición de *política*, entendida ésta como todo aquello que forma parte de un proceso mediante el cual se llevan a cabo cambios deliberados en las normas que regulan las relaciones entre las personas.

La Comunicación Política es entonces una categoría que abarca una gran parte de todas las actividades persuasivas que se realizan en el espacio público.

IV. LA COMUNICACIÓN POLÍTICA COMO ENFRENTAMIENTO DE MENSAJES

En una perspectiva también amplia y menos estructural está la aportación de Wolton, quien afirma que la Comunicación Política es el espacio en el que se intercambian los discursos contradictorios de los tres actores que tienen legitimidad para expresarse públicamente sobre la política, y que son los políticos, los periodistas y los sondeos (1989). Así entendida, la Comunicación Política es la condición del funcionamiento de un espacio público ensanchado (WOLTON, 1992). En 1995 este autor explicita su intención de oponerse a la idea clásica de la comunicación política reducida a una estrategia para «hacer pasar un mensaje». Y, concluye, «la comunicación política así entendida muestra, por un lado, que se trata de un lugar de enfrentamiento de discursos de desenlace incierto y, por otro lado, muestra también que ese enfrentamiento se realiza partiendo de tres discursos que se expresan legítimamente en una democracia: la información, la política y la opinión pública» (WOLTON, 1998: 111).

La expresión «enfrentamiento de discursos» y «discursos contradictorios» de Wolton parece apuntar que la idea de conflicto no sólo es rasgo esencial de la política, como ya he mencionado, sino también de la comunicación de ésta. Es decir, la comunicación política tiene algo de rivalidad, de competición o de batalla entre distintas partes.

El intento de definición que Denton y Woodward realizan en 1998 ayuda a comprender esta dimensión de conflicto. La comunicación política, dicen, tiene, principalmente, cuatro preocupaciones: el *presupuesto* (hay que tomar decisiones para la distribución de recursos), el *control* (las elecciones no son otra cosa que depositar la confianza en alguien para que controle el poder), la *aprobación* (se adoptan medidas, leyes, decretos, proyectos, etc., para lo que se requiere la aprobación de sectores políticos) y el *significado* (además de legislar, hay que definir y transmitir los significados de las cosas). Considero este último un elemento de gran interés: la comunicación política es, también, un proceso en el que se pugna por la presencia de determinados significados sobre nuestros valores y sobre las soluciones a los problemas en juego. Distinto es —es éste ya un ejemplo clásico que también utilizan los autores— promocionar el aborto como una «operación médica más» que como un «puro asesinato» (DENTON y WOODWARD, 1998).

Pues bien, dicen Denton y Woodward, para considerar bien la comunicación política es preciso tener en cuenta que tiene las siguientes características. En primer lugar, se *orienta al corto plazo*. La comunicación política busca resultados prácticos e inmediatos. Y esto es así porque las realidades políticas han de entrar en el discurso público siguiendo un calendario beneficioso tanto para el que comunica como para los medios y sus audiencias. Por tanto, cualquier plan de comunicación de una cuestión política está forzado a mirar hacia los resultados inmediatos. En segundo lugar, la comunicación política es *comunicación estratégica*. Quien comunica la política lo hace para lograr algo y siguiendo un plan. De manera que la comunicación política es persuasiva e intencionada: está diseñada para influir en una creencia, una actitud, valor o acción. En tercer lugar, es *comunicación mediada*, es decir, atraviesa el filtro de los medios de comunicación. Y, por último, es una *comunicación orientada*, en el sentido de que los mensajes están diseñados para audiencias específicas.

Parecería que estos autores están centrando la consideración de la comunicación política en la actuación estratégica y planificada de las instituciones políticas. Pero salen al paso de esta posible confusión cuando recurren a la definición de McNair (1995), quien entiende que son protagonistas de la comunicación política no sólo las organizaciones políticas sino también los medios y los ciudadanos. De lo que concluyen Denton y Woodward que lo esencial a la comunicación política es la relación dinámica que se produce entre todos los actores que participan.

V. HACIA UNA DEFINICIÓN INTEGRADORA: LA COMUNICACIÓN POLÍTICA COMO RESULTADO DE PROCESOS DE INTERACCIÓN

Pero, ¿cómo es la dinámica de esa relación que se produce entre los actores de la comunicación política?

Llegamos, con ésta, a la última cuestión que precisa un análisis antes de ofrecer una definición de Comunicación Política. Las aportaciones que acabo de recoger de Wolton o de Denton y Woodward describen la relación en términos de enfrentamiento o conflicto. Pero considero que el conflicto no es sólo y siempre un rasgo que agote el contenido de lo que pasa entre los distintos actores de la comunicación política.

La descripción de la relación entre los actores de la comunicación política ha estado inspirada durante mucho tiempo por el modelo ofrecido por Lasswell en 1948. Primer estudio sistemático de la comunicación política del momento (las técnicas de propaganda política que acompañaron los conflictos bélicos), los elementos que proponía este autor para el análisis del proceso se mantienen hoy vigentes en algunos planteamientos: el «quién» (persona o grupo que se pone en comunicación, y que, por tanto, la controla), el «qué» (el mensaje, lo que se expresa), el «canal» (por donde se transmite el mensaje), el «a quién» (el receptor, a quien llega el mensaje) y con qué «efecto» (la influencia que produce).

Es ya acervo de la investigación en este campo el entender que este modelo resulta insuficiente para analizar el proceso de la comunicación política (NIMMO y SWANSON, 1990; MARTÍN ALGARRA y LÓPEZ-ESCOBAR, 1992; SCHEINSOHN, 1997; GAUTHIER, GOSSELIN y MOUCHON, 1998; MARTÍN ALGARRA, 2003; ROGERS, 2004; NEWMAN y PERLOFF, 2004; JOHNSON-CARTEE, 2004; LIN, 2004; LOW, 2005, por citar sólo algunos). Los autores señalan como deficiencia que, además de apoyarse en una restrictiva visión psicologista (sólo tiene en cuenta las características individuales), y de concebir al público como alguien pasivo, poco reflexivo y fácilmente influenciable, el modelo de Lasswell toma el proceso de manera lineal y unidireccional: alguien que, estando en superioridad de condiciones, afecta a otro alguien (que es un público masivo) con su mensaje. La influencia en el sentido inverso no está considerada bajo este planteamiento.

Pero estas descripciones como procesos unidireccionales e influyentes en un ciudadano masa ya no acogen bien lo que hoy día pasa con la comunicación política. Por ejemplo, un gobierno sabe que cuando anuncie la reducción de impuestos, uno de los efectos que va a provocar va a ser la crítica del ciudadano (o grupo) que sabe que esa reducción es menor que la que hizo el gobierno anterior. Y lo tendrá en cuenta al gestionar la comunicación de la medida: su comunicación está influida por lo que sabe o espera del receptor. O por ejemplo, cuando un alcalde acuda a la televisión local para contar el estado de los parkings de la ciudad, le afectará (le influirá) el ceño fruncido y la actitud agresiva del periodista entrevistador. Y el periodista de prensa que titule la noticia que recoge la versión que el alcalde ha dado de los nuevos parkings, estará influido tanto por la reacción que sabe que tendrá el alcalde a la noticia, como por la que supone que puedan tener los lectores que le compran.

De manera que la comunicación política es un proceso que implica a todos los actores de forma activa. Pues todos operan, todos influyen, todos... interactúan. En definitiva, los significados que se transfieren no son sólo el resultado de la acción de quien habla, sino del «intercambio» que se produce entre todos los implicados en el proceso.

Pero ¿qué es la interacción aplicada a la comunicación política?

En el ámbito organizacional, para referirse a la relación entre una institución y su público, Grunig y Hunt (1984) hablan de interacción partiendo del término bidireccionalidad, que apunta al intercambio entre emisor y receptor, es decir, al flujo informativo de doble dirección. La bidireccionalidad puede ser asimétrica (se recibe información o *feedback* del público pero para lograr una mejor persuasión del mismo), o simétrica (la finalidad es la comprensión mutua entre la organización y sus públicos).

Desde una perspectiva más global, es decir, para referirse a la interacción que se produce en la sociedad, Thompson (1995) afirma que los medios de comunicación han hecho que las personas entren en nuevas formas de interacción que denomina «quasi-interacción mediada» (pp. 82-87), y que difiere de la interacción que se produce en la comunicación personal. Los medios permiten que la información tenga un acceso más extenso que antes: se dirigen a públicos amplios (para ellos tienen que explicar la realidad) que, además, son distantes, pues se encuentran en su casa y no en el escenario de la comunicación. Al hacerlo, los periodistas producen contenidos que trastocan las coordenadas espacio-temporales: por ejemplo, reconstruyen un atraco para hablar del problema de la inseguridad ciudadana (incluso produciendo al espectador la sensación de que podría estar ahí, padeciéndolo); o como no tienen la foto de hoy, recurren a imágenes de archivo para cubrir el encuentro entre dos líderes políticos (como si sucediera ahora lo que fue hace meses); o publican la paradigmática fotografía de hace años de una muchedumbre con las manos en alto pintadas de blanco para, en un golpe de vista, transmitir hoy la expresión de un gran público por la paz. Son contenidos que Thompson llama simbólicos, por cuanto ante las dificultades de adecuación espacio temporales de los medios con la realidad, condensan significados y evocan valores que no están explícitos en los mensajes. Son contenidos simbólicos cuyo significado goza de un cierto entendimiento compartido por todos los actores, políticos, periodistas y ciudadanos: por ejemplo, todo el mundo conoce el significado de unas manos pintadas de blanco.

Por eso, en la sociedad actual, concluye este autor, las personas nos relacionamos en un proceso de comunicación e intercambio simbólico.

Esta relación de interacción simbólica que se produce entre políticos, periodistas y ciudadanos ha llevado a algunos autores a sugerir que el proceso de la comunicación puede estudiarse al amparo de la Escuela del Interaccionismo Simbólico. Por ejemplo, en su teoría de la Espiral del Silencio, Noelle-Newmann toma del interaccionista simbólico George Herbert Mead su noción de la naturaleza social del hombre: a las personas, en la configuración de nuestra identidad, nos influye lo que pensamos que los demás piensan de nosotros, cuál es la imagen que los demás tienen de mi «yo». Pues bien, dice Noelle-Neumann, al formarnos un juicio sobre algo, nos influye qué opinión sobre lo mismo tienen los demás; opinión que veo expresada, fundamentalmente, en los medios de comunicación (NOELLE-NEUMANN y PETTERSON, 2004: 343). De manera que en la configuración de mis opiniones interactúo con los demás a través de los contenidos simbólicos que aparecen en los medios de comunicación.

Schudson (2000) menciona el interaccionismo simbólico como una corriente teórica que ha inspirado algunos trabajos sobre la sociología de la noticia: la noticia es una construcción social en el sentido de que se elabora por la acción compartida de los distintos miembros de la sociedad (p. 186). Y Sádaba (2006) entiende que se puede describir en términos de interacción simbólica la relación que se produce entre políticos, periodistas y ciudadanos en la comunicación política. La profunda y completa revisión que esta autora realiza del concepto *frame* (o enfoque) a la luz de los postulados de la Escuela del Interaccionismo Simbólico concluye en varias propuestas para abordar la relación entre políticos, periodistas y ciudadanos como una interacción (habla más bien de transacción, pero no es ahora el caso entrar en el por qué de esta especificación) simbólica. Por ejemplo, sugiere estudiar las fuentes del periodismo no sólo desde el contenido de las informaciones sino también desde la red de relaciones simbólicas en las que se inserta el periodista. Sugiere también contemplar las cabeceras de los medios como auténticos símbolos de la entidad con la que la audiencia está familiarizada, y bajo las cuales cabe desarrollar determinadas expectativas y entender mejor las informaciones (pp. 213-233).

No es mi intención profundizar más aquí en cuál es la dinámica de la interacción entre los actores de la comunicación política, sino señalar la importancia que otorgo a este elemento como pilar para la definición de la Comunicación Política. Considero que hay aquí una vía que requiere una mayor exploración por parte de los investigadores, para responder con un modelo circular interactuado a los restrictivos planteamientos unidireccionales que, todavía hoy, constriñen la teoría y la práctica de la comunicación política.

Tras la revisión de las distintas aportaciones entiendo que la definición de comunicación política ha de contener:

a) Una concepción amplia de actores, que incluya tanto a las organizaciones que se comunican estratégicamente con intención persuasiva, como a otros actores, como pueda ser el ciudadano medio, que, a mi juicio, también participa en el proceso.

b) Una concepción amplia de mensaje, que incluya tanto lo expresado como lo evocado, así como la relación que hay entre lo explícito y los elementos que forman parte del contexto cultural, que muchas veces están de manera implícita.

c) Una concepción circular interactuada de la relación que se produce entre los diferentes actores que participan en el proceso.

Por tanto, propongo como definición de Comunicación Política la siguiente.

Comunicación Política es la actividad de determinadas personas e instituciones (políticos, comunicadores, periodistas y ciudadanos), en la que, como resultado de la interacción, se produce un intercambio de mensajes con los que se articula la toma de decisiones políticas así como la aplicación de éstas en la comunidad. La Comunicación Política, con mayúsculas, es el campo de estudio que comprende tal actividad.

Considero que esta definición tiene las ventajas de incluir una visión amplia del término «mensaje»; no restringe el ámbito de estudio a la actividad política que resulta de la ley, sino que incluye el ámbito social y cultural; concibe un mensaje político, tanto expreso como latente, del que puede ser emisor no sólo el que ostenta poder sino cualquier miembro de la sociedad; al entender la relación entre los protagonistas como una relación de interacción, implica una concepción circular del proceso de comunicación (abandonando la concepción tradicional clásica de emisor y receptor); y está abierta al dinamismo con que los protagonistas están constantemente generando significados.

VI. LAS ÁREAS DE ESTUDIO DE LA COMUNICACIÓN POLÍTICA

Han sido varios los intentos realizados hasta el momento de compendiar las áreas o temas de investigación que pueden acogerse al campo de la Comunicación Política. Resulta difícil ofrecer una clasificación completa. En parte, como afirma Dader (1999), porque este intento cuenta con importantes riesgos de reduccionismo, y «no puede indetificarse restrictivamente ni con el estudio de la comunicación política de las sociedades democráticas, ni con el análisis de incidencia política de los medios de comunicación de masas, ni mucho menos aún, con el reduccionismo de la materia a un conjunto muy concreto de prácticas estratégicas y tácticas de campaña o mercadotecnia electoral» (p. 10). Y en parte, porque difícil también resulta adoptar unos criterios de clasificación. Dader, que además ofrece una profunda revisión de los enfoques analíticos (pp. 7-8), menciona que se podría hablar en términos de subprocesos micro y macro; de comunicación interperonal (directa) o mediada que, a su vez, es sociogrupal tradicional (escritos, reuniones, asambleas, etc.) o mediática (medios de comunicación); o siguiendo los elementos de Lasswell, se podría hablar de la tipología de la comunicación política en términos de actores, problemas/asuntos, medios, escenarios y efectos normativos y estructurales de los procesos (p. 7).

No abordaré aquí el problema de los criterios de clasificación, sino que optaré por una clasificación sencilla de los distintos elencos de temas que algunos autores han realizado (NIMMO y SANDERS, 1981; DEL REY, 1989; SWANSON y NIMMO, 1990; MONZÓN, 1996; GAUTHIER, GOSSELIN y MOUCHON, 1998; DADER, 1999; LIN, 2004; GRABER, 2005):

a) Estudios que se centran en el *análisis del mensaje* de la Comunicación Política, que, amparados en disciplinas como la Retórica o la Lingüística, incluyen el análisis de los contenidos de los mensajes, los temas, las metáforas, el lenguaje político, los discursos y la simbología política.

b) Estudios que se centran en los *procesos políticos* que acompañan la Comunicación Política. Aquí se encuentran los estudios sobre la gestión de imágenes de realidades políticas como el régimen político, la Presidencia, el Parlamento, etc., es decir, la gestión de la comunicación de las instituciones políticas.

De todos los procesos políticos el más estudiado ha sido el de las elecciones. Los estudios se centran aquí en el análisis de las siguientes cuestiones: mensajes electorales (creación de imágenes de partidos políticos y candidatos), gestión y organización de campañas, comunicación de las ofertas electorales, recepción de los mensajes electorales por parte de los votantes, influencia de la comunicación electoral en el voto, etc.

c) Estudios que se centran en las *acciones de comunicación*, es decir, en las distintas formas que puede adoptar el mensaje de la Comunicación Política, entre las que están las siguientes:

— los debates políticos, de manera particular, la organización, desarrollo y efectos de los debates electorales;

— la publicidad política, que incluye los contenidos (aspectos visuales y textuales), las cuestiones jurídicas, y los efectos del mensaje publicitario en los ciudadanos;
— los mensajes informativos de los eventos político-comunicativos como son las ruedas de prensa o los resúmenes de prensa de las instituciones;
— la organización de eventos para la comunicación de la política, como son las inauguraciones, homenajes, conmemoraciones históricas, celebraciones populares, etc.;
— los mensajes de ficción, particularmente, los mensajes del humor político o los *talk shows*;
— y, por último, las posibilidades que los nuevos medios ofrecen para la realización de acciones comunicativas diversas.

d) Estudios que se centran en la *mediación del mensaje* realizado por los medios de comunicación, que incluye:

— la relación entre políticos y periodistas: el acceso a la información gubernamental, el control de los medios de comunicación por parte de los gobiernos (que incluye el estudio de las políticas de comunicación) y el contexto político del sistema de medios de comunicación;
— la sociología de redacciones de los medios de comunicación, que generan una cultura profesional periodística determinada, de la que nace una concepción específica de la noticia política;
— el fenómeno de la personalización de la política en los medios de comunicación;
— la cobertura que los medios de comunicación dan a las instituciones políticas: ejecutivo (presidencia y gobiernos), legislativo (parlamentos) y judicial (tribunales);
— la creación de climas de opinión política por parte de los medios de comunicación, a través de los enfoques de las noticias, del editorialismo y del humor político;
— las crisis políticas generadas por los medios de comunicación;
— la cobertura de los asuntos internacionales, que incluye el papel de la opinión pública en la diplomacia, el flujo internacional de la información, la cobertura del Tercer Mundo, y las cuestiones relacionadas con la globalización.

e) Por último, los estudios que se centran en los *efectos* del mensaje de la Comunicación Política, en todos los niveles. Éstos incluyen:

— la búsqueda y procesamiento de la información política por parte del ciudadano;
— la influencia de los medios de comunicación en los ciudadanos: procesos de formación de la opinión pública (influencias en el conocimiento, juicio y comportamientos de los ciudadanos);
— la influencia de la comunicación interpersonal en los juicios y comportamientos políticos de los ciudadanos;

— la contribución de los medios de comunicación a la socialización política y, de manera particular, a la educación cívica;
— los cambios de actitudes: información y actitudes políticas, información política y creencias políticas, información política y participación ciudadana, motivaciones del público para el uso de los medios de comunicación;
— por último, constituye una nueva área de trabajo el estudio del impacto de los nuevos medios: el incremento de canales de comunicación, la contribución al compromiso cívico, las posibilidades de interacción, etc.

VII. MODELO PARA EL ESTUDIO DE LA COMUNICACIÓN POLÍTICA: LA ACCIÓN DRAMATÚRGICA Y LA ACCIÓN COMUNICATIVA

Todas las materias arriba recogidas han sido abordadas desde distintos modelos, teorías, enfoques y paradigmas de investigación. Éstos son algunos de ellos: el enfoque conductista, el enfoque funcionalista, los enfoques marxistas y críticos, el modelo sistémico, el modelo institucional, la teoría de los usos y gratificaciones, los modelos de difusión, la teoría de la *agenda-setting* o el modelo de la espiral del silencio o los estudios culturales. No voy a exponer aquí en qué consisten todos estos modelos o teorías (lo haré sólo al referirme, en el quinto capítulo, a los paradigmas para el estudio de los efectos de la comunicación política), pues considero que hay al respecto una extensa bibliografía que lo hace de forma compendiada, detallada y completa (DE FLEUR, 1966; KRAUS y DAVID, 1976; SEVERIN y TANKARD, 1992; BRYANT y ZILLMANN, 1996; DEL RÍO, 1996; MONZÓN, 1996; MCQUAIL y WINDHAL, 1997; LÓPEZ-ESCOBAR, 1997; DADER, 1999; SAMPEDRO, 2000; ROSPIR, 2003).

Sí quiero, sin embargo, detenerme en una reflexión sobre el modelo sugerido por André Gosselin en la «cartografía» que realiza del campo de investigación de la Comunicación Política (Gosselin, 1998), pues considero que es la suya una aportación de sumo interés: constituye una propuesta que, además de incluir los elementos que he mencionado como necesarios para la consideración de la comunicación política, tiene la virtud de atender a la dimensión de la comunicación como «acción».

Este autor apunta dos ejes para el análisis de la Comunicación Política, el eje de lo que llama los territorios y las arenas, y el eje de la acción y de la recepción.

a) La idea de *territorio* hace referencia al ámbito en el que se realiza la Comunicación Política, que puede ser de carácter local, regional, nacional o internacional. Son «territorios» de la comunicación política los estados, los partidos, los grupos de presión, los sindicatos, los movimientos sociales o las empresas. Es decir, territorio es lo que resulta de los factores de organización, de las estructuras, del contexto; todos éstos son elementos que definen las fronteras de los actores de la comunicación política. Así, el que comunica políticamente desde una empresa tiene unas delimitaciones diferentes al que lo hace desde un gobierno.

b) Las *arenas* de la comunicación política están constituidas por el conjunto de los dispositivos, fórmulas, marcos, reglas y estrategias que definen las situaciones de interacción en las que se pueden enfrentar, evaluar, y difundir públicamente los discursos de los actores políticos. Así, tenemos la «arena» de los debates, de los tribunales de justicia, de los *talk shows*, del periodismo de opinión, de la prensa económica, de las ruedas de prensa o de los discursos políticos televisados. Las arenas vienen a ser, entonces, como las formas específicas que adoptan los mensajes de la comunicación política.

Territorios y arenas están relacionados. Una arena determinada (un periódico, un programa de televisión, un tribunal de justicia, un debate, etc.) puede servir para la confrontación y la publicidad de la comunicación política de los actores procedentes de territorios diversos (ministros, alcaldes, empresarios, militantes, etc.). La conferencia de prensa, el debate parlamentario, las asambleas generales, los coloquios, los congresos de los partidos, las comisiones de investigación, los debates electorales, etc., son todas ellas formas mediatizadas de encuentros y confrontaciones entre los distintos actores de la comunicación política.

El eje acción/recepción que sugiere Gosselin se apoya en las tipologías de acciones de autores como Weber, Goffman, Mead y Garfinkel. Hay seis formas, dice, de accionar en la comunicación política:

a) Una acción *teleológica*, es decir, una acción planificada con una intención y que, con unos cálculos y estrategias, se propone lograr unos objetivos. En la comunicación política hay acción teleológica porque los protagonistas de la misma suelen tener unas intenciones: se comunica para conseguir el voto, para que se acepte una medida política, para presionar sobre los políticos en el Parlamento, etc.

b) Una acción *axiológica*, en cuanto que los protagonistas están guiados por unos valores, unas normas, y ciertos criterios éticos. La comunicación política se realiza en un contexto normativo. Además, de la confrontación de ideas e ideologías que se produce en la comunicación política, nacen nuevos valores y reglas del juego. Es decir, se puede afirmar que la comunicación política tiene lugar en el marco de unos valores y ella, a su vez, genera valores.

c) Una acción *afectiva*, en cuanto que la comunicación política utiliza recursos de carácter psicológico para modificar las conductas de los receptores. Una buena parte de la comunicación política, como se verá a lo largo de este libro, pone el acento en la personalidad, en el lado humano o en el estilo de los personajes políticos, con el fin de apelar a los sentimientos del receptor y modificar así sus comportamientos.

d) Una acción *rutinaria*, en cuanto que la comunicación política incluye conductas, tanto por parte de quien emite mensaje como de quien lo recibe, que no son irracionales, pero en las que no hay un esfuerzo reflexivo permanente sobre el sentido y las consecuencias de las mismas. Así por ejemplo, el lector de un diario tiende, instintivamente, a fijar su atención en la página impar antes que en la página par.

e) Acción *dramatúrgica*, en cuanto que en la comunicación política hay cierta representación. Los políticos «salen a escena» haciendo que muestran unas intenciones, pensamientos y sentimientos que al ciudadano le gustaría llegar a conocer. Pero éste nunca llega; sólo teatralmente. En la política entonces actores y espectadores forman parte de un drama, drama que es representado en unos temas, unos lugares, unos conflictos (insignias, títulos, ceremonias, despachos, etc.), por medio de un mecanismo dramático del que sale el héroe, los leales, los fraudulentos, los vencedores y los vencidos. Como el drama, la comunicación política tiene algo de auténtico y algo de ilusorio. La acción política surge de una combinación del entendimiento racional de la política con las respuestas emocionales a la situación política del momento.

f) Acción *comunicativa*, que permite hacer inteligible la conducta de aquél que, en una situación de interacción y, sobre todo, de interdependencia, busca coordinar sus planes de acuerdo con los demás, con el fin de compartir unos significados para que, en el entendimiento común, se pueda negociar de una forma que sea ventajosa para todos. Así por ejemplo el líder político que tiene que tomar una medida, trata de explicar a los ciudadanos los motivos que le obligaron a la misma, con el fin de lograr en ellos el consenso y, como consecuencia, que la medida sea aceptada.

Pues bien, afirma Gosselin que, de todas esos modos de accionar, el dramatúrgico y el comunicativo son los que más se encuentran en la comunicación política, y con todos los atributos que son propios de las acciones: el medio, el fin, el valor, la consecuencia, la autorepresentación y la intercomprensión.

Es decir, el accionar dramatúrgico supone no solamente el mundo objetivo (definido por este autor como el conjunto de realidades respecto de las cuales es posible emitir enunciados verificables) o social (conjunto de relaciones interpersonales), sino también el subjetivo: conjunto de vivencias, deseos, sentimientos, etc., a las que se tiene acceso en la relación con los demás. En el accionar dramatúrgico, cada uno de los actores maneja las interacciones con los demás, haciendo referencia o no a cierta finalidad o a cierto valor y regulando el acceso recíproco a la subjetividad propia de cada uno. Así por ejemplo, el político «muestra» su vida personal, con el fin de exponer al ciudadano su lado humano. Pero además el actor puede manejar la autorepresentación dentro de una gama que se extiende desde la comunicación más sincera de sus deseos, sentimientos y actitudes profundas, hasta la manipulación cínica de las impresiones que el actor quiere suscitar en los demás. El político controla la expresión de su vida personal, dejando siempre un margen para el ocultamiento. Ésta es la razón por la que los políticos siempre recurren a la teatralidad para fundamentar su legitimidad y para hacer ver aquello que los distingue de los gobernados. El poder necesita de la distancia que crea la puesta en escena.

En la acción comunicativa los actores se preocupan, ante todo, de conseguir que haya contextos adecuados para elaborar las mejores definiciones de las situaciones; mejores en cuanto que sean comunes, aceptadas por todos. Por ejemplo, el presidente de una nación acude a los términos, realidades y valores que son más aceptados por los ciudadanos para, evocándolos, conseguir de éstos la aprobación de sus decisiones. Es ésta una definición de acción comunicativa que tiene contenido empírico: se buscan mundos de comunes significados con el fin de poder actuar políticamente.

Pues bien, el modelo de investigación en Comunicación Política que propone Gosselin se orienta hacia la concepción de las acciones dramatúrgicas y de las acciones comunicativas, tanto desde el emisor (el político) como desde la recepción (el ciudadano), y tanto en los territorios como en las arenas. Considero que aquí yace la riqueza de este modelo, riqueza que puede ser más explícitamente señalada en los términos siguientes:

a) El modelo entiende que todas estas formas de accionar no son en la comunicación política exclusivas de los gobiernos o de los actores que luchan por llegar al ejercicio del poder. En esta concepción, la acción tanto dramatúrgica como comunicativa también puede ser propiedad del público, de los periodistas, de los votantes; e incluso la recepción puede estar a cargo de los dirigentes del Estado o de los partidos políticos, pues éstos están también expuestos a los mensajes de los ciudadanos.

Considero que este modelo de estudio de la Comunicación Política se aparta de una visión unidireccional que analiza los mensajes emitidos por los políticos y recibidos por los ciudadanos. En este modelo, todos tienen algo de actores y de receptores, de emisores y de destinatarios; y la comunicación política es vista como la interacción entre todos los protagonistas.

b) El modelo considera no sólo los efectos intencionados (aquéllos que se propusieron los actores) sino también los no-intencionados: aquéllos que resultan de las acciones voluntarias individuales que se llevan a cabo en un contexto institucional, social y cultural.

c) Por último, el modelo sale al paso de la dificultad que tiene la Comunicación Política de compaginar el ámbito de la investigación con el ámbito de la práctica profesional. El modelo de análisis de la comunicación política trata, como afirma este autor, de fundir entre sí dos niveles:

— El primer nivel es el de los esquemas de interpretación que utilizan los gobernantes, los estrategas, los partidos políticos, los encuestadores, los publicistas, los asesores de comunicación y de marketing político, los periodistas, los portavoces y todos aquellos cuyo oficio es hacer, o hacer hacer. Es el nivel de la práctica profesional.

— El segundo nivel es el de los análisis y las descripciones científicas, cuyos análisis, juzga este autor, deben incorporar los marcos de significación que utilizan los que viven la política, es decir, de los gobernantes y de los electores, de forma que la investigación académica ofrezca a los profesionales explicaciones sencillas y explícitas sobre lo que éstos hacen.

Pues bien, afirma Gosselin, en esta fusión entre la práctica profesional y la investigación académica, el problema surge porque el investigador trata un saber profano y preteórico, no siempre fácil de simplificar. Además, el investigador en Comunicación Política, más que otros investigadores de las Ciencias Sociales, se encuentra con que los profesionales, a pesar de desconfiar de los logros académicos, se apropian de los resultados de la investigación. Lo hacen porque necesitan pulir el cuerpo de conocimientos prácticos que poseen; y porque necesitan crédito ante un público a quienes quieren convencer de que la política, cada vez más, es una cuestión de comunicación, y casi exclusivamente de comunicación.

Por eso, concluye este autor, el investigador en Comunicación Política está obligado a incluir entre sus conceptos y marcos teóricos, las teorías en uso, así como el saber práctico que desarrollan permanentemente los actores y los espectadores de la política. Debe estar atento a los intercambios de significados, creencias y destrezas de los profesionales. Pero ha de hacerlo consciente de que es prácticamente imposible establecer leyes universales para la acción política comunicacional, pues las generalizaciones descubiertas en un momento dado, fácilmente se transforman en saberes profesionales cambiantes.

Siguiendo estas consideraciones, he tratado de fundir en el presente libro estos dos niveles, atendiendo a las prácticas específicas y concretas (se exponen unas técnicas y estrategias) a la luz de aquellos principios que inspiran el saber práctico. Por eso, en las páginas que siguen, se suceden ejemplos y orientaciones prácticas con las teorías y paradigmas de estudio en uso. Y en cada cuestión trato de ofrecer una reflexión crítica final con la que intento identificar los problemas y retos.

CAPÍTULO 2

LA COMUNICACIÓN POLÍTICA DE LAS CAMPAÑAS ELECTORALES

«Tu voto es nuestra fuerza. Vota al Partido...»

Éste es el objetivo esencial de la comunicación electoral: convencer de que lo que ofrece el propio partido es lo mejor. En campaña electoral la comunicación política se pone en marcha para conseguir el voto.

I. FASES DE LA ESTRATEGIA DE COMUNICACIÓN PARA CONSEGUIR EL VOTO

¿Qué son las técnicas de comunicación electoral? Son aquéllas técnicas de comunicación política que utilizan los partidos en un proceso de comunicación social, fundamentalmente de carácter persuasivo, con recursos tanto psicológicos como informativos con el fin de lograr votos para llegar al poder.

Lo que diferencia a las técnicas de comunicación electoral de otras técnicas de comunicación política que veremos a lo largo del libro es lo siguiente:

a) La comunicación electoral tiene un carácter de contienda o competición entre las distintas opciones políticas que aspiran al poder. Los partidos se «pelean» para conseguir más votos que los demás.

b) La comunicación electoral está sometida a una serie de imposiciones de carácter legal que condicionan la campaña.

c) La comunicación electoral tiene unos resultados finales objetivos, que son los resultados electorales, que por ser puntuales y fácilmente mensurables, son tomados como indicadores del éxito o fracaso de la gestión de una campaña electoral.

Al margen de la consideración que haré al final de este capítulo sobre el planteamiento estratégico de la comunicación electoral, para el análisis de la comunicación política en campaña electoral seguiré ahora las cuatro fases que, tomadas del marketing, han sido las más comúnmente utilizadas, ya sea de forma explícita como implícita, tanto por los autores académicos como por los expertos en comunicación electoral (NIMMO, 1970; LINDON, 1977; BARRANCO, 1982; MENÉNDEZ, 1983; HERREROS, 1989; SMITH, 1990; ORTIZ, 1993; TRENT y FRIEDENBERG, 1995;

SANCHÍS, 1996; LUQUE, 1996; DENTON y WOODWARD, 1998; NORRIS y otros, 1999; FERNÁNDEZ y REYES, 2003; REYES y MUNCH, 2003; NEWMAN y PERLOFF, 2004):

a) Fase de *análisis*: es el examen del contexto (político, legal y económico) sobre el que se va a operar y, de manera particular, del público al que se va a dirigir la campaña, con el fin de detectar cuáles son las necesidades de mensaje.

b) Fase de *planificación*: una vez detectadas las necesidades del mensaje, se trata de establecer los objetivos de comunicación, así como de diseñar las estrategias adecuadas para satisfacer dichas necesidades: personas, mensaje y difusión. Me referiré a esta fase como la fase de «elaboración del mensaje».

c) Fase de *ejecución*: consiste propiamente en la puesta en práctica de la estrategia, en un período de tiempo determinado, con unos recursos específicos y respetando un marco legal. Es la comunicación del mensaje electoral.

d) Fase de *evaluación*: es la comprobación de resultado en relación con los objetivos y el plan propuesto. Esta evaluación es en sí misma una inversión para las acciones futuras, pues indica qué estrategias son las más efectivas.

II. EL ANÁLISIS DEL CONTEXTO

El análisis del contexto exige el conocimiento de aquellos elementos políticos, legales, culturales, económicos y sociales que puedan condicionar el mensaje electoral. Son los siguientes.

1. DELIMITACIONES

La delimitación *territorial* marca el ámbito de la celebración de las elecciones, que puede ser nacional, regional, municipal e internacional. El ámbito territorial es determinante en lo que se refiere a la infraestructura de la campaña, así como al tipo de relación que se establece entre candidatos y votantes.

La delimitación del *votante* impone unas exigencias de edad y nacionalidad que son muy importantes para la ideación de la campaña, específicamente, para la segmentación del votante que veremos a continuación. Por ejemplo, en aquellos países en los que la edad mínima exigida para poder votar es de dieciocho años, hay una franja de votantes potenciales que no tiene el país en el que la edad mínima es de veintiún años.

El *sistema electoral* es otra de las características que delimita el tipo de campaña, ya que el sistema electoral genera un sistema de partidos. Así por ejemplo, cuando los escaños se reparten proporcionalmente al número de votos obtenidos, se favorece el multipartidismo (como pasa, por ejemplo, en España); el sistema de reparto por mayoría simple favorece el bipartidismo (como pasa, por ejemplo, en Estados Unidos o en el Reino Unido); y el sistema mixto, combinación de sistema de mayoría simple y de sistema proporcional, favorece el bipartidismo con terceros partidos que hacen de bisagra en la formación de coaliciones (como pasa, por ejemplo, en Alemania). Que haya dos, tres o varios partidos en el espectro político de un país, determina unas técnicas de comunicación electoral en el sentido de que los «nichos» de mensaje son diferentes. Hay más «nicho» cuanto menor es el número de partidos; y en la ideación de la campaña hay que tener muy en cuenta quiénes y cuántos son los mensajes rivales.

El sistema electoral impone además la celebración de un número de vueltas, un número mínimo de votos para la adjudicación de escaños, unos modos de negociación de coaliciones, etc.; todos éstos son elementos que influyen en el proceso electoral. Veamos algunos ejemplos. En países como Estados Unidos o Reino Unido, al utilizar un sistema de mayoría simple, lo que los partidos necesitan no es más cantidad de votos sino ganar en más circunscripciones que el siguiente. Por eso, allí los partidos intensifican la campaña en los Estados y circunscripciones donde no tienen asegurado el escaño. Un voto más en las circunscripciones en que ya tienen la mayoría simple no afecta al número final de escaños y, por tanto, al triunfo en las elecciones. Que en Estados Unidos se celebren las primarias empezando por el Estado de Iowa hace que los partidos centren sus esfuerzos allí, ya que los resultados de esa primera elección pueden impulsar el voto de los siguientes Estados en una determinada dirección. O las dos vueltas de Francia y de muchos países de América Latina (pasan a la segunda aquellos candidatos que superan un mínimo de voto) genera unas prácticas de negociación entre partidos que recoloca el voto en cuestión de días. Por último, en España, el sistema D'Hondt de reparto proporcional hace que ganar en unas provincias sea más decisivo que ganar en otras.

2. Marco legal

Todo consultor político debe saber cuál es el régimen jurídico al que tiene que remitirse para conocer el funcionamiento del sistema electoral. Este régimen tiene unas fuentes jurídicas, que son específicas en cada país, y que regulan la celebración de las elecciones, la publicidad y la financiación de partidos. Veamos algunos de esos requerimientos legales (ver el completo trabajo realizado por Soler (2001) sobre el marco legal en España para las distintas actividades electorales).

a) Financiación. La posibilidad de obtención de recursos es fundamental a la hora de planificar una campaña electoral. La ley estipula:

— Las fuentes de financiación.
— Los límites a los ingresos y gastos de un partido y de una campaña.
— La financiación pública, en su caso, y que se hace con cargo a los Presupuestos Generales del Estado, generalmente, con criterios de proporcionalidad a la obtención del voto.
— El control (instituciones y modos) de gasto.

Conocer bien las posibilidades legales de ingresos y gastos es muy importante, pues es preciso distribuir adecuadamente el presupuesto en las distintas partidas y de acuerdo a las necesidades.

b) La ley incluye la regulación de la convocatoria, las exigencias para tener la condición del votante (edad, registro, nacionalidad, etc.), el modo de votar desde el extranjero, los plazos de presentación de candidatos, el inicio de la campaña oficial, la jornada de reflexión, la fecha de celebración de elecciones y la recogida de resultados. Estas imposiciones temporales modifican el tipo de técnicas a seguir. Así por ejemplo, en Estados Unidos la campaña dura oficialmente dos meses pero, en la práctica, se extiende todo un año, con la celebración de las primarias en las convenciones de los partidos. En otros países como España, Alemania o Reino Unido, la campaña dura sólo dos o tres semanas, lo que ha llevado a los partidos a desarrollar perspicaces técnicas encaminadas a la creación de eventos noticiosos con tinte electoral, de forma que los candidatos salgan en los medios de comunicación ya en fase de precampaña.

La ley impone unas condiciones para cada uno de estos plazos. Por ejemplo, no está permitido hacer campaña en la jornada de reflexión, que suele ser el día previo al día de la votación. Técnicas sutiles de comunicación electoral tratan de esquivar esa limitación: los candidatos suelen realizar alguna actividad de carácter privado pero con trascendencia pública, como, por ejemplo, pasear con la familia por un parque para que la gente les vea y salude, sabiendo que los medios otorgarán a eso interés noticioso.

a) Publicidad. La ley regula la utilización de la publicidad. De modo genérico se puede decir que los partidos pueden contratar libremente espacios o tiempos de publicidad en prensa, radio y televisión, aunque, como veremos, hay matices diferenciales en cada país. La ley suele establecer que las tarifas sean las mismas que las que se aplican en los anuncios comerciales.

Se regula también el uso de las vallas publicitarias. En España, por ejemplo, los ayuntamientos reparten proporcionalmente los espacios destinados a este tipo de propaganda. En Estados Unidos, los particulares pueden ofrecer al partido con el que simpatizan el jardín de sus casa para colocar vallas.

b) Medios de comunicación. Las normativa electoral incluye unas imposiciones de recurso a los medios de comunicación como es, por ejemplo, la no publicación de resultados de sondeos en los días previos a las elecciones (en España, la última semana de campaña). De nuevo, la perspicacia propagandística esquiva esta imposición, publicando los sondeos en otro país, información publicada a la que luego acudirán los medios nacionales. La ley impone también las normas de objetividad, por las que, y con vistas a respetar el pluralismo y la igualdad, la cadena pública ha de otorgar a cada partido político unos espacios gratuitos con una duración que es proporcional al voto obtenido. En la práctica, esta atribución de espacios se ha extendido al contenido de los informativos no sólo de las cadenas públicas sino también de las privadas: ya sea por presión o por una determinada concepción de la objetividad, los periodistas «regalan» a cada fuerza política una presencia en el informativo que es proporcional al voto obtenido. Lo que representa un interesante espacio de «noticia» electoral que los partidos han de saber aprovechar.

3. Segmentación del votante

En esta fase de la campaña estamos analizando la situación sobre la que vamos a operar, para lo que necesitamos conocer bien cómo son aquellos a quienes dirigimos el mensaje. Se trata de saber quiénes son, cómo se comportan, cuáles son sus expectativas, qué les motiva, en función de qué decidirán su voto, etc. Esto es la segmentación del votante: no podemos conocerlos en masa para decirles «vótennos», sino que tenemos que identificar grupos o segmentos específicos entre los destinatarios de la campaña, para poder elaborar mensajes concretos y bien adecuados a cada destinatario. Pues no se pide el voto de la misma manera a un anciano que a un estudiante.

Esta segmentación del votante es la traslación de la segmentación del mercado al marketing político (NEWMAN y PERLOFF, 2004: 22) y ha recibido distintas denominaciones: «perfiles del elector» (NIMMO, 1970: 77), «identificaación de la población objetivo» (ORTIZ CABEZA, 1983: 85), «identificación del electorado» (ORTIZ CASTAÑO, 1993: 25), «segmentación del votante» (NEWMAN, 1994: 67), «determinación de los *targets*» (MAAREK, 1995: 67) o «delimitación de la situación competitiva política» (LUQUE, 1996: 138).

Hay una primera segmentación, muy básica, que es la que realiza el partido al analizar la situación del «mercado de voto». Un partido cuenta con electores fieles (los que siempre le votan), adquiridos (votantes recientes), frágiles (votantes propios pero con posibilidad de que se escapen a un partido ajeno), potenciales (votantes ajenos pero con posibilidad de que se pasen al propio partido), lejanos (votantes ajenos que muy difícilmente nos votarán). El partido establece así unas franjas para distribuir bien las energías de campaña. El Cuadro n.º 1 señala en gris aquellas franjas en las que el partido centrará sus esfuerzos de comunicación.

CUADRO N.º 1

Franjas del «mercado de voto» de un partido

Fieles	Adquiridos	Frágiles	Potenciales	Lejanos
Votantes propios			No votantes o votantes ajenos	

El mensaje se dirige de modo diferente a cada una de esas franjas. Se trata de mantener la decisión de los fieles, de reforzar la de los adquiridos, de no perder a los frágiles, y de captar a los potenciales; con los lejanos… probablemente no compense invertir en ellos.

Establecidas las franjas de los destinatarios de la campaña, es preciso conocer quiénes y cómo son los que están en cada una de ellas. Los consultores de campaña desearían saber de ellos todo lo posible, con el fin de idear la estrategia a seguir para modificar su voto en una determinada dirección. Esto no es tarea fácil: perfilar los estilos o modos de ser de las personas y predecir, según esos perfiles, cuál será el comportamiento electoral, es de las cosas más complicadas.

Tanto la práctica profesional como la investigación académica realizada al respecto han tratado de hacerlo mediante la recogida de información cuantitativa sobre determinadas características del votante. Siguiendo a los autores, resumo y clasifico las variables destinadas a recoger este tipo de información del siguiente modo (NIMMO, 1970; LINDON, 1977; REARDON, 1991; NEWMAN, 1994; MAAREK, 1995; SANCHÍS, 1996; LUQUE, 1996):

a) Factores *demográficos*: edad, sexo, estado civil, tamaño de la familia, hábitat geográfico, etc.

b) Factores *económicos*: renta, residencia, equipamiento del hogar, nivel de gasto, clase social, etc.

c) Factores *políticos*: comportamiento electoral (que incluye tanto el recuerdo como la intención de voto); posicionamiento ideológico (situación en escala izquierda-derecha, simpatía partidista, causas por las que se interesa, etc.); motivaciones hacia la política; valoración de la situación pasada, presente y futura del país; preocupaciones políticas; expectativas; interés y participación real en los asuntos públicos (grado de militancia o cercanía a un partido, implicación en actividades políticas, participación en ONGs, etc.).

d) Factores *sociológicos*: nivel educativo, cultural, actividad profesional, creencias, raza, religión, hábitos de ocio, convicciones, etc.

e) Hábitos de *consumo de información*: acceso a medios de comunicación, frecuencia de consumo, grado de atención prestada a la información, etc.

Con los datos *sociodemográficos* se pueden establecer los siguientes segmentos de votantes:

a) Nuevos votantes. Son aquellas personas que en la elección anterior no habían alcanzado el requisito legal de edad para poder ser electores. Es una franja que suele comportarse de modo homogéneo por pertenecer a una misma generación. Es, por la edad, un sector crítico respecto al sistema y respecto a la autoridad. Para los partidos constituye un segmento codiciado ya que, al votar de modo más o menos homogéneo, ganados unos pocos, ganados casi todos. Además, ganar un voto joven es más rentable, a largo plazo, que ganar un voto anciano.

b) Las *mujeres.* Los estudiosos han tratado de determinar si la variable sexo arroja un tipo de segmento de votantes que obligue al diseño de un mensaje electoral específicamente dirigido a las mujeres. Pero la investigación no ofrece resultados muy conclusivos. No por ello, sin embargo, se abandonan las técnicas de gancho de voto femenino. Se dice así, por ejemplo, que el voto de las mujeres es atraído por un candidato guapo, o que a la mujer trabajadora le engancha una candidata con perfil profesional. Las cuestiones sobre violencia de género o acoso sexual han dado a esta cuestión otra relevancia en los últimos años.

c) La *Tercera Edad.* Es un segmento que suele ser persistente en sus posturas, reacio al cambio (tiende a optar por el partido que está en el poder) y que reclama un tipo de acciones electorales muy determinadas. De ahí que sea un grupo deseado para los agentes de campaña; y de ahí también que hayan proliferado las actuaciones públicas en beneficio de este tipo de ciudadanos.

Con la información sobre el *comportamiento electoral* se llega a la siguiente clasificación del votante:

a) Según la *participación electoral*, están los *votantes* (los que realmente emiten el voto) y los *abstencionistas* (los que no lo emiten). La participación electoral varía dependiendo del interés que despierte cada elección, determinado éste por las posibilidades de cambio, por los sucesos políticos que rodean una determinada campaña, por la competencia que haya entre los partidos, o por las sanciones que el sistema aplique a los abstencionistas. Así, por ejemplo, la participación electoral subió en Estados Unidos en 1992 porque la presentación de un tercer candidato, Ross Perot (candidato independiente), rompió todos los cánones habituales de enfrentamiento entre el Partido Republicano y el Partido Conservador, introduciendo con ello una gran incertidumbre sobre los resultados. En España la participación en las elecciones nacionales sube cuando hay expectativas de cambio (como las de 1982 o 1996), o cuando se produce algo inesperado (la participación en el año 2004, tras los atentados del 11M, tuvo su segunda cota más alta con un 77,21 por 100). En regímenes como el de la Unión Soviética la participación rondaba el 100 por 100, pero no por una sintonía de los ciudadanos con el sistema, sino por el temor a que la abstención traiga consigo la represalia de quedarse sin puesto de trabajo. Obligatoriedad que opera también en algunos países de América Latina, donde no acudir a votar puede llevar consigo una sanción económica.

La no participación tiene muy diferentes razones: el descontento (desengaño, pesimismo, inconformismo), la desafección (apatía, inhibición, desinterés), el exceso/defecto de confianza (se piensa que, salga quien salga, lo hará bien/mal), o las dificultades (lejanía del colegio electoral, encontrarse fuera de la circunscripción, desconfianza en el voto por correo, etc.).

Los porcentajes de participación electoral varían según los países. Curiosamente Estados Unidos es uno de los países democráticos de mayor índice de abstención: éste se sitúa en torno al 50 por 100. La razón de esta elevada abstención estriba, en gran parte, en la exigencia de preinscripción para la emisión del voto, lo que hace que votar obligue al elector a acudir dos veces, una para inscribirse y otra para depositar el voto. Por otra parte, en Estados Unidos el partido político no es la institución de mayor importancia para la participación en la vida pública, lo que hace que los ciudadanos no pongan gran interés en los procesos electorales (GÓMEZ ANTÓN, 1996). El índice medio de abstención en Europa se sitúa entre el 20 y el 30 por 100 (SANCHÍS, 1996: 124). El índice de abstención en España varía según cuál sea el tipo de elección: por ejemplo, la media de abstención en las elecciones nacionales está en un 27 por 100, y el de las locales, en un 35 por 100.

La participación tiene su lectura política. Aquellos que salen desean hacerlo con la mayor aprobación posible. Pues en caso contrario, la oposición siempre podrá alegar que el ganador cuenta sólo con tibio apoyo. Así sucede en Estados Unidos, donde generalmente el Presidente lo es por el apoyo sólo de la cuarta parte de la población. Argumentación similar se ha vuelto a escuchar en España con el referéndum de la Constitución europea (2005), donde el 76,7 por 100 fue voto afirmativo, pero de sólo el 42,32 por 100 de la población; o con el del Estatuto de Cataluña (2006), donde el 74 por 100 es voto afirmativo, pero de la mitad de la población.

b) Según el *grado de fidelidad* a un partido:

— *Votantes fijos*, llamados *stand patterns*: son aquellos electores que sistemáticamente votan a un mismo partido durante varias elecciones. Dentro de este tipo están los afiliados a un partido, ciertamente con un elevado grado de compromiso. Estos votantes son los menos vulnerables a las campañas electorales en cuanto que muy difícilmente el partido ajeno conseguirá atraer su voto; por eso es el segmento en el que la campaña electoral actúa reforzando la decisión de voto.

— *Votantes cambiantes*, llamados *switchers*: son aquéllos que no votan lo mismo que en las elecciones anteriores. Es un segmento importante del electorado, ya que en él se encuentran votantes potenciales. Sanchís sitúa el arco de este tipo de votantes entre el 5 y el 20 por 100, pero éste es un dato que varía mucho por países y por elección.

— *Votantes con ausencia de pautas fijas:* son votantes *independientes* o *racionales* (BLUMLER, 1978), aquéllos que no tienen una forma fija de votar, es decir, que ni votan siempre al mismo ni cambian sistemáticamente. Suelen estar aquí los votantes «cualificados», en el sentido de que son personas que deciden su voto analizando, en cada campaña, el valor que tienen las distintas ofertas electorales (partidos y programas). Estos votantes son vulnerables a la campaña en cuanto a que sí consumen la información que en ésta se da; pero son, al mismo tiempo, los que, por su racionalidad, la reciben de modo más crítico.

c) Según el *momento de la decisión del voto*:

— *Decididos*: son los que deciden su voto *antes* de que empiece la campaña. Suelen situarse aquí los votantes fieles, pues como siempre votan al mismo partido, lo tienen decidido con mucha antelación.

— *Indecisos*: son los que resuelven a quien votar durante la campaña. El porcentaje de votantes que se encuentran en esta franja disminuye a medida que avanza la campaña. La franja de indecisos se mueve entre el 20 y el 40 por 100. Este segmento es el más vulnerable a los efectos de la campaña, y por tanto, a quienes ésta va dirigida.

d) Según la *motivación* del voto. Llegamos al nivel de segmentación más difícil, porque se trata de analizar cuáles son los resortes que se remueven en el momento en el que se toma la decisión de a quién votar.

El voto puede verse atraído por uno, varios o todos lo siguientes elementos: el partido, la ideología, el candidato y el programa electoral. Es un voto que está motivado porque la propia opción gusta. Ahora bien, el voto puede estar motivado también por el reducido valor de la opción alternativa: se vota lo que se vota por la rudimentaria razón de que no había otra cosa mejor.

Lo que aquí necesitan las técnicas de análisis del contexto es identificar los resortes más profundos. Veamos qué otras motivaciones pueden influir: la inercia, que hace que el cambio de la opción política nunca se plantee; el contacto con los líderes de opinión o de grupos sociales; el intercambio de opiniones con los familiares y amigos (hay estudios que muestran que lo que verdaderamente llevó a una persona a decidir su voto fue la conversación con los compañeros de trabajo); la publicidad; la información que los medios de comunicación ofrecen sobre el desarrollo de la campaña; y la relación directa o indirecta (a través de colaboradores) con el candidato.

Hay, además, otras motivaciones que están relacionadas con el *valor* que el elector ve en su voto. Según ese valor, el voto puede ser:

— *Voto de castigo*: es el de aquél que toma su decisión para mostrar su desagrado con la situación presente. Ésta es la motivación a la que trata de apelar el partido que está en la oposición: se dirige al electorado señalando aquellas cosas que ha hecho mal el partido en el gobierno, con el fin de crear corrientes de opinión contra aquéllos que están ejerciendo el poder.

— *Voto útil*: es el motivado por el cálculo de estrategia acorde con las características del sistema electoral. Se produce, por ejemplo, como resultado de las imposiciones legales para la formación de gobierno. El votante que percibe que su partido no entrará en el Parlamento (porque el sistema tiene una barrera electoral, es decir, exige un mínimo de votos para la adjudicación de escaños), cambia su voto y toma una opción más útil: la de aquel partido que, aunque no es exactamente el propio, sí logrará escaño. Es lo que puede suceder en España con los votantes conocedores, que saben que el sistema D'Hondt en determinadas circunscripciones puede dejar sin usar los votos de un tercer partido. Cuando unas elecciones se polarizan entre dos partidos, el voto útil favorece a los grandes y perjudica a los pequeños. La utilidad del voto es la motivación a la que apelan los mensajes electorales centrados en el cálculo de resultados (por ejemplo, el mensaje del eslogan «Con la nueva mayoría», utilizado por el Partido Popular en las elecciones españolas de 1996, estuvo destinado a recordar a los electores que era necesario obtener una mayoría para que el partido pudiera formar gobierno).

— En terminología anglosajona se ha denominado *efecto bandwagon* al efecto que produce en los votantes la previsión de los resultados de las elecciones. Por temor a quedarse aislado, a no estar con la mayoría, el votante opta por aquel partido político que cree va a ser el ganador, apuntándose así al carro del vencedor. Está el efecto contrario, el voto de aquél que quiere evitar que gane el partido que se prevé. El efecto *under dog* es el que padece aquella persona que vota a un candidato que está siendo injustamente atacado.

El Cuadro n.º 2 resume los tipos de voto a los que se llega con la segmentación del votante.

Por último, el voto puede estar motivado por las *ventajas* que se espera conseguir. Unas elecciones ponen en juego unos cuantos temas clave alrededor de los cuales se despiertan una serie de intereses diferentes que permiten separar segmentos de votantes. Están los que buscan la estabilidad económica, la segu-

CUADRO N.º 2

Segmentación del votante

Mercado de voto	Según datos socio-demográficos	Según la participación electoral	Según el grado de fidelidad al partido	Según el momento de decisión de voto	Según la motivación del voto
Fieles	Nuevos votante	Votantes	Fijos	Decididos	Voto útil
Adquiridos	Mujeres	Votantes	Cambiantes	Decididos	Voto de castigo
Frágiles	Mujeres	Abstencionistas	Cambiantes	Decididos	Voto de castigo
Potenciales	Ancianos	Abstencionistas	Cambiantes	Decididos	Efecto *Bandwagon*
Lejanos	Ancianos	Abstencionistas	Independientes	Indecisos	Efecto *Under dog*

ridad ciudadana, una mejor distribución del nivel de renta, el desarrollo industrial, o el prestigio internacional.

Identificar las ventajas que el elector espera conseguir con su voto es de las cosas más difíciles del análisis del contexto. Exige conocer los miedos y esperanzas, las preocupaciones y las expectativas: no perder el trabajo o encontrarlo, la educación de los hijos, la reducida pensión de los padres, el incremento de la hipoteca, la regulación del botellón, etc. Además hay causas o cuestiones en torno a las cuales la población tiene distintas sensibilidades: la ecología, los derechos de los gay, el mundo indígena, la guerra, la inmigración, etc.

Entramos ya en cuestiones que afectan a la *personalidad del votante*, a su *estilo de vida*, y que incluye actitudes, opiniones, creencias y valores. La dificultad aquí radica en que el «estilo de vida» no es cuantificable. Se podrá obtener una serie de datos, pero difícilmente de ellos se conseguirá predecir cómo se comportará el votante. Por eso, este tipo de estudios se realizan mediante análisis elaborados de las variables objetivas arriba mencionadas. Es aquí donde los expertos en marketing electoral encuentran los mayores interrogantes respecto a la metodología, y donde se llevan las más grandes sorpresas sobre los resultados. Y es que las personas no somos todo lo predecibles que a los organizadores de campañas electorales les gustaría que fuéramos.

En cualquier caso, las ventajas que el votante espera de su voto es lo que lleva a los agentes de campaña a idear un valor funcional de la oferta electoral que dé respuesta a la pregunta: «¿para qué sirve que yo vote al partido A en lugar de al partido B?».

III. LA ELABORACIÓN DEL MENSAJE ELECTORAL

Una vez que ha sido analizado el contexto e identificados los segmentos de votantes a los que se quiere llegar, se procede a la fase de elaboración del mensaje. Se trata de definir qué es exactamente lo que se quiere decir; en términos de marketing electoral se hablaría de lo que se quiere «vender», de la definición del producto. En realidad esta fase consiste en la especificación de la «oferta electoral».

La oferta electoral tiene que incluir el valor funcional o valor añadido, de forma que, ante la pregunta «¿para qué sirve que adopte la opción A en lugar de la opción B?» el votante no tenga duda.

«Es sólo mi partido el que te puede ofrecer eso que necesitas», es el tono del mensaje electoral. De ahí que el valor funcional tenga también un carácter de contienda: el mensaje lleva implícito una batalla planteada contra todos aquéllos que no son mi propia oferta electoral. Son muchos los que quieren llegar al poder, pero sólo unos pocos pueden hacerlo. Por eso, en la necesidad de captar el voto, los mensajes electorales se apoyan en las deficiencias de lo que los otros partidos ofrecen, y se elaboran tras la minuciosa investigación de los partidos rivales.

El mensaje electoral tiene tres componentes: el partidista (el partido político es la institución que respalda la participación en una campaña), el programático (es la oferta electoral específica que se hace a los votantes) y el personal (es el candidato, persona que hará visible al partido y al programa con nombre y apellidos). Veamos cómo es cada uno de estos componentes y en qué medida forman parte del mensaje electoral.

1. Componente partidista: la imagen del partido

El partido es la institución a la que, en la mayor parte de las constituciones, se le ha otorgado el papel clave de gestión del proceso de acceso al poder. «Los partidos —dice, por ejemplo, la Constitución española en su artículo 6— expresan el pluralismo político, concurren a la formación y manifestación de la voluntad popular y son instrumento fundamental para la participación política». Es decir, aunque cabe la presentación de candidaturas independientes (ajenas a partidos políticos), hoy día resulta muy difícil tomar parte en la carrera electoral sin el respaldo de esta institución. Por eso, afirma Luque, el partido político es la organización que respalda y de la que sale el candidato (LUQUE, 1996: 119).

Al partido político lo define una ideología. Bien es verdad que durante las últimas décadas se está produciendo una evolución hacia la indefinición ideológica por parte de los partidos políticos ya que, con vistas a configurar un mensaje de gancho para el electorado masivo, el componente ideológico ha perdido posición respecto a cuestiones más técnicas, pragmáticas y estratégicas.

Pero, a pesar de ello, la ideología es el elemento que está caracterizando a los partidos políticos desde su origen. Los partidos son de izquierdas o de derechas, conservadores o liberales, demócratas o republicanos, tradicionales o progresistas, ... Aspiran a llegar al poder para gestionar la vida pública guiándose por unos principios ideológicos.

En términos de configuración de mensaje electoral, el partido político está compuesto de:

a) Una trayectoria *histórica*. Es el pasado del partido, desde su fundación hasta el presente, pasado que da garantía y solera a lo que hoy el partido dice que es.

b) Unas características *organizacionales*. En cuanto que institución, el partido tiene una infraestructura, una distribución de poder, una implantación territorial, unos procedimientos para la toma de decisiones, un presupuesto, etc.

c) Unos elementos *simbólicos*. Estos son creados y utilizados para representar esas realidades genéricas y un tanto abstractas, de forma que lleguen con claridad y precisión a los votantes. Son el logo, la bandera, el himno, etc., todas ellas, representaciones que tratan de evocar significados: la rosa y el puño del PSOE, las gaviotas volando del PP, el elefante del Partido Republicano americano («viejo, lento, no muy brillante pero sabio, trabajador, íntegro, conservador, aislado y paciente», NIMMO, 1974: 110), o el mono del Partido Demócrata («activo, ágil, listo, un poco inseguro de sí mismo, rápido, sensible, vulgar y cuidadosamente absurdo» NIMMO, 1974: 110).

Lo que el elemento partidista confiere al mensaje electoral es una marca política clave, de carácter más permanente que puntual. El partido que es liberal, lo será siempre, aunque ese ser liberal adopte formas y matices diferentes según cuál sea la coyuntura electoral del momento.

2. COMPONENTE PROGRAMÁTICO: LA IMAGEN DEL PROGRAMA ELECTORAL

El programa es la oferta de soluciones que, respecto a unos problemas específicos (desempleo, déficit público, inseguridad ciudadana, etc.) ofrece el partido en una campaña electoral. Este componente es el que impregna el mensaje electoral de un tono de futuro y de promesa: «haremos», «construiremos», «sanaremos», «incrementaremos», etc.

El programa gira en torno a unas cuestiones que son problemáticas. Para hacer referencia a éstas, se ha acuñado en el mundo anglosajón el término *issue*. Los *issues*, como configuradores de un programa electoral, se diferencian de la ideología en cuanto que tienen un carácter coyuntural: vienen determinados por el contexto político, social y económico de una campaña. Son temas de esta campaña y no de la anterior ni de la siguiente. Así por ejemplo la entrada en el euro se convirtió en tema electoral de la campaña nacional española de 1996, pero no antes; la ampliación de la Seguridad Social fue tema de la campaña presidencial norteamericana de 1992 pero no después; la reunificación alemana lo fue de las primeras elecciones de Alemania unida en 1990, y perdió gancho electoral en las elecciones posteriores; la guerra de Irak fue un *issue* de las elecciones nacionales españolas de 2004, de las presidenciales americanas de 2004 y de las nacionales británicas de 2005.

Los *issues* o temas que componen el programa electoral tienen además un carácter conflictivo. Es decir, son *problemas*; problemas susceptibles de diferentes soluciones y, por ello, son las cuestiones respecto a las cuales se adoptan posicionamientos diferenciales. Así por ejemplo, el aborto, los impuestos, los gastos sociales, la regulación de las parejas gay, etc., se convierten en *issues* (y, por tanto, en temas de campaña) cuando son objeto de una medida política. Los temas de la campaña electoral nacional española de 1996 fueron el paro, los impuestos, el régimen autonómico, el terrorismo, la deuda y el déficit público, el Estado del bienestar, la convergencia con Europa, la defensa, y la cultura (COTARELO, 1996: 180-184). En su momento, todos éstos eran problemas en torno a los cuales se tomaron decisiones que implicaban conflicto entre las distintas fuerzas políticas.

Precisamente por ese carácter de rivalidad de las campañas (los partidos frente a los problemas ofrecen soluciones no sólo diferentes sino enconadas), suele suceder que los partidos tienen agendas «encontradas»: de todos los *issues* que ocupan una campaña, cada partido tiene sus preferidos, que suelen ser los rechazados por el rival; y viceversa. Así por ejemplo, tal y como demostró la investigación llevada a cabo en las elecciones nacionales de 2000 en España (mediante observación no participante y entrevistas en profundidad a los equipos de campaña), el Partido Popular (partido saliente) tenía como temas de campaña la reducción de impuestos, la subida de pensiones, la creación de empleo, la reducción del déficit público y las medidas con las pequeñas y medianas empresas. Para el Partido Socialista todos estos se presentaban como temas en los que el Gobierno del PP llegaba a las elecciones con logros, por lo que eran temas sobre los que había que evitar noticias. Por eso el PSOE trataría de lograr noticias sobre el debate izquierda-derecha, las libertades democráticas, la corrupción del PP, las *stock options* de Telefónica y la imposición de una tasa a las empresas privadas; todos ellos, temas sobre los que el PP se había propuesto evitar noticias (CANEL, BENAVIDES y ECHART, 2004). Dos agendas temáticas exactamente contrarias entre sí.

Comparando el elemento partidista con el elemento programático del mensaje electoral, podríamos decir que, mientras que la definición del partido es más ideológica y permanente, la definición del programa es más puntual, específica y de concreta aplicación.

En cuanto al formato que recoge el programa electoral, falta todavía innovación y adecuación a las nuevas tecnologías de la comunicación. Con carácter general, se sigue manteniendo el formato de cuadernillo que resume las propuestas de los partidos. Suele constar de:

a) Un prólogo o introducción, con una serie de afirmaciones genéricas sobre qué supone la oferta del partido en el contexto electoral. Generalmente va firmado por el cabeza de lista.

b) La presentación del partido político: reseña histórica, fechas clave, objetivos, logros.

c) Cuestiones específicas. Es la parte más larga del programa, en la que se expone, con mayor o menor concreción, cuáles son los objetivos por áreas: empleo, medio ambiente, educación, vivienda, salud, obras públicas, agricultura, industria, bienestar social, etc.

d) Epílogo o conclusión de lo indicado en el programa, haciendo especial hincapié en los puntos más importantes.

En cuanto que programático, el tono suele ser prometedor, de futuro y un tanto abstracto: «Es necesario en el futuro remover los obstáculos que han impedido hasta el momento...»; «Hay que favorecer el ahorro de familias y empresas...»; «La efectiva protección de los consumidores y usuarios es un objetivo clave en nuestra propuesta...».

3. COMPONENTE PERSONAL: LA IMAGEN DEL CANDIDATO

El mensaje electoral está representado en una persona concreta, que es la que, en caso de ganar las elecciones, ocuparía el poder (escaño, presidencia, alcaldía, etc., según cuál sea la elección de que se trate). Es el candidato.

El candidato está entonces como encarnando aquella ideología política así como las propuestas de resolución de los problemas. La configuración de un candidato como parte del mensaje electoral consiste, entonces, en «poner forma personal» a aquella propuesta ideológica (un tanto abstracta y lejana) y programática (más concreta pero todavía técnica). Con el candidato, es decir, con una persona que tiene nombre y apellidos, parece que la política se ríe, se equivoca, se alegra o se enfada.

Muchos son los estudios realizados sobre qué compone la imagen de un candidato electoral (NIMMO, 1974; BARRANCO, 1982; ORTIZ CABEZA 1983; LEVINE, 1992; ORTIZ CASTAÑO, 1993; NEWMAN, 1994; HACKER, 1995; SANCHÍS, 1996; LUQUE, 1996). En términos generales, clasifico los componentes de la imagen de un candidato del siguiente modo:

a) Características *biográficas*: edad, sexo, raza, procedencia geográfica, educación, nivel cultural, creencias, etc.

b) Características *personales*: talante, simpatía, impulsividad, sinceridad, serenidad, madurez, afabilidad, integridad, etc.

c) Cualificación *profesional*: curriculum, experiencia de gobierno, visión de conjunto, capacidad de toma de decisiones, etc.

d) Posicionamiento *ideológico*: partido por el que se es candidato, militancia en grupos de interés, aspiraciones políticas, causas por las que se ha trabajado, convicciones, concepción del país, concepción de la ciudad, etc.

e) Habilidades *comunicativas*: telegenia, oratoria, agilidad de argumentación, claridad de expresión, timbre de voz, gesticulación, etc.

Todos estos elementos se combinan para crear la imagen de un candidato que es *competente* (hábil, inteligente, con conocimiento, constante en la consecución de sus objetivos y responsable), *fiable* (honrado, con deseo de hacer algo por la comunidad —país, región, municipio, etc.— en la que se celebran las elecciones) y con capacidad de liderar a un equipo (decidido, con visión de conjunto, con habilidad negociadora).

Para que el candidato sea un gancho electoral, se proyecta una imagen de él que tenga los siguientes elementos:

a) Elemento *emocional*. Se presenta a un candidato humano, cercano, que siente como un ciudadano más. Los perfiles que sobre el candidato se ofrecen a los medios de comunicación están llenos de detalles biográficos: familia, lugar de graduación, características del primer empleo, detalles de la iniciación en la vida política, etc. Lo mismo se hace durante la campaña: se ofrece información sobre lo que desayunó el candidato antes de acudir al debate electoral, sobre el lugar donde pasó la «jornada de reflexión», o sobre lo que piensan los hijos de que su padre o madre aspire a ser el presidente/a de la nación.

b) Elemento *social*. Representa el perfil del candidato con el que pueda conectar la mayor parte de los votantes. Se le presenta como de la clase media: la biografía electoral de Carter subrayó la experiencia de éste como granjero; la de Major le identificó con un inicial contable de banco que acabó siendo Ministro de Economía; y la de la presidenta chilena Bachelet, como una mujer que sintoniza fácilmente con el folklore indígena.

c) Elemento *profesional*. Se presenta al candidato *hábil* e *inteligente*. El primer *spot* publicitario político de la historia llevó a Eisenhower a un estudio de televisión con el fin de disimular sus defectos por medio de un montaje de imágenes en el que el candidato respondía, con una agilidad mental en él desconocida, a todo tipo de preguntas. Se proyecta al candidato, además, como alguien *activo* (por eso, en precampaña y campaña, los candidatos se prodigan en visitas a fábricas, empresas, instituciones culturales e instituciones educativas), y con dimensión *internacional* (razón por la que los candidatos, incluso en período no electoral, dan publicidad a sus encuentros con correligionarios de otros países).

Aquí tenemos los elementos para configurar la imagen de un candidato. Pero, ¿es el candidato un producto de la nada, creado con unas buenas técnicas de comunicación electoral?

La argumentación de los expertos responde a esta pregunta en una misma dirección: el candidato ni nace ni se hace. O, a la inversa, sólo hay candidato si nace y se hace (MAC GINNIS, 1972; BARRANCO, 1982; NEWMAN, 1994; SANCHÍS, 1996; ARCEO, 1982; HACKER, 1995; LEVINE, 1992; TRENT y FRIEDENBERG, 1995). El que tiene raza de líder necesita adquirir una serie de destrezas para poder comunicarse con aquéllos a quienes quiere hacer llegar su mensaje. Pero el candidato de laboratorio, que se crea de la nada, termina en algo forzado y carente de autenticidad.

Por eso, como afirman los expertos, el principio fundamental para todo candidato es que sea él mismo. Para ello, ha de conocer sus fortalezas y debilidades; y las estrategias de comunicación electoral han de ir encaminadas a subrayar las primeras y disimular las segundas. La función que tiene el consultor es limitarse a estudiar a fondo la imagen pública de su candidato, para tratar de realzar los atributos más positivos que la integran, sin empeñarse en engañar a nadie. Porque, realmente, cuando la imagen es demasiado construida, acaba siendo ficticia y volviéndose contra el propio candidato.

En cualquier caso, esta cuestión es, ciertamente, una cuestión clave. En ella estamos empeñados investigadores académicos y profesionales: ¿qué hace que un candidato gane? O, mejor, ¿cómo hacer que un candidato gane? Lleva implícitas otras tantas cuestiones como planteo en el capítulo 6. Pues, por ejemplo, tiene que ver con la pregunta de si la comunicación puede manipular realidades hasta el punto de crearlas y hacerlas funcionar de manera ficticia. Plantea, también, la cuestión de en qué consiste exactamente el carisma.

En los muchos debates en los que he tenido la suerte de participar con compañeros y alumnos de master en distintos países, no he dejado de suscitar la pregunta: ¿qué es un líder carismático? Distintos países, distintas respuestas; distintas épocas, también distintas respuestas. Para unos, carismático es el candidato simpático; para otros, quien cumple lo prometido; otros consideran que quien inspira seguridad y confianza; y para otros, dar bien ante la cámara es suficiente para el carisma. Y es que resulta francamente difícil definir el carisma. No en vano la definición del término, «especial capacidad de algunas personas para atraer o fascinar», remite a una realidad semántica, propia del mundo religioso, que sitúa la causa en algo desconocido: carisma es un «don gratuito que Dios concede a algunas personas en beneficio de la comunidad». Podría terminar esta compleja cuestión diciendo que carismático es aquél que atrae, pero no se sabe muy bien por qué. Qué sea en cada líder concreto lo que atraiga continuará ocupando la investigación de profesionales y académicos.

4. El ajustado equilibrio del mensaje electoral

¿Qué es lo que motiva el voto? ¿El partido, el programa o el candidato?

El desarrollo que la televisión ha tenido en las últimas décadas ha favorecido un marketing político más centrado en subrayar las cualidades personales de quién encarna la política, del candidato, en detrimento de las características técnicas y abstractas de lo institucional, del partido o programa. Es éste el fenómeno de la «personificación de la política» que ha contribuido al encumbramiento de los líderes en perjuicio del partido como institución. Es, en los términos en los que lo plantean García Beaudoux y otros, el predominio de la imagen sobre los temas (2005, pp. 125 y ss.).

Ahora bien, ésta es una afirmación demasiado general, que ignora los efectos que el sistema político puede tener en la relación que el votante establece con el partido/programa/candidato. Por ejemplo, en aquellos países en los que el sistema de voto se realiza siguiendo el criterio de mayoría simple, un sólo candidato representa a la circunscripción en el Parlamento. Como consecuencia se establece una estrecha relación entre los votantes y su diputado representante: éste se instala en su «consulta» con el fin de que aquéllos puedan acudir a plantearle los problemas de la zona. Por el contrario, en aquellos países donde los partidos presentan listas cerradas de candidatos y se adjudican los escaños por sistema proporcional, es más fuerte la relación que se establece entre el votante y el partido que la que se establece entre el votante y el candidato. Pues en un sistema así, el elector apenas conoce a los muchos candidatos que aparecen en la lista de su circunscripción. En países semipresidencialistas, como Francia, el papel que tiene el Presidente de la República como líder de la patria, hace que las cualidades personales del candidato sea el fuerte gancho de las elecciones presidenciales, de lo que puede resultar que un votante de derechas elija para la Presidencia al candidato que le gusta más, aunque éste sea de izquierdas.

Resulta muy difícil, por tanto, dar respuesta a la pregunta planteada. Como afirmación general se podría decir que los votantes fieles tienden a tomar su decisión motivados por el partido; los votantes cambiantes, motivados por el candidato o por el programa.

En cualquier caso, el mensaje electoral ha de ser una ajustada combinación de los tres elementos que lo componen, de manera tal que el resultado final sea algo integrado y coherente. La personalidad del candidato ha de estar bien contextualizada en el posicionamiento ideológico del partido al que representa, así como en el momento coyuntural en el que combate por el poder. Es decir, partido, programa y candidato deben constituir una sola cosa, de forma que el candidato articule bien lo que el partido ha sido y es y lo que ofrece en un momento concreto.

Ejemplos de mensajes electorales equilibrados son, a mi juicio, el de la presentación de Felipe González en 1982 como el político que podía efectuar el cambio en España, «el hombre de las nuevas generaciones con una trayectoria democrática suficiente como para desterrar ciertos hábitos de la sociedad española» (SANCHÍS, 1996: 161). O el de Kohl, como el hombre que podía llevar a cabo la reunificación alemana. En los dos casos el candidato, componente personal, representaba bien una ideología, componente partidista (la renovación, la reforma, el progresismo de la izquierda en el primer caso; la política económica de la Democracia Cristiana en el segundo). Y era esa ideología la más adecuada para las circunstancias históricas del momento, componente programático (la Transición en el primer caso; la reunificación alemana en el segundo).

Los casos en los que la revalorización excesiva del candidato ha ido en detrimento del partido, haciendo que se produzca un fracaso en éste con la desaparición de aquél (lo que sucedió, por ejemplo, al Partido Socialista Francés cuando Mitterrand dejó la política) han puesto especialmente de manifiesto la necesidad del ajustado equilibrio del mensaje electoral.

IV. LA COMUNICACIÓN DEL MENSAJE ELECTORAL

Ideado el mensaje, llega la fase de comunicación: hay que ponerlo en conocimiento de los votantes.

Para eso se cuenta con una gran diversidad de técnicas comunicativas: encuentros directos con los electores en mítines, *rallies* y *walkabouts*; eventos deliberativos como los discursos (en forma de rueda de prensa, discursos de anuncio, etc.) y debates; elementos visuales como vallas publicitarias, inserciones publicitarias en prensa, radio y televisión; el marketing directo, por correo, correo telefónico o correo electrónico; e Internet.

Todas estas vías diferentes han de transmitir un mensaje coherente y unificado, que se atenga al ajustado equilibrio entre el partido, programa y candidato arriba indicado. Para conseguirlo, es necesario un plan de coordinación de la comunicación del mensaje, de manera que todas y cada una de las vías de canalización estén formando parte de un todo que es respetado y cumplido.

Hay que tener en cuenta, además, que el mensaje que se ha ideado a comienzo de campaña, debe ser flexible y abierto a modificaciones. Pues, iniciada la campaña, pueden suceder muchas cosas que trastoquen la agenda temática de los partidos: que el partido rival no dé el mensaje que se esperaba, y esté haciendo el mismo hincapié que mi partido en la política de pensiones, por lo que mi oferta no es tan diferencial como yo quería; o que la oposición me ataque revelando unos datos desconocidos sobre el oscuro pasado de mi candidato; o que se declare una guerra que, además de atraer el interés de los medios de comunicación, pone sobre la mesa un nuevo tema de campaña, la inversión en política de defensa. Hasta podría pasar que el candidato, en plena campaña, con la inconsciencia propia del cansancio y de la tensión del momento, haga unas declaraciones que no se ajustan del todo a aquel mensaje electoral que había sido tan cuidadosamente ideado; o que incluso lo destrozan. Los organizadores de campaña han de ser rápidos para reconducir el énfasis de los temas, para elaborar el mensaje de reacción que incluya toda la información necesaria sobre el pasado del candidato, para idear una política de defensa (a la que inicialmente no se dio tanta importancia), y para convencer al candidato de que tiene que matizar o retirar lo dicho.

Veamos algunos ejemplos. Tema imprevisto puede ser un atentado (como sucedió en las elecciones nacionales españolas de 1996, 2000 y 2004); una catástrofe natural (como las inundaciones de Alemania de las elecciones nacionales de 2002); o algún problema interno (como la dimisión del Ministro de Trabajo en las elecciones nacionales españolas de 2000). Estos temas, que podríamos llamar «temas accidente», en algunos casos bloquean la campaña: por ejemplo, con el atentado del año 2000 los partidos decidieron suprimir un día de campaña; el atentado del 11 de marzo de 2004 acabó con la campaña. También la pueden contaminar: en las elecciones de 2000 el terrorismo, que no era un tema deseado por los partidos, acabó no sólo siendo un tema prioritario, sino contaminando los enfoques noticiosos del resto de la cobertura (CANEL, ECHART y DEL RÍO, 2003).

Los «temas accidente» ponen a prueba la capacidad de los estrategas de campaña para reconducir el mensaje y mantenerse en línea con lo ideado en un principio. De ahí que se elabore un *plan de comunicación* de mensaje en el que quede recogido lo siguiente: objetivo estratégico del mensaje en cada momento de campaña, destinatarios, expresión específica, medios y técnicas a utilizar y calendario de difusión.

Veamos algunas técnicas de comunicación del mensaje.

1. EL LOGO Y EL ESLOGAN

Son elementos que tratan de expresar una idea, aquélla con la que los organizadores de campaña quieren que quede asociado el partido. El logo es más permanente que el eslogan, pues éste es ideado por el partido para cada campaña, con el fin de compendiar, en forma de lema, lo que el partido entiende que es su propuesta electoral. Se diferencia, además, en que mientras que el logo es gráfico, el eslogan es textual. Éste es una frase, como por ejemplo, «El socialismo, una idea que hace camino» (Partido Socialista Francés, 1970) (FERRER, 1992).

El término eslogan viene del gaélico *slaugh-gharim*, término que en la antigua Escocia significaba conjunto de palabras o frases utilizadas por los clanes. La lengua inglesa lo introdujo en 1704 como frase o grito de los soldados de las trincheras. En la Edad Media, el término «emigró» a Europa, para significar contraseña con la que reconocer al soldado de un mismo bando en la confusión de una batalla. Y en el siglo XIX el término se empieza a utilizar como divisa de un partido y consigna electoral (STEWART y otros, 1995: 400; Del Rey, 1997: 166).

Una buena campaña electoral tiene un buen eslogan. Y un buen eslogan es aquél que llega al receptor porque impacta, haciendo que todo posible votante se fije en él, lo entienda, lo retenga, hable de él con sus amigos, e incluso lo recuerde con el paso del tiempo. Además de impactar, un buen eslogan consigue que el receptor asocie con el partido aquellas ideas y cualidades que se quiso proyectar. Por eso, el buen eslogan incorpora todos los elementos del mensaje electoral.

La elaboración de un buen eslogan implica lo siguiente (FERRER, 1992; STEMPEL, 1994; STEWART y otros, 1995; SANCHÍS, 1996; DEL REY, 1997):

— Conocimiento de la *historia* del país o ámbito en el que se celebran las elecciones. Es preciso que el consultor político o publicista distinga bien el pasado de las personas a las que va dirigido el eslogan, para que la idea que éste exprese salga bien al paso de los miedos y de las expectativas de los votantes. Veamos algunos ejemplos:

«Votar centro es votar Suárez», fue el eslogan de la Unión de Centro Democrático de España en 1977. Esta frase incluía varios elementos históricos: los españoles se estaban estrenando en el ejercicio de su derecho al voto, por lo que la palabra «voto» tenía un significado positivo; por otra parte, había un cierto rechazo hacia la derecha, dada la experiencia de los cuarenta años del régimen precedente, por lo que la palabra «centro» proyectaba algo deseable.

«Necesitamos un gobierno tan bueno como su gente» fue el eslogan utilizado por Jimmy Carter en 1976 (STEMPEL, 1994: 112) tras el escándalo *Watergate*, que había tenido como consecuencia la dimisión del presidente Nixon. Esta frase apelaba a la honradez de los ciudadanos, que estaban verdaderamente decepcionados al comprobar que la autoridad máxima de su país carecía de ese valor.

«Dos buenos mandatos son dignos de otro» (F. D. Roosevelt, USA) (FERRER, 1992) es un eslogan que se apoya en los logros que el entonces candidato Roosevelt había conseguido durante el ejercicio de la Presidencia en los dos períodos anteriores de jefatura. En la misma línea está el eslogan «Sigamos mejorando», utilizado por el Partido Popular español en las elecciones europeas de 1999; línea que también siguió en las elecciones nacionales de 2000 al optar por «Vamos a más», tras una primera fase en la que persiguió la constatación de los logros de gobierno mediante el eslogan «Hechos».

— Conocimiento del *propio partido*, de sus fortalezas y debilidades.
«Pujol, el Presidente, todo por Cataluña» (DEL REY, 1997) es un eslogan que se apoya en el carisma que el candidato tenía para el liderazgo de Cataluña.

— Asociación del partido con aquéllos *valores* que se desean. Veamos algunos ejemplos.

Valores *positivos*, que sean dignos de la aprobación del público, pero suficientemente *abstractos* como para que no impliquen un compromiso específico: participación, esperanza, futuro, progreso, modernización, desarrollo, pluralismo, etc.: «Un nuevo impulso» (UDF/RPR en 1997) (DEL REY, 1997); «el año de la esperanza» (Menem, Argentina) (FERRER, 1992); «Vota futuro, vota PSOE» (PSOE en 1993).

Valores *pragmáticos*, en los que el elector reconozca la utilidad de su voto: «El Estado eficaz al servicio de los ciudadanos» (UDF/RPR 1997) (DEL REY, 1997).

Valores relacionados con los *issues* que están en juego, como el utilizado por Calderón en las presidenciales de México de 2006: «Calderón el candidato de las manos limpias».

Valores que *adulan al votante* subrayando su «yo»: «Tú puedes cambiar el mundo» (STEWART y otros, 1995); «Dilo en alto: soy negro, estoy orgulloso» (movimiento en defensa de los derechos de los negros) (STEWART y otros, 1995).

Valores que *impulsan a la acción*, a la movilización del votante: «Atrévete a luchar, atrévete a ganar» (Izquierda radical, Estados Unidos) (STEWART y otros, 1995); «Somos más» (Argentina en 1999).

En regímenes no democráticos no se utiliza con tanta frecuencia valores que evoquen libertad. La *patria* es aquí, por el contrario, un valor más recurrido: «Sólo existe la dicha cuando hay patria», «Sabremos arrancar la vida a quien intente arrancarnos la patria», (Fidel Castro) (FERRER, 1992). Veamos otros ejemplos: «Franco, sí, Comunismo, no» (España, régimen de Franco, 1940) (FERRER, 1992); «Yo, candidato, por la gracia de Dios» (Chile, régimen de Pinochet, 1988) (DEL REY, 1997).

— Utilización de *recursos estilísticos* como la rima («Si Zapata viviera, con nosotros anduviera (Comandante Marcos, México) (FERRER, 1992); «I like Ike»; «Quero un Brasil decente, quero Lula presidente» (campaña de Lula da Silva en Brasil, 2002) o populares, como el título de una película o una canción («Contigo», palabra que da título a una canción de la conocida Rosana, fue el eslogan del PSOE en las elecciones europeas de 1999).

Brevedad. Todo lo dicho anteriormente ha de ser expresado de la forma más directa y concisa posible. Eslóganes como «El socialismo, una idea que hace camino» (Partido Socialista Francés, 1970) (DEL REY, 1997) o «Para terminar con los candidatos impuestos, imponga el suyo» (ICP, Colombia) (FERRER, 1992) no gozan de esta cualidad: su percepción exigen demasiado tiempo y atención por parte del receptor.

«UCD cumple» (Unión de Centro Democrático, 1979) (SANCHÍS, 1996) es un buen ejemplo: dos palabras que transmiten el nombre del partido y, con el respaldo de las promesas con las que efectivamente se había cumplido, consiguen asociar al partido con un valor positivo.

«Diciendo y haciendo» (DEL REY, 1997), si bien es tan breve como el anterior y consigue transmitir la misma realidad de compromiso práctico, no incluye el nombre del partido.

Como récord de eslogan corto se podría citar el de UCD en el referéndum del Estatuto catalán: «Sí» (SANCHÍS, 1996).

Dar con una frase que reúna todas estas características es una tarea ardua y difícil. Cada partido tiene su propio modo de elaborar el eslogan. Se puede decir, en términos generales, que se celebra una reunión con los políticos y creativos, en la que, tras exponer los objetivos de la campaña, se procede a una asistemática tormenta de ideas, hasta que se llega a la elección de un solo eslogan.

2. LA ORGANIZACIÓN DE EVENTOS

En campaña electoral se organizan eventos con el fin de atraer la atención de los medios y poder escenificar, a través de estos, el apoyo al partido y al candidato. Son «hechos o eventos, planificados o generados por los equipos de campaña, que están expresamente destinados a ser reproducidos por los medios de comunicación, cuyo principal objetivo es ganar visibilidad en el espacio público, aumentando la exposición pública y la cobertura que recibe el candidato» (GARCÍA BEAUDOUX y otros, 2005: 115).

Estos eventos han recibido denominaciones como pseudoacontecimientos», «pseudoeventos» o «eventos mediáticos» (DAYAN y KATZ, 1992).). Sin entrar aquí al debate que subyace (el debate sobre qué hay de verdad en esos eventos), simplemente mencionaré que los pseudoeventos sobredimensionan un rasgo de la realidad para captar la atención de los medios. Son típicos pseudoeventos de campañas electorales las inauguraciones (éstas, más bien de precampañas), la aparición de los candidatos en lugares públicos (los «espontáneos» encuentros directos con el votante), las declaraciones (a la entrada o salida de algo), las narraciones biográficas (por ejemplo, «un día de campaña con el candidato») y la publicación de encuestas. Los medios contribuyen a la creación de pseudoeventos: por ejemplo, con la sección «la noticia del día», «la cifra de hoy» o «el tema de campaña», fuerzan a que los partidos intenten generar algo que pueda ocupar ese espacio noticioso.

Veamos algunos eventos específicos.

A) *Encuentros directos con el votante*

Los encuentros directos con el público admiten muy diferentes modalidades. En España el más utilizado es el denominado «mitin», término que resulta de la modificación del original «meeting» (encuentro o reunión). En realidad, el mitin español no es lo que es el «meeting» en el mundo electoral anglosajón. Veamos cada uno de ellos.

a) Encuentros con *líderes de opinión*. Son encuentros, en grupos pequeños, y para algún evento específico (realización de un homenaje, inauguración de un museo, celebración de un congreso profesional) que reúna a sectores de la población que tienen influencia en la sociedad (empresarios, actores, escritores, médicos, etc.).

b) *Meetings*. Son encuentros del candidato con los votantes en foros buscados por el partido: instituciones educativas, sociales, culturales, económicas, laborales, etc., con el fin de tomar contacto con todos los votantes, incluidos los ajenos. El candidato acude allí, a la misma sede, para acercarse al votante, y para que en los medios pueda salir la «foto» de un candidato que encaja bien en todo tipo de foros. Están planificados y van acompañados de un mensaje textual: hay un discurso o declaración de las intenciones electorales. En Gran Bretaña, los candidatos utilizan la tradición de acudir al *speaker corner*, la esquina del orador, situada en el parque, a la que todo ciudadano puede ir para dar su mensaje.

c) *Walkabouts*. El candidato acude a los lugares públicos: grandes almacenes, plazas, calles, mercados, etc. No son eventos propiamente, en cuanto que no hay una actividad planificada; es una actividad «espontánea» del candidato que se une a lo que el ciudadano medio realiza. No hay discursos. Pero sin lugar a duda está planificado, de manera particular, el acceso de los medios, con el fin de que éstos muestren a un candidato interesado por los problemas del ama de casa que hace la compra, de los niños que juegan en el parque, o de los estudiantes que salen de las aulas. El problema de estos eventos es que, al ser de acceso abierto, la «fotografía» está menos controlada. Pues aun cuando se organizan en barrios con mayoría de votantes propios, hay riesgo de que alguien quiera e intente boicotearlos.

d) *Canvassing*. Es la visita que se realiza, puerta a puerta, a la casa de los electores, para hablar de la opción electoral que han de tomar. Es ésta una técnica más apropiada para las elecciones locales, y de reducida eficacia en las elecciones nacionales. La realización de estas visitas depende mucho de la idiosincrasia y cultura de la zona.

e) *Rallies*. Es lo que en España llamamos mítines. Son encuentros directos con los votantes, pero más multitudinarios (por ejemplo, en los mítines de 1996 se calcula que candidatos como González y Aznar hablaron a un total de 170.000 y 200.000 personas) (COTARELO, 1996: 174) y formales (se planifican unas intervenciones, unos discursos, una música, etc.).

El público de los mítines está constituido, fundamentalmente, por militantes, afiliados al partido. Si en los *meetings* y *walkabouts* era el candidato quien acudía, por lo que podía encontrar a gente de toda tendencia política, en el mitin es el votante el que acude al lugar del candidato. Van los que realmente quieren escuchar, los que son cercanos.

La escenografía es fundamental en este tipo de eventos. La tarima, la altura del atril desde el que hablará el orador, los colores, la música pegadiza, la representación del logo del partido, la fotografía del candidato, el juego de luces, etc., son todos éstos elementos de gran importancia, que reclaman que en el equipo de campaña haya una unidad dedicada exclusivamente a esto.

Respecto a las intervenciones, los partidos tratan de que el candidato acuda a los mítines de las principales ciudades. Se tiende además a que acudan personajes del mundo del espectáculo que tengan ascendiente sobre el votante masivo. Así por ejemplo, los españoles han visto circular por estos eventos a Julio Iglesias, Miguel Bosé, Antonio Banderas, Norma Duval, Bertín Osborne, Concha Velasco, Ana Belén, etc.

El tono del discurso es un tono de arenga, de autoalabanza y triunfalismo. El candidato, que suele vestir de modo informal, se encuentra entre sus correligionarios y votantes, y es momento para la autoafirmación, la sonrisa, la música y los aplausos.

Como no es muy elevado el índice de ciudadanos que acuden a un mitin, la conexión que los medios de comunicación realizan en sus informativos con este tipo de eventos es clave para la comunicación del mensaje electoral. Los partidos saben que muchos ciudadanos verán del mitin sólo los dos minutos de esta conexión. Por eso es ya general el truco de avisar al candidato, mediante una luz, de que se encuentra en directo. Como si fuera algo espontáneo, éste corta el discurso para pronunciar la frase lapidaria y contundente que tenía preparada. Es el mitin para la televisión. De ahí que, como veremos en el capítulo 4, las cadenas de televisión estén sometidas a los constantes «consejos» y peticiones por parte de los partidos sobre cómo han de cubrir los mítines.

En España el mitin ha sido el acto electoral estrella hasta hace pocos años. Pero los partidos han ido comprobando que el mitin no ocupa el espacio noticioso del mediodía (pues el mitin de la noche anterior es ya noticia vieja). Por eso, las últimas campañas nacionales han estado caracterizadas por lo que se llaman «actos sectoriales» (se centran en un aspecto concreto: educación, sanidad, etc.) que se ajustan mejor a los rasgos informativos: van dirigidos a grupos específicos (empresarios, médicos, jubilados, etc.), son más reducidos (por lo que el líder no tiene que elevar la voz en tono de arenga, algo que resta credibilidad informativa), y al celebrarse a media mañana, tienen la actualidad necesaria para el informativo del mediodía (Canel, Benavides y Echart, 2004).

B) *Los debates electorales*

El debate electoral consiste en el enfrentamiento dialéctico entre las partes rivales que compiten en la contienda electoral.

Constituye uno de los eventos más importantes por dos razones. En primer lugar, y aunque se matizará esta afirmación en el capítulo 5, se puede decir que, de todos los eventos, éste es el que más puede hacer cambiar un resultado electoral. En segundo lugar, con carácter general se puede decir que es el evento electoral más seguido en los países que se celebra (Trent, 1995; Marín, 2003: 236; McKinney y Carlin, 2004: 203). Algo que no es extraño si se considera el atractivo que tiene observar al candidato en la situación más indefensa; y comprobar si, ante el ataque del rival, es ágil de palabra, se pone nervioso, entra al trapo o si esquiva con habilidad.

Los debates electorales se iniciaron en Estados Unidos con la campaña electoral presidencial de 1960, en la que la juventud y capacidad dialéctica de John F. Kennedy vencieron a Nixon en el primer debate televisado. Desde entonces —con altibajos, pues algunos candidatos se han negado a exponerse a esa competencia de telegenia— el debate electoral se ha convertido en un evento mediático clave en los Estados Unidos. Allí hoy se celebra, al menos, un debate por campaña, con un formato que básicamente es el siguiente: en un estudio en el que hay presencia de ciudadanos, los candidatos —generalmente dos— se sientan en una banqueta alta, sin atril ni mesa que les proteja, y responden a las preguntas que hace un panel de periodistas.

El debate es más propio de los países presidencialistas, donde las campañas se construyen en torno a la figura del candidato (RANNEY, 1979; KRAUS, 1979; BITZER y REUTER, 1980). Pero esta fórmula se ha ido extendiendo a otros países con distinta frecuencia y formato. MARÍN (2003) realiza una extensa descripción de los debates en los distintos países. En Francia se celebran debates en las campañas presidenciales (aunque no en todas: de hecho no ha habido debates en las dos últimas elecciones); y consiste en un auténtico cuerpo a cuerpo entre los candidatos, que debaten bajo el arbitraje de uno o dos moderadores. Alemania, con modelo similar al francés, que había celebrado debates en cinco campañas hasta 1987, ha vuelto a retomar esta práctica con la celebración de dos debates entre los candidatos a la presidencia del gobierno en 2002. En Italia sólo se ha celebrado un debate en las elecciones legislativas de 1989. En el Reino Unido, país que tiene como práctica celebrar diariamente una rueda de prensa en cada partido por la mañana para fijar la agenda electoral del día, no se celebran debates, aunque hubo un intento de retar a Blair a hacerlo por parte de Major en 1997. En algunos países presidencialistas de América Latina se reproduce un modelo similar al americano. Y en España se celebran debates en niveles inferiores (entre candidatos a presidencias autonómicas, a las alcaldías, etc.), pero sólo se han celebrado debates entre los candidatos a la Presidencia del Gobierno en 1993, con un formato que Marín (2003) denomina ecléctico: toma de los Estados Unidos algunos rasgos de su espectacularización en lo que rodea al debate («gran despliegue de medios, música que incita al duelo, conexiones con el exterior, entrevistas a analistas y personajes»... (p. 233); y toma del modelo francés y alemán la disposición de los candidatos (que se sientan tras una mesa, en un estudio donde no hay público), así como el carácter «cuerpo a cuerpo» (los candidatos no responden a los periodistas sino que se pueden interpelar mutuamente), bajo la dirección de un moderador, que señala los temas, da la palabra y reparte los tiempos.

Los debates vienen a ser como una puesta a prueba de la capacidad dialéctica del candidato, que, enfrentado a sus rivales, ha de mostrar que tiene la solución acertada a todo tipo de problemas. El éxito está en la agilidad de respuesta, en la capacidad de dominio del discurso y en la riqueza comunicativa.

En el debate todo es muy importante, pues en todo se juega algo. Hasta los más mínimos detalles pueden tener efectos decisivos en los votantes. Por eso, al debate precede una intensa y tensa negociación entre los partidos, donde lo primero que está en juego es el mismo debate. Pues no siempre compensa debatir; pero siempre compensa quedar como el que no tiene problemas en hacerlo.

Compensa debatir cuando:

— se predice una estrecha cercanía de resultados entre los partidos rivales, lo que hace que el resultado final dependa de un número bajo de votos, entre los que están los indecisos;
— el candidato propio es buen debatiente, y cuenta con una definición clara de mensaje electoral;

De manera que no suele querer debatir el candidato del que se predice una mayoría clara; y suele querer debatir quien no tiene nada que perder (porque ya va perdiendo) o puede, al menos, sacar del debate un incremento de visibilidad o un mayor posicionamiento como presidenciable, aunque se pierdan las elecciones.

En su punto cero está entonces el gesto de retar al rival y de reacciona al reto. Reta quien quiere debatir. Y quien no quiere debatir escenifica el rechazo al debate de la manera menos perjudicial posible. Hay que tener en cuenta además otros actores de la negociación: los medios, que siempre quieren el debate (pues éste incrementa las audiencias y da tensión narrativa a la campaña), por lo que intentarán propiciar con su cobertura que la negociación acabe en debate. La existencia o no existencia de debate es, de hecho, un tema frecuente de noticia en las campañas electorales.

Si los partidos han acordado debatir, el siguiente paso es la negociación de todas las condiciones en las que el debate se desarrollará. Empezando por las de contexto, se acuerda el lugar (generalmente, si se puede, un canal de televisión), el moderador (uno que sea reconocido como imparcial y buen moderador para las distintas partes), la duración, el día y la hora.

También los detalles del escenario son de suma importancia: el tipo de mesa o atril (pues además de marcar diferencias en el desarrollo —ya que los candidatos se sienten más seguros tras una mesa y sentados— modifica la imagen. El candidato alto preferirá (más que el bajito) estar de pie; el color del fondo (que puede realzar más o menos, y que determina el color del vestuario, determinación importante, sobre todo, si el debate se produce entre un hombre y una mujer); la disposición de los candidatos (enfrentados da más vida al debate); la luz, etc.

La negociación sobre el contenido del debate incluye tratar la duración, las pausas (que han de ser llevada de manera estricta, pues hay que contar con las entradas de publicidad), el estilo del moderador (no es lo mismo que se le dé un texto acordado que que se le dé libertad para formular las preguntas o las entradas a los temas), los temas (negociación complicada pues, como ya he mencionado, los partidos suelen tener agendas de temas contrarias entre sí, por lo que lo que uno quiere debatir el otro no quiere), el orden de temas (que han de acordarse pensando también en configurar un debate atractivo para el público), y el orden de intervenciones (incluyendo réplica y contrarréplica; los partidos siempre buscan tener la última palabra en sus mejores temas)

Nada de la realización puede ser desatendido: hay que negociar el número de cámaras, los planos (incluyendo también la decisión de si se puede tomar planos del candidato mientras escucha, planos que también transmiten mucho mensaje, pues pueden mostrar a un candidato con cara de mofa, sorpresa o enfado ante lo que le está espetando su rival), si se emiten otras imágenes durante el debate, etc.

Y, por último, lo que rodea al debate: la presencia o no de público, la posible intervención de periodistas, la llegada de los candidatos, el hacer o no hacer declaraciones, etc.

Además del manejo de las técnicas de discurso, la realización de un debate electoral lleva consigo un asesoramiento y entrenamiento en una serie de cuestiones de aspecto y presentación:

a) *Apariencia física*: la constitución física y, de manera particular, los rasgos faciales, pueden tener una influencia positiva o negativa. Sobre lo que el candidato es en sí mismo, se puede «manipular» el efecto por medio del ángulo o cercanía de la cámara.

b) *La voz*: el timbre, el ritmo o la inflexión pueden dar una imagen específica de la solidez de un candidato. Se entrena al candidato en un tipo de dicción que le hace peculiar e identificable.

c) *Los gestos*: es la expresión corporal específica para las cámaras de televisión. El movimiento de las manos, o de las cejas, la sonrisa, la mirada (que alterna su dirección entre la cámara y el rival), etc., todos estos constituyen elementos de protolenguaje de gran eficacia comunicativa.

d) *El vestuario*: si bien antes predominaba el rojo, el marketing político tiende ahora a aconsejar el azul como el color para las comparecencias públicas de los políticos, por ser éste un color que inspira seriedad, armonía y ausencia de estridencias.

El debate es una técnica de comunicación de mensaje electoral que sí influye en la creación de imágenes de los candidatos. El debate es como el momento en que el votante puede poner a examen al candidato, y todos los gestos y palabras de éste tienen enormes consecuencias. Así por ejemplo, que Bush mirara el reloj con aire cansino durante el debate de las elecciones presidenciales de 1992 fue un ademán decisivo; o que en el primer debate electoral de 1993 González pusiera cara de sorpresa ante la agresividad del hasta entonces inexperto Aznar fue suficiente para que los españoles consideraran que el Presidente del Gobierno se había confiado.

Lo que pasa después del debate es igual o más importante: la versión que del mismo dan los medios de comunicación. Algunos autores piensan incluso que la interpretación que del debate hace la prensa es más determinante que el mismo debate (CHAFFEE y DENNIS, 1979). Y es que el debate de los medios es muchas veces distinto al debate mismo. Pues aun cuando se ve el debate en directo, los medios añaden mensaje invitando, por ejemplo, a expertos al estudio para que tras el mismo hagan un análisis crítico de lo que ahí ha sucedido. Pero además el debate recibe su propia cobertura: los medios seleccionan unos cortes para entrada e interior de informativos (lo que ya significa otorgar prioridad a determinadas partes del mensaje); ponen un titular (que suele se definitivo sobre quién ganó o perdió); seleccionan unas fotografías; recogen la opinión de columnistas, que es opinión de autoridad para el lector; publican resultados de encuestas (donde la pregunta fundamental es: ¿quién es el candidato que a su juicio ha ganando el debate?). La cobertura viene a ser, entonces, un veredicto del debate, un juicio sobre la actuación de los candidatos.

Por último, quisiera mencionar algo sobre las tendencias de investigación académica que hay en torno a los debates electorales. Además de los efectos (tema al que me referiré en el capítulo 5), los estudios se centran en el contenido verbal, el contenido visual/no verbal, en los formatos, y en el análisis de la cobertura periodística. El componente más fuerte de estudios se ha realizado en los Estados Unidos (algo lógico, por otra parte, teniendo en cuenta la elevada frecuencia con que allí se celebran los debates). Algunos autores han tomado como objeto de estudio la americanización de los debates en Europa (MANCINI y SWANSON, 1996). No hay apenas estudios comparados. Por último, resulta interesante lo que apuntan McKinney y Carlin (2004). Señalan que las evaluaciones de los debates desde una perspectiva académica ha mejorado la práctica de la celebración de los debates; consideran que, si bien es necesario seguir desarrollando nuevas líneas de investigación, lo realizado hasta ahora (sobre todo en lo que se refiere al análisis de efectos) ha incrementado la conciencia de la importancia de los debates; y apuntan la necesidad de ofrecer, desde la investigación, innovaciones en los formatos, aprovechando las tecnologías de la comunicación. A mi juicio, creo que es interesante poder apuntar desde la investigación estudios que permitan comprender mejor la relación entre la forma y los argumentos, entre fondo y forma, para romper el manido argumento de que los debates no son más que una espectacularización de la política. Resulta interesante, a este respecto, la propuesta de estudio que realiza Gauthier (1998), quien sugiere diferenciar, relacionar e integrar en una perspectiva sistémica el análisis lingüístico, el temático, el de contenido, el retórico, el estratégico y el argumentativo de los debates.

3. LA PUBLICIDAD ELECTORAL

La publicidad política es uno de los canales de comunicación del mensaje electoral por excelencia, si bien «es una forma de comunicación política que se alaba tanto como se vilipendia» (KAID, 2004: 155). Se ha desarrollado al amparo de la publicidad comercial, utilizando las mismas técnicas psicológicas, textuales y visuales. Es, además, la forma de comunicación política que se lleva una parte importante del presupuesto electoral[1].

---

[1] Los siguientes números pueden dar una idea de cuál es la inversión de los partidos en publicidad electoral. El gasto en publicidad política de las elecciones presidenciales americanas de 1988, 1992, 1996 y 2000 batieron record, con una cifra que asciende a 240 millones de dólares en el 2000 (KAID, 2004: 157). En España, en las elecciones nacionales españolas de 1996 el Partido Popular gastó 1.557 millones de pesetas distribuidos del siguiente modo: 319 en publicidad exterior, 364 en radio, prensa y televisión, 470 en campañas de provincias, 56 en serigrafía y carteles, 348 en varios (encuestas, viajes, caravana, etc.). Por su parte, el PSOE gastó 1.360 millones de pesetas, distribuidas del siguiente modo: 100 Comité Electoral, 400 en subvenciones a las federaciones, 58 en agencia de publicidad, 25 en caramelos, globos y pins, 200 en actos públicos/mítines, 30 en encuestas y

¿Qué es exactamente la publicidad política? Los investigadores han tenido que salir al paso de una realidad que evoluciona en sus formatos y contenidos, revisando constantemente la definición de publicidad política. Por ejemplo Linda Kaid afirmaba en 1981 que publicidad política es «el proceso de comunicación por el que la fuente, ya sea partido o candidato, compra la oportunidad de exponer a los destinatarios a mensajes políticos a través de canales masivos, con la intención de influirles en sus actitudes políticas, creencias y/o comportamientos» (p. 259). Por su parte McNair apuntaba en 1995 que «la publicidad política se refiere a la compra y uso de espacios pagados en tarifas comerciales, para transmitir mensajes políticos a audiencias masivas» (p. 84).

Pero estas definiciones ya no resultan válidas hoy, pues hay países donde no se requiere la compra de espacios publicitarios para la emisión de contenidos que promocionan partidos o candidatos. Y además, el desarrollo de Internet ofrece muy variadas formas de promocionar contenidos políticos sin necesidad de pagar una tarifa. En la revisión que realiza en 2004, Linda Kaid entiende que hay que tomar por publicidad política «todo mensaje que está bajo el control de su fuente, y que se usa para promover candidatos políticos, partidos, cuestiones políticas y/o ideas a través de los canales masivos» (p. 156). Por tanto, son rasgos definitorios de la publicidad política:

— el control del mensaje por parte de la fuente. Efectivamente, lo que sale en las vallas publicitarias, en los spots de televisión o en las cuñas de radio es exactamente aquello que diseñó el partido. Sin embargo, lo que un partido o candidato pueda comunicar en un debate o en un discurso, llega al destinatario a través de los medios de comunicación, que filtran el mensaje, restando así control al partido.

— el uso de canales masivos para la distribución del mensaje, lo que diferencia esta forma de comunicación de un discurso o de la comunicación personal que mantiene un líder en las visitas puerta a puerta.

La definición es, por tanto, lo suficientemente amplia como para incluir todo mensaje con el que se pretenda influir en los destinatarios para la elección de candidatos, partidos, y propuestas. Incluye además la publicidad sobre cuestiones políticas distintas de unas elecciones, como puede ser un mensaje destinado a transmitir una imagen favorable a medidas liberalizadoras. Es una definición amplia que, por último, incluye también todos los canales de publicidad política: afiches, posters, panfletos, folletos, vallas, carteles, correo directo, prensa, revistas, radio, televisión, cable, Intenet y cualquier forma de distribución electrónica.

Distintos autores han ofrecido clasificaciones y tipologías de anuncios electorales (GARRAMONE, 1986 ; JAMIESON, 1986; DEVLIN, 1986; KERN, 1989; STEM-

---

sondeos, 130 en prensa, radio y revistas, 260 en publicidad exterior, 95 en producción (cartelería y televisión). Por último, Izquierda Unida gastó 820 millones de pesetas, distribuidos del siguiente modo: 540 en envíos y mailings, 280 en publicidad exterior. En el año 2000, el gasto declarado de la campaña del Partido Popular ascendió a 1.900 millones, el del Partido Socialista a 1.950 millones y el de Izquierda Unida de 988 millones (*El País*, 24 de febrero de 2000, tomado de SÁDABA, 2003: 164).

PEL, 1994; McNair, 1995; Sádaba, 2003; Kaid, 2004; García Beaudoux y otros 2005). Muchos toman como punto de partida la clasificación que en su día ofreció Devlin (1986). No son clasificaciones muy sistemáticas; y varias de ellas incluyen categorías no excluyentes entre sí. Por eso, lo que hago a continuación no es tanto una clasificación como unas consideraciones sobre las clasificaciones realizadas por otros.

Entiendo que unas primeras categorías de anuncios hacen referencia al modo de presentación del candidato. Son:

— El *busto parlante*, que es el anuncio en el que sólo se ve la cabeza del candidato, que habla directamente a la cámara; un tipo de anuncio apenas utilizado hoy día.

— El anuncio de *identificación del nombre*. Es el anuncio que busca que el nombre penetre en la mente del votante. Este tipo de anuncios se utilizan más cuando se está en una fase muy inicial de la campaña, o cuando el candidato es apenas conocido.

— Anuncios *biográficos*. Son los destinados a presentar el perfil del candidato, recopilando los datos de su pasado histórico que mejor puedan configurar una imagen atractiva para los votantes. Es aquí donde la procedencia social, profesional, familiar, etc., tiene lugar. Estos anuncios se han denominado también *Cinema verité*, puesto que es una representación de la vida personal del candidato, transmitiendo al espectador la impresión de que puede espiarle. Así, vemos al candidato paseando por la ciudad, trabajando en su despacho, practicando deporte, o saliendo al campo con su familia.

Otro tipo de categorías de anuncios podrían agruparse bajo lo que es el recurso a los testigos: personas distintas del candidato hablan de sus virtudes o programas:

— El docudrama, en el que actores profesionales representan escenas de la vida cotidiana de los ciudadanos para transmitir el mensaje.

— El testimonio del «hombre de la calle», que muestra al votante medio hablando de los logros del candidato o de los defectos del candidato rival.

— El testimonio de las celebrities o personalidades públicas, cuya autoridad o popularidad transfieren una imagen positiva.

— El testimonio del reportero neutral, anuncio que busca transmitir la impresión de que, un juicio hecho desde la neutralidad sería favorable al candidato o partido. Por ejemplo, el espectador esta representado con una serie de declaraciones aparentemente fácticas sobre el candidato o el oponente, y entonces se le invita a que evalúe. El anuncio *informativo* también podría estar aquí: mediante estructuras similares a las de los informativos o cortes reales de televisión, como extractos de debates o entrevistas, se persigue transmitir una imagen de objetividad informativa al evaluar.

Entre las categorías de Devlin está también la del anuncio negativo, o anuncio *de ataque*. Se dirige a combatir las posiciones rivales. La publicidad negativa adopta múltiples formas: de comparación de las ofertas electorales, de acusación directa contra la persona del contrincante, de crítica de algún tema de campaña sobre el que se dan diferencias de posturas, etc.

Frente al anuncio de ataque está el anuncio *de refuerzo*. Es el anuncio cuyo objetivo es generar credibilidad y respeto hacia el candidato, subrayando sus virtudes y fortalezas. Suele ir dirigido a los propios votantes con el fin de mantenerlos en su opción política.

Hay otras clasificaciones que, a mi juicio, son menos claras. Algunos autores (GARRAMONE, 1986; STEMPEL, 1994) diferencian los anuncios de *issue* (aquellos que hacen referencia a los problemas en juego y las ofertas electorales para solucionarlos: los que hablan de propuestas para incrementar el empleo, mejorar la sanidad o la educación, incentivar el desarrollo de las pymes, etc.) de los anuncios de *imagen* (que son los que apelan al *ethos*, es decir, a los rasgos del candidato, ya sean personales o profesionales: recorren su biografía, inciden en la trayectoria con la que cuenta para el puesto, etc.).

Esta diferenciación es paralela a la distinción entre los anuncios que apelan a la razón y los anuncios que apelan a la emoción. Se entiende que los anuncios de *issues* son más racionales y argumentativos. Estarían aquí, por ejemplo, los anuncios *informativos*, aquellos que ofrecen datos sobre logros de gestión del partido, indicadores económicos en el momento de la disolución de cámaras, número de leyes aprobadas durante la legislatura, etc.

Los anuncios de *imagen* contienen más pruebas emocionales que lógicas: se apela al orgullo, a la reafirmación, a la confianza, a la esperanza, etc. (ver estudios citados en Kaid, 2004). Mediante imágenes (colores patrióticos, escenas familiares, elementos naturísticos como una puesta de sol o el mar, etc.) se construyen roles simbólicos del partido y, sobre todo, del candidato: se le presenta como el gran comunicador, el jefe visionario, el héroe, la figura paterna, el guardián de los valores, el líder mundial... (GARCÍA BEAUDOUX y otros, 2005, p. 60).

Esta construcción de roles simbólicos facilita también la construcción de mitos: los mitos maestros, que constituyen la conciencia colectiva de una sociedad (por ejemplo, el origen de la nación, de la independencia, de la constitución que da lugar a un régimen democrático, etc.); el mito del nosotros y ellos (que además de canalizar la hostilidad, aúne a los que estamos a este lado frente al enemigo común); el mito del héroe (por el que el candidato o el partido es sabio, redentor, etc.); o los pseudomitos, mitos de corto plazo, utilizados para servir coyunturalmente: por ejemplo, el candidato del cambio) (es interesante el compendio de mitos que recoge GARCÍA BEAUDOUX (2005: pp. 56 y ss.) tomando la sugerente obra de Nimmo y Combs sobre mitos políticos

La clasificación entre anuncios de imagen (como más emocionales) y anuncios de *issue* (como más racionales) se ha aplicado en distintos países para concluir con el argumento de que la comunicación está personalizando la política, centrándose en el candidato (anuncios de imagen) y restando atención a las cuestiones políticas más serias y racionales.

Sin embargo, hay que decir, por una parte, que no está tan generalizada esta conclusión. Por ejemplo, las revisiones de muestras muy amplias de anuncios presidenciales americanos (KAID, 1991, 1998, 2002, KAID y JOHNTSON, 2001; VAVREK, 2001) muestran que entre 1952 y 1996 hasta un 60 por 100 de los spots se refieren fundamentalmente a *issues*; cifra que se eleva en el año 2000, alcanzando un 78 por 100 (el porcentaje más elevado de la historia de los spots americanos) (KAID, 2002). Algo similar sucedió en los spots publicitarios de televisión en las elecciones presidenciales argentinas, donde un 46 por 100 se refiere a *issues*, un 28,9 por 100 a cuestiones de imagen y un 25 por 100 tienen rasgos mixtos (GARCÍA BEAUDOUX y otros 2005: 55).

Pero hay que mencionar, además, que ésta no es una clasificación muy clara. Hay autores que consideran que hay algo de falsedad en la dicotomía *issue* (razón)-imagen (emoción). Pues, por ejemplo, la televisión utiliza muchas veces la imagen del candidato para hablar sobre los *issues*, lo que hace difícil separar o distinguir los dos géneros (KAID, 2002). Así son los anuncios llamados de *toma de posición*: el candidato adopta un compromiso sobre un tema del programa electoral. Pero además, los *issues* también sirven para configurar imágenes del candidato. O, por último, como argumenta Bennett (1997) un anuncio centrado en un *issue* (por ejemplo, en política sanitaria) puede apelar a las emociones (al *pathos*). Volveré sobre esta cuestión, que tiene más calado del que podría parecer, en el capítulo 5.

Veamos cuáles son los medios publicitarios que más se usan en campaña electoral.

A) *Vallas publicitarias*

Los posters o vallas publicitarias aparecieron para sustituir a los voceros o juglares de la Edad Media. Constituyen uno de los soportes más espectaculares de la campaña, tanto por su dimensión como por la posibilidad de exhibir un mismo mensaje de modo permanente (al menos con la permanencia que tiene la duración de la campaña).

Tienen el inconveniente de que no permiten mucha carga de significado. Por eso el publicista ha de idear su mensaje de forma concisa y atractiva, para que éste llegue y se entienda: el conductor de un vehículo —un receptor habitual de las vallas publicitarias— tiene que poder captarlo con un simple golpe de vista.

Estas exigencias de espacio han llevado a los publicistas a ser muy escuetos: se suele utilizar las vallas como reclamo de recuerdo del eslogan del partido, del nombre, y de la cara del candidato. Un ejemplo de brevedad lo constituye una valla del Partido Popular que sólo contenía la palabra «soluciones» junto al logo del partido; o una del PSOE en la que aparecía Felipe González entre nubes, diciendo «Por el cambio».

El número de vallas diferentes de una sola campaña depende del presupuesto. No es conveniente realizar vallas muy distintas, pues eso iría en detrimento de la unidad del mensaje electoral. Dado su elevado coste, el gestor de campaña ha de distribuir adecuadamente los espacios, identificando los lugares que son más transitados y visibles.

Los carteles son buenos complementos de las vallas publicitarias.

Tienen la ventaja de que, al ser más pequeños, son más baratos y de fácil colocación. Pueden situarse en las paredes y farolas de la ciudad.

Son de peor calidad, pero sirven para movilizar a los militantes (que se involucran en la tarea retante de conseguir los mejores lugares de la ciudad) y dar colorido a la campaña.

Permiten, por último, una distribución del mensaje: en uno se puede presentar al candidato en situación electoral agradable como, por ejemplo, en una manifestación; en un segundo cartel se puede presentar la fotografía del candidato; y en un tercero se puede presentar al candidato como si ya fuera triunfador, con la petición de voto.

El recurso a las vallas y carteles varía por países. Aquéllos como Colombia o Venezuela, por ejemplo, donde no se cuenta con muchos recursos, la campaña se refleja, fundamentalmente, en la omnipresencia de carteles. El caso contrario lo constituye el Reino Unido, donde un visitante que no leyera la prensa, ni escuchara la radio, ni viera la televisión, podría volver a su país ignorando que allí estaba en marcha una campaña electoral: las calles apenas hablan de ella.

B) *Inserciones publicitarias en prensa*

La prensa es el medio más «racional», es decir, el medio que con más detalle explica la información, poniendo los datos en contexto, analizando las causas y posibles consecuencias de un problema. De los tres medios tradicionales, es la prensa el que más esfuerzo intelectual requiere para su consumo.

Por eso la prensa ofrece la ventaja de permitir una información detallada del programa electoral y del partido. Pero tiene varios inconvenientes: carece de movimiento y de voz, elementos que hacen más atractivo el mensaje; en muchos casos carece de color, lo que no permite la impresión de buenas fotografías de los candidatos; y, por último, la vida de la inserción publicitaria en prensa es muy corta (dura sólo un día).

El espacio y lugar son elementos muy importantes para la efectividad de la publicidad en prensa. Es espacio preferente la página impar.

Respecto a la sección, es preferible la sección nacional o la sección específica dedicada a la cobertura de campaña. Sin embargo, algunos partidos políticos han optado por incluir su publicidad en las secciones de deportes y sociedad, de más gancho para los lectores.

Por último, el tipo de publicación es muy importante en aquellos países en los que hay prensa partidista: no tiene mucho sentido anunciarse en un diario que es soporte de un partido rival, pues no habrá entre sus lectores «votantes potenciales» sino que serán más bien «votantes lejanos».

Además de la inserción con el mensaje publicitario, es bueno una con la información de los actos del partido.

La publicidad en revistas ofrece la ventaja, sobre el diario, de incluir color. La revista, además, es un buen medio para llegar a públicos muy concretos, ya que las audiencias de revistas ofrecen una gran segmentación. Pero tiene el inconveniente de que su circulación es reducida y el precio elevado.

C) *Inserciones publicitarias en radio*

El medio radio ha sido frecuentemente desestimado por los organizadores de campaña (SANCHÍS, 1996; TRENT y FRIEDENBERG, 1995). Sin embargo:

— Es un medio que goza de credibilidad.
— En algunos países, a diferencia de la televisión, permite la emisión de publicidad electoral.
— Tiene audiencias muy segmentadas, lo que permite elaborar un mensaje para diferentes tipos de votantes.
— Es un medio de extraordinaria rapidez, lo que permite que el partido pueda reaccionar a tiempo y emitir mensaje (de defensa cuando lo necesite) durante el propio desarrollo de la campaña.
— Es un medio que puede ser el soporte del mensaje del día a día.
— Es más barato que la televisión.

Un mensaje en radio está compuesto por:

a) La *música*: puede ser el himno o sintonía del partido; una música creada para la ocasión (como la canción «Habla pueblo, habla» del Gobierno de Suárez en 1976, compuesta para fomentar la participación en las elecciones de la Reforma Política); o una música extraída de alguna canción ya conocida o de películas (por ejemplo, en 1984 Herri Batasuna utilizó, para las elecciones autonómicas del País Vasco, la música de la película *Novecento*) (SANCHÍS, 1996: 261). En cualquier caso, la música ha de ser pegadiza y fácil de recordar, para que el votante potencial identifique la melodía con el partido.

b) La *voz*: puede ser la de un locutor o la del propio candidato. Recurrir a la voz permite emitir un mensaje más cercano, más humano, más directo, pues oír la voz de una persona es más íntimo que ver su fotografía.

Por las propias condiciones del medio, el mensaje publicitario de la radio ha de ser breve, de fácil comprensión y directo al oyente: la audiencia suele combinar la escucha de la radio con la realización de otras actividades.

La duración de la cuña publicitaria no debe exceder el minuto, y sobre esto, se pueden hacer cosas muy variadas. Por ejemplo, en un mensaje de 10 segundos se puede repetir el nombre del candidato o el eslogan del partido.

La radio es un medio muy utilizado en las zonas rurales, donde el consumo de prensa es escaso y el de la televisión no tan elevado. Es además el medio más adecuado para dar publicidad a los candidatos locales.

D) *Inserciones publicitarias en televisión*

La televisión es el medio que atrae más audiencia y, por ello, se convierte en el medio ideal para los fines de una campaña electoral. Pero precisamente por ser el medio más poderoso en cuanto a número de espectadores, suele ser también el más regulado en la mayoría de los países.

La publicidad política se generalizó en Estados Unidos cuando los responsables de campaña comprobaron que esta técnica, la del anuncio corto, constituía una de las mejores formas de mantener al espectador hasta el final del mensaje. Pues, si bien un tercio de la audiencia desconecta de los programas políticos de más de media hora de duración, en los anuncios de cinco minutos sólo el 5 por 100 lo hacía (MAAREK, 1995: 132). La emisión de mensajes cortos, de 30 segundos de duración y en forma de *spot* está hoy generalizada como técnica de comunicación electoral. Sádaba (2003) define los spots como «mensajes políticos televisivos en campaña, eminentemente persuasivos, construidos por los propios partidos y no mediatizados por los medios de comunicación» (p. 166), definición que no colisiona con la definición amplia de publicidad política que ofrece Kaid ya referida.

Pero el anuncio político en televisión es la técnica publicitaria más regulada. La ley hace referencia a la entidad que puede financiar el coste de la publicidad (que puede ser el partido, el candidato, o el Estado), a la cadena en la que se puede emitir el anuncio, a la adjudicación de tiempos, al número de anuncios que se pueden emitir durante una misma campaña, a la longitud de los mismos, y a los contenidos. Veamos, en el Cuadro n.º 3, las características de la regulación de la publicidad política en varios países.

CUADRO N.º 3

Características de la regulación de la publicidad política en televisión

País	Financiación	Cadena de emisión	Método de adjudicación de tiempos	Número	Longitud	Restricciones a los contenidos
Estados Unidos	Candidato	Privada	Libertad de compra	Ilimitado	30/60 segs.	Ninguna
Dinamarca	Partido	Pública	Igualdad de tiempo a todos los partidos	Limitado	10 mins.	Ninguna
Finlandia	Partido	Privada	Libertad de compra	Ilimitado	10/25 segs.	Prohibición de ataques personales y de anuncio de productos
Francia	Partido	Pública	Proporcional al voto	Limitado	hasta 4 mins.	Detallada regulación para producción y contenidos
Alemania	Partido	Pública y privada	Proporcional al voto	Limitado	2,30 mins.	Ninguna

CUADRO N.º 3. *(continuación)*

País	Financiación	Cadena de emisión	Método de adjudicación de tiempos	Número	Longitud	Restricciones a los contenidos
Italia	Partido	Privada (hasta 1994)	Compra (hasta 1994)	Ilimitado	30/60 sgs.	Ninguna
Holanda	Partido y Estado	Pública y privada	Igualdad de tiempo a todos los partidos	25 al año + 20 mins. en elecciones	Pública: 3 mins.	Ninguna
Reino Unido	Partido	Pública y privada	Igualdad de tiempo a los partidos mayoritarios; menor tiempo a partidos pequeños	5 para el partido principal	5/10 mins.	Ninguna
Israel	Partido	Pública	Proporcional al voto. Mínimo de 10 minutos para los partidos nuevos	Limitado	2/3 mins.	Se exige aprobación previa del Comité Electoral
España	Partido	Pública	Proporcional al voto. Mínimo de 10 minutos para los partidos nuevos	Ilimitado	2/3 mins.	Ninguna

* Tabla elaborada con los datos de KAID, 1995. Se han añadido los datos referentes a España.

En España no está permitida la publicidad política en televisión, es decir, la ley prohíbe la compra de espacios publicitarios con fines electorales en cadenas públicas y privadas[2]. En su lugar, la cadena pública está obligada a otorgar espa-

---

[2] Ver Ley Orgánica 5/1985, 18 de Junio «del régimen electoral general», prohibición que recoge también la Ley Orgánica 2/1988 del 3 de mayo «reguladora de la publicidad electoral en emisoras de televisión privada». El espíritu que anima esta legislación responde, como analiza Sádaba (2003), al reconocimiento de que un más elevado impacto de la publicidad política en televisión (comparado con el impacto de la prensa y de la radio) exige una mayor regulación; y a la idea de que otorgar espacios gratuitos permite que todos los partidos (si bien no da acceso a las ONGs o sindicatos) compitan en igualdad de condiciones (aunque hay una desigualdad de tiempos) con poco presupuesto (cfr. pp. 173 y 174). El legislador está tratando de evitar así que sea el partido con más fondos el que domine la comunicación política de la televisión. Todas las modificaciones que ha

cios gratuitos a cada uno de los partidos de acuerdo con el porcentaje de voto obtenido en las elecciones precedentes. Los tiempos adjudicados varían entre 10 y 45 minutos (según el voto obtenido) para toda la campaña. Durante las últimas campañas electorales los partidos han tendido a elaborar unos vídeos con contenidos que, bajo la noción amplia de Kaid arriba comentada, se puede interpretar que constituyen «publicidad política». Pero puesto que en sentido estricto no lo son, no se aplican a estos espacios las leyes de publicidad, por lo que se puede decir que los contenidos de los vídeos que elaboran los partidos políticos y que emiten en los espacios gratuitos no están sujetos a restricción alguna.

La publicidad política en televisión tiene una serie de ventajas y desventajas (BARRANCO, 1982; KERN, 1989; MAAREK, 1995; TRENT y FRIEDENBERG, 1995; SANCHÍS, 1996).

Las *ventajas* son las siguientes:

a) Es el único medio de publicidad que apela tanto a la vista como al oído, por lo que la intensidad de transmisión de mensaje es superior a la de otros medios. Permite la introducción de figuras humanas en movimiento, convirtiéndose el anuncio en algo vivo y espectacular, con elevada fuerza personal, y logrando así que la audiencia se sienta identificada con el mensaje.

b) Es un medio de audiencia masiva y con gran impacto.

c) Es un medio que otorga visibilidad al candidato, le da a conocer. En sentido inverso, se puede afirmar que el candidato que no sale en la televisión no existe.

d) Es un medio que otorga posicionamiento al candidato: la televisión, más que la prensa o la radio, acuña imágenes.

Las *desventajas* son las siguientes:

a) La principal desventaja es la de sus costes, tanto de producción como de tiempo de emisión. Es el medio publicitario más caro de los aquí expuestos. Resulta muy difícil dar unas cifras indicativas, pues el coste varía enormemente por país, franja horaria y cadena de emisión[3].

b) Aunque permite una cierta segmentación de mensaje (elaborar mensajes específicos para audiencias específicas) guiándose por la franja horaria de emisión (por la mañana el anuncio publicitario va dirigido a las amas de casa; junto a un programa cultural, al votante de educación elevada; y junto a un serial, al votante medio), el carácter masivo de este medio dificulta los mensajes específicos. Además, en aquellos países en los que el área de emisión de la señal televi-

---

tenido la Ley sobre el Régimen Electoral General (Ley Orgánica 13/1994, la Ley Orgánica 8/1999, la Ley Orgánica 6/2002) así como algunas iniciativas que están ahora mismo en marcha en el Parlamento, no introducen cambios al respecto o insisten en esta concepción. Queda abierto el debate de si esta prohibición tiene sentido, debate que está unido al debate sobre la televisión como servicio público.

[3] Para una información detallada sobre costes de publicidad ver TRENT, 1995: 280.

siva no coincide con el ámbito de celebración de las elecciones resulta difícil dirigir el mensaje a los posibles votantes.

c) No todos los candidatos tienen habilidades telegénicas. Éstas pueden ser adquiridas con el suficiente entrenamiento. Pero cuando la carencia es total, el resultado puede ser demasiado forzado e incluso perjudicial.

d) La televisión no permite emitir mensajes políticos complicados.

En cuanto a la *duración*, en España se ha pasado de los 10 minutos que podría durar el espacio gratuito a los dos minutos del año 2000 (SÁDABA, 2003: 177).

Respecto al *momento de emisión*, los publicistas prefieren unir la emisión de la publicidad política a los informativos, pues consideran que los votantes potenciales se encuentran más entre aquellos ciudadanos que siguen la información diaria.

Los *contenidos* de un anuncio publicitario político en televisión varían mucho por países y épocas. Ha de aparecer el candidato, la situación del país, la trayectoria del partido, y la petición de voto con los motivos de por qué ese partido es mejor que el resto (motivos que, por otra parte, no necesariamente tienen que ser expuestos de modo razonado).

Se pueden distribuir los contenidos entre los distintos spots que se elaboran en una sola campaña. Por ejemplo, a comienzo de campaña se puede centrar el mensaje en el partido, dejando el candidato para el siguiente spot. El último espacio, el que se emite alrededor de las 48 horas antes de la votación, es el que tiene mayor poder de influencia, especialmente con los votantes indecisos. En éste la petición de voto ha de ser muy contundente. En todos ellos ha de aparecer siempre la identificación del partido, mediante el logo y el eslogan.

Cuando no hay recursos suficientes, se suele elaborar un sólo spot (o, como mucho dos) que se repiten a lo largo de la campaña.

Es importante que el mensaje que dan los diferentes spots de un partido sea un mensaje homogéneo y acorde con el mensaje electoral que se ideó. En este sentido, se ha de evitar que el discurso del candidato parezca como independiente de la campaña; para que la intervención de éste esté en línea con el mensaje global, debe incluir alguna palabra o elemento que lleve al espectador a asociar la imagen del candidato con el logo del partido y con el eslogan de la campaña.

La estrategia de los contenidos varían también dependiendo de si el partido que elabora el spot está en el gobierno o en la oposición. Un partido que está en el gobierno suele incluir en su anuncio los logros conseguidos durante su mandato, el carisma del líder (si lo tiene) y la relación que éste ha establecido con otros estadistas internacionales. La oposición optará por mostrar la necesidad de un cambio, atacar los fallos del gobierno saliente, subrayar los datos negativos de la situación del país, y situar al propio partido en relación a lo que haya hecho el partido del gobierno. Hay algún estudio que muestra que los candidatos tienen más éxito cuando su anuncio es sobre un tema del que puede reclamar propiedad: por ejemplo, se piensa que los republicanos son dueños de la política internacional, mientras que los demócratas son más fuertes en política nacional (ANSOLABEHERE e IYENGAR, 1994).

Para la intervención del candidato, es importante que éste transmita los valores de honestidad, fortaleza, carisma, competencia, éxitos y firmeza. Su discurso no debe ser el propio de un acto público y, mucho menos, el de un mitin; por el contrario, ha de utilizar una voz suave, con tono sugerente, sin afirmaciones vehementes, evitando el imperativo y la frase triunfalista. Ha de conseguir dar la impresión de que tiene una fuerte convicción en sus ideas, así como una gran serenidad. El estilo ha de ser moderado y prudente, respetuoso, como de alguien que, efectivamente, puede llegar a ser el presidente de todos. Los primeros planos contribuyen a esto. Se ha de combinar los escenarios informales (el candidato con gente variada, en una fábrica, con ancianos, con niños, etc.) con los formales (que incluye, además de otros políticos de nombre, elementos simbólicos que, como la bandera, le proyecten en un contexto estatal). Es preferible que el discurso del candidato (cuando lo hay) sea en un lugar que parezca un despacho de trabajo, de características «presidenciables».

La *publicidad negativa* está muy desarrollada en aquellos países donde la ley no impone restricciones a los contenidos. También llamada «publicidad de ataque», es una técnica no tan estudiada como practicada. No hay una definición universalmente aceptada de lo que es la publicidad negativa, pero puede tomarse la de Kaid que dice que «los anuncios negativos se centran en los errores del oponente, ya sea en términos personales, de temas políticos o modos de adoptar la política» (KAID, 2000: 157).

El mensaje negativo puede adoptar varias formas:

a) Comparación «neutral» entre las distintas fuerzas políticas, fundamentada en el análisis de datos y de temas, del que sale una conclusión favorable al partido que ataca.

b) Utilización de la retórica emocional que, mediante el humor, la ironía, la simbolización, etc., trata de asociar valores negativos al partido rival. Para ello se apela a la incertidumbre y miedo del espectador, poniendo en duda la eficacia de la gestión y la honradez del rival, e insinuando que aquél nunca actuará en favor del votante.

Fletcher (2000) considera que los países bipartidistas son más propicios a recurrir a la publicidad negativa, pues la batalla se da cuerpo a cuerpo entre dos candidatos, del que sólo puede salir un vencedor (que «se lleva» todos los votos). Semejante crueldad, dice, lleva a recurrir a los trucos más sucios, pues «La campaña negativa es la forma más asquerosa de convertir a aquellos que están en tu contra, pero también la forma más excelente de entusiasmar a tus fans» (p. 171).

García Beaudoux y otros (2005) realizan una completa revisión de la clasificación que distintos autores (por ejemplo, Johnson-Carter y Copeland) realizan de publicidad negativa: los anuncios pueden ser *reactivos* (la respuesta al ataque: confesión, confesión justificada, negación de imputaciones, contraataque —al no poder refutar se toma la ofensiva con un nuevo ataque—, la ofuscación —se recurre a la queja— y la contraimagen (se responde no con texto sino con imágenes). Los *proactivos* consisten en defenderse anticipando a los destinatarios los contenidos negativos que verán, para que así cuenten con recursos de defensa (pp. 50-51).

El recurso a la publicidad política negativa es creciente en los Estados Unidos, donde, mientras que entre 1952 y 1996 el porcentaje de spots negativos era de sólo 38 por 100, entre 1992 y 1996 este porcentaje asciende a 50 por 100 (KAID, 2004: 163). Siguiendo la clasificación compleja ya mencionada, los estudios concluyen también que los anuncios negativos versan más sobre *issues* que los positivos (KAID, 2004: 164); los anuncios positivos utilizan lenguaje más informal y vocabulario más cognitivo que los anuncios negativos; los positivos tienden más a centrarse en el futuro y en el presente, mientras que los negativos se concentran en el pasado, sobre el que transmiten enfado (GUNSCH, BROWNLOW, HAYNES y MABE, 2000).

El recurso a la publicidad negativa o de ataque en televisión es reciente en España. Como aquí no hay imposiciones legales a los contenidos (porque, como ya se ha dicho, a estos espacios gratuitos no se les aplica la regulación de la publicidad), los partidos aprovechan el vacío legal para introducir en los spots contenidos que atacan al rival. Si bien desde el inicio de las campañas electorales este recurso se hizo de forma tímida (HERRERO y CONNOLLY-AHERN, 2004: 253), en 1996 el spot negativo en España lo consolida el Partido Socialista con el famoso «vídeo del dóberman». Este partido había optado por una línea de mensaje de «estrategia de la división» (SMITH, 1994), que consiste en identificar los prejuicios y rechazos de los votantes, situar el mensaje del adversario en lo rechazado y posicionar el propio mensaje en el extremo opuesto. El vídeo del doberman consituye una expresión de la estrategia de la división, y hace más contundente el recurso en España a la campaña negativa (CANEL, BENAVIDES y ECHART, 2004).

En esencia, el vídeo trata de posicionar al PP en algo que el PSOE entiende como rechazado por los ciudadanos: la «derechona». La visión que la derecha tiene del país es negativa, cerrada, retrógrada, pesimista: es la España del no. Se expresa mediante una marioneta, que es la figura distorsionada de Aznar, y que actúa al dictado del un pasado tenebroso (son imágenes en blanco y negro, en las que el doberman o el ruido de una sirena trata de transmitir un efecto aterrador). Y frente a la España de la derechona, a la España del no, está la España en positivo, que es la del PSOE: una España en color, dinámica, alegre, moderna, optimista, que mira al futuro... Una España que propone educación, sanidad, nuevas tecnologías, etc. para todos. Todo, con buen manejo de la técnica: imágenes rápidas, primeros planos, contrastes medidos. Y, conlcuye el vídeo, «Vota en positivo, vota PSOE, vota Felipe González».

Desde entonces, aunque de forma menos agresiva, el Partido Socialista mantuvo su recurso a la publicidad negativa en las elecciones autonómicas y locales de 1999: utilizando extractos del vídeo del doberman, reproduce la estrategia de la división y la contraposición de visiones. En las elecciones nacionales de 2000 el spot del PSOE acusa al gobierno del PP de favorecer, con su política sólo para ricos, a los amigos de Aznar, y proyecta «una imagen de Aznar como un político mentiroso, clasista, en contraposición a un sonriente, activo, afectuoso y más igualitario Almunia» (HERRERO y CONNOLLY-AHERN, 2004: 171). Un spot negativo en una estrategia de ataque seguida también en las técnicas informativas

(CANEL, BENAVIDES y ECHART, 2004: 242). Sin embargo, la publicidad negativa está todavía lejos de tener la inserción en la cultura popular que tiene en los Estados Unidos (SÁDABA, 2003: 177).

¿Qué sabemos sobre la situación general de los spots políticos televisivos en España?

Un estudio que analiza los spots de 2000 desde una perspectiva del análisis del discurso, tomando las estructuras profundas y superficiales del texto, concluye que todos los partidos, excepto el Partido Popular, desarrollan macroestructuras opuestas con el objetivo de destacar la contradicción entre una situación que ellos definen como negativa (que generalmente se entiende como generada por el partido gobernante) y otra valorada como positiva (la que cada uno propone como solución). Este análisis se refiere también a los mundos posibles persuasivos como núcleos de argumentación, y concluye que los partidos crean mundos posibles para sustentar y enmarcar el nivel axiológico profundo: así, mientras que en general los partidos en la oposición pueblan los mundos que presentan con acuerdos basados en las preferencias del auditorio, el partido en el gobierno elige individuos fundamentados en la realidad (con el recurso a la referencia a los hechos). El trabajo muestra cómo estas macroestructuras tienen su reflejo en las etapas discursivas posteriores, sobre todo en el desarrollo de microestructuras y en la enunciación. En general, la tendencia que se apunta es que los discursos no siguen el esquema estructural de la retórica clásica (con exordio, narración, argumentación y conclusión), sino que partes como la narración y la argumentación se substituyen por la presencia de varios exordios encaminados a captar de modo continuo la atención de los espectadores. Por último, en cuanto a la colocación del auditorio, el estudio concluye que en la mayoría de los casos, los puntos de vista y de escucha se sitúan fuera de la acción, por lo que intentan marcarse un acceso objetivo a la información (CAPDEVILA, 2004).

Desde una perspectiva más de análisis de contenido, otro estudio sobre la publicidad de las elecciones de 2000 afirma que en España las realizaciones son cada vez más arriesgadas, con mayor ritmo y una utilización más inteligente de los recursos audiovisuales (HERRERO y CONNOLLY-AHERN, 2004). El estudio que analiza los spots en retrospectiva confirma este resultado al mostrar que entre 1993 y 2000 se aprecia una tendencia que va de lo verbal a lo visual, de lo estático a lo dinámico, de la presentación de las personas a la propuesta de valores, y del busto parlante al videoclip (SÁDABA, 2003: 204).

En cualquier caso, España está lejos de adoptar los modelos financieros, culturales y de contenido similares a Estados Unidos (SÁDABA 205; CANEL y BERGANZA, 2001) o los ha trasladado, aportando, a su vez, sus características propias de «pluralismo democrático tradicional» (DADER, 1999).

E) *Internet*

La irrupción de Internet en la vida política a mediados de la década de los noventa ha supuesto una auténtica revolución cuyas consecuencias, que comienzan a vislumbrarse ahora, se manifestarán con mayor fuerza en los próximos años

(SELNOW, 1998; WEBSTER, 2001; FARRELL, KOLODNY y MEDVIC, 2001). Pues la incorporación de las nuevas tecnologías de la comunicación es reciente y con creciente desarrollo (PERRY, 1986; MAAREK, 1997; MARTÍN, 2002; STEIN, 2003; DADER, 2003; DADER y DOMÍNGUEZ, 2006).

Los primeros pasos (hasta los cuales esta red se utilizaba exclusivamente en el ámbito militar y académico) se dieron de una forma aún experimental cuando los partidos políticos utilizaron en Estados Unidos y por primera vez este medio en las elecciones estadounidenses del 1996 (GLASS, 1996). La campaña marcaba el inicio del uso político de Internet y, de hecho, fue entonces cuando los partidos de otras democracias occidentales, como en el caso de España, comenzaron a diseñar y crear sus propias páginas *web* (RODRÍGUEZ-ANDRÉS y CANEL, en prensa).

En cuanto a las ventajas de Internet (BARBER y otros, 1997; FERNÁNDEZ y REYES, 2003; TEDESCO, 2004), cabe destacar que:

— Permite acceder a información de interés (mediante, por ejemplo, la suscripción a listas y boletines electrónicos, o la suscripción a servicios de alerta de temas de interés) y establecer contactos con ciudadanos, organizaciones y partidos de intereses similares.
— Facilita difundir información a tiempo real, mediante, por ejemplo, la creación de listas de envío unidireccionales. Además de hacer llegar el mensaje del partido con rapidez, se transmite la idea de transparencia informativa.
— Ofrece vías para la interacción con los votantes, para lograr una mayor personalización en la relación con el votante.
— Como consecuencia de lo anterior, facilita el conocimiento de los electores. Se puede hacer introduciendo solicitud de datos a los que navegan por la propia página, introduciendo preguntas en determinados foros o chats, etc. Con esto, entre otras cosas, se logra captar datos de los simpatizantes, además de una mejor segmentación del votante.
— Frente a la comunicación jerárquica, genera modos de comunicación punto-a-punto
— Potencia la comunicación horizontal.
— Tiene muy bajo coste.
— Hay ausencia de barreras nacionales
— Impide la intrusión del gobierno y del *monitoring*.

En cuanto al acceso a Internet, la evolución está siendo rápida (RODRÍGUEZ-ANDRÉS y CANEL, en prensa). En España, por ejemplo, hemos pasado de un 0,7 por 100 de ciudadanos que accedían frecuentemente a Internet en 1996 a un 33,1 por 100 en 2004[4]. Si la radio tardó 38 años en alcanzar una audiencia de 50 millones de personas en todo el mundo y la televisión 13 años, a Internet le ha bastado sólo con cuatro[5]. Y la Red es, además, cada vez más importante como fuen-

---

[4] Cfr. http://www.aimc.es.
[5] Cfr. Informe *La emergente economía digital*, elaborado por el Departamento de Comercio del Gobierno de Estados Unidos (cfr. *El País*, 2 de septiembre de 2004).

te de información para la opinión pública. En Estados Unidos, en las elecciones del año 1996 tan sólo un 3 por 100 de los ciudadanos decían que Internet había sido una de sus fuentes principales de información para seguir la actualidad política, una cifra que creció hasta el 11 por 100 en las elecciones del 2000 y que se dobló prácticamente en las de 2004, alcanzando el 21 por 100[6]. Aunque las cifras son todavía ciertamente exiguas, no dejan de marcar una tendencia que es creciente.

Como vehículo para la publicidad política, Internet funciona, como afirma Kaid (2004: 181) de dos maneras. Sirve para transmitir información detallada sin límite de espacio sobre los temas, declaraciones, discursos, programas, con todo tipo de representación visual, sonora, auditiva, etc. Sirve también como canal o medio secundario para la distribución de otras informaciones de campaña como los spots publicitarios, la publicidad impresa, el correo directo. Ofrecen una gran posibilidad de enviar mensajes sin pasar por el filtro de los medios de comunicación. Además, como señala Kern (1997), Internet ofrece la posibilidad de anunciarse a aquellos candidatos que no tienen la posibilidad de comprar espacios en televisión.

Todos los estudios que se han realizado sobre el recurso a Internet para las campañas electorales concluyen que no se está dando todavía toda la potencialidad que este medio ofrece para la interactividad del candidato con los votantes (TEDESCO, 2003). Pues la mayoría de los webs —esta conclusión se extrae de la revisión de las webs de los candidatos de las elecciones americanas de 1994, o la utilización entre 1996 y 1998— todavía son algo estáticas. Ahora bien, hay que terminar diciendo que Internet ofrece importantes modificaciones en los formatos y en los modos de comunicación de los candidatos con los ciudadanos (ver en este sentido el interesante estudio que varios autores realizaron sobre la campaña electoral de 2000 en España. VVAA, 2001), cuya explotación supone un reto importante para los gestores de campaña.

4. TÉCNICAS INFORMATIVAS: LA RELACIÓN ENTRE PARTIDOS POLÍTICOS Y MEDIOS DE COMUNICACIÓN EN CAMPAÑA ELECTORAL

Los mensajes electorales no llegan a los ciudadanos tal y como fueron elaborados por los partidos. «Atraviesan» el filtro de los medios de comunicación. Pues casi podríamos decir que las campañas existen porque hay unos medios de comunicación que son quienes, con sus noticias, hacen llegar el mensaje de los partidos. Y en buena medida los contenidos de los debates, de los anuncios publicitarios o del programa electoral es conocido por el público no directamente, sino por las noticias que los medios «hacen» de ese material.

Pero lo que a éstos interesa, tal y como se verá en el capítulo 4, no es la propaganda electoral, sino la noticia. Por eso, los periodistas se distancian del mensaje electoral con la conciencia de que su misión es la de desenmascarar a los políticos, mostrando a los votantes los intentos persuasivos de la comunicación electoral. Por ejemplo, es una tradición periodística la de, en campaña electoral,

---

[6] Datos del *Pew Research Center for the People and the Press* (http://www.people-press.org).

hacer noticia de aquellas cosas cómicas o de las gafadas que le han podido suceder a los candidatos: un resbalón en el momento de subir al estrado, la repetición tediosa de una frase, el movimiento entrenado y artificial de las manos, etc.

Por eso los partidos políticos desarrollan técnicas informativas, con el fin de que los mensajes electorales parezcan noticia, y consigan así ocupar un espacio en los medios de comunicación, sin sufrir muchas modificaciones.

Esta técnica es, por tanto, el resultado de la necesidad que tienen los políticos de competir con la agenda de las noticias de los medios. El mensaje aquí es informativo y no persuasivo:

— Trata de cumplir con los criterios de *noticiabilidad*: novedad, conflictividad, actualidad, proximidad y relevancia pública.

— Adopta formas propias de los medios de comunicación: notas de prensa, comunicados oficiales y ruedas de prensa.

— Trata de cumplir con los requisitos de la presentación formal de las noticias: diseño, imágenes de calidad, redacción ágil, mensajes escuetos, etc. Así por ejemplo se envían los programas electorales a los diarios con un diseño gráfico apropiado, una selección de lo más importante en el titular y en el lead, o con un infográfico que resuma los principales puntos de la oferta electoral. Los partidos políticos guardan en sus archivos buenas imágenes audiovisuales de los candidatos para ofrecer a las cadenas de televisión, y evitar así que éstas ridiculicen al candidato con un ángulo de cámara que, por ejemplo, agranda la papada o acorta la estatura del candidato.

— Trata de cumplir con los ritmos informativos propios de los medios de comunicación: se celebran los mítines a la misma hora que el informativo de televisión, con el fin de que las cadenas puedan conectar en directo; se convocan las ruedas de prensa a tiempo de emisión, etc.

— El equipo de campaña cuenta con personal suficiente y preparado para asegurar una relación fluida del partido con los medios de comunicación durante toda la campaña.

La creación de noticias resulta más fácil para aquellos partidos que están en el gobierno. Aunque en campaña electoral el Congreso está disuelto y el Presidente o Gobierno salientes están con carácter interino (para cumplir, hasta que haya un nuevo gobierno, con las funciones mínimas) parece que todos los servicios mínimos son noticia. Así por ejemplo vemos como noticia de un informativo de campaña a un ministro saliente realizando una visita a un país extranjero con el que, posiblemente (es decir, contando con que su partido gane) se podrán establecer, a largo plazo, relaciones diplomáticas. Las noticias gubernamentales con tinte electoral es una técnica muy utilizada en todos los países, y por partidos de muy diferente cariz ideológico (SEMETKO y SHOENBACH, 1994; SEMETKO y otros, 1991; CANEL, 1997; SEMETKO y CANEL, 1997; CANEL e INNERARITY, 2000).

¿Qué efecto tienen los intentos noticiosos de los partidos en campaña electoral? Aunque en el capítulo 4 trataré esta cuestión con más detalle, quisiera adelantar ahora que la investigación afirma que un mensaje ideado con conflictividad desde su origen (una campaña planteada como agresiva por el partido), tiene la virtud de lograr espacio en los medios de comunicación, pues facilita la tensión narrativa al gozar de un planteamiento, personajes claros y desenlace. Cuando menos, y tal y como ha comprobado Roberts, una campaña negativa puede influir en la agenda del resto de partidos (provocando reacciones al ataque) y en la agenda de los medios (por ejemplo, un spot publicitario agresivo, se hace objeto de noticia) (ROBERTS, 1997). Para una campaña que se apoya en criterios tradicionales de noticia (tales como la novedad o la proximidad) y cuyos contenidos son principalmente los *issues*, puede resultar más difícil que para la campaña negativa lograr espacio en los medios de comunicación.

En algunos estudios realizados sobre la eficacia noticiosa de los partidos en las últimas elecciones nacionales celebradas en España, se muestra que, por ejemplo, en el año 2000 las agendas de los partidos no quedaron reflejadas en las agendas de los medios de comunicación: siguiendo los criterios de «conflicto», las noticias ofrecieron una imagen de campaña al estilo tradicional de juego o competición. Pero en el marco de la dificultad que tiene hacer la campaña en los medios de comunicación, se puede afirmar que el Partido Popular tuvo más éxito que el Partido Socialista. Su planificación noticiosa (con tiempos y formatos ajustados a las exigencias de los medios) logró transferir, más que el PSOE, su agenda de temas e imágenes a las noticias, y «navegar» en la dinámica de los contratiempos que son propios de una campaña electoral: el Partido Popular mantuvo la línea de mensaje hasta el final, y «encajó» su campaña en los medios de comunicación mejor que el Partido Socialista (CANEL, BENAVIDES y ECHART, 2003). Aunque todavía no hay resultados definitivo, se podría decir que algo diferente ocurrió en las elecciones de 2004 (el estudio excluye lo que sucedió a partir del 11 de marzo), en las que, comparativamente, el PSOE logró más que el PP una mejor definición de temas en su evolución: mientras que las cuestiones de campaña se mantienen constantes, las políticas de bienestar y modelo de Estado pasan a tomar un mayor protagonismo en la segunda semana de campaña. Ligeramente lo contrario ocurre en el caso del PP, donde su iniciativa discursiva sobre el Bienestar y sobre el modelo de Estado parece reducirse en la segunda semana, e incrementa considerablemente las noticias sobre estrategia de campaña. Se comprueba además que la agenda de los periodistas estuvo más cerca a la agenda del PSOE que a la del PP. Algo que podría interpretarse como que, o bien el PSOE marcó la agenda de los medios, o bien que los periodistas marcaron la agenda al PSOE.

Otras técnicas informativas son la participación de los candidatos en tertulias radiofónicas o en programas culturales no-informativos de televisión.

5. *MAILING* Y MARKETING DIRECTO

Son las cartas a los lectores pidiendo el voto, firmadas por el mismo candidato o por un personaje político relevante del partido. Sirven para subrayar la importancia de cada voto individual, para que el elector tenga la impresión de que su voto es muy importante, incluso decisivo.

El correo directo tiene las siguientes *ventajas*:

a) Permite dirigir el mensaje hacia los segmentos de población identificados: nuevos votantes, tercera edad, abstencionistas, etc. El envío de propaganda electoral por correo directo es también muy posible en aquellos países en los que los grupos étnicos están situados por zonas geográficas. La información para esta segmentación se puede sacar con facilidad con los datos del censo.

b) Permite enviar mensajes largos, al menos más largos que los mensajes que recogen las vallas publicitarias o las inserciones publicitarias de prensa, radio y televisión. Se puede utilizar incluso un estilo racional, enumerando las razones de por qué se debe votar al partido que envía la carta.

Tiene el *inconveniente*, sin embargo, de que no es un mensaje de consumo asegurado. Hoy por hoy, los buzones reciben miles de mensajes al año, y la mayor parte de ellos acaban en la basura o en el buzón de algún otro vecino que usa la vivienda sólo en vacaciones. Resulta difícil atraer la atención por medio del *mailing*.

La eficacia de esta técnica de comunicación electoral no está del todo probada. En parte, porque es una técnica cuya aplicación varía por países. Hay algunas culturas en las que el votante aprecia un mensaje directamente enviado por el candidato; en otras, esto se toma como algo forzado, el votante percibe con mayor intensidad la intención electoral, por lo que el mensaje puede provocar un rechazo. En países como los Estados Unidos, esta técnica es muy utilizada para conseguir fondos privados para la financiación de candidatos.

En cualquier caso, las siguientes son algunas recomendaciones para la utilización del correo directo (TRENT y FRIEDENBERG, 1995, recoge las recomendaciones de Hall Malchow, director del *The November Group*):

— No utilizar sobres. Eleva el coste y no son de utilidad. Con el fin de atraer la atención, es preferible utilizar folletos, con formas originales, que no se parezcan a una carta ni a un folleto de campaña.

— Ofrecer al votante una razón para leer el contenido. Comenzar de una forma llamativa o incluso dramática («Tú tienes la solución», «Se necesitan soluciones rápidas», etc.) mediante una buena frase o una fotografía interesante.

— Localizar bien el mensaje. Es decir, aprovechar la ventaja que el correo directo ofrece de dirigirse a grupos de votantes específicos. Esto supone conocer bien las preocupaciones del distrito (la creación de una escuela, el cierre de una mina, la seguridad ciudadana, la construcción de una autovía, etc.). Sería un error ignorar las preocupaciones específicas, concentrando el mensaje en los intereses genéricos del partido.

— Antes de enviarlo, realizar una prueba. Ésta ha de hacerse en el tiempo que, se calcula, el receptor empleará en leer el correo, no más de 20 segundos. Éste mirará el folleto por fuera, los titulares, las fotografías, y quizá lo que ponga debajo de éstas. La prueba consiste en comprobar si la gente puede percibir, en 20 segundos, todos aquellos elementos que recogen la esencia de la carta.

— Es preferible utilizar una empresa para el envío del correo. Queda más profesional: la empresa coloca las etiquetas, organiza las cartas, las distribuye, etc.;

y el coste no será mayor que el regalo que se pueda hacer a los voluntarios del partido que harían ese trabajo.

Por último, el partido fabrica chapas, pins, bolígrafos, banderas, gorras, cuadernos, etc., con el fin de dar visibilidad al logo del partido y colorido a la campaña.

V. UNA REFLEXIÓN FINAL SOBRE LA ESTRATEGIA DE COMUNICACIÓN ELECTORAL

No quisiera terminar este capítulo sin ofrecer al lector una reflexión final sobre lo que hasta aquí he expuesto. El esquema que he adoptado responde a un planteamiento de estrategia que, como ya he apuntado, concibe la campaña electoral como un proceso secuencial en el que tras el análisis del contexto o situación, se diseña el mensaje electoral, se comunica y, finalmente, se evalúa lo logrado (la fase de evaluación la trataré en el capítulo 5).

Pero no sería honrado por mi parte si ocultara cuál es la posición que mantengo frente a este esquema, y que ahora sólo puedo definir como «una posición en busca de un concepto revisado de estrategia». Pues hablar de campañas electorales requiere, entre otras cosas, analizar en profundidad qué significa que al proceso electoral haya que aplicar una estrategia.

No procede intentar definir aquí la estrategia, sino, más bien, referir qué me sugiere las aportaciones de los escritos de los autores que han analizado el concepto (entre los que cabe destacar MINTZBERG y otros, 1999; HAX y MAJLUF, 1997; GARRIDO, 2001; PÉREZ, 1996; WILCOX y otros 2001). Aplicado a la política, y de una manera algo simple, diría que la estrategia en la comunicación electoral nace de la necesidad de voto (de ganar al rival), busca el poder y consiste en un plan de campaña que define y distribuye las responsabilidades de un equipo.

Los procesos políticos se han alimentado de la Escuela de Poder para su reflexión sobre la estrategia. Esta Escuela parte de que en política se dan diferencias de valores, convicciones, intereses y percepciones; y las decisiones que se toman suelen estar relacionadas con la adjudicación de recursos, que son casi siempre escasos. Por tanto, el conflicto juega un papel central en la dinámica de la estrategia política, y convierten al poder en el recurso más importante.

La revisión de la Escuela de Poder al hilo de la descripción que de ésta realiza Mintzberg (1999) nos permite establecer lo siguiente como característico de la estrategia en el ámbito político:

— la estrategia es resultado de un proceso de negociación y concesiones entre los individuos, los grupos y las coaliciones que están en conflicto;
— los objetivos y decisiones surgen del regateo, la negociación y las maniobras para ganar posiciones entre las diferentes partes interesadas;
— la estrategia no es producto de un solo arquitecto o de un equipo homogéneo, sino de varios personajes y coaliciones que persiguen sus propios intereses.

— En la elaboración de la estrategia hay que contar con que la parte rival (que a veces puede estar dentro de la propia organización) tratará de distorsionar las estrategias.

— La estrategia que resulta no tiene por qué ser la óptima, sino que será la que refleje los intereses de los grupos más poderosos de la organización.

Por tanto, y siguiendo la revisión de las escuelas ofrecida por el clarificador trabajo de Mintzberg, concluyo que el planteamiento de la comunicación política ha estado amparado en la concepción más clásica de estrategia, y se encuadra en la escuelas de naturaleza prescriptiva: la escuela de diseño (que entiende la estrategia como un proceso de concepción), la escuela de planificación (que entiende la estrategia como un proceso formal) y la escuela de posicionamiento (que concibe la estrategia como un proceso analítico). Efectivamente, la comunicación electoral es comunicación que, tras un cálculo analítico del número de votos que está en juego, y con una verificación interna y externa de la viabilidad del plan para lograr los votos necesarios, se elabora y formula la estrategia. Su expresión más clara, como ya he dicho, es la división en las cuatro fases del proceso estratégico: el análisis del contexto (situación del voto), planificación (diseño de la campaña electoral), ejecución (transmisión del mensaje electoral a los votantes) y evaluación (se mide el éxito de la campaña por los resultados electorales).

Pero la estrategia que resulta al amparo de esta concepción es una estrategia única, algo rígida, explícita, centralizada, demasiado planificada y poco abierta al cambio, al aprendizaje y a la creación. Y creo que, además, poco rentable en la consecución de votos.

Plantearse esta cuestión no es otra cosa que plantear la pregunta de qué busca la comunicación política. Siguiendo Newman y Perloff (2004) (entre otros muchos autores) la respuesta tendría que ser «dirigir la opinión pública, implantar las propias ideologías, ganar las elecciones y lograr la aprobación de determinadas leyes o medidas en respuesta a las necesidades y deseos de la gente, de los grupos y de las sociedades». Ahora bien, también afirman estos autores, la moderna presidencia debe utilizar el marketing no sólo para ganar las elecciones, sino también para tener éxito como líder en la Casa Blanca, de lo que concluyen que hay que plantearse el marketing político como un proceso de intercambio (p. 18).

No soy capaz de decir más aquí. Simplemente apuntaré que considero que es necesario realizar en el ámbito de la comunicación electoral una reflexión más profunda del concepto de estrategia de comunicación que explore las aportaciones de la Escuela Cultural, que concibe la creación de estrategia como un proceso de interacción social, como proceso colectivo (ver reflexión ofrecida en CANEL, 2005).

Considero que una concepción así está, además, cerca de visiones más amplias y ricas que permitan afrontar con más realismo (es decir, con más precisión sobre la situación de los públicos), la comunicación permanente de las instituciones públicas, aquella que se mantiene una vez ganadas las elecciones, y que veremos en el capítulo siguiente. Pues creo que el problema clave con que tanto investigadores y profesionales nos topamos constantemente es el de no acabar de conocer bien a los públicos a los que nos dirigimos.

Es preciso, por tanto, una formulación de la estrategia que busque aquellos espacios en los que, logrando una mayor implicación del ciudadano en la vida pública, se beneficie tanto al ciudadano (que se hace activo en ámbitos de su desarrollo personal) como a la institución (que es más eficaz con un ciudadano informado y activo). Por último, y desde el punto de vista conceptual, una revisión más detallada y profunda de la aportación del Interaccionismo Simbólico en términos de transacción comunicativa entre la institución política y sus públicos permitirá visiones más intuitivas y creativas sobre la estrategia, que superen el clásico proceso estratégico de las cuatro fases.

CAPÍTULO 3

LA COMUNICACIÓN POLÍTICA DE LAS INSTITUCIONES[1]

«Y ahora que soy Presidente, ¿qué?»

ROBERT REDFORD

Así termina el libro *Cómo se vende un presidente* (GINNINS, 1970), como la película que en éste se apoya, protagonizada por Robert Redford. Con la ayuda de unas sofisticadas técnicas de marketing electoral, el candidato, ignorante e inexperto en política, consigue llegar al puesto más alto de su país, la Presidencia. Pero entonces, ¿qué?

Así debería haber finalizado también yo el capítulo precedente, en el que expuse las técnicas de comunicación para ganar unas elecciones. Y ahora, ¿qué? ¿Qué hacer cuando se consigue ganar? ¿Qué hacer una vez que se ha obtenido el poder? ¿Es necesario seguir aplicando técnicas de comunicación política? ¿Cuál es el objetivo de éstas? ¿Para qué le sirve al poder la comunicación?

Son todas éstas cuestiones mucho menos estudiadas que lo expuesto en el capítulo anterior. Sin embargo poseen, a mi juicio, mayor interés: las técnicas de comunicación política de las instituciones tienen una serie de características que las diferencian de las técnicas electorales, y que hacen referencia más directa a la eficacia de la relación entre política y comunicación.

Las técnicas de comunicación de instituciones se diferencian de otras técnicas de comunicación política en que:

a) Sus *sujetos* son personas o instituciones que ostentan poder. Puede ser la Presidencia de una nación, la Presidencia de un Gobierno nacional o autonómico, una alcaldía, un ministerio, una concejalía, un Parlamento nacional o regional, etc.

b) Su *finalidad* consiste en:

— *ejercer el poder*, lo que apunta la necesidad de la comunicación para que las decisiones de poder sean asumidas por aquéllos a quienes afectan;

---

[1] En el presente capítulo simplemente realizaré una actualización de ejemplos. Actualizar fuentes, bibliografía, experiencias y problemas requiere un trabajo más extenso que será realizado en otro contexto.

— *distribuir el poder*, lo que implica que la negociación que se da entre aquéllos que forman parte de la institución necesita de la comunicación; y

— *realizar el bien público*, lo que apunta una relación entre el conocimiento público de la política y la aceptación de la misma.

c) Su *aplicación* no es de carácter puntual, como lo son las técnicas de comunicación electoral. Si éstas se creaban y morían con la celebración de las elecciones, las técnicas de comunicación de instituciones tienen un período de aplicación más largo, que puede extenderse durante todo el mandato de una institución.

Aquí radica precisamente su interés: en la medida en que la duración de estas técnicas es superior, no cabe en ellas lo que Del Rey llama la promesa con «fecha de caducidad incorporada» (DEL REY, 1997): mientras que el candidato de unas elecciones puede prometer y no cumplir (una vez que logró el poder nadie se lo puede quitar hasta los próximos comicios), el que ostenta poder no goza de la misma libertad.

Teniendo en cuenta estas características, defino las técnicas de comunicación de instituciones como el «Conjunto de reglas (principios) y procedimientos (aplicaciones específicas) de la comunicación de intención persuasiva que, con recursos psicológicos e informativos, llevan a cabo las instituciones para influir en los destinatarios con el fin de conseguir en éstos una adhesión permanente para ejercer y distribuir poder, y realizar el bien público».

¿Cómo se idea la imagen de una institución política? ¿De qué forma se consigue controlar la información que de ésta sale? ¿Es preferible dar toda la información u ocultar algo? ¿Cómo combinar la imagen de transparencia con el secreto oficial necesario, por ejemplo, en un gobierno? ¿Qué se debe hacer en momentos de crisis, cuando, por «accidente» se hacen públicas informaciones conflictivas? Intentaré responder a algunas de estas cuestiones a lo largo de este capítulo. Y, como ya se ha apuntado, las técnicas que aquí se exponen se aplican a cualquier tipo de institución política: la Presidencia de una nación, la Presidencia de un Gobierno nacional o autonómico, una Alcaldía, un Ministerio, una Concejalía, un Parlamento nacional o regional, etc.

I. TÉCNICAS PARA LA COMUNICACIÓN DEL MENSAJE POLÍTICO DE LAS INSTITUCIONES

Una institución política, si quiere ser alguien, tiene que hablar, decir quién es, explicar cómo se ve a sí misma y hacer que ese mensaje llegue, sin contaminaciones, a sus destinatarios. Pues efectivamente, la política que hoy día no sale en los medios de comunicación, no existe; el político que no aparece en la prensa, no trabaja. Por eso, se puede decir que las instituciones son emisoras de mensaje político.

Teniendo en cuenta la división de estrategias de Graber (GRABER, 1992: 246), y considerando un modelo genérico que pueda aplicarse a diferentes países, propongo la siguiente clasificación, que recojo en el Cuadro n.º 4, de las técnicas y estrategias de comunicación de las instituciones.

Cuadro n.º 4

Estrategias y técnicas para la comunicación política de las instituciones

Estrategias de comunicación	*Técnicas de comunicación*
Cesión de información	Adecuación a los criterios de noticiabilidad profesionales Relación estable con medios de comunicación
Ocultamiento de información	Mentira «inadvertida» Confusión intencionada Suavización del lenguaje Neutralización de la información negativa Sesiones *off-the-record* Filtraciones
Escenificación: organización de eventos	Ruedas de prensa *Briefings* de prensa Eventos especiales Discursos
Comunicación persuasiva	Inserciones publicitarias Correo directo Campañas de comunicación Internet[2]

Estas técnicas y estrategias giran en torno a dos principios:

a) El ajustado equilibrio entre la cesión de información y el ocultamiento de la misma. Que la institución tenga que hablar no significa que tenga que dar la información de forma descontrolada. Es preciso buscar el justo punto entre lo que se quiere decir, y lo que se quiere (o se necesita) no-decir.

b) El recurso a las técnicas informativas y persuasivas. En su estrategia de comunicación las instituciones pueden ser sujetos de emisión de mensajes infor-

---

[2] La exploración sistemática de los métodos, modos y formatos de comunicación que ofrecen los nuevos medios para la comunicación de las instituciones políticas lo dejo para otro trabajo posterior. Ahora simplemente quiero mencionar los estudios de Dader (2003) y Dader y Domínguez (2006) que, además de originales e innovadores, constituyen una buena descripción sobre las posibilidades que los nuevos medios ofrecen para la comunicación institucional política.

mativos (creación de noticias) y persuasivos (que, con frecuencia, se transmiten a través de mensajes publicitarios).

Veamos cada una de las técnicas.

1. LA CESIÓN DE INFORMACIÓN

Empezamos por la estrategia más básica, la que utiliza la institución cuando quiere hablar, cuando quiere dar información. Hoy día se entiende que una información no se hace oficial hasta que haya salido en los medios de comunicación, aunque esa información esté ya publicada en el *Boletín Oficial del Estado*. Las instituciones saben que el ciudadano medio no accede regularmente a las publicaciones oficiales, y, por eso, acuden a los medios de comunicación cuando quieren dar algo a conocer.

Se trata entonces de ver de qué forma se va a dar la información que se quiere dar, para lo que es preciso adoptar la estrategia adecuada: decidir a qué medios dirigirse, seguir unos ritmos informativos apropiados y adoptar un tipo de discurso.

El problema que aquí se plantea es que, al dar la información a los medios de comunicación, la institución pierde el control del mensaje como ya se dijo. Los periodistas no transmiten la información tal y como la reciben de la institución, sino que adoptan una actitud interpretativa ante la misma, proyectando sobre ella sus propios enfoques.

Por eso, los responsables de comunicación de las instituciones han de conocer bien cuáles son las exigencias informativas de los medios de comunicación, con el fin de dar a su mensaje la presentación formal necesaria para que éste sufra la menor distorsión posible. Como ya vimos, hay partidos políticos que envían los programas electorales a la prensa con un diseño gráfico perfectamente adecuado al espacio disponible. Las instituciones, cada vez más, tienden a contratar entre su personal a gente que redacta y edita bien, o que sabe juzgar con criterios periodísticos la noticiabilidad de una información.

Las técnicas específicas para la cesión de información tienen en cuenta los siguientes principios:

a) No suelen coincidir los criterios de noticiabilidad de los medios de comunicación con los que tienen las instituciones políticas. A éstas les interesa dar una imagen de consenso, como si, por ejemplo, la medida que se anuncia, hubiera sido aprobada por toda la nación; pero, por su parte, los periodistas buscan el conflicto, lo inusual, las informaciones incongruentes o las discrepancias que haya podido haber, por ejemplo, en las declaraciones de dos miembros de un mismo Gobierno. Pues lo «conflictivo» es un criterio para la noticia periodística.

b) No suelen coincidir, tampoco, los ritmos políticos con los ritmos informativos. Las instituciones necesitan tiempo para tomar sus decisiones, sobre todo cuando quieren adoptar éstas con el máximo acuerdo posible. Pero, por su parte, los medios de comunicación necesitan la información con rapidez, pues es la noticia a tiempo la que interesa a su audiencia. Es una queja común entre portavoces de instituciones políticas la falta de sensibilidad entre los políticos para estar en sintonía con los ritmos informativos. Por ejemplo en España, cuando la reunión del Consejos de Ministros que se celebra todos los viernes termina más tarde de las 15,15 p.m., pierde su oportunidad informativa, pues ya no llega al informativo televisivo de las 15,00, y queda obsoleto para informativos posteriores. Pero terminar a las 2,15 o 2,30 (horas a la que se puede llegar con un poco de esfuerzo) tampoco deja mucho margen para entrar bien (con todos los detalles) en el informativo de las 3.00. Por eso, cada vez más, las instituciones, acuden al embargo, técnica por la cual se cede la información con la imposición de no publicarla hasta una hora determinada (en este caso, la rueda de prensa del Consejo de Ministros). El embargo es un «pacto» en el que todos salen beneficiados: los medios ganan tiempo para trabajar bien la información; y la institución gana posibilidades de que su medida salga mejor cubierta. Violar el embargo perjudica a todos: a la institución, por razones obvias; pero también al medio, que además de que pierde la confianza para futuros embargos, corre el riesgo de que su información no sea precisa (pues puede suceder, por ejemplo, que el Consejo de Ministros modifique en algo aquello que iba a aprobar).

c) La institución ha de ser siempre veraz con los medios de comunicación. Su trabajo consiste en ayudar a que éstos realicen su cobertura, no en manipular, engañar, o «pastorear» hacia determinados enfoques.

Veamos algunas técnicas específicas para la cesión de información (BERKOWITZ, 1992; CULBERSTON, 1994; FRANKLIN, 1994; IZARD, 1994):

— Mantener una relación fluida y cercana con los medios de comunicación. La institución ha de conocer individualmente al corresponsal de cada medio, tratarle bien, facilitarle todos los recursos necesarios para realizar la cobertura, y mantener, mediante visitas, llamadas de teléfono, etc., la regularidad del contacto. Es por esta razón por la que la mayor parte de las instituciones políticas (de manera específica, los gobiernos y los parlamentos nacionales) han construido salas de prensa para que los periodistas puedan elaborar *in situ* sus crónicas.

— Adelantarse a las necesidades de los periodistas y satisfacer sus exigencias concretas. Lo que más valora un periodista de un responsable de comunicación institucional es la asequibilidad y la capacidad de reacción ante las solicitudes de información.

— Ser consciente de que privilegiar a uno (mediante una cesión exclusiva de información) perjudica a los demás. De manera que no hay que mostrar diferencias en el trato con los medios de comunicación, al mismo tiempo que hay que lograr dar la impresión, a cada medio, de que él es el favorito. Lo contrario, es decir, que los medios perciban privilegios ajenos de trato, perjudica la relación de la institución con los medios.

— Cuando se tiene una información que es de interés noticioso y se prevé que atraerá a los medios de comunicación, es bueno aprovechar ese gancho para dar otras informaciones que interesan a la institución y quizá no tanto a los medios. Éstas se pueden presentar como información *background* (por ejemplo, la trayectoria de una medida política en el *dossier* que se entrega en una rueda de prensa).

— Conocer bien los ritmos informativos de los medios de comunicación, para enviar la información en el momento en el que haya posibilidad de que se convierta en noticia. Así por ejemplo, una visita de un miembro del gobierno a la ciudad, colapsa todas aquellas informaciones institucionales de carácter local. Los medios no pueden sacar todo lo que les llega sino que, como veremos, criban las informaciones. Por eso, las instituciones políticas de mayor importancia, de las que puede salir más de una información diaria, necesitan coordinar el mensaje. Aquí está la razón de la celebración de reuniones de coordinación de la oficina de comunicación de la presidencia de un gobierno con las jefaturas de prensa de los ministerios: es preciso racionalizar la emisión de mensaje para no cansar a los medios de comunicación; y para lograr que lo que la institución hace tenga el máximo rendimiento informativo posible.

— Por el mismo motivo que lo anterior, se han de combinar adecuadamente el uso de notas de prensa, de ruedas de prensa y de entrevistas, con el fin de no golpear excesivamente a los medios. Un incremento exagerado de estos impactos de información oficial podría acabar anestesiando su efecto.

2. El ocultamiento de información

Hay informaciones que la institución no puede (o no quiere) dar, porque su publicación podría tener efectos perjudiciales para la nación (por ejemplo, para la seguridad del Estado), para la institución (puede desestabilizar la imagen del líder), o para una determinada política pública (no son pocos los casos en que la publicación prematura de una información ha derivado en la interrupción de algún proceso).

No voy a tratar aquí cuestiones como la del privilegio que tienen algunas instituciones de poder clasificar información (darle el carácter de «información secreta»), ni la de las consecuencias que tiene el abuso de tal privilegio. Hacerlo merece adoptar una perspectiva jurídica. Tampoco entraré en la cuestión de qué es exactamente (y en qué se sustancia) la transparencia informativa, cuestión que considero de enorme interés y que requiere unos análisis estratégicos de mayor alcance. Simplemente describiré el tipo de técnicas que las instituciones suelen utilizar para ocultar información, sea cual sea la motivación de ese ocultamiento.

Ocultar información es la tarea más ardua y difícil de los responsables de comunicación de una institución, tanto por las implicaciones éticas que eso lleva consigo como por las implicaciones profesionales.

Ocultar información es, básicamente, mentir. Pero la *mentira*, decir lo contrario de lo que la realidad es, es una técnica que no compensa; a largo plazo, no tiene buenos resultados en la gestión de comunicación. Precisamente fue la mentira lo que obligó a Nixon a dimitir; o lo único que hizo descender la popularidad de Clinton en el caso Lewinsky.

La mentira no es buena técnica, además, porque los periodistas esperan que los responsables de comunicación de la institución digan siempre la verdad. Y para éstos, la credibilidad es el capital más valioso con el que pueden contar. Por eso, los expertos en marketing político desechan la mentira como técnica de comunicación institucional.

Las instituciones recurren a lo siguiente para conseguir evitar publicar determinadas informaciones (JONES, 1995; DURANDIN, 1983; GOLDSTEIN, 1989; SMITH; 1990; HUICI, 1996):

— La *mentira inadvertida*. Es la que se produce sin intención por parte de quien da la información. Hay mentira porque la información que se da resulta no coincidir con la realidad; pero es inadvertida porque aquél que la emitió no contaba con todos los datos. Para utilizar esta técnica, lo que hacen las instituciones es mantener desinformados a los jefes de prensa. Es ésta una técnica muy frecuente, que garantiza tanto que no salga la información que no se desea (el jefe de prensa no la dará, pues no la tiene), como que se haga sin mentir (el jefe de prensa puede afirmar, sin mentir, «no cuento con la información»; y una vez que la «mentira» se pone de manifiesto, puede afirmar, también sin mentir «en aquél momento desconocía la información»). Otra cosa es el problema que esta técnica genera para el jefe de prensa, pues es quien automáticamente queda desautorizado ante los medios por desconocer información de la institución para la que trabaja.

— La *confusión intencionada* consisten en crear espacios lingüísticos que permiten operar en un margen más extenso de significados. Veamos algunos ejemplos al respecto.

El Ministerio de Asuntos Exteriores conoce la aprobación, por parte de la Casa Real y del Gobierno, de un viaje del Jefe de Estado a Cuba; pero todavía no ha llegado la confirmación oficial al ministerio. ¿Qué puede hacer su jefe de prensa ante la pregunta «¿Es cierto que los reyes viajarán a Cuba?». Responder a ella afirmativamente supondría una confirmación prematura. Utilizando la técnica de confusión intencionada se respondería: «No se ha tomado todavía decisión al respecto». La respuesta no es mentira: el Ministerio no ha recibido todavía la confirmación oficial, por lo que, técnicamente hablando, no se puede decir que la decisión esté tomada.

Mucho se ha escrito sobre la ausencia de verdad que hay en la confusión intencionada que se consigue mediante la «suavización del lenguaje». Se trata de sustituir términos agresivos o que tienen connotaciones peyorativas, por otros que son positivos, más neutrales, o lo suficientemente abstractos como para no significar nada, con el fin de que con ellos se pueda incluir todo aquello que se quiere incluir.

Cuando la Presidencia de Ronald Reagan sometió a aprobación del Congreso un programa de producción de misiles en un momento en que la opinión pública era contraria a la militarización del país, sustituyó en su discurso el término «misil» por el término *peace-keeper* (garante de la paz), con lo que consiguió neutralizar la reacción negativa de la oposición. En la misma línea, se ha llevado a cabo una suavización del lenguaje en lo que se refiere a programas sociales y sanitarios que pretenden introducir medidas impopulares en determinados sectores sociales (ver ejemplos en el Cuadro n.º 5).

CUADRO N.º 5

Ejemplos de técnicas de «suavización del lenguaje» para la confusión intencionada

Término negativo	*Término positivo (sustituto)*
Misil	*Peace-keeper* (garante de la paz)
Programa de niños retrasados mentales	Escuela para niños excepcionales
Control de natalidad	Planificación familiar
Aborto	Interrupción voluntaria del embarazo

— La *neutralización de la información negativa*. Consiste en acompañar la mala noticia de una buena, de forma que, al dar énfasis a esta última, el efecto de la primera quede anestesiado. Es, en definitiva, gritar las buenas noticias y susurrar las malas. Así por ejemplo, se anuncia un plan de seguridad ciudadana subrayando sus objetivos positivos y reduciendo la información sobre sus costes. En la misma línea, todos los gobiernos tienden a hacer noticia del descenso del índice de paro tras las vacaciones de verano y de navidad. El desempleo ha descendido, efectivamente, pero es éste un descenso artificial: los contratos nuevos no son más que sustituciones del personal que estaba de vacaciones. El índice de desempleo subirá una vez que esas personas vuelvan a sus puestos. Con esta información se ha conseguido neutralizar el efecto negativo que tuvo el índice de paro de los meses precedentes.

— El *off the record*. Es una forma de dar a conocer la información (y contentar así a los periodistas) pero evitando que ésta sea publicada. Con el *off the record*, el periodista adquiere el compromiso de no publicar, bajo la «amenaza» de que, si lo hiciera, perjudicaría radicalmente su relación con la fuente.

El *off the record* fue una técnica muy utilizada en los años treinta durante el gobierno de Franklin Roosevelt, en los encuentros con los medios de comunicación que éste inventó en forma de ruedas de prensa. La Presidencia conseguía que los periodistas se comprometieran a no publicar las informaciones vertidas en esas reuniones hasta que fueran oficiales.

Si bien era ésta una forma recomendable en aquella época, no lo es actualmente. Las fuentes de información se han desarrollado de tal manera que los periodistas tienden a no aceptar el *off the record*, o a amenazar con que cuentan con recursos para conseguir la información por otras vías y librarse así de la imposición de silencio. Además, los periodistas pueden utilizar otras fórmulas como es la de dar la información citando «fuentes no identificadas», o citando la fuente sin que haya una atribución personal.

Las instituciones temen además que, al solicitar el *off the record* respecto a un tema, estén dando pistas a los periodistas de por dónde puede haber vías de interés para poner en marcha el periodismo de investigación. Por eso es aconsejable evitar el *off the record* y reducirlo a los casos de estricta necesidad.

Sí es muy frecuente, sin embargo, las reuniones informales con los periodistas para ofrecerles información *back-ground*. Salvo en ocasiones en los que es necesario explicitarlo, generalmente no se impone el *off the record* de manera formal. Son reuniones con intercambio de información en las que subyacen los sobreentendidos entre el político y los periodistas.

— La *cortina de humo*. Consiste en crear una noticia de la nada para desviar hacia ella la atención de una información que ha salido a la luz y que es desfavorable para la institución. La película que lleva este título, «Cortina de humo», es un buen ejemplo, ficticio (si bien la coincidencia en el tiempo con el caso Lewinsky y el bombardeo de Irak está llena de ironía) de lo que es una cortina de humo: ante las acusaciones, en plena campaña electoral, de la ex-secretaria al Presidente de los Estados Unidos, los agentes de campaña «construyen» una guerra en Albania mediante un documental producido en un estudio de Hollywood. El espacio de los medios queda colapsado con la cobertura del conflicto, silenciando con ello la acusación al Presidente.

— Las *filtraciones*. Esta técnica está a medio camino entre la cesión y el ocultamiento de información.

Una filtración es «la cesión de información parcial, prematura y desautorizada» (Hess, 1984: 77). Es parcial porque probablemente sobre aquello que se filtra sigan produciéndose informaciones; es prematura, porque la información sale a relucir antes de que el asunto esté maduro y la institución tenga voluntad de hablar de ello; y es desautorizada, porque una información filtrada no goza del respaldo oficial.

La filtración es una espada de doble filo, pues al filtrar, la institución gana un amigo (el medio al que filtra), pero gana muchos enemigos (todos aquéllos a los que no filtra).

Las filtraciones pueden responder a distintas motivaciones; y pueden proceder de distintas personas.

• La filtración intencionada por la institución y como parte de la política informativa. Su finalidad es lograr la buena cobertura de un tema. Quien filtra es el jefe de prensa, que «regala» al periodista la posibilidad de que se adelante con un tema, a cambio de que el tema sea bien tratado. Cuando la filtración se hace sobre algo que el periodista trataría bien en cualquier caso (por ejemplo, una reducción de impuestos), se hace con el fin de que el periodista quede en deuda, adquiriendo el que filtra un «cheque en blanco» que será de gran utilidad para, en el futuro, poder exigir determinadas condiciones de cobertura.

• La filtración intencionada por alguien de la institución, con la intención de lograr una buena cobertura, pero sin que forme parte de la política informativa. Quien filtra suele ser alguien más directamente relacionado con el tema (el Director General, por ejemplo, de quien depende una determinada medida), que lo hace acudiendo a su amigo periodista sin decirle nada al jefe de prensa, no vaya a ser que éste (que es más consciente de los perjuicios que llevan consigo las filtraciones) se lo prohíba. En este caso la filtración genera problemas para el jefe de prensa, pues es francamente difícil gestionar el después: el resto de medios no se puede creer que esa información no se haya filtrado intencionadamente, y casi es mejor no hacérselo creer, pues el jefe de prensa perderá autoridad ante ellos. Sólo le queda al jefe de prensa acudir a su jefe (al Alcalde, al Ministro, al Presidente) para que imponga orden en lo que a las decisiones informativas de la institución se refiere.

- La filtración *política*. Es una filtración de alguien de la institución que quiere poner de manifiesto la reacción positiva de la opinión pública para vehicular con mayor facilidad determinadas medidas (tal es el caso de las filtraciones que en su día realizó Gorbachov sobre sus actuaciones liberalizadoras, para poder presentarse ante el aparato del estado y de la antigua guardia del PCUS con una opinión internacional favorable a su persona y a su política (GÓMEZ ANTÓN, 1996)); o que quiere poner de manifiesto la reacción negativa de la opinión pública ante determinadas medidas para evitar que éstas finalmente sean aprobadas (éste es el tipo de filtración que, por ejemplo, haría un Ministerio de Hacienda para evitar el gasto de una determinada política de gobierno).
- La filtración *personal*: la intención consiste en dejar mal a una persona que supone un peligro para el propio ascenso con el fin de provocar su dimisión. Éstas son las típicas filtraciones que se producen entre los miembros de la Administración Pública.
- El *globo sonda:* consiste en la revelación de una propuesta que está bajo consideración con el fin de probar su viabilidad.
- La filtración *de oposición*. Como su nombre indica, quien filtra es la oposición con el fin de dinamitar la política de la institución. Lo hace sacando a relucir documentos, informes, datos, borradores, etc., que, por ejemplo, consigue a través de personal administrativo, y cuya publicación pone el acento en un aspecto negativo que provoca reacción de rechazo en la opinión pública.
- El *soplo*: consiste en hacer pública una cuestión que la institución quiere mantener secreta con el fin de provocar al respecto un debate público.

Además de que estos tipos de filtraciones no son excluyentes, una filtración puede tener más de un objetivo, lo que hace más difícil que la parte perjudicada por una filtración adivine quién está detrás de la misma.

3. LA ORGANIZACIÓN DE EVENTOS

Por medio de la organización de eventos, la institución trata de llamar la atención de los medios de comunicación, con el fin de que ella (una medida, un logro, un plan, una persona, etc.) se convierta en noticia.

Los eventos son los siguientes:

a) Las *rueda de prensa*. Es el evento más clásico. Consiste, propiamente, en un evento político-mediático: la institución llama a los medios de comunicación.

Tienen su origen en los Estados Unidos como una réplica al *question time* británico. En éste el jefe de gobierno comparece ante el parlamento para dar explicación de su gestión y someterse a las preguntas de control de los diputados. Ante la ausencia de este tipo de relación entre Ejecutivo y Legislativo, el Presidente Roosevelt, decidió institucionalizar reuniones con los medios, para que, en un entorno informal, pudiera dar explicación de su gestión.

Inicialmente eran reuniones amistosas y *off the record*, en las que, como ya se ha dicho, los periodistas se comprometían a no publicar las informaciones allí vertidas. Reunían a pocos periodistas y el Presidente, en tono confiado, hablaba de la marcha política del país. El objetivo consistía en tener buenas relaciones con los medios y mantener a los periodistas «contextualizados». De esa forma, cuando la Presidencia daba el «visto bueno», la información se hacía oficial, y los periodistas podían publicarla incluyendo las razones que sabían que habían motivado la medida anunciada.

Hay algunos ejemplos curiosos y divertidos del recurso a las ruedas de prensa. Kennedy celebraba estos eventos de forma frecuente, pues tenía especial habilidad en hacer de ellas un arma favorable para el gobierno: controlaba la agenda de las preguntas mediante la colocación de personas con preguntas fáciles en lugares estratégicos, a quienes se dirigía en caso de apuro. Nixon y Ford convocaron menos ruedas de prensa, pues, dada su falta de habilidad con los medios, sacaban de ellas más perjuicio que beneficio. Por su parte Reagan tenía una gran capacidad de comunicación, pero no era tanta su habilidad con los contenidos: sus asesores, con frecuencia, debían quedarse al finalizar la comparecencia para aclarar algunas informaciones e incluso rectificar los datos ofrecidos por el Presidente (French, 1982; Stempel, 1994).

Hoy día las ruedas de prensa son multitudinarias, ya que a nadie se le niega el acceso. Veamos algunas técnicas específicas para la celebración de las mismas (Cornwell, 1966; Martin, 1981; French, 1982; Smith, 1990).

— Respecto al *ritmo* de la convocatoria:

• hay algunas que se celebran de manera sistemática, por ejemplo, tras la reunión del Consejo de Ministros;
• han de ser *regulares*: el Jefe de Comunicación ha de tomar la excesiva ausencia de ruedas de prensa como un dato negativo sobre su política informativa;
• pero han de estar informativamente motivadas: no es bueno convocar una rueda de prensa (y, por tanto, hacer venir a los periodistas) cuando no hay nada que contar;
• se ha de convocar rueda de prensa cuando hay una *buena noticia*, por ejemplo, cuando se ha aprobado una medida de política social popular. Con ello se consigue ocupar espacio informativo y desviar hacia esa cuestión las preguntas controvertidas;

- se ha de convocar también cuando hay una *cuestión conflictiva*, pues el hacerlo proyecta una imagen de transparencia informativa. Esto fue lo que motivó la polémica convocatoria de la rueda de prensa por parte del Ministerio del Interior para dar explicación de la captura del escapado ex-jefe de la Guardia Civil, Luis Roldán; polémica sobre la que ya se ha escrito suficientemente (LÓPEZ-AGUDÍN, 1996; SANDERS, BALE y CANEL, 1999).

— Respecto al *tema*, ha de estar bien identificado el motivo por el que se convoca la rueda de prensa, de forma que sea pertinente elaborar un discurso *ad hoc*. Se debe además entregar un *dossier* con toda la información que se pueda necesitar para dar una cobertura completa al tema que convoca (datos de costes, nombre y cargos de las personas que comparecen en la rueda de prensa, etc.).

— Respecto al *peso institucional*, los responsables de comunicación de la institución han de conseguir que los altos cargos de la misma estén involucrados en esas convocatorias mediáticas. Sería absurdo que se llamara a los medios para dar una noticia importante de la que responde un miembro de la institución de relegado rango. Involucrar a los altos cargos tiene sus dificultades pues no siempre éstos son tan conscientes de la necesidad de la comunicación. Y, cuando aceptan, es preciso informarles bien del motivo de la convocatoria y de lo que tienen que decir. Sobre esto hay muy diferentes experiencias, desde los políticos que no aceptan ningún consejo al respecto pero que luego realizan una comunicación brillante; los que no aceptan y además destrozan el mensaje; hasta los que, por último, aceptan los consejos al pie de la letra, por carecer de habilidad comunicativa, con lo que lo que resulta es una comunicación artificial y forzada.

— Respecto al *manejo de preguntas*, la persona que dirige la rueda de prensa ha de conocer bien a los periodistas, con su nombre, apellido y medio de procedencia, y dar paso a todos los periodistas de forma equitativa. El jefe de prensa ha de facilitar que quien comparece se haga cargo enseguida de quién es el que le está preguntando.

— Respecto a la *hora* de convocatoria, las ruedas de prensa han de ser convocadas con el suficiente tiempo como para que los medios puedan incluir esa información en la planificación de las noticias. Pero además, convocarlas algo cerca de la hora de cierre o emisión evita que los periodistas recojan la reacción de la oposición, que podría distorsionar el mensaje que la institución quiso dar.

b) Los resúmenes de prensa, *press briefings*, son unas reuniones con los periodistas en las que se les da, de forma escueta y resumida, aquella información básica que la institución quiere ofrecer. Los jefes de prensa recogen, para eso, las declaraciones de los principales cargos de la institución; en el caso de un gobierno, los jefes de prensa han de conseguir un resumen de aquella información que cada ministerio quiera dar.

c) La *organización de eventos*. No son propiamente eventos mediáticos, pues no son llamadas exclusivas para los medios de comunicación como lo son las ruedas de prensa. Pero se hacen para lograr noticia en temas favorables. Aquí están las inauguraciones, las primeras piedras, las visitas de obras, las demostraciones de programas, etc. Hay otros, como por ejemplo, declarar el día del Medio

Ambiente, el Día de la Producción Agrícola, el Día de la Lucha contra el SIDA, etc. Junto al homenaje que se rinde a determinadas ideas, actividades o personas, se puede incluir informaciones favorables a un Ministerio, a un político, a un partido, o a una medida institucional. Es decir, son ocasiones para conseguir una «buena foto» (GRABER, 1992; TRENT y FRIEDENBERG, 1995).

d) Los *discursos*. Resulta más difícil de comprender el discurso como técnica de comunicación política desde una perspectiva hispánica, en la que no hay la cultura del discurso que hay en otros países. En éstos, existe toda una tradición de investigación sobre la relación que hay entre la acción política y la dicción (es decir, la expresión de esa acción en un discurso). Y es que, efectivamente, el discurso de un Presidente de la nación, de un jefe de Gobierno, de un alcalde, de un diputado o de un jefe de gobierno autónomo tiene efectos dignos de consideración.

Hay muchas formas de discurso. Está el discurso de inauguración de mandato (con los consecuentes elementos programáticos y de promesa), el de aceptación de un honor (como puede ser, por ejemplo, un premio), el discurso parlamentario, el de petición de sacrificio a la nación (ante la adopción de medidas económicas que suponen una reducción del gasto), el de petición de perdón (que supone aceptar haber cometido un error), el de reacción a una acusación (que requiere información precisa), el de aceptación de una dimisión (que exige una explicación), el de petición de dimisión (en el que se pone de manifiesto si hay o no aceptación del motivo de la misma), o el de disolución de Cámaras y convocatoria de elecciones. Sobre todos estos discursos y los efectos que pueden tener en la popularidad de una institución hay trabajos de gran interés (ver, por ejemplo, CAMPBELL y JAMIESON, 1985; DENTON y HAHL, 1986; CAMPBELL y JAMIESON, 1990; SMITH y SMITH, 1994; PROCTER y RITTER, 1996; PÉREZ, 2003).

En España, donde la tradición del discurso no está tan asentada, son más frecuentes las intervenciones de los políticos en forma de declaraciones. En las últimas décadas, y al atravesar un período de enorme rivalidad política, la batalla que antes se producía entre los medios para conseguir una buena declaración ha invertido los papeles: son ahora los políticos quienes, a la salida del Congreso, buscan los micrófonos para poder declarar. Las declaraciones a los medios se han convertido así en un vehículo de «discursos» a través del cual los políticos canalizan sus posiciones respecto a fuerzas rivales.

4. LA PUBLICIDAD INSTITUCIONAL

Por último, las instituciones pueden ser también sujetos de comunicación persuasiva, es decir, pueden elaborar mensajes con recursos psicológicos con el fin de provocar en el destinatario una actitud de adhesión. Los mensajes persuasivos de las instituciones pueden ser:

a) Las *inserciones publicitarias* en los medios de comunicación. Como la publicidad política ha sido extensamente tratada en lo referido a las técnicas electorales, simplemente mencionaré aquí alguna nota diferencial. Los contenidos de las inserciones publicitarias de las instituciones políticas suelen hacer referencia a la consecución de determinadas actitudes en el público, relacionadas con una medida (inserciones publicitarias sobre el euro, sobre la declaración de la renta o sobre la reducción de los límites de alcoholemia) o con unos principios sociales, políticos o culturales (tal es el caso, por ejemplo, de la publicidad para instar al voto en unas elecciones, de la publicidad de las campañas de sanidad (prevención del cáncer de mama, prevención del SIDA, etc.), o de las campañas de la Dirección General de Tráfico, destinadas a conseguir que el ciudadano conduzca con más precaución, del Ministerio de Cultura para fomentar la lectura o del de Medio Ambiente para instar al ahorro de agua[3].

b) El *correo directo.* Respecto a la utilización del correo directo desde las instituciones, poco más hay que añadir a lo recogido en el capítulo anterior. Simplemente quiero subrayar que, el correo directo puede ser muy útil cuando la institución quiere dirigir mensajes a sectores específicos de la población. En la medida en que quien firma es una institución pública, la presentación formal ha de ser aquí especialmente buena.

5. LA FIGURA DEL PORTAVOZ Y DE LOS JEFES DE PRENSA

Toda esta tarea de creación de mensajes necesita de un personal que la lleve a cabo. No hay al respecto el suficiente estudio como lo hay en torno a la comunicación electoral o a la comunicación de empresas. La investigación carece por tanto de tipologías y organigramas de organización de personal.

El *portavoz* es quien hace de intermediario entre la institución y los medios de comunicación. Es como un «embudo» del mensaje: todo lo que la institución quiere decir pasa, en principio, a través del portavoz, del «representante» de la institución ante los medios. Ahora bien, digo «en principio», porque los portavoces bien conocen los problemas que se causan cuando miembros distintos de la institución acuden directamente a los medios, o cuando éstos acuden a aquéllos: de esos encuentros no siempre resultan declaraciones que están en línea con el mensaje que la institución quiere dar.

¿Ha de ser el representante de la institución ante los medios un profesional de la política o un profesional de la comunicación? Es decir, ¿está el portavoz al servicio de los intereses de la institución o al servicio de los intereses de los medios de comunicación?

No hay un criterio unánime al respecto (NIMMO, 1978):

---

[3] Resulta interesante mencionar aquí lo establecido por la Ley de Publicidad y Comunicación Institucional aprobada en España en diciembre de 2005. Entiende el legislador que es la función ejecutiva (que no la función política) la que hace al Gobierno sujeto de campañas institucionales de publicidad y de comunicación. Y como las campañas han de cumplir con el objetivo de informar a los ciudadanos, hay que imponer al Estado una serie de limitaciones: entre otras, la prohibición, por ejemplo, de realizar campañas institucionales de publicidad y comunicación que tengan como finalidad destacar los logros de gestión o los objetivos alcanzados por el Gobierno, la Administración Pública o entidades que integran el sector público estatal.

— Algunos autores creen que esta figura tiene una función esencialmente informativa: está para facilitar todos aquellos datos que sean necesarios, con el fin de dar una imagen transparente de la institución.

— Otros consideran que la función del portavoz es la de crear una imagen favorable a la institución, lo que puede ir en detrimento de la función informativa, ya que esto puede implicar la no cesión de información.

En cualquier caso, la tendencia actual consiste en nombrar, para este puesto, a un profesional de la comunicación, que forma parte del gobierno (con el rango de ministro o secretario de Estado) y está al servicio de los intereses de éste.

El éxito de un portavoz consiste en:

— Conseguir «encajar» el mensaje de la institución en los medios de comunicación.
— Elaborar un mensaje escueto, claro, conciso, y noticioso.
— Conseguir que, mediante ese mensaje, el público se «haga cargo» de las decisiones que la institución se vio obligada a tomar, explicando los motivos en el contexto de un plan de acción, que tiene objetivos, logros y problemas.
— Dar imagen de transparencia informativa.
— Estar suficientemente asequible a los medios de comunicación.
— Llevarse bien con el resto de los miembros de la institución política. Este logro dependerá del nivel en el que se sitúe el puesto del portavoz, y del valor que sus decisiones tengan en el conjunto de la institución.

Los *jefes de prensa* son todas aquellas personas que tienen a su cargo el trabajo de la oficina de prensa. Hay casos, muchos, en los que el jefe de prensa es, también, quien hace de portavoz.

El problema anteriormente planteado respecto al portavoz se produce de nuevo para los jefes de prensa, quizá con mayor crudeza. Porque si bien está más aceptado entre los medios de comunicación que el portavoz de un gobierno sea un político, y por tanto, que actúe siempre en defensa de éste, no está tan clara la identidad de un jefe de prensa. Los periodistas ven a éste como un burócrata, y desconfían siempre de la autenticidad de su información. Los políticos o funcionarios ven siempre al jefe de prensa como a un periodista, y desconfían de su capacidad para acertar en cuestiones de política e infravaloran su trabajo.

Por eso, un jefe de prensa ha de enfrentarse con lo siguiente:

a) Problemas *burocráticos*: la institución tiene unas rutinas que son de carácter burocrático. La utilización de determinados recursos, la adopción de resoluciones o la introducción de cambios en el modo de trabajar, llevan consigo mucho tiempo y negociación que muy fácilmente fracasa. A este tipo de tardanzas no suele estar acostumbrado el jefe de prensa, que es periodista, y que se ha habituado a la urgencia con la que se trabaja en los medios de comunicación.

b) *Jerarquía de personal*: el jefe de prensa puede tener su puesto por nombramiento político o por oposición. En cualquiera de los dos casos la permanencia en su puesto puede ser dudosa; y entra a formar parte de las rivalidades que se producen en toda institución. Es fácil, por ejemplo, que se generen celos políticos ante el éxito de un jefe de prensa, o que la información que éste solicita a un departamento para poder realizar un determinado estudio, no llegue nunca.

c) *El desconocimiento de la comunicación por parte de los políticos.* Como consecuencia, o bien éstos no se prestan a las comparecencias solicitadas por el jefe de prensa, o sí se prestan pero no resultan, o se prestan demasiado porque quieren salir a toda costa en los medios; algo que, el jefe de prensa lo sabe, no es beneficioso para la imagen de la institución.

d) *La disparidad en el modo de medir la eficacia de la gestión de comunicación.* Los políticos suelen buscar resultados inmediatos, que se traduce en número de votos, o en el ascenso de los índices de popularidad; los jefes de prensa saben que la comunicación es efectiva a largo plazo, y que una popularidad no alzada no indica, necesariamente, un fracaso de gestión de comunicación.

Éstas son algunas recomendaciones:

a) No es bueno que el jefe de prensa tenga más visibilidad pública que la autoridad política para la que trabaja. Deberá para ello hacer comparecer a ésta, con el fin de que figure más que él mismo.

b) Los jefes de prensa aprenden con los periodistas todo aquello que está relacionado con lo que es propio de los medios: los criterios de la noticia, el modo de redactar, las hora de cierre y emisión... Han de tener, por tanto, una actitud de apertura y no imposición, respetando las iniciativas de los periodistas.

c) Los jefes de prensa que son periodistas han de saber que están mal vistos, en principio, por los medios de comunicación. Porque para los profesionales de éstos, aquél es un traidor que se ha pasado al enemigo.

d) Es un buen jefe de prensa el que adivina el tipo de cobertura que los medios darán a la rueda de prensa que convoca la institución: titular, fotografía, lugar de la noticia en el informativo, enfoque, etc.

e) Es un buen jefe de prensa el que tiene tanto olfato periodístico como para adelantar a su jefe con acierto las preguntas que le pueden caer en la rueda de prensa.

f) Las cualidades que más valoran los periodistas de los jefes de prensa son la accesibilidad y la prontitud para responder a las demandas de información.

Entre las *actividades* del jefe de prensa están:

a) Recibir constantemente información sobre la institución. Para ello cuenta con la participación en las reuniones, con la lectura sistemática de documentos oficiales, con los *dossiers* de prensa, etc. Un buen jefe de prensa llega a conocer lo que hace (e hizo) y dice (y dijo) la institución política mejor, incluso, que los propios políticos que en ella trabajan.

b) Informar constantemente sobre la institución, tanto hacia dentro (mediante canales de comunicación interna) como hacia fuera (mediante las ruedas de prensa, notas de prensa, resúmenes de prensa, elaboración de *dossiers*, etc.).

c) Responder a las peticiones de información de los periodistas.
d) Crear eventos especiales.
e) Mantener con mucha frecuencia encuentros informales con los medios.

No voy a entrar aquí a la cuestión de si lo que procede para una institución política es tener un jefe de prensa, un jefe de comunicación, las dos cosas; o si es ésta sólo una cuestión de nomenclatura. Algo de esto se trata en el siguiente epígrafe. Pero reflexionar sobre las cuestiones conceptuales que subyacen requiere un trabajo de mayor envergadura.

II. LA INFRAESTRUCTURA COMUNICATIVA DE LAS INSTITUCIONES POLÍTICAS. ESTUDIO DE CASO: LA EVOLUCIÓN DE LA OFICINA DE COMUNICACIÓN DE LA CASA BLANCA

La extensa actividad descrita en el epígrafe anterior, creciente además en las últimas décadas, ha reformado la organización básica de las instituciones políticas. Si éstas necesitan estar presentes en los medios de comunicación, necesitan, como se ha visto, el consejo, asesoramiento y estímulo de expertos que lleven la gestión de comunicación. Pero, ¿cómo ha de ser esa gestión? ¿En qué medida ha de estar coordinada con la toma de decisiones políticas? ¿Quién ha de tener superioridad en las decisiones comunicativas, el político o el comunicador?

Es lo que vamos a ver en este epígrafe, siguiendo la evolución de la Oficina de Comunicación de la Casa Blanca. La razón por la que se ha escogido ésta para el estudio de caso es que, si bien puede estar incluyendo un modelo que no es transferible en su totalidad, la evolución de esta Oficina ha sido la más estudiada por los expertos y ofrece elementos válidos de análisis para la observación de la infraestructura comunicativa de otras instituciones políticas. Lo que a continuación se expone es una reflexión sobre lo que los distintos estudiosos han concluido al analizar la evolución de la Oficina de Comunicación de la Casa Blanca (BUCHANAN, 1978; BLUMENTHAL, 1980; HESS, 1984; DENTON y HAHN, 1986; SPEAKES, 1988; SMITH y SMITH, 1994; MALTESE, 1994; DENTON y HOLLOWAY, 1996; SMITH, 1996; KURTZ, 1998).

1. INICIOS

La gestión de comunicación de la Casa Blanca comienza a desarrollarse con una organización más sofisticada con el mandato del Presidente Richard Nixon, en 1968. Con anterioridad, la comunicación de la Presidencia se apoyaba en lo siguiente:

a) Una *Press Office*, una sala de prensa, en la que trabajaban periodistas. Esta entidad tenía como misión dar información a los medios, con la finalidad de, así se definía, contribuir a la *transparencia* de la Presidencia. Esta aspiración a la transparencia no era otra cosa que consecuencia de los efectos que la propaganda política, tan activa durante los dos conflictos mundiales, había tenido en la imagen de la comunicación de gobiernos: a finales de los años sesenta la propaganda estaba mal vista por cuanto había supuesto de manipulación. Era entonces misión de la Oficina de Prensa combatir cualquier connotación manipuladora, manteniendo una relación fluida y transparente con los medios de comunicación.

b) Las *Public Information Offices* (PIOs), que eran las correspondientes oficinas de información de cada uno de los departamentos ministeriales o entidades administrativas.

Con esta infraestructura la Casa Blanca conseguía mantener una relación fluida con los medios, celebrando encuentros regulares para dar información; es decir, se aseguraba el «mensaje informativo».

Cuando Nixon llega a la Presidencia a finales de 1968 entendió que esa infraestructura le era insuficiente. El año 1968 había sido ciertamente muy duro para la Presidencia: habían sido asesinados Robert F. Kennedy y Martin Luther King hijo; las protestas callejeras contra la implicación de los Estados Unidos en la guerra del Vietnam habían llegado a su punto álgido; las huelgas, los conflictos étnicos y las revueltas estudiantiles estaban generalizados. El conflicto reinaba por todas partes.

Pero había algo más: los ciudadanos estadounidenses podían ver al Presidente por la televisión. Y Nixon lo sabía. Por eso, bien consciente de la influencia de los medios de comunicación en la población, Nixon idearía un nuevo plan para la dirección de la información de la Casa Blanca. La infraestructura existente satisfacía, sí, unas necesidades mínimas de información, pero carecía de algo fundamental: no gestionaba la imagen presidencial. Nixon veía necesario añadir lo siguiente:

a) Idear una imagen presidencial, es decir, la decisión, de acuerdo a un plan, de qué es lo que se quiere proyectar en los ciudadanos sobre lo que el Presidente y la Presidencia son;

b) Asegurar que toda información que saliera de los distintos niveles de la Casa Blanca fuera acorde con la imagen ideada, es decir, contribuyera a solidificar la imagen presidencial o, cuando menos, no la distorsionara, desconcertando a los ciudadanos con mensajes dispares.

Hacía falta, en definitiva, añadir al flujo de información de la precedente *Press Office*, un plan de relaciones públicas a largo plazo: crear una imagen del líder presidencial, una imagen de su política y acompasar todas las actuaciones departamentales con el plan trazado. Esto implicaba modificar y ampliar las funciones de aquellas personas encargadas de la comunicación de la Casa Blanca.

Por eso, en 1969 se produce un cambio fundamental: la Oficina de Prensa deja su nombre, *Press Office*, para llamarse *White House Office of Communications*, Oficina de Comunicaciones de la Casa Blanca. Se creaba además una nueva figura, el *Director of Communications*, Director de Comunicaciones, a quien se le adjudicaba toda una serie de facultades de decisión sobre los departamentos ministeriales. El *New York Times* definía la competencia del nuevo Director de Comunicaciones como unos «poderes de supervisión sobre los servicios de información del Gobierno nunca vistos hasta el momento».

La creación de la figura de un Director de Comunicaciones provocó los razonables recelos entre otros miembros de la Administración Pública, así como los esperables temores entre los periodistas. Parecía como si el Presidente hubiera creado un «zar de la información». Pero el primer Director de Comunicación, Herbert Klein, antiguo director del diario *San Diego Union*, tenía fama de conocer bien los medios así como de mantener buenas relaciones con sus colegas de profesión.

2. La comunicación presidencial entendida como relaciones públicas

La esencia del cambio introducido por Nixon queda bien reflejada en la sustitución del término *información* por el término *comunicación*. No se trataba de asegurar sólo un mensaje informativo, sino de incluir toda una serie de tareas más propias de las relaciones públicas, de las que salía un mensaje persuasivo, y que quedaban mejor definidas bajo el término «comunicación». Las funciones de la nueva oficina eran las siguientes:

a) La primera, la más importante, consistía en mantener relaciones con las *Public Information Offices* de los distintos departamentos ministeriales, con el fin de llegar a una eficaz coordinación de mensaje. Para ello se le atribuía a la oficina de relevantes poderes de reunión y solicitud de información de los distintos departamentos. Se trataba de coordinar para lograr unidad del mensaje.

b) Relaciones con el Congreso, función importante en aquel primer momento, al no contar la Presidencia con mayoría en ninguna de las dos Cámaras. Correspondía a la nueva *House of Communications* ofrecer el material necesario para que los congresistas pudieran elaborar sus discursos y defender sus propuestas.

c) Relaciones con los partidos políticos.

d) Relaciones con los medios de comunicación, relación que iba más allá de los medios de élite (los grandes diarios como el *Washington Post* o el *New York Times*), para llegar a los medios de los estados federados y a los medios locales. Nixon pretendía con eso llegar al ciudadano de forma más directa.

e) Creación y dirección de un estudio de televisión con el que se pudiera entrenar al Presidente y emitir mensajes directos al público y de elevada capacidad persuasiva.

Añadir estas funciones significaba realizar prácticas como gestionar las entrevistas con el ejecutivo, organizar los discursos públicos, reunirse con los congresistas o enviar explicaciones de las actividades gubernamentales a los columnistas y editorialistas de los medios de comunicación. Era, efectivamente, un abanico de actividades que se salía de la estricta relación con los medios, para llegar más directamente al ciudadano, y de forma más vinculante, a la propia Administración Pública.

Pero en 1971 se produciría un cambio importante. La Oficina de Comunicaciones de la Casa Blanca llevaba tres años desarrollando adecuadamente estas funciones; y había logrado una relación fluida y planificada, tanto hacia dentro (con todas las oficinas de información de la Administración Pública) como hacia fuera (con los medios de comunicación, ya fueran los grandes diarios como los más pequeños regionales o locales). Pero diferentes hechos, que terminarían con el escándalo *Watergate*, harían que el presidente Nixon se volviera escéptico, temeroso y reacio hacia los medios de comunicación. Ante la creciente actitud hostil por parte de éstos, el Presidente optó por clasificar a los periodistas en «amigos» y «enemigos» e incitó a los responsables de comunicación de la Casa Blanca, mediante directivas concretas y contundentes, a no relacionarse con estos últimos. Entre ellos estaban medios de gran relevancia como el *New York Times* o el *Washington Post*.

Como cuenta un asesor del Presidente, «Nixon me dijo claramente que no debía ver a "Scotty" Reston del *New York Times*. Como hice caso omiso y concedí la entrevista, el Presidente me explicó, pacientemente, que esa gente no formaba parte de nuestros amigos. Debo favorecer sólo a nuestros amigos, me dijo, y congelar las relaciones con nuestros enemigos». El Presidente llegó a discrepar del modo de proceder del Director de Comunicaciones, Klein, de quién llegó a afirmar que «está invirtiendo demasiado tiempo con la prensa liberal y no el tiempo suficiente con la que nos es más cercana» (MALTESE, 1994: 60).

Klein no era amigo de estas diferencias. Buen conocedor de los medios de comunicación, consideraba que aquí, en una relación diferencial con los medios, estaba el principio del fracaso en la gestión de comunicación. No era amigo tampoco de las confusiones y del manejo de la información. ¿Qué hacer con aquellas informaciones que son comprometidas para la Casa Blanca? Klein, periodista, prefería afrontar una política de transparencia informativa, pues consideraba que era ésa la única vía para evitar las críticas al Presidente. Para el Director de Comunicación, Nixon estaba rodeado de demasiados locos por las relaciones públicas, que carecían de las habilidades básicas para relacionarse con los medios. «Desde el Presidente hacia abajo, escribe, hay toda una cantidad de gente que se dedica a idear planes para conseguir más y favorable cobertura en los medios de comunicación. Pero al hacerlo, muchos expertos de la Casa Blanca se olvidan del hecho de que lo que mejor funciona con los medios es la relación directa y honesta, como lo demuestra los primeros meses del desarrollo de esta Oficina de Comunicación» (MALTESE, 1994: 61).

La Presidencia consideraba que era Klein el que no había entendido. La función de la Oficina de Comunicación no consistía sólo en garantizar la información fluida, sino en que esa información favoreciera siempre la imagen presidencial, lo que podría obligar, en determinados casos, a ocultar datos. Por eso, tras varios enfrentamientos sobre el modo de llevar la oficina, y con la negación de Klein a convertirse en el Director de Relaciones Públicas de Nixon, el 5 de junio de 1973 Klein pedía la dimisión. Para sustituirle se nombraba a Ken Clawson, un experto en relaciones públicas, con lo que quedaba confirmado que el mensaje informativo de la Casa Blanca debía adoptar otras características. La Oficina de Comunicaciones llevaría a cabo una tarea de relaciones públicas.

3. HACIA LA COORDINACIÓN DE DECISIONES POLÍTICAS Y COMUNICATIVAS

Tal y como en ese momento estaba configurada la oficina, no se puede decir, estrictamente hablando, que ésta fuera una entidad de toma de decisiones políticas. Es decir, las decisiones de comunicación no influían en la política, sino que más bien estaban sometidas a ésta. La Oficina de Comunicaciones contaba con un departamento de investigación, un departamento de redacción, un departamento para las relaciones con el Congreso, y con los asesores especiales del Presidente. Se había creado además, con carácter puntual, un Comité para la gestión de comunicación del caso *Watergate.* Pero eran todas éstas entidades de carácter únicamente ejecutivo, para llevar a cabo aquellas decisiones tomadas por los órganos políticos. Su misión consistía en apoyar la política presidencial y crear una imagen favorable a ésta, tanto en los medios de comunicación como en el público y el resto de las instituciones políticas. Con el mandato de Nixon la infraestructura comunicativa de la Casa Blanca quedaba dibujada como una oficina de relaciones públicas y de gestión de imagen.

La Oficina de Comunicación del mandato de Ford (1974-1977) y de Carter (1977-1981), con sólo pequeñas modificaciones (a las funciones de la oficina se añade, por ejemplo, la de mantener relación con las oficinas de comunicación de los estados federados), contribuiría a consolidar el carácter de lo que Nixon había creado.

Pero las elecciones de 1976 introducirían modificaciones considerables a la concepción de la gestión de comunicación. Se decidió que fuera la Oficina de Comunicación de la Casa Blanca la que dirigiera la campaña electoral. Ello supondría la inclusión de una serie de tareas novedosas, pues la Oficina de Comunicación empezaría a orientar a la Presidencia en cuestiones políticas. Concretamente, correspondió a la Oficina de Comunicación lo siguiente:

— diseño de programa electoral;
— planificación, preparación del Presidente y decisión de temas de debate electoral;
— asesoramiento sobre la prioridad de las tareas presidenciales;
— asesoramiento sobre nombramientos presidenciales;
— selección de portavoces;
— gestión de las comparecencias públicas del Presidente tanto en los medios de comunicación como en los foros internacionales;
— gestión de eventos para la ocupación de espacio en los medios de comunicación.

Se fortalecía así la actividad de la Oficina de Comunicaciones: sus decisiones adquirían trascendencia política. Con ello, la tarea de coordinación de la comunicación de la actividad de toda la Administración Pública y de todo el aparato gubernamental se convertía, también, en una tarea de coordinación política. Y la comunicación ganaba una gran centralización.

Esta centralización sería consolidada por la Administración Reagan (1981-1989). Llamado el «gran comunicador» tanto por su capacidad comunicativa como por su sensibilidad a los efectos de los medios de comunicación en los votantes, Reagan daría una gran relevancia a la Oficina de Comunicaciones, llevando a cabo varias remodelaciones de su estructura y de su personal.

No compartía en absoluto el principio de transparencia informativa. Al contrario, estableció unas líneas severas y claras para el control del flujo de información. Las sucesivas modificaciones llevadas a cabo por Reagan se pueden resumir del siguiente modo:

a) La Oficina de Prensa queda constituida ya como un organismo bajo la dirección de la Oficina de Comunicaciones. Dar información a los medios (los avances informativos, los resúmenes de prensa, y la recopilación de fotografías) es considerada sólo una tarea más, entre otras muchas, de la Oficina de Comunicaciones, a la que le corresponden además otros cometidos.

b) Entre estos últimos están algunos de carácter político, como es la toma de decisiones sobre la Administración Pública (como el asesoramiento sobre *Public Affairs*, *Political/Intergovernmental Affairs*); la oficina de investigación; la redacción de discursos; la oficina para la relación con los medios; y la oficina para el establecimiento de la agenda (con la consecuente tarea de la planificación temporal del mensaje).

c) Todos estos cometidos implican ya una infraestructura mayor, más compleja, y directamente dependiente de la Presidencia.

A pesar de algunas críticas a la excesiva centralización de las decisiones de la Oficina de Comunicación del Presidente Reagan, no se puede negar el éxito que tuvo la gestión de comunicación de sus mandatos. Consiguió que el Congreso aprobara, sin grandes controversias, uno de los presupuestos más difíciles; consiguió incrementar el poder sobre las oficinas de la Administración Pública, sin que esto produjera excesivas reacciones en contra; salió «ileso» de las acusaciones por el escándalo *Irangate*; y obtuvo los índices de popularidad más elevados de la historia de la Presidencia estadounidense.

Quizá fuera ese éxito lo que eclipsara la gestión de comunicación de su sucesor, Bush, menos carismático y dinámico. Éste adoptó lo que los estudiosos han denominado «estrategia retórica de la división», cuyo desarrollo no es aquí pertinente, por hacer referencia a una perspectiva más retórica que de infraestructura organizacional (sobre sus características, ver, por ejemplo, SMITH y SMITH, 1994).

4. LA COMUNICACIÓN, ASESORA DEL PRESIDENTE

La infraestructura comunicativa de la Presidencia de Clinton fue la siguiente: dependiente de la Oficina de Comunicaciones se encontraba la tradicional Oficina de Prensa, la de Asuntos Internacionales, la de Relaciones con los Medios, la de

Análisis de las Noticias, Planificación, Coordinación, Investigación y Redacción de discursos.

La aportación de la Administración Clinton a la organización de la comunicación de la Casa Blanca viene reflejada en algo que no había hecho hasta entonces ningún Presidente: otorga al Director de la Oficina de Comunicaciones el rango de Asesor del Presidente, revalorizando así el nivel de la comunicación en la infraestructura de la institución.

La valoración de la gestión comunicativa de Clinton va estrechamente unida a la valoración de la crisis Lewinsky. Si bien la valoración comunicativa de su gestión puede resumirse del siguiente modo (DENTON y HOLLOWAY, 1996; MALTESE, 1994; PROCTER y RITTER, 1996; SMITH, 1996 KURTZ, 1998):

a) *Visibilidad* en los medios de comunicación, con una elevada frecuencia de mensaje. Clinton ha sido uno de los Presidentes que ha tenido más comparecencias públicas y en múltiples formas.

b) *Estilo desenfadado*, abierto, directo, como si estuviera desprotegido ante las cámaras. Los expertos definen este estilo como el estilo del político que estudia la naturaleza humana del votante que tiene delante.

c) *Mensaje dirigido al público* punteando los medios de comunicación, para lo que utilizó Internet, el satélite, y las llamadas *talk shows*, encuentros informales con los ciudadanos sobre la marcha del país.

d) Mensaje más centrado en la *acción* que en las declaraciones abstractas, con la habilidad suficiente para presentar el mensaje presidencial coherente con lo que se había prometido en el programa electoral.

e) Segmentación del mensaje, es decir, elaboración de mensajes diferenciales para públicos específicos: congresistas del propio partido, congresistas de la oposición, ciudadano medio, empresarios, etc.

f) Utilización adecuada de los elementos simbólicos, cuestión que se verá en el siguiente epígrafe.

g) Estilo liberal y juvenil.

5. GEORGE W. BUSH: LA PLANIFICACIÓN APOYADA EN LA EVALUACIÓN

¿Qué añade el modelo de George W. Bush a la organización de la comunicación de la Casa Blanca? Aunque no es posible realizar todavía una valoración de la gestión comunicativa de esta Administración, en esencia se puede decir que Bush hijo, manteniendo los cuatro elementos básicos de la oficina que en su día creara Nixon, ha introducido una mayor capacidad de planificación estratégica con fundamento en la evaluación. Los análisis que de la oficina actual han realizado algunos autores (KUMAR, 2001a y KUMAR, 2201b) constituyen una buena descripción de cómo hoy funciona la Casa Blanca en términos comunicativos:

a) *Oficina de Prensa*: es la responsable del «día a día». El Jefe de Prensa apenas tiene relevancia en la planificación de la estrategia de comunicación, sino que su función es más inmediata: gestiona las «operaciones» diarias y ejecuta lo planificado por otros.

b) *Oficina de Comunicaciones*: es la responsable de «la planificación». Esto incluye la organización de eventos y la coordinación de la Casa Blanca con otras instituciones. La Oficina de Comunicaciones planifica a cuatro meses vista y evalúa lo realizado, para asegurar que la comunicación que se ejecuta diariamente está respondiendo a lo ideado. De manera que podríamos decir que si el día es de la Oficina de Prensa, la semana, el mes y el año corresponde a la Oficina de Comunicaciones.

c) *Oficina de Media Affairs*: es el «eco» de la Casa Blanca, es decir, su función es «reproducir» la voz presidencial, de manera que el mensaje llegue a la prensa regional y local, además de a la de grupos específicos tales como medios hispanos, polacos, africanos, etc. Se ocupa también de la página web.

d) *Speechwriting Office* (la oficina de redacción de discursos): constituye las «palabras», pues se encarga de elaborar los discursos, declaraciones y mensajes del Presidente.

e) *Office of Strategic Initiatives*: es el «termómetro» de la Casa Blanca, pues se dedica a escuchar a las distintas instancias sobre cómo está siendo el resultado de la comunicación. De manera que su función es obtener un *feed-back*, lo que hace mediante contactos con gente del partido en los distintos grupos de interés y otras instancias de relevancia. Podríamos decir que esta oficina está constantemente evaluando.

Además, George W. Bush ha añadido otras unidades con el fin de que la planificación y evaluación de la comunicación se extienda también a las relaciones internacionales:

f) *Coalition Information Centers* (Centros de Información de la Coalición), que se crean tras el 11-S para responder al combate del terrorismo islámico. Su función consiste en coordinar los recursos informativos de los gobiernos de los dos países (Estados Unidos y Gran Bretaña) con el fin de tener una común actuación ofensiva y defensiva en el ciclo de noticias propio y de la oposición. En los momentos más importantes de la Guerra de Irak ha sido a través de estos centros como se ha coordinado el briefing diario que Estados Unidos y Gran Bretaña ofrecían a la prensa.

g) *Office of Global Communications*, es una unidad establecida en la Casa Blanca en julio de 2002 para combatir la imagen desfavorable de los Estados Unidos fuera del país. De carácter estratégico y proactivo, extiende la planificación de la comunicación más allá de las fronteras nacionales, de manera que el mensaje presidencial llegue en las condiciones deseadas a todos los puntos del planeta.

Como ya he dicho, no es posible realizar todavía una valoración acertada de la gestión comunicativa del actual presidente Bush. Pero de las modificaciones añadidas a la infraestructura de comunicación así como de las valoraciones hechas por algunos analistas (KUMAR, 2001a, KUMAR, 2001b, y KUMAR, 2003) se puede concluir que son dos los elementos que caracterizan esta Administración. Por una parte, una mayor centralización de las decisiones, reflejada, entre otras cosas, en la implicación personal del Presidente en el control de los nombramientos de los puestos de comunicación. Algunos análisis hablan incluso de una mayor coordinación departamental (ministerial), en el sentido de que la comunicación está centrada en los objetivos del Presidente más que en los de los distintos Departamentos ministeriales. Por otra parte, la infraestructura comunicativa de George W. Bush así como la dinámica diaria, reflejan una mayor contundencia de la inclusión de la evaluación de los resultados como parte importante de la planificación de la comunicación.

¿Qué nos ha mostrado la evolución de la infraestructura comunicativa de la Casa Blanca?

Primero, que la gestión de la comunicación del poder ejecutivo implica no sólo la emisión de una mensaje informativo (garantizando la relación fluida con los medios de comunicación) sino, además, un mensaje persuasivo, un mensaje de relaciones públicas.

Segundo, que la necesidad de un mensaje de relaciones públicas se traduce también en unas exigencias de planificación y evaluación propias de las relaciones públicas de cualquier organización.

Tercero, que la gestión de comunicación ha de ir en consonancia con la gestión política.

Y, cuarto, que la gestión de comunicación de una institución política, tal y como se ha entendido en la Casa Blanca en las últimas décadas, no es una tarea más de las muchas que pueda tener un Presidente. En esta institución el puesto de dirección de comunicación ha sido ascendido a los rangos preferentes de la jerarquía de personal.

Quedan aquí, pendiente de análisis muchas cuestiones polémicas sobre las repercusiones que en la política pueda tener este incremento de la importancia de la comunicación. Efectivamente, el peligro implícito es que la Oficina de Comunicaciones acabe creando un poderoso proceso de gobierno, menos deliberativo, y en el que los ciudadanos queden invadidos por una política simbólica espectacular que les haga incapaces de juzgar a los líderes o los méritos de las políticas. Pero esta cuestión la dejo para otros trabajos.

En cualquier caso, la Oficina de Comunicaciones es un vehículo a través del cual se está perpetuando un modo de entender la Presidencia: el poder desde la comunicación. Constituye una forma moderna de poder presidencial. Veamos, en el siguiente epígrafe, en qué consiste ese poder apoyado en la comunicación.

III. ESTRATEGIAS DE COMUNICACIÓN POLÍTICA PARA LA IMAGEN PRESIDENCIAL: ¿CÓMO SE VENDE UN JEFE DE ESTADO Y UN JEFE DE GOBIERNO?

Para analizar las técnicas y estrategias de comunicación política para la imagen del Jefe de Estado y del Jefe de Gobierno es preciso realizar primero algunas aclaraciones conceptuales.

1. «Campaña permanente», presidencia e imagen

La investigación académica realizada hasta el momento ha abordado el estudio este tipo de técnicas desde lo que se ha dado en llamar la «campaña permanente» (BLUMENTHAL, 1980; RONCAROLO, 1994; KAVANAGH, 1996; ORNSTEIN y MANN, 2000). Se dice que el gobierno está en «campaña permanente» porque, una vez que ha conseguido llegar al poder, necesita, para mantenerse en él, utilizar las mismas técnicas de cálculo estratégico y de creación de imagen que utilizó durante el período de contienda electoral.

Esta necesidad que tiene el gobierno de estar en constante campaña para conseguir que los gobernados le sean adeptos es consecuencia del creciente desarrollo de los medios de comunicación, que ha permitido:

a) Por una parte, una mayor accesibilidad del público a las actuaciones gubernamentales. Es decir, y gracias a la existencia de los medios, los ciudadanos podemos ver al líder de nuestro país firmando un Tratado en una cumbre internacional, llorando en el funeral de un compañero de partido, o practicando su deporte favorito.

b) Por otra, el desarrollo de los medios ha dado al gobernante la posibilidad de comunicarse directamente con los ciudadanos, de forma que la información sobre la medida adoptada hoy por el Consejo de Ministros es «distribuida» a todos los ciudadanos en un espacio muy corto de tiempo.

Esta accesibilidad mutua de los ciudadanos al líder político y de éste hacia los ciudadanos ha hecho que el gobernante se haya convertido en un *ser público*, es decir, en alguien cuyas acciones están constantemente sometidas a la publicidad, publicidad sin la cual aquéllas no existirían (EDWARDS, 1983; KERNELL, 1986; KERNELL, 1997).

Como consecuencia, la «campaña permanente» consiste en hacer que el Presidente (o el líder gubernamental) sea alguien muy *visible*, *público*, que ocupe espacio en los medios de comunicación, de forma que sea claramente reconocible e identificable por los votantes. Es decir, la esencia de las técnicas y estrategia de comunicación política consisten aquí en idear la imagen de una persona e institución con el fin de que, a través de ella, se establezca una relación de comunicación fluida y constante con aquellos que son destinatarios de las medidas políticas que se han de adoptar.

La institución *Presidencia* está relacionada con el poder Ejecutivo, que es el poder de decidir discrecionalmente para el bien público; es la forma de actividad que impulsa, coordina y defiende la organización de una comunidad. El poder Ejecutivo puede ser *monocrático* (el ejercicio de la función de *Jefe de Estado* —personificar y garantizar la unidad y continuidad de la nación— y de la función de *Jefe de Gobierno*— tomar las decisiones pertinentes para dirigir la nación— corresponde a una misma persona), o *dual* (el ejercicio de la jefatura del Estado y de la jefatura de Gobierno es encomendado a personas distintas).

En cuanto que en relación al ejercicio y distribución del poder, las técnicas de comunicación política implican, específicamente, a aquella presidencia que tiene competencias «políticas», es decir, *capacidad de gobierno*. Por tanto, se incluyen aquí, bajo el término «Presidencia» la Presidencia de un Gobierno y la Presidencia de una nación que tiene capacidad de decisión política.

El poder que tiene un Presidente de Gobierno o de nación se apoya en la legitimidad de derecho y la legitimidad de ejercicio:

a) La *legitimidad de derecho*: es la que otorga la ley al Presidente, y puede ser, a su vez:

— *estructural*: viene determinada por la definición específica del puesto. Así, por ejemplo, la Constitución norteamericana dice «el poder ejecutivo estará investido en un Presidente» (art.II, secc.1); o la española «el Presidente dirige la acción del Gobierno y coordina las funciones de los demás miembros del mismo...» (art. 98.2); e

— *ideológica*: es la otorgada por el pueblo en las elecciones, tras las que la dirección del Gobierno queda encomendada al líder de un partido político. Se expresa en las urnas y con una frecuencia de tiempo específica en cada país.

b) La *legitimidad de ejercicio*: es la legitimidad que se adquiere con el ejercicio del poder cuando éste es acorde con lo prometido en la campaña electoral y con las preferencias y expectativas de los votantes (NEUSTADT, 1966; GÓMEZ ANTÓN, 1996).

Pues bien, el ejercicio del poder de un Presidente necesita tanto de la legitimidad de derecho como de la legitimidad de hecho. Es decir, el poder de «decidir» sobre la nación no culmina con la toma de una decisión, sino que hace falta, además, que esa decisión sea *aceptada* y *cumplida* por aquellos a quienes afecta. Para que esa decisión se acepte y cumpla, no le basta al Presidente con enarbolar un texto jurídico que le da legitimidad estructural e ideológica; no le basta con apelar a los poderes que le otorgó la Constitución. Si sólo hiciera eso, probablemente provocaría en los ciudadanos una reacción negativa y de rechazo.

El Presidente necesita además que esa medida «caiga bien», que los votantes la interpreten como el resultado de un «buen hacer político». Para ello, el Presidente tiene que informar a los ciudadanos, explicarse, dando las razones de por qué esa medida tuvo que ser adoptada. Ha de contextualizar la medida de tal modo que los ciudadanos comprendan que era ésa la mejor de las posibles, e incluso la que ellos mismos hubieran adoptado si hubieran tenido que decidir. Cuando esto sucede, el Presidente gobierna con el consenso del pueblo, consiguiendo así la «legitimidad de ejercicio».

Esta necesidad de legitimación de ejercicio ha sido expresada en términos de *«necesidad de influir»* o *«necesidad de persuadir»*. Es el resultado de la doctrina moderna del liderazgo presidencial, que entiende que el líder necesita *persuadir* a los distintos públicos para que éstos sigan los razonamientos y decisiones tomadas por aquél. Como consecuencia, «el poder presidencial es el *poder de persuadir*» y la Presidencia es una «*Presidencia retórica*» que se apoya en la capacidad que tiene Presidente y Presidencia de comunicarse (LOWI, 1985; TULIS, 1987; SMITH, 1996).

Por último, el término *imagen*. La imagen es la representación física o mental que de la realidad hace el intelecto con su inteligencia, imaginación, experiencia, capacidad de percepción y memoria (FERRATER MORA, 1992). Las imágenes nos sirven para percibir el mundo por vía representativa y simbólica. Al conocer, nos formamos imágenes de las cosas, paliando así la imposibilidad que tenemos de experimentar directa y personalmente todas las realidades.

El conocimiento de la realidad por medio de imágenes adquiere especial relevancia en la política. Las imágenes vienen como a resumir la percepción que albergamos sobre realidades que, por ser sociales, resultan abstractas, más lejanas. Son realidades que están compuestas de un cúmulo de elementos difíciles de identificar. Así por ejemplo, ¿qué imagen tengo del Ayuntamiento de mi municipio? Lo que pienso de mi Ayuntamiento es resultado de la fotografía que del alcalde vi en el periódico, del efecto que tuvo en mí asistir al desfile del cortejo consistorial en una fiesta regional y de las implicaciones más directas que se derivan de las medidas que adopta esa institución, como por ejemplo, la imposición de un pago por aparcar el coche en vía pública. Del mismo modo, ¿qué imagen tengo del actual Jefe de Gobierno? La imagen que tengo se apoya en las imágenes que de él o ella he visto en la televisión, de las declaraciones que ha hecho ante determinados sucesos, de lo que he podido ver del edificio sede del Gobierno, e incluso de lo que hacen o dicen los ministros.

Las imágenes políticas crean contextos de significados, ayudándonos a identificarnos con realidades tan amplias y ajenas como lo es una institución, un grupo social, una nación, una unión internacional, etc. Por eso, la imaginería política ha sido muy utilizada por los expertos en comunicación política para mostrar lo relacionado con el Gobierno (NIMMO, 1974).

2. EL PRESIDENTE «COMPETENTE, HONRADO Y COHERENTE»

¿Qué es entonces la imagen de un Presidente? Definir los elementos que componen la imagen presidencial no es nada fácil, porque la Presidencia es, a la vez, algo concreto y abstracto, tangible e intangible. La Presidencia tiene carácter nacional y extranjero, civil y militar, administrativo y político, ejecutivo y legislativo. Presidencia es un edificio, un equipo, un despacho, un personal, una cara, etc.

Esta complejidad viene especialmente determinada por el carácter *consuetudinario* de la institución «Presidencia del Gobierno». Ésta nació en el Reino Unido por la necesidad de un momento y se ha mantenido, a lo largo de la historia, por la costumbre. En la no-escrita constitución británica no hay documento jurídico que defina y estipule los poderes presidenciales. El Presidente del Gobierno no es más que un «Primer Ministro», un «primero entre sus iguales». De ahí, que en aquel país cualquier acto gubernamental necesite del apoyo de la Corona para su validez.

Si bien en la mayor parte de los sistemas políticos la Presidencia del Gobierno ha sido recogida en la Constitución, el poder presidencial hereda la «indefinición» de la que nació. Su poder y funciones están sometidos a interpretaciones variadas. Por ejemplo, en el Reino Unido no se contó con un texto que especificara la remuneración de los miembros del Gobierno hasta 1937; en España la determinación del alcance de la inmunidad de la que gozan los miembros del Gobierno ha necesitado recientes intervenciones del poder judicial; o en Francia las competencias de Matignon (sede del Gobierno) están constantemente cuestionadas por la Jefatura del Estado. Como vemos, ni la misma ley establece con claridad qué es la Presidencia de un país.

El Presidente es el líder de la nación. Su liderazgo depende de la relación particular que tiene con sus seguidores, es decir, de lo bien que se lleve con todos aquéllos a quienes tiene que liderar (NIMMO, 1970: 8). Los liderados no son sólo los votantes, sino que aquí se encuentran, además:

a) El *equipo gubernamental*, es decir, el Gobierno (todos los ministros o secretarios departamentales), con el que el Presidente ha de tener una buena relación para poder tomar decisiones, coordinar las medidas, y convencer a aquéllos que discrepan de la mayoría. El Presidente ha de ser querido por el equipo con el que gobierna.

b) Los *parlamentarios* o *congresistas* quienes, según el sistema político del país, tienen capacidad tanto para colaborar con la acción presidencial como para lo contrario, obstruir constantemente las medidas que éste adopta. Por eso el Presidente tiene que idear un tipo de comunicación con los grupos parlamentarios, comunicación que es distinta de la que idea para con el votante medio, menos entendido en cuestiones técnicas de política. La comunicación que la Presidencia tiene con los parlamentarios o congresistas es una comunicación muy dirigida a la negociación y con contenidos más especializados. Y, dependiendo del país (algunos como Francia o Estados Unidos pueden tener un congreso de signo político diferente al de la Presidencia), es una comunicación de la que puede depender el apoyo parlamentario a las medidas presidenciales.

c) El *partido político* al que pertenece, que es la institución que le ayudó a llegar al poder, tanto desde el punto de vista financiero como de infraestructura. La relación entre Presidencia y partido político no es siempre fácil. Hay ejemplos que muestran que, una vez llegado al poder, el Gobierno se distancia de las propuestas ideológicas del partido, produciéndose una lejanía entre partido y Presidencia, con el consecuente descenso en la frecuencia de comunicación.

d) El *votante*. Es el público general.

Pues bien, la comunicación presidencial está dirigida a todos estos grupos de seguidores, por medio de la creación de un liderazgo simbólico, es decir, de una combinación de lo que el Presidente *es* y de lo que *de él se configura* con las técnicas de comunicación (DENTON y HAHN, 1986). Veamos cada una de estas dos cosas, lo que el Presidente *es* y lo que de él/ella *se configura*.

El líder presidencial *es* una mezcla de los siguientes elementos (son similares a los que vimos respecto al candidato de una campaña electoral):

a) *Biografía personal*: edad, sexo, educación, raza, clase social, nivel cultural, creencias, procedencia geográfica, etc.

b) Características personales: apariencia física, simpatía, impulsividad, sinceridad, madurez, serenidad, decisión, firmeza, afabilidad, tosquedad, etc.

c) Preparación profesional: currículo, experiencia, conocimiento de la situación política, capacidad de Gobierno, capacidad de negociación, visión de conjunto, firmeza en la toma de decisiones, etc.

d) Ideología: partido político al que representa, filosofía, causas sociales que haya podido defender en su pasado, concepción del país, etc.

e) Habilidades comunicativas: telegenia, oratoria, agilidad de argumentación, claridad de expresión, timbre de voz, gesticulación, etc.

¿Qué es lo que, por medio de las técnicas y estrategias de comunicación, se intenta *configurar* del Presidente? Si bien la imagen que se desea configurar varía por épocas, países y circunstancias políticas, podríamos decir que, en términos generales, las técnicas de comunicación utilizan todos los elementos arriba mencionados para configurar una imagen presidencial con tres componentes (SMITH y SMITH, 1994):

a) Honradez, de forma que el Presidente resulte fiable por los gobernados.

b) Competencia profesional, es decir, con capacidad para dirigir la nación.

c) Cohesión e integridad con la institución a la que se representa, es decir, con el Gobierno, de manera que el Presidente no parezca alguien autoritario o tirano, sino integrado en un equipo mayor de personas.

Como se ve, estos tres componentes son los mismos que los que se usan para la imagen del candidato, pero en este caso, el contexto en el que se configuran es distinto. Lo vemos en el siguiente epígrafe.

3. El contexto de la imagen presidencial

La imagen presidencial se configura en un contexto de tres dimensiones (SEYMOR-URE, 2000):

a) La dimensión *formal e informal*. Lo formal de la Presidencia tiene que ver con todo lo que la ley establece y define sobre el poder y función presidencial. Lo informal está relacionada con la condición «humana» de quien ocupa la Presidencia.

Así, son papeles formales de la presidencia, por ejemplo, el de ser Jefe de Estado, Jefe de Gobierno o Jefe de las Fuerzas Armadas. Son papeles informales el de ser líder del partido, creador de opinión pública (por ejemplo, el Presidente norteamericano o el Presidente francés ejercen esta función mediante los discursos a la nación) o el de ser líder moral (función ésta más propia de aquellos países, como Estados Unidos o Italia, en los que el liderazgo presidencial va unido a la jefatura del Estado).

b) La dimensión *institucional y personal.* Esta dimensión separa lo que es abstracto, colectivo y corporativo de lo que es concreto, personal e individual.

Es abstracto, colectivo y corporativo la *Presidencia*, una entidad de la cual el Presidente es su cabeza simbólica. La Presidencia es Moncloa, Casa Blanca, Downing Street, Matignon, etc. Estos son cuerpos colectivos, con despachos, oficinas, personal, edificios, espacios amplios, es decir, «aparato».

Es concreto, personal e individual quien ostenta el puesto más alto de la presidencia, gente con nombre y apellidos, visible, con historia y fácilmente identificable: Adolfo Suárez, Felipe González, José María Aznar, José Luis Rodríguez Zapatero, Francois Mitterrand, Bill Clinton, Tony Blair, Helmut Kohl, Lionel Jospin, Jan Schröder, etc.

c) La dimensión *estatal y gubernamental.* Lo estatal y lo gubernamental viene marcado por la diferencia que existe entre las funciones de jefatura de Estado (representar y garantizar la unidad de la nación) y las funciones de jefatura de Gobierno (dirigir el país).

La «función estatal» otorga a la figura presidencial un cierto carácter de apartidismo (se representa a toda la nación, por encima de la diferencia de partidos: el Presidente *es* la nación) y neutralidad (se está por encima de la división del poder ejecutivo, legislativo y judicial: el Presidente *es* todos los poderes).

La «función gubernamental» está más ligada que la estatal a los símbolos partidistas, pues, al fin y al cabo, quien fue elegido para dirigir la nación lo fue en virtud de un partido y de una ideología. El Gobierno decide, y sus decisiones tienen claro sesgo político.

4. ESTRATEGIAS ESPECÍFICAS: EL PRESIDENTE PERSONAL Y ESTATAL

Pues bien, las estrategias específicas de comunicación política para la imagen presidencial están encaminadas a difuminar y diluir la barrera que separa lo formal de lo informal, lo institucional de lo personal, y lo estatal de lo gubernamental. Al hacer desaparecer esa barrera, se consigue que el Presidente y la Presidencia se aprovechen de las ventajas que cada dimensión ofrece.

Las estrategias son, fundamentalmente dos:

a) La personificación de la institución.
b) La estatalización del Gobierno.

Veamos cada una de ellas.

a) La personificación de la institución: por medio de la *personificación de la institución* se trata de hacer asequible la Presidencia al ciudadano, encarnando en una persona concreta todo lo que es abstracto, lejano, y demasiado técnico.

Goffman ofrece una explicación del éxito que tiene este tipo de estrategia. Este autor diferencia la «región frontal» de nuestra personalidad (lo que mostramos en público, que se adecua a la apariencia que deseamos tener), de la «región trasera» (aquella parte de la personalidad que se muestra más abierta, auténtica y genuina, y que es mostrable sólo a aquéllos en quienes se confía). Pues bien, argumenta Denton, la estrategia de construcción de la imagen presidencial mediante la personificación cosiste en revelar la persona auténtica y genuina que está detrás de un despacho oficial (DENTON y HOLLOWAY, 1996: 24). En la medida en que el Presidente se revela como una persona auténtica y genuina, se acerca al público como un ciudadano/a más, con las mismas aspiraciones y preocupaciones. Al hacerlo, le parece al votante que está como tocando el intríngulis del núcleo del poder, donde se están tomando decisiones que afectarán a toda la nación.

Además, la personificación de la política facilita la generación de noticias: la Presidencia, como persona, es más noticiable que como institución, debido a que lo personal se adecua más fácilmente que lo institucional a las exigencias de los medios de comunicación (COOK, 1998; ANSOLABEHERE, BEHR e IYENGAR, 1993).

Los recursos más frecuentes en este tipo de estrategia son los siguientes:

— La familia.
— Los entornos informales.
— Las visitas a la institución.
— El drama.
— El trabajo.
— El discurso.

Veamos cómo se utilizan en la práctica estos elementos para la personificación de la institución.

— La *familia*. El ciudadano necesita ver a su Presidente como un ciudadano más, con los mismo problemas, proyectos, y aspiraciones; necesita que quien manda sea un ciudadano que pueda quedarse en paro, o ponerse enfermo y necesitar de los servicios de la Seguridad Social. Un ciudadano medio tiene, habitualmente, compañía. Por eso las técnicas de comunicación tienden a rodear al Presidente de un entorno familiar: con su mujer o marido, hijos, suegros, nietos, etc. En la configuración de la imagen presidencial la familia juega un papel de gran relevancia (en algunos países se entiende, además, que éste ha de ser modélico). Así por ejemplo, la esposa e hijos formaron parte de la magia comunicativa del Presidente estadounidense Kennedy.

Porque la mayor parte de los Presidentes han sido hombres, la *primera dama* o esposa ocupa un lugar importante. Las técnicas de comunicación idean el modo de vestir de ésta, su modo de estar, la relación que tiene en público con el marido, etc. Se le suele involucrar en cuestiones de relevancia, con el fin de atraer el voto de la mujer profesional. Pero son cuestiones más relacionadas con causas sociales y no políticas, pues éstas últimas causaría controversia, ya que la Primera Dama no es un cargo elegido por el pueblo. En este sentido fue paradigmático el papel que jugó Barbara Bush en los programas de educación de la tercera edad, lo que le llevo a adquirir el apelativo cariñoso de la «abuela de los americano». En sentido contrario, el papel que Clinton otorgó a su esposa Hillary en la reforma de la Seguridad Social no fue, en ningún caso, popular, pues esta reforma tenía un carácter político, algo para lo que la Primera Dama no había sido elegida. Algo similar ha sucedido con la Primera Dama mexicana, cuya excesiva relevancia pública ha generado problemas para la gestión de la imagen de Fox. Es bueno, por último, que el papel de ésta sea activo pero, a la vez, no más que su marido, para no solapar la imagen de éste. La reciente incorporación de mujeres a presidencias de Gobierno o jefaturas de Estado (como es el caso de Madrid en el Gobierno autonómico, de Alemania en el Gobierno nacional o de Chile, en la Presidencia) será fuente de experiencias interesantes en lo que se refiere a la gestión de la imagen del consorte.

Los expertos en comunicación política llevan esta recomendación al extremo afirmando que, cuando no hay hijos ni nietos, se puede acudir a los animales. Los animales suavizan la imagen presidencial: muestran la capacidad de ternura que tiene aquel Presidente que se sienta allá lejos, en su despacho oficial. Por eso las oficinas de comunicación presidenciales elaboran reportajes sobre el entorno familiar del Presidente, en el que siempre aparece un animal. Por ejemplo, la «Dama de hierro» corretea por una playa tras un perrito en un documental de *Downing Street*; o el documental que se hizo a los cien primeros días del Gobierno de Clinton incluye a la gata *Whitesocks* con el siguiente texto: «Las funciones presidenciales —dice el guión del documental— no impiden que los animales tengan entrada en la Casa Blanca». Y las imágenes promocionales de la Presidencia de George Bush no prescindieron de sus dos perros.

— Los *entornos informales*. Porque el Presidente es un ciudadano más, tiene el estilo de vida de un ciudadano medio.

Va de vacaciones. Llegado el período estival, el Presidente necesita, como los demás, de un descanso. Es ésta una imagen que favorece mucho la imagen presidencial; su lugar de veraneo, el sitio en el que le gusta esquiar, la playa preferida, los paseos por la montaña... es una información que refleja a un Presidente con gran contenido humano. La gestión de esta información no procede en algunos países en los que no está bien visto que los políticos se tomen vacaciones. Por el contrario, la gestión de esta información es necesaria en aquellos países en los que se da por supuesto que los políticos se tienen que tomar un descanso; y es mejor ofrecer información al respecto, antes de que los medios especulen e incluso inventen sobre el estilo con el que el Presidente descansa.

El Presidente está con sus amigos. Han sido muy utilizadas las imágenes de los encuentros informales que el matrimonio Reagan, por ejemplo, propiciaba con el matrimonio Thatcher en el rancho californiano del primero. Vestidos con jerseys gordos para resguardarse del frío y calzados con botas fuertes para poder caminar por el campo, los grandes líderes mundiales aparecen en una pequeña estancia, riéndose y disfrutando de un entorno sencillo y rústico. Una escena de la que cualquier votante podría ser protagonista. Un ejemplo parecido lo ofreció el matrimonio Aznar cuando invitaba al matrimonio Blair a pasar unos días en España.

El Presidente tiene *hobbies*. Los libros que lee o la música que le gusta son ejemplos de lo que puede constituir una «noticia» presidencial. En esta línea, de González se dio a conocer su afición por los bonsais; de Aznar su gusto por la lectura; y de Rodríguez Zapatero su afición culé.

Practica deportes. Suárez construyó una pista de tenis en Moncloa, sobre la que Aznar edificó una pista de paddle, deporte que, como muestran imágenes de documentales, practicaba con sus hijos. Por su parte Clinton era un adicto al *footing* que, también como parte de estrategia de comunicación, practicaba con los congresistas.

— *Visitas*. Hay visitas que sirven para personalizar la institución, haciéndola más cercana al ciudadano. Así por ejemplo, la presidencia socialista de Moncloa recibió a los populares actores Antonio Banderas y Melani Griffith, imágenes que ocuparon las primeras planas de los medios de comunicación. La presidencia del Partido Popular invitó a comer a Moncloa al equipo del programa de humor *Caiga quien caiga*.

Es ya una técnica generalizada la de celebrar «Jornadas de puertas abiertas». La institución invita a todos los ciudadanos que lo deseen a conocer la Presidencia por dentro, más cuando ésta reside en edificios de interés histórico o estético. Los ciudadanos acuden con el deseo de ver qué está detrás de eso que sale en la tele, y disfrutan al poder sentarse alrededor de la misma mesa donde el Presidente con sus ministros se reunirán al día siguiente para decidir sobre la nación.

— El *drama*. Es éste un elemento importante de la imagen presidencial. El Presidente sufre ante una catástrofe natural, con el fallecimiento de un amigo o con un atentado terrorista. Esto último, incluso, lo puede padecer en su propia carne. Así por ejemplo —si bien, obviamente, no buscada— benefició a Reagan su imagen como paciente tras el atentado que sufriera a los pocos meses de la toma de posesión de su cargo; o, por ejemplo, las imágenes que se vieron de Aznar saliendo del atentado a manos de ETA están, de alguna manera, configurando la imagen que los españoles tienen de él.

Hay ocasiones en las que esto puede tener efectos opuestos. Por ejemplo, siempre se intentó ocultar la elevada edad de los dirigentes soviéticos para evitar la imagen que el régimen tenía de gerontocracia. En la misma línea, la Oficina de Comunicación de la Presidencia francesa de Mitterrand prefirió no informar de la enfermedad que este dirigente padeció al final de su mandato, por temor a que esa información diera pie a dudas sobre su capacidad de gobierno.

No puedo dejar de poner aquí el ejemplo de Tony Blair cuando, en pleno proceso de aprobación de una medida punitiva a la delincuencia común, la policía detuvo a su hijo en estado ebrio. Ese mismo día acudía el Primer Ministro al *Question Time*, un programa de televisión que emula las preguntas parlamentarias. Ante la actitud interpelante de un miembro del público, la afectada respuesta de Blair puede ser tomada como una auténtica personalización de la institución: «créanme, muchas veces pienso que es más difícil ser padre que Primer Ministro».

La implicación de los altos dignatarios en los accidentes o en las catástrofes naturales juega un papel importante en la gestión de la imagen, pues tiene efectos en la percepción que la gente se hace de la resolución del problema. Esta importancia llevó a Schroder, en su día candidato al Gobierno de la nación, a achicar agua en las inundaciones de Alemania; a Giuliani a animar, como alcalde de Nueva York, a los bomberos en la catástrofe de las Torres Gemelas; Bush hijo quiso expresar el apoyo llevando por sorpresa el pavo de Navidad a sus soldados en Irak; y Rodríguez Zapatero salió a recibir a las tropas españolas a su regreso del Irak. Es, por otra parte, una importancia que ha generado interesantes debates, todavía sin concluir, sobre, por ejemplo, la eficacia de la gestión en España del Prestige en 2002, o la del incendio de Guadalajara en 2005, o la de los incendios en Galicia en 2006.

— *Trabajo*. El Presidente ha de ser mostrado como *trabajador constante*, incapaz de escatimar esfuerzos para la buena dirección del país. En su carrera electoral, Aznar fue presentado como un opositor que trabajó duramente para llegar a ser inspector de Hacienda; y Major, como un simple contable de Banco que, con duro esfuerzo, llegó a ser Ministro de Economía. Una vez en el gobierno, el Presidente es *activo* (está muy presente en foros públicos y en ceremonias de inauguración, pronuncia muchos discursos, viaja y trabaja largas horas en su despacho) y es *firme* (por eso es muy importante la forma en cómo acepta o rechaza una dimisión de su equipo gubernamental, o cómo responde a una acusación de corrupción o ante un ataque terrorista). Pero es que, además, hay determinadas actuaciones públicas que, de no ser escenificadas, poco serían conocidas. Por eso hay inauguraciones de aeropuertos, de carreteras, de hospitales, de colegios, etc.

— La personificación del *discurso*. El tipo de palabras y la construcción argumental con la que el Presidente se dirige a la nación son también muy importantes en la imagen presidencial. Es una táctica de personificación el uso de la primera persona del singular, pues permite una mayor interacción entre el orador y el público. Acentúa el liderazgo personal del Presidente y se consigue llegar más directamente al ciudadano. Es importante, además, que los términos utilizados sean positivos y miren al futuro.

En este sentido es paradigmática la frase de Suárez «Puedo prometer y prometo…», o el cambio estratégico de González quien, ante las acusaciones de corrupción dirigidas contra su partido y contra su gobierno, prefirió abandonar el «nosotros», «nuestro partido», «el Gobierno» para afianzar su liderazgo personal mediante el «yo os prometo», «yo creo», «yo os aseguro» (DEL REY, 1997: 242).

Ahora bien, el uso de la primera persona del singular para personificar la Presidencia es una espada de doble filo. Cuando las acciones con las que el Presidente se implica son impopulares o fracasan, resulta muy difícil que el ciudadano disocie al Presidente-persona del efecto perjudicial. Así por ejemplo, el uso que de esa táctica hiciera el Presidente Ford para perdonar a Nixon por la implicación de éste en el caso *Watergate* (utilizó frases del estilo de «apelo a mi responsabilidad», «mi decisión», «mi conciencia» para impartir públicamente el perdón) no le benefició, pues con ello teñía de implicaciones personales algo que era impopular. El ejemplo contrario lo constituye Reagan, quien evitó toda referencia expresa a la primera persona cuando tuvo que reaccionar ante las acusaciones por la crisis *Irangate*. En todo momento utilizó un discurso impersonal del estilo de: «se cometieron fallos», «hay veces que se te presenta un problema y no te queda más remedio que…» (SMITH y SMITH, 1994: 233-234).

En resumen, la personificación de la institución trata de acercar lo abstracto, técnico y lejano encarnándolo en una persona concreta. Esta técnica de personificación se maneja según convenga. Nixon prescindió de ella para la crisis *Watergate*. Desvió la responsabilidad a la institución abstracta (alegando que el error era, en todo caso, de la Presidencia) para disociarla de su persona. En la crisis Lewinsky se utilizó la táctica contraria: Clinton afirmó que, en caso de haber alguna implicación, la había de Bill como persona, no del Presidente Clinton; y menos de la Presidencia Casa Blanca. La estrategia de comunicación de González en el caso Roldán fue la de alegar ignorancia, disociando no sólo su persona sino también la Presidencia de una cuestión que atañía a un cuerpo de seguridad y, como mucho, a ciertos niveles de un ministerio (CANEL y SANDERS, 2006).

b) La *estatalización de los gubernamental* es una estrategia por la que, en el ejercicio de su función de dirección de la nación, el Presidente se aprovecha de las ventajas del marco estatal que le ampara. Lo estatal (es decir, actuar en representación de la nación) posee la ventaja de connotar una neutralidad simbólica, un apartidismo. Al presentarse así, el Presidente, más que ser un hombre o mujer de partido, es un hombre o mujer de Estado, de todos los ciudadanos.

Los elementos más recurrentes de esta estrategia son los siguientes:

— Símbolos estatales.
— Lugares.
— Internacionalización.
— Frecuencia de mensaje.

Veamos cada uno de ellos.

— *Símbolos estatales:* en la comunicación de las decisiones, más cuando éstas son controvertidas, los Presidentes tienden a rodearse de aquellos símbolos que connotan estatalidad, con el fin de reflejar que su decisión está bien situada en el marco del Estado.

Por eso, por ejemplo, las comunicaciones oficiales suelen ir acompañadas de la bandera de la nación o del himno nacional. Por el mismo motivo, los Presidentes suelen mencionar en sus discursos frases como «en virtud de las facultades que me otorga la Constitución, he decidido que...», de manera que se vea que no hay personalismo ni partidismo en su modo de actuar.

Beneficia a los Jefes de Gobierno de parlamentarismos que la relación fluida que mantienen con el Jefe de Estado salga a la luz pública. Así, por ejemplo, son «buenas fotografías» las que todos los Presidentes de Gobierno han tratado de tener con el monarca español, ya sea en foros formales (la reunión que se mantiene regularmente en el despacho de la Zarzuela) o informales (encuentros en actos sociales, como puede ser la celebración de una boda, o en las vacaciones).

Recurrir a los símbolos estatales cuando no es apropiado puede tener consecuencias negativas. Es lo que le sucedió al Presidente francés Jacques Chirac cuando en las elecciones legislativas de 1996, y tras un sorprendente resultado negativo en la primera vuelta, decidió enviar un mensaje electoral a los ciudadanos. Acudió para ello a una forma de comunicación estatal, los llamados discursos televisados a la nación, utilizados para cuestiones estatales que se emiten desde el despacho presidencial y junto a la bandera nacional. Pero el mensaje era político, electoral. Esto fue lo que dijo: «El avance de la izquierda pone en peligro el futuro del país». Era una opción de comunicación en la que el Presidente francés difuminaba la barrera entre lo estatal y lo gubernamental de modo incorrecto; fue ésta una acción impopular, que no consiguió frenar el avance temido, y que acabó en la pérdida de las elecciones.

— Los *lugares*: el *locus* que utiliza el Presidente para comunicarse con el ciudadano son elementos importantes de protolenguaje (NIMMO, 1974).

Tradicionalmente las decisiones gubernamentales se hacían públicas en el Parlamento, único lugar público en el que el Gobierno podía dar a conocer sus medidas. A lo largo del siglo XX hemos asistido a un creciente desarrollo del poder ejecutivo y, particularmente, del equipo asesor o gubernamental del Presidente, con lo que las decisiones se han ido haciendo cada vez más secretas. Ni Moncloa, ni Downing Street, ni la Casa Blanca, ni Matignon tienen una galería pública. Y los periodistas no tienen acceso a las reuniones del Consejo de Ministros, como sí lo tienen a las reuniones del pleno del Parlamento.

Por ese motivo todas las presidencias han tratado de habilitar unas salas de prensa en las que poder mantener encuentros con los medios de comunicación, para en ellos dar a conocer sus proyectos y decisiones (Collin, 1998). Pero como esta salas tienen cierto cariz gubernamental-político (el Presidente, o el Portavoz del Gobierno se expone a las preguntas de los periodistas, que pueden llevar la agenda de temas por donde quieran), algunos presidencias han buscado otros marcos más estatales para la comunicación de sus medidas.

Así por ejemplo la Presidencia de Reagan habilitó el pasillo de columnas. Los periodistas se situaban ante una puerta cerrada, que, tras el anuncio «Ronald Reagan, the President of the United States», se abría para dar paso al Presidente. El paseo que éste daba hasta llegar al micrófono, a lo largo de un pasillo y flanqueado por unas monumentales columnas, dotaba a la comunicación del mensaje de gran solemnidad. Moncloa ha habilitado el pasillo del edificio del Consejo, marco en el que los comunicados pueden parecer más oficiales.

Clinton, por su parte, utilizó los lugares para estatalizar o desestatalizar los mensajes según la conveniencia. Utilizó el Despacho Oval para anunciar medidas polémicas (la no reducción de impuestos de las clases medias, la invasión de Haití —decisión que había sido tomada sin contar con el Congreso— o el incremento de precios), con el fin de dar un contexto estatal a lo que era impopular; lo hizo, además, asumiendo un papel personal, mediante el discurso del estilo «No os va a gustar esta medida, y a mí tampoco me gusta. Por eso, dejadme que os explique por qué me he visto obligado a tomarla». Aunque esta estrategia no necesariamente consigue respuestas de apoyo, sí puede aquietar y minimizar la reacción de la oposición. El Despacho Oval no fue nunca utilizado, sin embargo, para las cuestiones controvertidas relacionadas con el Congreso. Con vistas a adoptar un tono más directo e informal con los congresistas, Clinton prefirió dirigirse a ellos desde el pozo de Capitol Hill, con el fin de desestatalizar su discurso y establecer así una relación más política con las Cámaras, facilitando la negociación (SMITH, 1996). Y la comparecencia de reacción al caso Lewinsky no podía hacerlo desde otro sitio que no fuera el menos oficial, Rose Garden, el jardín, llamado de la rosa, que está delante de su vivienda. Por su parte, Bush hijo grabaría en el Despacho Oval el primer discurso a la nación tras el 11 S. Y elegiría, para el anuncio del ataque a Afganistán, el simbólico y representativo Salón de Tratados de la Casa Blanca, lugar donde, como él mismo explicaría, sus predecesores «han trabajado en favor de la paz».

— La *internacionalización* es una vía muy eficaz para la estatalización del Presidente. En la medida en que éste puede ser mostrado fuera de casa, con capacidad para dialogar con otros líderes internacionales, en esa misma medida es capaz de representar a la unidad de la nación con competencia y brillantez.

El Presidente necesita para ello de viajes, de compañía de otros estadistas, de actuaciones que demuestran que defiende el interés nacional. Por eso, los Presidentes buscan actividades diplomáticas, representaciones y ceremonias de carácter más simbólico-neutral que conflictivo.

Estas actividades son muy útiles para la creación de noticias presidenciales. Que el Presidente haga algo, y que ese algo sea fuera del país, atrae la atención de los medios de comunicación. Las noticias que se generan son, además, de carácter favorable al Gobierno; no en vano, la «agenda de política exterior» suele ser menos conflictiva que la «agenda de política interior» (SMITH, 1996: 237).

Por eso es la generación de actuaciones internacionales una táctica de comunicación muy frecuente para el manejo de crisis política. En caso de acusaciones de corrupción política, cuanto más visibles sean los que se oponen al Presidente, más competitivo será el flujo de las noticias, y menos capaz el Presidente de disociar su imagen del curso de los eventos. Esta es la razón por la que Presidentes como Reagan y González trataron de emitir noticias presidenciales que consiguieran silenciar las críticas y monopolizar el flujo informativo (TEBBEL y WATTS, 1985; SANDERS, BALE y CANEL, 1998). En el segundo caso, la presidencia española de la Unión Europea benefició la última fase del gobierno socialista en la que se produjeron varias acusaciones de corrupción. Moncloa aprovechó esta presidencia, pues la mayor parte de las convocatorias de ruedas de prensa con el Presidente del Gobierno se hicieron fuera de España y casi siempre con la compañía de algún líder internacional. En estas comparecencias resultaba fácil al Presidente del Gobierno responder a las preguntas relacionadas con la corrupción de la forma siguiente: «ésa es una cuestión nacional, y no nos encontramos en el foro más adecuado para tratarla» (SANDERS, BALE y CANEL, 1998).

— *Frecuencia de mensaje*. Si el Presidente quiere ser visible y conocido por sus ciudadanos, tiene que hablar, tiene que aparecer. Si no aparece, es como si no trabajara. Por eso, la frecuencia del mensaje es clave en la configuración de la imagen presidencial.

Bush tuvo, en este sentido, ausencias palmarias. No pronunció discurso alguno ante la caída del muro de Berlín, ni ante la muerte de la Unión Soviética, ni cuando se vio obligado a incrementar los impuestos en 1990, después de que hubiera dicho «lean mis labios. No habrá nuevos impuestos» (frase que se hizo conocida porque en inglés es un juego de palabras) (SMITH y SMITH, 1994).

En resumen, personificación de la institución y estatalización del Gobierno son dos técnicas encaminadas a hacer visibles al Presidente y a la Presidencia, como algo cercano, neutral y apartidista, capaz de representar a todos los ciudadanos. El Cuadro n.º 6 resume las estrategias y técnicas de comunicación de la Presidencia.

CUADRO N.º 6

Estrategias y técnicas para la comunicación de la Presidencia

Estrategias de comunicación de la Presidencia	Técnicas de comunicación de la Presidencia. Elementos más recurrentes
Personificación de la política	Familia Entornos informales Visitas a la institución Trabajo Drama Discurso
Estatalización del Gobierno	Símbolos estatales Lugares oficiales Internacionalización Frecuencia de mensaje

Esta interpretación de la «campaña permanente», que necesita de la infraestructura comunicativa ya expuesta, puede degenerar en una tecnologización de la política (en detrimento de la presencia de ideologías), en un predominio de los consultores (fundamentalmente de los asesores de imagen) sobre los políticos y en un declive del papel de los partidos en la política (BLUMENTHAL, 1980; IYENGAR, 1991). En el capítulo 5 expondré qué efecto tienen estas técnicas de creación de la imagen presidencial en los ciudadanos.

IV. TÉCNICAS Y ESTRATEGIAS DE COMUNICACIÓN POLÍTICA PARA LA GESTIÓN DE LA IMAGEN DEL PARLAMENTO. ESTUDIO DE CASO: LA IMAGEN DE LAS CORTES NACIONALES ESPAÑOLAS EN LA PRENSA

Las técnicas y estrategias de comunicación política para la gestión de imagen del Parlamento se diferencian de las técnicas expuestas en el epígrafe anterior en lo siguiente:

a) El Parlamento no es, como lo es el Ejecutivo, susceptible de personalización, en cuanto que no hay un representante (una persona con nombre y apellido) que encarne la institución. En este sentido, resulta más difícil idear la imagen del poder legislativo que la imagen del poder ejecutivo.

b) Los problemas de coordinación de mensaje son aquí todavía más complejos que los que tenía la Presidencia para coordinar a los distintos ministerios. El Parlamento es una institución deliberativa. Las decisiones se toman con un debate en el que se produce un enfrentamiento de intereses entre los distintos grupos parlamentarios. Por eso, cada grupo representado en la Asamblea tiene sus propios objetivos informativos; no se puede decir entonces que el Parlamento como institución tenga una imagen coordinada y única.

Lo que a continuación se expone son las conclusiones de dos estudios que han tenido por objeto analizar la cobertura que esta institución ha tenido en la prensa desde la Transición (INNERARIY y CANEL, 1999; CANEL e INNERARITY, 2000). Hay un tercer estudio, que toma como objeto las percepciones que parlamentarios y ciudadanos tienen del Parlamento español, y del que aquí sólo mencionaré algún resultado provisional (CANEL y otros, en prensa).

Una descripción detallada de los resultados de estas investigaciones se recogen en las publicaciones de referencia. Aquí me limitaré a enumerar las principales conclusiones que son relevantes para reflexionar sobre cuál ha de ser la gestión de la imagen del Parlamento.

El estudio de caso se apoyó en el análisis cuantitativo del contenido de la cobertura que tres diarios nacionales han dado al Debate sobre el Estado de la Nación desde la Transición hasta 1998. Se realizaron además nueve entrevistas personales, por teléfono y por escrito (mediante envío de cuestionario) con el Jefe de Prensa del Parlamento, los Jefes de Prensa de los grupos parlamentarios, varios cronistas parlamentarios y el Secretario de la Presidencia para las Relaciones con las Cortes. Se tomó como objeto de análisis esta práctica parlamentaria porque es éste el evento que más cobertura recibe en los medios, tal y como comprobamos en las entrevistas realizadas.

1. EL GABINETE DE PRENSA DEL PARLAMENTO ESPAÑOL

Desde la Transición, el desarrollo de la infraestructura comunicativa de las Cortes españolas ha ido en aumento. Cuando en 1983 se iniciara la práctica parlamentaria del Debate sobre el Estado de la Nación, el Parlamento contaba con un Servicio de Prensa, encargado de llevar las relaciones con los medios y de hacer asequible a éstos la información sobre el trabajo parlamentario. Hoy esa entidad se llama Gabinete de Prensa y tiene unas dimensiones mayores.

Varios son, a juicio del Jefe de Prensa de ese Gabinete, los hitos que han marcado este crecimiento. El primero, en 1985, cuando se empezó a exigir, por medio de convocatoria de oposiciones, la titulación en Ciencias de la Información para sustituir a los hasta entonces dos funcionarios ajenos al mundo de los medios. Hoy día llevan el Gabinete de Prensa del Parlamento unas diez personas, de las cuales la mayor parte son periodistas.

El segundo hito es el nacimiento, en 1989, de las televisiones privadas y autonómicas. Este hecho tuvo como consecuencia una importante modificación en el modo de emitir la señal del pleno de la Cámara. Como en el hemiciclo no había espacio para las nuevas cadenas, era la cadena pública Televisión Española la única que entraba en el pleno y daba la señal, señal única para el resto de las televisiones. Para evitar este privilegio de la cadena pública, el Parlamento instaló en 1993 sus propios equipos, con los que se da actualmente la señal a todas las cadenas por igual.

Por último, en 1994, con la ampliación del edificio del Congreso, se produce la reorganización del espacio dedicado a los periodistas. Si antes había sólo una sala de prensa con cinco cabinas para las agencias, se instalan 38 cabinas en 1984, en las que los medios reciben la señal del pleno y de las comisiones, y tienen libertad para poner sus propios equipos. Desde esa sala los periodistas pueden enviar la crónica a su medio. Y en la sala común cuentan, por el momento, con cinco ordenadores con acceso a Internet. En la base de datos del Gabinete de Prensa figuran alrededor de 3.000 periodistas acreditados, con la siguiente representación de medios: unas 14 agencias de noticias, 3 agencias gráficas, 22 diarios, 14 semanarios y revistas, 15 emisoras de radio y 13 emisoras de televisión[4].

Tal y como se puso de manifiesto en las entrevistas, estos servicios han hecho que el Parlamento sea un verdadero núcleo de información: «centro de la vida política, con una capacidad ilimitada de generar noticias e informaciones»; «un verdadero plató de televisión en el que están presentes todos los protagonistas de la vida política». Y es que, y es ésta una afirmación común entre los entrevistados, en el Parlamento es importante no sólo lo que pasa en el pleno o comisiones, o en otros canales institucionales como ruedas de prensa o notas de prensa; es también importante, y quizá más, lo que ocurre en los pasillos».

Los periodistas elaboran la información política desde el Congreso, al que acuden diariamente, haya o no sesión. Una media de 20 periodistas están en el Parlamento un día sin sesión; media que aumenta a 200 en un día de pleno, y a 400 en un día del Debate sobre el Estado de la Nación[5]. Por último, es relevante a este respecto que la mayor parte de los jefes de prensa entrevistados consideraron como dato importante para la información parlamentaria el que los periodistas tengan libertad de movimiento en los pasillos de la Casa (excepto durante las sesiones de pleno, en las que no pueden pasar al bar que hay detrás del hemiciclo). Es en esos pasillos, como mostrarán los datos, donde los periodistas obtienen gran parte de la información.

---

[4] Los datos que en el texto se ofrecen son los que corresponden al momento del estudio. En julio de 2006 los datos son los siguientes: hay unos 3.600 periodistas acreditados, de los cuales 9 son agencias, 9 revistas, 15 diarios, 14 radios, 16 televisiones. La razón por la que en algunos casos los números son menores es porque se ha reorganizado la acreditación, dando una acreditación «sin nombre» a aquellos medios que no acuden de manera continuada. Estas acreditaciones no están aquí contabilizadas. Desde el año 2000 se cuenta con el Canal Parlamentario que se emite a través de ONO, Amena, Hispasat e Internet, canal que da cuenta en directo de toda la actividad parlamentaria. También desde el año 2000 las Comisiones dan su propia señal de televisión. Y una vez más, la infraestructura comunicativa del Congreso vuelve a encontrarse en un momento de modernización: además de que se contará con 16 canales de circuito cerrado, se está modificando la página web para establecer el portal del ciudadano.

[5] Los datos al respecto en julio de 2006 son los siguientes: una media de 25 periodistas están en el Parlamento un día sin sesión; media que aumenta a 120 en un día de pleno y a 450 en un día del Debate sobre el Estado de la Nación.

2. Rasgos de la imagen del Parlamento en la prensa

a) El análisis de los datos demuestra que el Parlamento ha tenido una *visibilidad creciente* en la prensa a lo largo de los años. El número de noticias que dan cobertura a esta institución se ha multiplicado por cuatro desde la Transición hasta 1998. Es también indicativo de este incremento de interés de cobertura la prioridad actual otorgada al Debate en los géneros de opinión. Se puede afirmar entonces que el interés noticioso del poder legislativo ha ido en aumento y que, por tanto, su visibilidad en los medios es mayor.

b) A partir de 1992 la prensa generaliza un estilo de cobertura: adjudica al Parlamento una *sección especial*, de una longitud media de seis páginas, indicada de modo gráfico mediante un cintillo, un logo con el mapa de España y con títulos como «Debate sobre el Estado de la Nación».

c) La crónica parlamentaria de los Debates sobre el Estado de la Nación posteriores a la Transición son, fundamentalmente, *crónicas informativas*, de escaso estilo literario, con más cuestiones técnicas que descripciones ambientales. Por ejemplo, en muy pocas noticias se hace referencia a la «temperatura» de la Cámara, expresada en aplausos, bullicio, abucheos o risas; apenas se habla del modo de vestir de los diputados; o, por último, no se describen los gestos de los congresistas. Esto se explica, en parte, por la competencia con la televisión, medio en el que la audiencia encuentra una cobertura en la que ya se describe el ambiente del hemiciclo. Pero el declive del estilo literario, tan propio de la crónica parlamentaria de comienzo de siglo, se explica por la excesiva tecnificación del trabajo parlamentario, el florecimiento de comisiones, el incremento del número de diputados o la complejidad del reglamento de la Cámara.

d) Respecto a los *temas* de cobertura, la prensa ha dado prioridad a aquellos temas relacionados con el enfrentamiento partidista sobre los temas más técnicos como la organización territorial del Estado, el presupuesto, el empleo o la Justicia.

Hay una escasez de información sobre los procesos legislativos. La explicación a esto puede estar, por una parte, en que la producción legislativa es tan amplia que resulta difícil conseguir la documentación suficiente para proporcionar una información adecuada. Por eso, aunque toda la información estuviera asequible, la complejidad del proceso dificulta un relato transparente. En segundo lugar, el pleno ejerce su función legislativa fundamentalmente como lugar de ratificación de decisiones tomadas en otros foros parlamentarios. La mayor parte de las decisiones se toman en comisiones que no son siempre públicas.

¿Por qué los temas técnicos o las cuestiones políticas reciben menos cobertura en la prensa? Consideran los Jefes de Prensa del Parlamento entrevistados que durante los primeros años de vida parlamentaria española había escasa labor de control pero elevada actividad legislativa, encaminada ésta a desarrollar la recientemente aprobada Constitución y a la elaboración y aprobación de los Estatutos de Autonomía. «Eran éstas unas leyes importantes para la democracia española ya que ésta estaba en pleno proceso de consolidación; tenían gran interés informativo» (entrevista). Pero ese proceso terminó, y la victoria en 1982 de un

Gobierno con mayoría absoluta hizo que la actividad legislativa perdiera interés informativo: los acuerdos sobre las leyes eran conocidos de antemano por lo que no quedaba margen de sorpresa (lo que es siempre margen para la noticia). Por eso, sigue extrayéndose de las entrevistas, «la adjudicación de valores noticiosos a los eventos parlamentarios empezó a girar, desde 1982 hacia la actividad de control, en detrimento de la actividad legislativa» (entrevista).

3. El pluralismo político de la información sobre el Parlamento

Respecto al partido político, llama la atención el elevadísimo porcentaje sobre el resto de partidos del PSOE como fuente de información: constituye casi el doble (46,6 por 100) que el PP (26,2 por 100). Este protagonismo del PSOE como fuente primera de información resulta aplastante de 1983 a 1995. A partir de 1991, el PP empieza a cobrar importancia, pero siempre está por debajo del PSOE, a excepción del Debate de 1998, Debate en el que el PP superará al PSOE, pero nunca con los niveles en que éste había superado a aquél anteriormente.

El pluralismo político de las fuentes de información en el Debate del Estado de la Nación a lo largo del tiempo refleja un inicial multipartidismo (1983), pasa por un «monopartidismo» (1984-1991) (en el sentido de una fuerte presencia del partido en el Gobierno, lo que puede estar reflejando su mayoría absoluta), le sigue un bipartidismo (1991-1995), y termina en en el inicial multipartidismo. Parece ser que la ausencia de mayoría absoluta favorece la representación plural de fuentes de información.

4. Las declaraciones a los medios, foro de debate parlamentario

Los datos permiten concluir que un poco más de la mitad de lo que los periodistas publican es lo que oyen directamente asistiendo al Debate. El resto de las informaciones las buscan por otras fuentes. Un 14 por 100 de las informaciones constituyen declaraciones a los medios, es decir, intervenciones ante los micrófonos que los diputados han tenido al entrar o salir del Palacio de las Cortes. Analizados los datos en el tiempo se puede concluir que desde la Transición, la información parlamentaria ha ido incorporando paulatinamente las declaraciones a los medios como práctica habitual, hasta hacer de ellas un canal de información casi «institucional».

Es éste un fenómeno interesante que ocupó buena parte de las conversaciones con los periodistas que entrevistamos. Hay en éstos una apreciación al respecto más o menos común: la información política, y por ende, la parlamentaria, está adoptando un estilo de periodismo de «acción-reacción». Es decir, lo que interesa es las reacciones ante los diferentes actos políticos, y esas reacciones se recogen fuera del hemiciclo. Los periodistas reconocen que los titulares que ocupan las portadas de los medios, provienen más de los pasillos del Congreso que del pleno de la Cámara o del propio trabajo legislativo.

Las causas de esto, señaladas por los entrevistados, apuntan en una misma dirección: es el resultado del «negocio de intereses» que siempre hay entre periodistas, políticos y audiencias. Como el periodista necesita audiencia, busca informaciones distintas, atrayentes, que escapen a la hegemonía informativa que ha ocasionado el mercado televisivo; las obtiene no del trabajo de la Cámara, sino del pasillo, donde más fácilmente se tiene acceso a un miembro del Gobierno o al líder que ese día es noticia. Por su parte, el político necesita espacio en los medios, micrófono. Quiere titulares en los que aparezca su nombre. Titulares que den de él imagen de un parlamentario activo, que pregunta y que protagoniza iniciativas. Titulares que, también, silencien el mensaje del adversario. Para ello, usa, ciertamente, los canales institucionales, como las ruedas de prensa o notas de prensa. Pero como esto no es suficiente para triunfar en la competencia diaria de noticias —argumentan varios entrevistados— los políticos necesitan hacer declaraciones llamativas. «Con frecuencia tenemos la impresión —afirmó un cronista parlamentario— de que los políticos hablan para los periodistas y éstos escriben para los políticos».

5. La «participación» del periodista en la imagen del Parlamento

Los datos sobre la cobertura que los periodistas españoles han dado al Debate sobre el Estado de la Nación desde la Transición hasta 1998 parecen indicar que

Cuadro n.º 7

Vías de obtención de la información

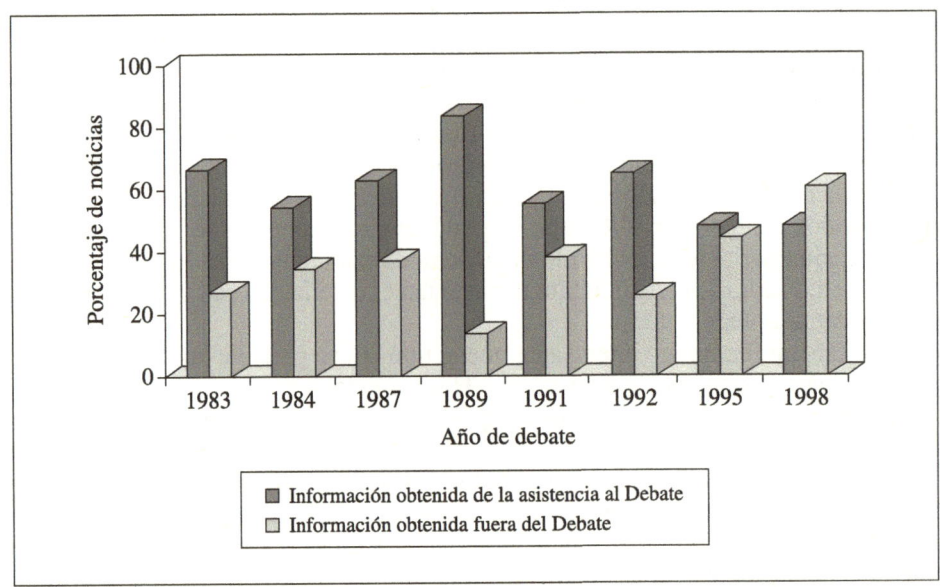

hay una cierta evolución hacia un periodista más activo que pasivo; es decir, que el periodista no se limita a reflejar de forma indiferente lo que vio, sino que toma postura buscando otras informaciones.

El Cuadro n.º 7 contrasta dos barras, una que representa los porcentajes de informaciones obtenidas por el periodista directamente de su asistencia al Debate; y otra, que representa los porcentajes de informaciones obtenidas fuera del Debate (es decir, por medio de rueda de prensa, nota de prensa, declaraciones a los medios y por la búsqueda que realiza el propio periodista).

La tendencia parece ser hacia un mayor protagonismo del periodista en la cobertura del Debate. El Debate de 1998 es muy significativo: las informaciones obtenidas por los periodistas fuera del Debate superan a las obtenidas dentro del mismo.

Esta intervención del periodista ha resultado en una cobertura de carácter «espectacular». En primer lugar, por el tipo de temas seleccionados: como ya se ha afirmado, predomina lo organizativo o de competencia partidista sobre lo técnico o político. En segundo lugar, porque la prensa ha tendido a personalizar el Debate: mientras que son abundantes las calificaciones que se hacen sobre los diputados, son muy escasas las valoraciones que se hacen sobre el Parlamento como institución. Por último, la cobertura del debate parlamentario se ha radicalizado: de un predominio de afirmaciones neutrales sobre los diputados se ha pasado a un crecimiento notable de las valoraciones positivas y negativas, superando estas últimas a las anteriores.

Por último, es poca la generación de información «institucional» que hay durante un Debate: sólo un 3,7 por 100 de veces se cita información obtenida por una nota de prensa y sólo un 2,9 por 100 información obtenida por una rueda de prensa.

6. La presencia de los ciudadanos en la cobertura del Parlamento

¿Qué presencia han tenido los ciudadanos en la cobertura sobre la asamblea nacional que les representa? Para medirlo utilizamos una variable en la que registramos si la noticia hacía alguna referencia, fuera del tipo que fuera, a los ciudadanos. Pues bien, en términos totales los datos arrojan cierta ironía, pues sólo 29 por 100 de las noticias sobre el Parlamento hace alguna referencia a aquellos a quienes representa.

Proyectado en el tiempo, los datos son enormemente elocuentes. Como muestra el Cuadro n.º 8, hasta 1992, y salvo la excepción del debate de 1984, las noticias que no mencionaron a los ciudadanos superaron siempre a los que sí los mencionaron. A partir de 1992 el porcentaje de noticias en los que hay mención a los ciudadanos se incrementa considerablemente, hasta superar, en todos los debates, a las noticias en las que no están presentes los ciudadanos.

Que este incremento de la presencia de ciudadanos haya sido paralelo al incremento de la participación del periodista podría llevar a la conclusión de que es por causa de éste por lo que el ciudadano está más representado en la cober-

CUADRO N.º 8

Referencias a los ciudadanos en la cobertura

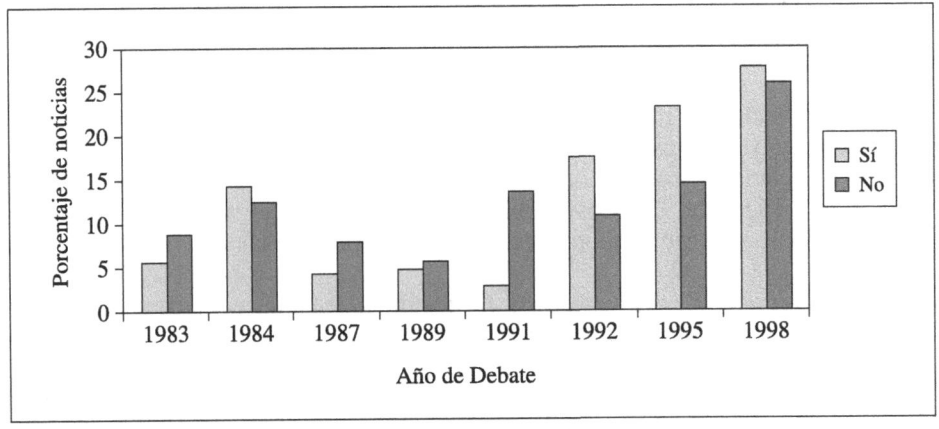

tura. No resulta difícil pensar que una cobertura en la que el periodista busca informaciones con interlocutores fuera del hemiciclo sea una cobertura en la que tenga más cabida el ciudadano. Pero con el fin de no dejar esta cuestión en una consideración meramente tentativa, cruzamos la variable «mención a ciudadanos» por «género». Somos conscientes de que no es éste un dato muy definitivo, pero, con lo mostrado en el Cuadro n.º 9, se puede hacer la siguiente afirmación: las menciones a los ciudadanos han sido considerablemente superiores en los géneros de opinión (y por tanto, aquellos en los que el periodista tiene un mayor dominio del discurso) que en los de información (género en el que, en principio,

CUADRO N.º 9

Referencias a los ciudadanos por géneros periodísticos

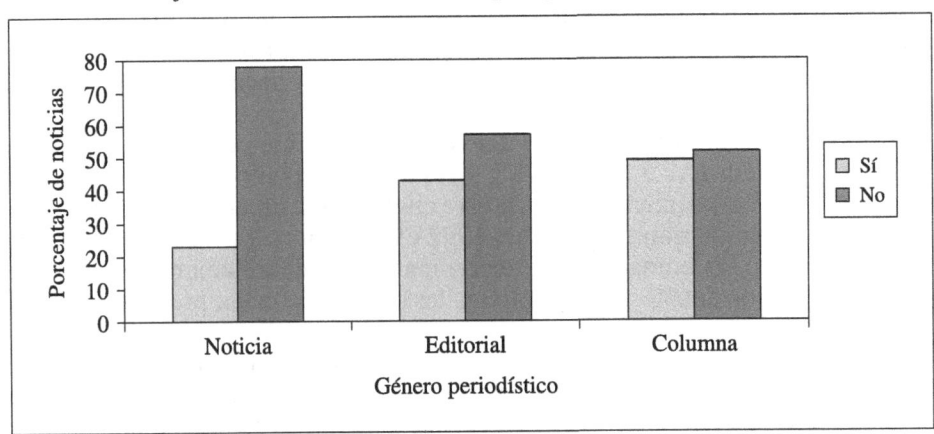

simplemente se recoge lo sucedido en el debate, o alrededores, por lo que el protagonista principal del discurso es el político).

El Cuadro n.º 10 resume lo que consideramos en nuestra investigación (CANEL e INNERARITY, 2000) como situación de la imagen pública del Parlamento:

CUADRO N.º 10

La imagen pública del Parlamento

PUNTO DE PARTIDA: Dicotomía entre *identidad* e *imagen*	• Apoyo difuso: aceptación del ciudadano del Parlamento como institución pública. • Ausencia de apoyo específico: Insatisfacción del ciudadano con el trabajo parlamentario. • Diferencias entre las percepciones de los diputados y las percepciones de los ciudadanos.
INFRAESTRUCTURA COMUNICATIVA DEL PARLAMENTO: Gabinete de Prensa con función esencialmente *informativa*	• Mayor acceso a los periodistas a la información parlamentaria. • Desarrollo de medios técnicos que facilitan la realización de las crónicas. • Incremento de flujo informativo. • Ausencia de otras funciones, propias de un gabinete de comunicación.
COBERTURA DE LOS MEDIOS DE COMUNICACIÓN: Interés periodístico por la actividad parlamentaria	• Incremento de la visibilidad del Parlamento. • Incremento de la participación del periodista. • Incremento de las referencias a los ciudadanos en la cobertura.

El análisis de la imagen que el Parlamento español ha tenido en la prensa permite terminar este epígrafe identificando las siguientes necesidades para la gestión de comunicación de la imagen parlamentaria:

a) No es cierto que la información parlamentaria carezca de interés para los ciudadanos y para los periodistas. El problema estriba en el modo en cómo esta información se da.

b) El Parlamento, por naturaleza, es la confrontación de intereses políticos de los distintos grupos parlamentarios. Los jefes de prensa del Parlamento no deben aspirar, por tanto, a que la información que sale de esta institución carezca de tono conflictivo. Este tono es lo que la caracteriza, y lo que, por otra parte, mejor encaja con los criterios de noticiabilidad de los medios de comunicación.

c) Ahora bien, el tono conflictivo de la información parlamentaria no significa, necesariamente, que ésta sea política. Hay muchas cuestiones de la actividad parlamentaria que hacen referencia a la vida familiar de los ciudadanos, al ocio, a la cultura o al deporte; la imagen parlamentaria está necesitada de una *despolitización* de estas cuestiones.

d) Los grupos parlamentarios nunca van a aspirar a trabajar por crear una buena imagen del Parlamento. No es ésta su función. Ellos tratarán, desde el punto de vista comunicativo, de que sus parlamentarios queden bien, y lo harán incluso aunque eso vaya en contra de la imagen institucional. Es al equipo de la presidencia de las Cámaras, junto con el Gabinete de Prensa, a quienes le corresponde llevar las estrategias de comunicación para la imagen parlamentaria. El Gabinete de Prensa ha de tener una actitud *proactiva* para que la agenda de noticias parlamentarias (la información que sobre la institución sale en los medios) no la lleven los grupos parlamentarios (de donde sale una información fundamentalmente conflictiva) sino el Parlamento como institución.

e) El debate parlamentario es sólo una parte de lo que la institución hace. Es preciso que la actividad que se lleva a cabo a puertas cerradas (la elaboración de leyes en comisiones, el control de determinadas actividades del ejecutivo, etc.), salga también a la luz, de forma que la institución aparezca al ciudadano como institución *activa* y *útil*.

f) La imagen parlamentaria está necesitada de una mayor claridad sobre las cuestiones *procedimentales* (pasos para la aprobación de una ley, orden a seguir en las preguntas, etc.). Dado que las cuestiones de control (como las preguntas e interpelaciones o las comisiones de investigación) son las que más interés tienen para los periodistas, éstas han de ser aprovechadas para incluir en ellas información con la que el ciudadano entienda mejor el Parlamento.

g) Desde el punto de vista de *gestión de imágenes institucionales*, la imagen pública del Parlamento español no ha atravesado, todavía, la evolución de la investigación sobre imágenes de instituciones que tiende a superar la dicotomía entre identidad e imagen. La imagen del Parlamento español adolece de una configuración que cuente con el concurso de los ciudadanos. Como consecuencia de lo anterior, y en lo que afecta a la infraestructura comunicativa, la del Parlamento español carece de la necesaria jerarquía de personal, así como de un plan de comunicación que aúne todas las acciones informativas y persuasivas conforme a un objetivo (ver los problemas identificados en BENAVIDES, 1998 y HUERTAS, 1994). Un plan de este tipo permitiría llevar a cabo, en primer lugar, tareas de comunicación interna que salieran al paso de los problemas de descoordinación comunicativa que existen entre los jefes de prensa de los grupos parlamentarios, entre los diputados de un mismo grupo parlamentario, y entre los grupos parlamentarios miembros de la misma institución. Permitiría, en segundo lugar, realizar las tareas propias de comunicación externa (que incluye funciones de relaciones públicas y de comunicación corporativa), con la producción de mensajes (por ejemplo, de carácter publicitario) que fueran congruentes con la imagen ideada, y que contaran con la comunicación bidireccional con los ciudadanos destinatarios de la institución.

h) Por último, y simplemente por recoger algo que creo que tiene que ser punto de partida de investigaciones posteriores, los análisis comparados de las percepciones que ciudadanos y parlamentarios tienen del Congreso muestran que hay un cierto «desencuentro comunicativo», entre unos diputados que buscan comunicarse con los ciudadanos allá donde éstos no están: los datos sobre los medios que los diputados identifican como más seguidos por los ciudadanos para informarse sobre el Congreso no coinciden con los medios que los ciudadanos manifiestan seguir (CANEL y otros, en prensa).

V. ESTRATEGIAS DE COMUNICACIÓN POLÍTICA PARA LA IMAGEN DE LA JUSTICIA

Las estrategias de comunicación del poder judicial han sido muy poco estudiadas, tanto desde el ámbito de la práctica profesional de la comunicación política como desde la investigación académica. Apenas hay estudios sobre estrategias de comunicación de instituciones judiciales; y se cuentan con pocos manuales para la cobertura, del estilo de Gómez Bermúdez y Beni (2006).

La razón de esta carencia radica en la propia naturaleza de la institución: el poder judicial tiene una serie de diferencias respecto al poder ejecutivo y al poder legislativo, lo que hace que la publicidad de su actividad adquiera rasgos distintivos.

En primer lugar, desde siempre la Justicia ha sido el poder menos ligado a las pugnas de carácter político, pues el nombramiento de cargos y los ascensos no participan de rivalidades ideológicas o de las pugnas propias de una contienda electoral. Esta institución tiene su propio mecanismo de promoción, que se guía, en principio, por criterios exclusivamente profesionales. Se puede decir que, de los tres poderes, la Justicia es el cuerpo más *apolítico*.

En segundo lugar, la misión que tiene esta institución es la de aplicar la justicia en el caso de que haya conflicto al respecto. Los jueces actúan a instancia de parte y, en este sentido se afirma que no les corresponde la *iniciativa política* que sí ha de tener un ministro o un diputado.

En tercer lugar, a diferencia del poder ejecutivo y del poder legislativo, la Justicia no necesita del apoyo popular para adquirir la *«legitimidad de ejercicio»*. Los jueces no son, como los gobiernos y los parlamentarios, elegidos popularmente.

En cuarto lugar, a diferencia del poder ejecutivo y del poder legislativo, no hay en el poder judicial una procedencia ideológica. Esta institución se gobierna por entidades profesionales, en las que no están reflejadas, al menos formalmente, las agrupaciones políticas.

Por último, la Justicia es una institución muy corporativa. Los jueces tienen carácter vitalicio. No se suelen dar a conocer con nombre propio sino formando parte de un tribunal.

Por tanto, la Justicia como tal es más institucional que personal, más corporativa que individual, más apolítica que política. Por todas estas razones no se han desarrollado en torno a la Justicia las técnicas de comunicación que sí se han desarrollado en torno al Gobierno y al Parlamento. El juez no necesita buscar votos para llegar a su puesto; no necesita explicarse ante la opinión pública para que las sentencias se acaten; no necesita la aprobación popular para mantenerse en su cargo; y no necesita, por último, entrar en disquisiciones ideológicas para conseguir un ascenso. Por ello, las noticias sobre el Judicial nunca se centran en el carácter personal de los jueces, sino en el desarrollo de los procesos judiciales. La actitud de los jueces con los medios de comunicación ha tratado, generalmente, de preservar el carácter corporativo de la institución, publicando comunicados de adhesión unánime para defenderse, en su caso, de los ataques a la institución.

Sin embargo algunas consideraciones sobre la situación actual de esta institución hacen pensar que la Justicia necesita, como las demás instituciones, idear la gestión de su imagen.

a) Los jueces están adquiriendo cada vez más protagonismo en la vida pública, en la medida en que se han visto involucrados en casos de corrupción política o social que han reclamado poderosamente la atención de los medios de comunicación.

b) En algunos países el fenómeno de los «jueces estrella» ha roto con las tradiciones de la institución, pues algunos han pronunciado declaraciones ante los medios de comunicación sobre las implicaciones políticas de determinadas acciones judiciales (y, en algunos casos, declaraciones críticas hacia colegas de profesión).

c) La relación que en algunos países se da entre el poder ejecutivo y el judicial respecto a algunos nombramientos, ha hecho que determinados puestos, así como sus respectivas actuaciones, estén expuestos a la sospecha y a la crítica por parte de los partidos políticos y de los medios de comunicación.

d) El creciente acceso de los medios de comunicación a los procesos judiciales hace que el periodista pueda obtener una información directa que, sin la debida explicación, resulta demasiado técnica e ininteligible para el ciudadano medio.

e) El desarrollo de los procedimientos para la obtención de información de los medios de comunicación ha hecho que la investigación periodística vaya, en muchos casos, por delante de la investigación judicial, adquiriendo la Justicia una imagen de lentitud y de carencia de recursos.

No es posible ofrecer aquí unas técnicas específicas de la imagen de la Justicia. Como ya he dicho, no hay al respecto ni la práctica ni el estudio suficientes. Sirva lo siguiente como reflexiones para el futuro desarrollo de la gestión de imagen del Poder Judicial:

a) La información sobre los procesos judiciales no es una información que carezca de interés para el ciudadano, pues es elevado el porcentaje de ciudadanos que pueden verse implicados en un proceso judicial. El problema es que la presentación de la información es, generalmente, demasiado técnica. La información sobre la Justicia está reclamando una *mayor explicación* y una *terminología* que sea *más asequible* al ciudadano.

b) La lentitud de los procesos judiciales han dado a esta institución una imagen de ineficacia y de falta de sintonía con las necesidades reales de los ciudadanos. En algunos países se está llevando a cabo unos procesos de reforma de la Justicia encaminados a incrementar la agilidad, cuyo conocimiento sería beneficioso para la imagen de la institución. La imagen de la Justicia está reclamando la connotación de *profesionalidad* y *eficacia.*

c)   Determinadas sentencias, así como las vinculaciones políticas arriba mencionadas, han provocado en los ciudadanos una desconfianza hacia la institución. La Justicia necesita, además de las reformas pertinentes, estrategias de comunicación que demuestren su carácter apolítico y su integridad como cuerpo, con el fin de conseguir la *confianza* del ciudadano.

d)   Los periodistas que cubren tribunales suelen encontrar poca ayuda por parte de esta institución para la cobertura de los procesos. Es preciso desarrollar *gabinetes de comunicación* similares a los que tienen los partidos, gobiernos y parlamentos, que ofrezcan los recursos necesarios para dar una buena cobertura.

Las imágenes políticas que partidos e instituciones tratan de proyectar no llegan directamente al ciudadano. Pasan a través de los medios de comunicación. Pero estos sólo recogen algunas de ellas, y sólo parte de algunas de ellas. Veamos, en el siguiente capítulo, qué es lo que hacen los medios de comunicación con los mensajes políticos que salieron de las instituciones.

CAPÍTULO 4

LA REACCIÓN DE LOS MEDIOS DE COMUNICACIÓN A LAS ESTRATEGIAS DE LAS INSTITUCIONES. LA «MEDIACIÓN» DE LAS IMÁGENES POLÍTICAS

> Así han sido las cosas, así se las hemos contado.
> SÁEZ DE BUROAGA. Antena 3TV.
>
> And tha's the way it is.
> WALTER CONCRITE. CBS

Las frases aquí recogidas son las despedidas utilizadas por dos conocidos periodistas para cerrar el informativo de televisión. «Así han sido las cosas y así se las hemos contado». Los periodistas tratan cada día de contar las cosas tal y como han sido. Pero ¿han sido así realmente? ¿Se puede decir que el mensaje político que publican los medios de comunicación se identifica con la realidad política que vieron? Esto es lo que analizamos en el presente capítulo: la reacción de los medios de comunicación a los mensajes políticos que salieron de las instituciones. Observaremos, primero, qué sucede en la trastienda, es decir, en las redacciones; y analizaremos, después, qué es lo que finalmente sale publicado en los medios.

I. ¿QUÉ INTERESA A LOS MEDIOS DE COMUNICACIÓN?

Preguntarse ¿qué interesa a los medios de comunicación? es lo mismo que preguntarse ¿qué es lo que hace que algo sea noticia? Es decir, ¿cuáles son y cómo se toman las decisiones por las que algo sale finalmente publicado y de la manera en que sale publicado?

Esto es hablar de la noticia. Pero la definición de noticia, dice Schudson (2000), genera controversia entre periodistas y académicos. Los académicos hablan, dice este autor, de «construcción de la noticia», de la «manufactura de la noticia» o de la «configuración de la noticia»; dicen también —sigue recogiendo este autor— que «noticia es lo que los periodistas hacen que sea», o que «noticia es lo que resulta de la aplicación que los periodistas hacen de unos criterios establecidos por ellos mismos». Pero todas estas afirmaciones, reflexiona Schudson, apuntan que en la noticia hay una cierta construcción de la realidad, algo que pone al periodista en pie de guerra: los periodistas no construimos nada; simplemente reportamos el mundo tal y como lo vemos (SCHUDSON, 2000: 176). Como dicen los Sáez de Buroaga y Concrite, así son las cosas, así se las hemos contado.

Para analizar esta cuestión, verdaderamente compleja, trataré de revisar cómo es el proceso de elaboración que sigue la noticia política.

1. LA PRODUCCIÓN DEL MENSAJE POLÍTICO

¿Qué es lo que hay que contar hoy? Con esta pregunta comienza el día informativo en una redacción. El espacio (páginas y minutos) está en blanco y hay que buscar informaciones, saber qué ha pasado, qué es lo que hay que contar. Desde este «punto cero» hasta el momento de la publicación o emisión, hay todo un proceso que en el mundo anglosajón ha quedado recogido en tres términos: el *newsgathering*, el *newsmaking* y el *newsreporhing* (DAVIS, 1992).

El *newsgathering* consiste en la «recogida» de la información «en bruto». Son los datos básicos que vienen por medio de notas de prensa, ruedas de prensa, teletipos, llamadas, contactos directos con las fuentes, etc. Este proceso de recogida de información está determinado, en parte, por la infraestructura tecnológica del medio de comunicación (número de unidades móviles, posibilidad de servicios de agencias de noticias, conexión con Internet, etc.) así como por la organización de la redacción.

El *newsmaking* es propiamente la «fabricación» de lo que va a ser la noticia. Como no toda información que ha llegado al medio tiene cabida en el espacio y tiempo disponibles, y, además, como no toda es de interés, las informaciones atraviesan un proceso de selección. Los criterios que aquí se aplican son muy variados. Así por ejemplo es noticia lo nuevo, lo actual, lo próximo, lo conflictivo, lo espectacular... Pero, además, esta selección está sometida a presiones por parte de los propietarios del medio, de la publicidad o de las autoridades políticas.

El *newsreporting* es el proceso de comunicación de la noticia. Una vez que se ha decidido qué sale publicado y qué no, la información es «tratada» convenientemente para que esté en condiciones de ocupar su espacio, y adopte el «lenguaje» propio del medio. Hay que ponerle un titular, decidir una fotografía de acompañamiento, una posición en el diario, editar las imágenes, decidir una jerarquía de las informaciones que van a salir en un mismo informativo, etc. La información que había llegado en bruto es aquí convenientemente elaborada.

2. EL *GATEKEEPING*: LA CRIBA DE LAS INFORMACIONES POLÍTICAS

No todo lo que pasa en un día, como ya se ha dicho, puede ser contado en los medios de comunicación. Para comprobar esto, bastaría con analizar las portadas de los diarios de una misma ciudad en una misma fecha. Algunas informaciones son rechazadas en el momento inicial (ni siquiera se recogen porque no interesan; por ejemplo, un ministro acude al Ministerio, como todas las mañanas), en el proceso de elaboración (se ha recogido la información pero no se cuenta con los datos suficientes para hacer de ella una noticia; por ejemplo, parece que una empresa se va a fusionar con otra, pero no está confirmado), o en el tratamiento (se cuenta con todos los datos pero, en el momento de editar, resulta que las imágenes no son de suficiente calidad).

Lo que esto significa es que, durante las tres fases de la noticia arriba descritas, se toma todo un cúmulo de decisiones: sobre el tipo de fuente al que se acudirá para recoger la información, sobre qué periodista de la redacción cubrirá, sobre el género que se utilizará, sobre la cantidad de espacio que se dedicará, sobre el lugar que ocupará en el informativo, etc. De ahí que se pueda decir que los medios de comunicación realizan todos los días un proceso de criba de informaciones.

Este proceso ha recibido el nombre de *gatekeeping*. El término fue creado a partir de otros dos, *gate*, barrera y *keeping*, guardar o vigilar. El periodista es un vigilante de la barrera, denominado también un guarda de aduana, en cuanto que en su quehacer informativo está «controlando» o «vigilando» el paso de las informaciones para decidir cuál de ellas es noticia.

Siguiendo el significado literal de los términos, el *gatekeeping*, la «vigilancia de la barrera», consiste en un proceso de inclusión y exclusión, del que resulta una realidad que es la que finalmente sale publicada o emitida. Veamos cuál ha sido la evolución de los modelos para el estudio del *gatekeeping*.

La primera asociación del término *gatekeeping* con la *comunicación* la realizó en 1951 Kurt Lewin, un médico alemán cuyo interés de estudio consistió en explicar qué tipo de factores influyen en nuestras decisiones. Elaboró una «teoría de canales y *gatekeepers*». Más específicamente, realizó un análisis del tipo de factores que pueden influir en la creación de los hábitos alimenticios de una familia, tomando como punto de partida las razones por las que los alimentos se incluyen o se excluyen en la cesta de la compra. Y concluyó que las decisiones se toman según cuál sea la presentación del producto, el precio, las necesidades alimenticias del que compra, el tamaño del hogar, etc.

Pero incluso, una vez seleccionado, el producto atraviesa otras «barreras» ya que, por ejemplo, no siempre se consume de inmediato. Lewin utilizó términos como sección, barrera o canales; todos ellos son estructuras físicas que representan un proceso a través del cual determinadas unidades consiguen llegar al final de un proceso. Las barreras *(gates)* son tomas de decisiones y el que toma éstas es el *gatekeeper*. Lewin ofrecía con ello un modelo para el análisis de los procesos de selección en la comunicación (LEWIN, 1951).

El primer académico de la Comunicación que trasladó la «teoría del canal» de Lewin a una investigación de un medio de comunicación fue David Manning White. Este autor trató de analizar las causas de la aceptación o rechazo de las informaciones de los teletipos de agencias de noticias recibidos en una redacción. Pidió a Mr. Gates (nombre que se le asignó al editor de teletipos) que durante la semana del 6 al 13 de febrero de 1949 anotara en cada teletipo la razón de su decisión sobre el mismo. White comprobó que Mr. Gates sólo utilizaba un 10 por 100 de los teletipos que recibía y que las razones de rechazo eran, principalmente, «la falta de interés», «escrito de manera muy aburrida» o «demasiada propaganda». Son éstas, concluye White, razones de carácter subjetivo en el sentido de que es Mr. Gates quien está aplicando sus propios criterios de interés y prioridad (WHITE, 1950).

Si bien el modelo de White había sido un primer intento de análisis de la selección de informaciones, constituía un modelo insuficiente, ya que sólo había tenido en cuenta las razones de un sólo individuo, el editor de teletipos. El modelo ignoraba que la redacción es un grupo de personas que trabajan con unas rutinas y necesidades de organización muy específicas; aquí las decisiones de la persona individual están sujetas y condicionadas por las decisiones que toma el resto de las personas que allí trabajan. ¿Cómo influyen en las decisiones de *gatekeeping* las condiciones organizacionales de la redacción?

En 1969 Bass sugirió un modelo que se adecuaba mejor a la variedad de personas (redactores, jefes de sección, diseñadores, realizadores, editores, etc.) y, por tanto, de funciones y de decisiones que se toman en un medio de comunicación (BASS, 1969). Propone el modelo «flujo de noticias interno de doble dirección», que considera que el procesamiento del mensaje se realiza en dos etapas. Por un lado, el *newsgathering*, etapa en la que reporteros y redactores de la agencia recogen la información y preparan la noticia según los criterios establecidos. Por otro, en el *newsprocessing*, etapa en la que la noticia es editada y modificada adecuándose a las distintas necesidades. Que se lleven a cabo estos procesos significa que no todas las decisiones de «selección» que toman los periodistas pueden ser consideradas de igual modo. Efectivamente, no es lo mismo decidir sobre la fuente de una información que sobre el lugar que ésta ocupará en el informativo.

Aunque el estudio de Bass era más completo que los anteriores (desciende a los matices de las diferentes etapas del procesamiento de la información) tenía una limitación: buscaba las razones de la inclusión y exclusión de las informaciones sólo en la propia redacción. Lo que se publica o emite depende de la redacción. Pero, ¿no influye, además, el sistema político, la audiencia, los propietarios del medio, la competencia, o las características de la sociedad? En 1979, Brown afirma que no se puede entender las decisiones de los periodistas si no se analizan en el conjunto de un sistema social, de una cultura, de un todo en el que el periodista vive. El *gatekeeping*, concluye, lejos de ser sólo decisiones subjetivas de un periodista individual, refleja las tendencias sociales y el entorno organizacional y cultural (BROWN, 1979).

La observación de la evolución de los modelos de *gatekeeping* que acabo de hacer demuestra que este proceso no consiste sólo en una cuestión de decisión sobre la inclusión o exclusión de unas determinadas informaciones. El *gatekeeping*, el procesamiento del mensaje que se realiza en los medios de comunicación, lleva consigo además una forma específica de contenidos, una estructura de las informaciones, un estilo de redacción, una prioridad de tiempos y espacios... Son, todas éstas, características que añaden significado al mensaje.

Se puede definir entonces el *gatekeeping* como el proceso por el que las informaciones disponibles en un día son sintetizadas, modificadas y transformadas en los mensajes que aparecen en el producto final de un medio de comunicación. En realidad, plantearse lo que pasa en las redacciones como un proceso de *gate-

keeping viene a ser plantearse quién decide la noticia (¿el periodista? ¿el conjunto de la redacción? ¿presiones externas al medio?), qué criterios predominan en las decisiones de la noticia (profesionales, políticos, económicos, etc.) y por qué la noticia se decide como se decide. Por eso, el análisis de este proceso reclama un modelo más amplio y rico, un modelo que tenga en cuenta todos los elementos que están en juego en las decisiones que se toman en las redacciones. El que expongo a continuación es un modelo que, a mi juicio, ofrece una identificación más completa de todos los elementos.

3. Niveles de mediación del mensaje político

Shoemaker propone un modelo para el análisis del *gatekeeping* en el que están considerados todos los factores que puedan estar interviniendo en el procesamiento del mensaje político de las redacciones de los medios de comunicación. Considera que esos factores son «distintos niveles de mediación», y los enuncia como sigue: las características individuales de los periodistas, las rutinas profesionales de los medios, la organización de la redacción, o los factores externos como son las fuentes, las autoridades políticas, la inversión publicitaria y otros medios de comunicación. El modelo es sugerido como tal en 1991 (Shoemaker, 1991) y una visión más rica y compacta desde la teoría de la mediación es expuesta también en 1991 (Shoemaker y Reese, 1991).

Veamos con detalle cada uno de estos niveles de mediación (no todos los ejemplos con que aquí se ilustra el texto son propuestos por los autores):

a) Las *características individuales de los periodistas*: la formación profesional, las experiencias y gustos profesionales (distinto es, por ejemplo, que un periodista sea experto en información judicial que lo sea en información financiera; o que lo sea en nada), su comportamiento ético, las actitudes personales, los valores y creencias (actitud, por ejemplo, ante la familia, la ecología, etc.) y las preferencias políticas. Todos estos elementos influyen en la forma en que el periodista trata las informaciones.

b) Las *rutinas* profesionales: son aquellas prácticas o usos que se repiten con habitualidad en el quehacer informativo, y que llegan a constituir el contexto inmediato en el que los periodistas trabajan. Las rutinas sirven para reducir el nivel de incertidumbre que cada día se produce en una redacción. ¿Qué se cuenta, a qué se da prioridad, cómo se valora la noticia? Por ejemplo, siguiendo pautas o usos habituales, hay que responder al quién, qué, cómo, por qué y cuándo en el *lead* de la noticia (pauta de la pirámide invertida que, aunque criticada, es pauta seguida); o hay que rechazar como noticia aquellas informaciones que no han podido ser suficientemente contrastadas o para las que no se cuenta con buenas imágenes.

Las rutinas son elementos muy importantes en el *gatekeeping*. Por ejemplo, la hora de cierre o emisión es determinante: se cubre aquello para lo que hay tiempo; se seleccionan los teletipos de agencia que llegan con suficiente antelación y se excluyen los que no, a no ser que sean realmente noticiosos; etc. Estas rutinas profesionales establecen unos criterios de noticiabilidad, como se verá posteriormente.

c) Cuestiones organizacionales. Es la influencia de todo lo que tiene que ver con la infraestructura del medio. Se pueden distinguir aquí los siguientes elementos:

— La organización personal: la selección de informaciones dependerá del número de personas con que se cuenta en la redacción para organizar la cobertura, así como del tipo de cargos (distinción entre jefes de sección, redactores jefe, editores, productores, etc.). La política de toma de decisiones (nivel de comunicación entre todos estos cargos) es, asimismo, influyente.

— La distribución de las secciones: la relación entre secciones influye en el modo de cubrir la realidad política. Por ejemplo, hay una diferencia de cobertura cuando la información sobre juicios se cubre en Nacional a cuando existe una sección exclusivamente dedicada a ello. Distintas son también las noticias que encontramos en un diario que tiene como secciones las tradicionales (nacional, internacional, economía, cultura, etc.) a las noticias que encontramos en un diario que cuenta con una sección llamada «consumo», otra «ocio» y otra «nuevo futuro», por ejemplo.

— Condiciones tecnológicas: el número de unidades móviles, de fotógrafos, la calidad de la rotativa, la conexión con Internet, etc., son importantes condicionantes para el tratamiento de las informaciones.

— La necesidad de suscribirse a una agencia de noticias. Lo que ésta ofrece implica ya una primera selección de informaciones.

— La identidad de la redacción. Cada redacción tiene su propia cultura corporativa que le diferencia del resto de las redacciones. Así, el diario que tiene como bandera el periodismo de investigación tendrá una agenda de noticias que es diferente a la de los demás. O la cadena de televisión pública, que cuenta con unos objetivos sociales, realizará una selección de noticias diferente a la que realiza la cadena que trata de hacerle la competencia.

— La propiedad del medio es también un importante elemento (de los más importantes) de influencia en el *gatekeeping*. La propiedad implica unos compromisos con instituciones, con empresas anunciantes o con otros medios de comunicación. Así por ejemplo, nunca se dará una noticia que perjudique a un medio del mismo grupo empresarial.

d) Elementos externos al medio. Son los siguientes:

— Las fuentes. Son elementos importantes de *gatekeeping* en cuanto que condicionan la cantidad y calidad de la información con la que se cuenta. El periodista es tan buen profesional como buenas son las fuentes de las que logra informaciones. Las fuentes pueden ser:

• Convencionales: nota de prensa, rueda de prensa, ceremonias, discursos, corporativos, audiencias gubernamentales, actas oficiales de juicios, archivos del Congreso, gabinetes de relaciones públicas, acceso directo al evento, otros medios de comunicación, libros de referencia. Todas estas fuentes son predecibles, en el sentido de que generan informaciones «a ritmo oficial»; y pocas posibilidades ofrecen de dar noticias diferentes a otros medios: la sentencia de un juicio, por ejemplo, es la misma para todos. Son además fuentes de las que rara vez surgen noticias de última hora.

• Fuentes informales: filtraciones, testigos presenciales, actas no gubernamentales (asociaciones profesionales, etc.), ciudadanos, fuentes cercanas no identificadas, entrevistas con otros periodistas. Las fuentes informarles tienen la desventaja de que la información no está autorizada, y el periodista, si la publica, corre con la carga de la prueba. Pero tienen la ventaja de que es a través de fuentes informales como el periodista puede desarrollar temas propios que hacen que su «producto» sea diferente al de otros medios.

— Otros medios de comunicación. En su proceso de selección y tratamiento de las informaciones, el medio está a la espera de lo que hacen los demás, tanto para no quedarse a la zaga como para no perder originalidad. «Vigilar» la selección de informaciones que otros medios realizan se ha convertido ya en una práctica institucionalizada, en parte, porque los medios «comparten rutinariamente» la información.

— La audiencia. La necesidad de satisfacer a la audiencia fuerza al periodista a realizar un tipo de cobertura. ¿Qué quiere el lector que digamos? ¿Qué le interesa? ¿Cuáles son las características del espectador medio de este informativo? Hay redacciones que están constantemente encuestando a su audiencia con el fin de tomar el pulso del tipo de intereses por el que ésta es motivada.

— La publicidad. Las empresas anunciantes median el mensaje político en cuanto que pueden «aconsejar» la publicación de unos contenidos y la exclusión de otros. Pero éstos son «consejos» implacables.

— Los Gobiernos. Las autoridades políticas saben que el control de información es esencial al poder; y, como vimos en el capítulo anterior, tratan de dominar la agenda de noticias de los medios de comunicación, enviando constantemente «noticias» (o, más bien, intentos de noticia). Pero además, la influencia de las autoridades se puede presentar de formas más sutiles. Por ejemplo, las instituciones públicas son fuentes de contratación de espacios publicitarios (colocan en los medios, por ejemplo, la campaña para impulsar al ahorro de agua o la de la declaración de la renta); con ellos es más fácil presionar para que el medio en el que insertan dé una cobertura favorable a la institución. O por ejemplo, la concesión administrativa de licencias para el establecimiento de cadenas de radio y televisión se convierte en muchos países en una herramienta política con la que se logra una cierta presión sobre las noticias. Como han explorado algunos estudios comparados, es en esta concesión administrativa donde hay que buscar parte de la explicación del fuerte carácter conflictivo que en España tienen las noticias de televisión en determinadas épocas: lo que refleja el contenido conflictivo de las noticias no es otra cosa que la situación conflictiva que en sí misma existe entre los medios y autoridades públicas ante una posible adjudicación; algo agravado, además, por la fecha del «apagón analógico» (2010) (CANEL y SANTOS, 2005).

Todos los elementos expuestos intervienen en el procesamiento de información que se lleva a cabo en las redacciones. Con ellos vemos que, más que ser una inclusión/exclusión (unas decisiones de *gatekeeping*), lo que realmente pasa en las redacciones es algo más complejo, que Shoemaker y Reese denominan «mediación». En el último capítulo volveré sobre el concepto de mediación; baste por el momento adelantar que ese proceso de mediación incluye toda una serie de operaciones de descodificación y recodificación, de interpretación, de contextualización, de estructuración y de intervención del periodista (CHARRON, 1998: 79).

4. PERO EXACTAMENTE, ¿QUIÉN, POR QUÉ Y CÓMO SE DECIDE LA NOTICIA?

El modelo de *gatekeeping* de Shoemaker y Reese nos ha ofrecido una relación bastante completa (aunque a mi juicio falta algo, como mencionaré al final de este apartado) de los elementos que intervienen en el proceso. Desde luego, el modelo es más completo que los anteriores, pues además del criterio individual y subjetivo del periodista (único elemento que tenía en cuenta White) se considera también el criterio de la redacción así como otros elementos externos al medio (criterios que añadían Bass y Brown).

Ahora bien, este modelo no da respuesta a preguntas que son muy esenciales en la observación del proceso de noticia política. Por ejemplo, de todos los elementos enunciados, ¿qué influye más? ¿el criterio del periodista individual o el criterio de la redacción? ¿es más determinante el criterio de la redacción o el criterio de la propiedad del medio? Y de todos los niveles de mediación, ¿cuál es el más determinante? La cebolla que Shoemaker y Reese utilizan como metáfora para apuntar las relaciones entre los distintos niveles (éstos actúan formando círculos concéntricos, siendo el centro el periodista individual y los elementos externos al medio la capa más periférica) no resulta, a mi juicio, adecuada: la decisión que finalmente se toma sobre la noticia es muchas veces resultado de una pugna entre los distintos niveles cuya complejidad no queda bien reflejada en la ordenada relación que con la cebolla se sugiere.

En 2004 Lance Bennett propone una revisión del modelo de *gatekeeping* con la que aspira a dar respuesta a esas preguntas. Entiende que la decisión de la noticia es el resultado de complejas interacciones entre los distintos factores (o niveles de mediación, en terminología de Shoemaker y Reese) y se propone ofrecer un modelo con el que explicar cómo se producen esas interacciones.

Además Bennett considera que ya en el siglo XXI ha cambiado tanto la realidad de la producción de noticias que se hace necesario revisar los modelos de *gatekeeping* ofrecidos hasta el momento. Citando a Bill Kovach y a Tom Rosenstiel (1999) entiende que los rasgos de este cambio son los siguientes: se ha modificado el ciclo noticioso (ahora hay que estar ofreciendo informaciones continuamente y a tiempo real); hay una mayor competencia mediática (lo que hace que sea mayor el riesgo que corren los periodistas de inventarse noticias para atraer audiencia); y además, los políticos han entrado en la rueda de ofrecer a los medios noticias con los rasgos de personificación y espectacularización que las audiencias están reclamando. Bennett considera que, como fruto de todo ello, se ha erosionado el proceso de decisión de noticia: la noticia política seria pierde espacio a favor del espectáculo, del drama o del escándalo; y la audiencia, que quiere entretenimiento, más que en la política, está interesada en historias sobre personalidades, sobre el deporte o en informaciones sobre estilos de vida. Los criterios profesionales (y tradicionales) de noticia han quedado completamente trastocados, por lo que es preciso revisar los modelos de *gatekeeping*.

Este autor toma un punto de partida muy básico: la información electrónica hace que hoy no se pueda hablar de una barrera sino de muchas. Y por eso habla de un modelo «multigated», multibarrera, en el que considera que cuatro factores interactúan en la construcción de las noticias: el criterio noticioso del periodista individual, las rutinas y estándares de la redacción, las presiones económicas y las circunstancias tecnológicas. Cada factor da lugar a un modelo, y para explicar cada modelo utiliza seis variables: el criterio de decisión, la recogida y organización de la información, el papel del periodista, la concepción que se tiene de la audiencia, las relaciones prensa-Gobierno y la pauta de *gatekeeping*.

A) *El modelo-periodista individual*

El primero es el modelo ideal, modelo que considera un periodista totalmente independiente y que es, por tanto, quien principalmente decide la noticia. Bennett describe el modelo siguiendo las variables identificadas: el *criterio de decisión* por el que se guía el periodista para definir la noticia es su conocimiento personal (su intuición, su olfato noticioso); el *modo de recoger y organizar* la información que utiliza es la investigación; en este modelo el *papel del periodista* es el de *watchdog*, (vigilante del poder); la *concepción de la audiencia* que se tiene es la de un ciudadano comprometido con lo público, que necesita, por tanto, de un periodista independiente que compruebe las informaciones oficiales que da el gobierno; la *relación prensa-Gobierno* es personalizada, una mezcla de adversarialismo (control al político) con «cultivo personal» para obtener del político favores en forma de exclusivas; y la *pauta de gatekeeping* es la independencia (noticia es lo que el periodista decide que sea tras comprobar los datos y las informaciones y hacerse así un juicio sobre su veracidad y relevancia).

B) *El modelo organizacional-burocrático*

Este modelo asume que en la redacción se produce un proceso de socialización en la decisión de la noticia que suplanta al criterio individual del periodista. De manera que quien decide es, fundamentalmente, la redacción. Pero, a mi juicio, Bennett está concibiendo no una redacción profesionalizada sino burocratizada: una redacción que toma sus decisiones siguiendo unas pautas fijas por las que siempre se otorga autoridad a la información oficial. Así, el *criterio de decisión* es burocrático, que hace que el *principio que se aplica para la recogida y organización de la información* es el de dar prioridad a aquellos intentos de impacto informativo del político (se cubren las ruedas de prensa, las notas de prensa, etc. que llegan de las instituciones: la mayor parte de la información es información oficial y sin desviaciones del ángulo oficial); el *rol del periodista* en este modelo es el de preservar la oficialidad (no se cuestionan las informaciones de los políticos a no ser que haya una prueba evidente de error o corrupción); se *concibe a la audiencia* como un monitor de información (personas interesadas en seguir todo aquello que sale del Gobierno); las *relaciones prensa-Gobierno* son simbióticas (cooperación mutua: los políticos ofrecen información fiable y a tiempo y los periodistas corresponden dando una buena cobertura a aquello que los políticos quisieron contar); y la *pauta de gatekeeping* es la objetividad, pero en el sentido de imparcialidad (el periodista no toma postura y legitima la opinión del político).

C) *El modelo económico*

El tercer modelo que propone Bennett es el económico, en el que quién decide es, fundamentalmente, la propiedad del medio. Es decir, la noticia se guía por criterios económicos. Se ejercen presiones para maximizar beneficios y llegar a la audiencia más extensa posible. El *criterio de decisión* es el negocio (vender más); el *principio para la organización de la información* es el marketing (se desarrollan los formatos de información que sean necesarios para poder presentar a los anunciantes el mayor número posible de espectadores: historias con humor, con drama, con tensión narrativa; es el *infotainment*); el *papel del periodista* es el de proveedor de contenidos (su función es traducir lo que le llega del político a un lenguaje y formato popular, por lo que acaba hablando de la salud o del fraude del consumidor, aunque éstos no sean los temas políticos más relevantes); en este modelo se *concibe a la audiencia* como espectadores (gente que busca entretenerse con la información política); la *relación entre prensa y Gobierno* es acomodaticia (políticos y periodistas coproducen noticias que encajen en las fórmulas comerciales); y, finalmente, la *pauta de gatekeeping* es la plausibilidad (a una buena historia sólo se le pide que pueda ser cierta —no que lo sea— para llegar a contarla).

D) *El modelo tecnológico*

Este último modelo toma como eje central de su definición el hecho de que la tecnología ha modificado sustancialmente la relación entre las personas y los sucesos. El *criterio de decisión* es la inmediatez (Internet permite, por ejemplo, contar lo que acaba de pasar e incluso lo que está pasando); el *principio para organizar* la información es la informática (la interacción de códigos y dispositivos de transmisión); el *rol del periodista* es el de mero transmisor (que, además de información a tiempo real, transmite también al público la sensación de estar implicado en aquello que está sucediendo); la *concepción del público* es la de *voyeur* (un procesador de información: la tecnología facilita que el público siga los sucesos en privado y reaccione en privado); la *relación prensa-Gobierno* está mediada por el hecho de que los dos (políticos y periodistas) pueden seguir el suceso en directo a través de las nuevas tecnologías y construir así su interpretación a tiempo real; y la *pauta de gatekeegping* es la de hacer testigos (con la tecnología facilitamos a la audiencia el seguimiento de lo que está pasando, y que sea ella quien decida cuál es la noticia).

La de Bennett es una tipología de cuatro modelos (o cuatro categorías), y cada uno de ellos presume una «fuerza» distinta como determinante en la decisión final de noticia. Pero Bennett realiza unas consideraciones finales que creo importantes para comprender su aportación. Lo que sucede en las redacciones no se puede clasificar en ninguno de los cuatro modelos. Sucede, más bien, una mezcla de todo. Por ejemplo, en una misma redacción los periodistas no juegan un mismo papel (no son todos vigilantes del Gobierno, papel del primer modelo) sino que hay quien hace periodismo de investigación, quien se limita a reproducir el teletipo que llega del Gobierno y quien convierte el contenido del teletipo en una historia más «tragable». Por otra parte, no se puede decir que en una redacción triunfe el criterio individual del periodista *versus* el de la organización, sino que más bien lo que finalmente se adopta es resultado de una compleja batalla entre el periodista, la redacción y la propiedad.

Lo que a mi juicio aporta este autor es una tipología «prístina» de modelos para que, tras su aplicación a casos empíricos, se pueda describir cuál es la composición híbrida de la realidad en cada situación.

Este autor apunta, por último, algo de gran interés: considera que los cambios de comienzos del siglo XXI están haciendo que sean otros distintos de los periodistas quienes deciden la noticia. Pues las nuevas tecnologías están ofreciendo la posibilidad de que ONGs, grupos de ciudadanos e incluso ciudadanos individuales puedan construirse su «información a la carta», siendo por tanto ellos quienes principalmente deciden la noticia. Analizar entonces el *gatekeeping* se convierte en algo de gran complejidad que, a mi juicio, reclama una perspectiva más abierta, como lo es la perspectiva cultural que expongo a continuación.

5. Las pautas culturales en las decisiones de noticias

La revisión que de la sociología de la producción de noticias realiza Schudson (este autor ha realizado varias revisiones, la última en 2000) es, a este respecto, muy ilustrativa.

Entiende que hay tres tradiciones, una, la económica, en la que, al igual que en el modelo económico identificado por Bennett, las decisiones están sujetas, fundamentalmente, a las estructuras económicas. La segunda tradición de Schudson se llama también organizacional, pero, a mi juicio, este autor no concibe la organización tan dominada por el criterio del político como lo hace Bennett. La perspectiva organizacional toma como eje central las rutinas profesionales de la redacción. Las rutinas profesionales de los periodistas se van configurando a lo largo del tiempo hasta que llegan a ser «acervo» común, pautas compartidas por la mayor parte de los profesionales. Y lo que está en el centro de la generación de noticias políticas es la interacción entre el político y el periodista, de la que unas veces resulta el predominio del criterio del político y otras el del periodista.

Schudson habla de una tercera perspectiva, la que llama «perspectiva cultural», y es la perspectiva que tiene en cuenta un elemento que, a mi modo de ver, no aparece así identificado en todos los modelos de *gatekeeping* analizados hasta ahora. Entiende este autor que hay elementos que forman parte de una cultura, «un sistema simbólico dado en el que y con el que los periodistas y los políticos cumplen con sus responsabilidades» (p. 189). Mientras que la perspectiva organizacional se centra en la interacción entre las personas (entre políticos y periodistas), la perspectiva cultural busca identificar elementos simbólicos que pueden ser determinantes en la narración de los hechos. Aplico esta reflexión a un ejemplo: la baronesa Thyssen salió a la calle en mayo de 2006 en protesta por la retirada de los árboles que suponía el proyecto del Ayuntamiento de Madrid para peatonalizar la zona del Paseo del Prado donde se encuentra su museo. Además de que diarios y televisiones otorgaron portada a esta actuación, durante días pudimos observar una proliferación de secciones especiales bajo titulares como «la polémica de los árboles» o «la baronesa activista». Son unos elementos simbólicos (el árbol, o una baronesa con una historia y popularidad determinada), que interactúan con unos hechos (la protesta en la calle), para provocar un incremento de atención hacia temas antes más ignorados: el estado de los árboles de las vías públicas de Madrid, el estado de la colección de arte Thyssen, o la situación del proyecto municipal que unirá los museos Prado, Reina Sofía y Thyssen.

Para explicarlo mejor, Schudson toma de Hoggart la expresión «aire cultural» en el que se configuran las noticias, y que viene a ser como el «humus» que respira el periodista en la elaboración de las noticias. El aire cultural se expresa en un contenido y una forma. El *contenido* tiene que ver con valores centrales que se dan por supuestos en una comunidad: por ejemplo, los periodistas americanos, dice el autor, tienen asumido el valor del patriotismo americano, y con ese valor enfocan las noticias. Un valor que se puso de manifiesto en la cobertura del 11S en los Estados Unidos: los periodistas siguieron los valores patrióticos de la fuerza y poder americanos (LIPSCHULTZ, 2002; HUTCHESON y otros, 2004). Valor cuyo equivalente (el patriotismo español) no estuvo presente en la cobertura del 11M (CANEL y otros, en prensa).

La *forma* son los principios que los periodistas asumen sobre la redacción periodística, las convenciones sobre la presentación lingüística y fotográfica que dan forma a la presentación de las noticias. Por ejemplo, la pirámide invertida es una pauta cultural asumida por los medios en determinadas épocas.

En definitiva, la noticia está considerada en esta perspectiva como una forma de literatura; el periodista, como un contador de historias, que está inmerso en una tradición cultural de narración, con una serie de asunciones tácitas sobre el mundo en el que las rutinas tradicionales son tanto literarias como sociales (interviene también la sociedad) (SCHUDSON, 2000: 193).

Pensar en la producción de noticias desde una perspectiva cultural nos permite atender a aspectos que no están incluidos en explicaciones económicas ni tecnológicas de la noticia. Pues la perspectiva cultural recurre a elementos que transcienden las estructuras económicas o las pautas organizacionales. Es, a mi juicio, un modelo más amplio y rico. Tiene en cuenta elementos que son tácitos y sutiles, y que permiten explicar determinadas imágenes acuñadas o estereotipos que aparecen en los medios. Tiene en cuenta los rasgos culturales no sólo de los periodistas sino también de la sociedad, algo que faltaba al modelo de Shoemaker y Reese (CANEL y SANDERS, 2006: 190). Y tiene en cuenta también la influencia que los ciudadanos pueden estar teniendo en la definición de la noticia (elemento que faltaba al modelo de Bennett).

Esta perspectiva nos fue necesaria para poder explorar el papel que los medios de comunicación juegan en los escándalos políticos para el trabajo de Canel y Sanders (2006). Además de factores como el contexto organizacional/institucional (que nos llevó a tomar como elemento diferenciador el papel de la prensa popular o tabloide, inexistente como tal en España), las actitudes profesionales de los periodistas (sus tradiciones, sus prácticas y sus principios), tuvimos que tener en cuenta rasgos culturales de la sociedad: por ejemplo, el carácter picaresco de la sociedad española, que hace que determinados relatos sobre personajes corruptos adopten un tono cómico y despreocupado que no hace la prensa británica; o las tradiciones culturales religiosas anglicanas, por las que una conducta «sexual irregular» de un cargo público puede dar lugar a todo un escándalo (con dimisión incluida), lo que no ocurre en España. También nos fue necesaria esta perspectiva para explorar los efectos que las tradiciones culturales de los periodistas tienen en la cobertura (CANEL y SANDERS, 2006 y SANDERS y CANEL, en prensa).

La perspectiva cultural para el estudio de las noticias, es, por tanto, la que considero más rica y amplia para poder estudiar el *gatekeeping* teniendo en cuenta todos los elementos que influyen en la noticia. Es, por otra parte, la única en la que cabe considerar la *interacción*, elemento que, como mencioné en el capítulo 1, considero esencial en el proceso y definición de la comunicación política.

6. EL MUNDO POLÍTICO DE LOS MEDIOS DE COMUNICACIÓN

En todo lo expuesto hasta aquí queda manifiesta la idea de que el proceso de elaboración de la noticia política implica mucho más que una función de selección; mucho más que un proceso de inclusión y exclusión. Si eso es así, se puede decir que el mensaje político que viene de las instituciones «padece» una transformación al llegar a los medios de comunicación (SCHLESINGER, 1978; KOCH, 1990; NIMMO, 1990; TOLSON, 1996; BENNETT y ENTMAN, 2001). De hecho, de una misma realidad política se obtienen relatos diferentes según cuál sea el medio de comunicación de que se trate.

Esto es lo que ha llevado a contraponer la «teoría del prisma» a la «teoría del espejo» (DAVIS, 1992: 16). El periodista no es un espejo que se pone delante de la realidad para reflejarla tal cual es. Por el contrario, actúa como un prisma, que recibe diferentes rayos de luz (informaciones de todas direcciones) que refracta, constriñe y expande. Así, los medios de comunicación «encuadran, enfocan, transforman e incluso inventan la realidad que tratan de reflejar» (COMSTOCK, 1981: 243). El Cuadro n.º 11 representa, de modo gráfico, cómo entienden las dos teorías el modo de reflejar la realidad política por parte de los medios de comunicación.

CUADRO N.º 11

El reflejo de la realidad política en los medios de comunicación. «Teoría del espejo» y «Teoría del prisma»

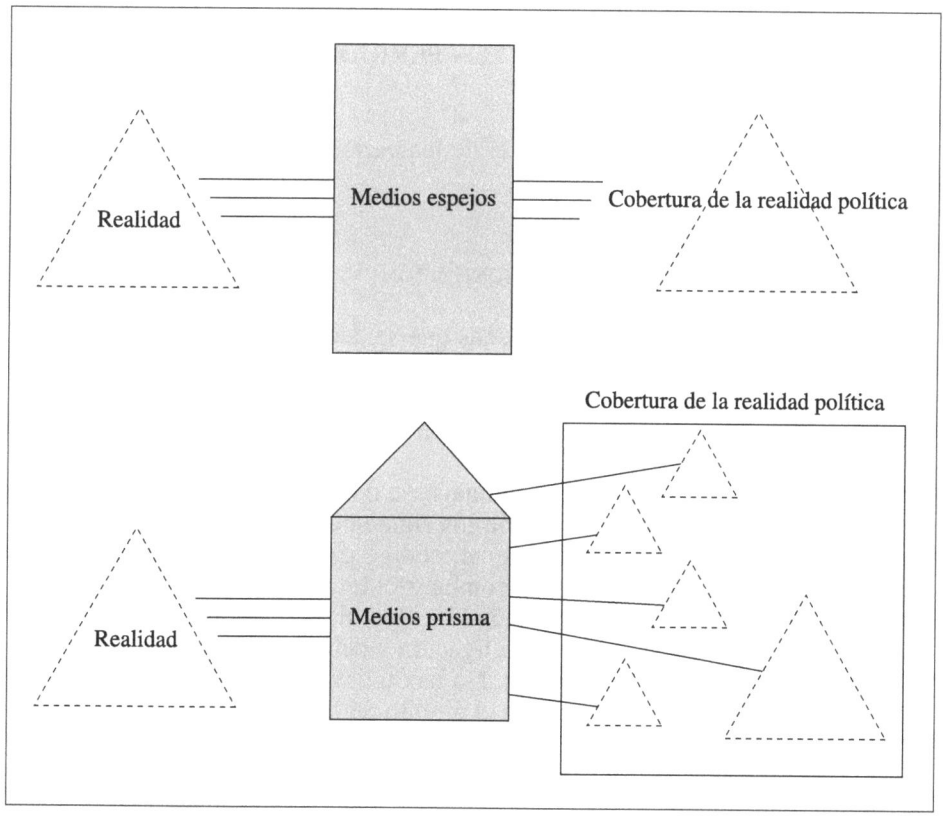

En consecuencia, los medios imponen su propia lógica en la producción del mensaje. Por eso, las redacciones no son sólo recipientes pasivos de una serie de informaciones sobre sucesos que «esperan en la barrera», sino que están forzados a adquirir una serie de rutinas por las que unas cosas son «vistas» como noticia y otras no.

Los periodistas toman entonces los hechos y sucesos y los reconstruyen en su forma apropiada, proceso del que salen «historias» aceptables. Inevitablemente el suceso original es distorsionado. No quiere decir esto que el periodista esté manipulando la realidad, sino que le está dando forma, una forma apropiada y adecuada a su medio, con la que se construye el mundo político propio de los medios de comunicación. Es por este mundo propio por donde pasan las imágenes de las instituciones políticas.

Para estudiar ese proceso de transformación que tiene el mensaje político en las redacciones, es necesario atender a dos niveles: en primer lugar, al de los periodistas que «manejan» las informaciones; en segundo lugar, a la cobertura que de hecho realizan los medios de las realidades políticas. Es lo que hago en las páginas siguientes.

II. EL PROFESIONALISMO DE LOS PERIODISTAS Y MENSAJE POLÍTICO

Comenzamos por estudiar el nivel de los periodistas desde su consideración de profesionales.

1. El profesionalismo de la comunicación

Profesión es el conjunto de personas que se dedican de una manera habitual y constante a una misma tarea, regida por un estatuto y con unos objetivos más o menos comunes. Por eso, ya desde el siglo XVIII, corporaciones y gremios han tratado de desarrollar sus respectivos estatutos profesionales dentro del marco del Estado y con las garantías de la ley.

La Constitución española recoge una serie de criterios para la identificación de una actividad como profesión. Son los siguientes: formación específica, titulación, colegiación, estatuto profesional, código deontológico, norma laboral y, por último, capacidad jurídica para combatir el intrusismo.

¿Es la Comunicación una profesión? La identidad de la profesión periodística ha sido y es objeto frecuente de investigación y debate tanto en el mundo académico como en el mundo profesional. No hay todavía una definición clara y precisa de qué es el profesionalismo en el ámbito de la comunicación. En busca de unos rasgos comunes que definan el ejercicio profesional del periodismo, periodistas y académicos han tratado de aplicar a esta actividad los indicadores que certifican la identidad de otras profesiones de sólida tradición.

En 1964 Jack McLeod y Searle Hawley identificaron cuáles son los factores que motivan a los periodistas en su profesión, y consideraron algunos de ellos como sintomáticos de profesionalidad y otros como sintomáticos de falta de la misma. Hay profesionalidad, argumentaron, cuando la motivación es ajena a la satisfacción individual personal, es decir, cuando lo que se busca no es el propio provecho sino el bien de la comunidad (McLeod y Hawley, 1964).

Las motivaciones que denotan profesionalidad son, por ejemplo, el considerar que el periodismo es un trabajo de gran trascendencia social, en el que se puede poner en práctica las propias habilidades (originalidad, iniciativa, creatividad, etc.) y conocimientos. Por el contrario, denotan falta de profesionalidad aquellos periodistas que lo que buscan en su actividad es seguridad, realizar una variedad de tareas, disfrutar, encontrar gente que les apoya, o tener relación con gente de prestigio y de poder. Es buen profesional entonces el que no ambiciona nada personal ni pragmático (McLeod y Hawley, 1964; McLeod y Rush, 1969).

Este índice de profesionalidad ha recibido varias críticas por razones que parecen obvias: los elementos del indicador propuesto ni son contrapuestos (uno puede buscar a la vez disfrutar con su trabajo así como realizar algo que es esencial a la comunidad; es decir, el buscar el bien común no es incompatible con buscar también otras compensaciones personales), ni son realmente definitorios del profesionalismo ni del no profesionalismo. Por eso, con posterioridad se han desarrollado muchas revisiones y sugerencias sobre la idea de profesionalismo en la comunicación.

Desde campos ajenos al mundo de la comunicación, juristas y sociólogos han trasladado al periodismo esquemas de análisis propios de otras profesiones, utilizando los elementos arriba mencionados. Hay comunidad profesional —concluyen esos trabajos— (Splichal, 1994):

a) Si los que a ella pertenecen tienen una misma preparación, preparación entendida en términos de titulación, lo que implica la existencia de unas escuelas o facultades.

b) Si entre sus miembros se da un índice importante de asociacionismo, es decir, la pertenencia a la comunidad profesional adopta la forma de asociaciones que defienden los intereses profesionales colectivos.

c) Si los que a ella pertenecen leen un mismo tipo de publicaciones especializadas en las que encuentran satisfechos sus intereses profesionales.

Pero a la profesión periodística no se le pueden aplicar los criterios de otras profesiones. Pues sólo puede ser definida en su propio quehacer, que es siempre rápido, innovador y difícil de codificar. La celeridad de los cambios tecnológicos, por ejemplo, hace más difícil codificar la práctica en una serie de actividades y decisiones fijas, por lo que los criterios y convenciones profesionales de la comunicación no pueden tener el mismo carácter permanente y estable que tienen los criterios de otras profesiones.

Por eso, hay otros criterios que es preciso añadir para valorar el carácter profesional de la comunidad periodística:

d) Si entre los miembros de la comunidad se han establecido unos criterios comunes sobre el modo de llevar a cabo el proceso de recogida, selección y tratamiento de la información.

Es decir, la comunidad profesional tiene unas pautas de lo que es el buen periodismo, noticia, edición, etc. Para que realmente se pueda considerar que hay profesión, estos criterios o pautas han de ser formulados y adoptados por los profesionales, y no por las presiones económicas o políticas (Sigal, 1973; Tuchman, 1978; Gans, 1980; Fishman, 1980; Shoemaker y Reese, 1991).

e) Si los miembros de la comunidad tienen una percepción común sobre el papel que su actividad tiene en la sociedad. ¿Cuál es el papel del periodista? En torno a esta cuestión se han desarrollado un sinfín de investigaciones que tratan de describir las «actitudes profesionales», basadas en la percepción que los propios periodistas tienen de los valores, comportamientos y procedimientos que definen su actividad (JOHNSTONE, 1976; SPLICHAL, 1994; WEAVER y WILHOIT, 1986 y 1996; WEAVER 1998).

Estos dos elementos de definición de profesionalidad están relacionados con la cultura profesional que, como afirman Ortega y Humanes (2000) en su completo y profundo análisis sociológico de la profesión periodística, constituyen un avance relevante en el descubrimiento de los periodistas como un grupo. Pero concluyen que, debido a las contradicciones que con frecuencia se plantean entre la independencia periodística y racionalidad empresarial de los medios, la cultura profesional de los periodistas continúa todavía en una situación de inferioridad frente a la cultura de otras profesiones (p. 115).

A autores como Zelizer (1997), la existencia de estos factores, que consideran como más propios de la práctica profesional, le lleva a proponer una visión alternativa para hablar de la profesionalidad de los periodistas. El periodismo, dice, más que una profesión es una «comunidad interpretativa», unida por el discurso compartido y por las interpretaciones colectivas que los periodistas hacen de los eventos públicos. Esta autora se apoya en las consideraciones de distintos autores que entienden que la noticia es una forma de conocimiento, la comunicación un ritual y un enfoque compartido de comprensión, y los periodistas, personas que construyen conocimiento sobre ellos mismos a través de su discurso.

Lo que da rango de profesión no son entonces elementos como la titulación, sino el hecho de pertenecer a una misma comunidad que está unida por el discurso. Un discurso que versa sobre cuáles son las pautas de redacción de las noticias, o sobre las prácticas profesionales que son más éticamente adecuadas. Aplicando la sugerencia de Zelizer, entiendo que ese discurso se produce en charlas informales (cuando, por ejemplo, el jefe de sección intercambia opiniones con el reportero sobre el titular de una noticia), en reuniones (cada consejo de redacción en el que se decide la escaleta del día viene a ser el equivalente a lo que es la jurisprudencia en el Derecho: se asienta criterio), en autobiografías y memorias. En esas conversaciones, los periodistas establecen estándares de evaluación de la cobertura, modifican el consenso reinante (por ejemplo, muchas discusiones ha habido en torno a la utilidad y sentido de la pirámide invertida) y afrontan el cambio (también se están desarrollando interesantes debates en las nuevas redacciones de televisión de tecnología digital, en los que se marca criterios sobre cuáles son las pautas a utilizar en unas circunstancias tecnológicas nuevas).

2. LOS CRITERIOS PROFESIONALES DE LA NOTICIA POLÍTICA

Los criterios que los periodistas establecen a través de ese discurso se refieren, principalmente, a la noticia. ¿Qué es noticia? O, ¿cuál es la noticia hoy? Es, ciertamente, uno de los objetos de investigación donde más esfuerzos encontramos, pues, al fin y al cabo, en la noticia política se da, como vimos al analizar la idea de *gatekeeping* una compleja confluencia de intereses de múltiples actores (gobiernos, partidos, banqueros, empresarios, sindicatos, organizaciones sociales, etc.). Casi podríamos decir que detrás de cada titular, ángulo de cámara, espacio, o tiempo mediático, hay muchos ojos que siguen al milímetro lo que se hace, pues consideran que mucho depende de lo que finalmente se publique.

La definición de noticia tiene tantas implicaciones filosóficas, políticas, económicas y prácticas que se cuenta con escritos verdaderamente paradigmáticos e interesantes por cuanto han servido de generadores de escuelas. El manual de Howard Tumber (1999) constituye una buena compilación de planteamientos: la noticia como una forma de conocimiento (de Robert Park); la noticia como algo que se manufactura (de Mark Fishman); la noticia como algo que se «hace» (de Peter Golding y Philip Elliott); la noticia como lo que resulta al tratar de «juntar» los datos de la realidad (de Philip Schlesinger); la noticia como la construcción del consenso (de Edward Herman y Noam Chomsky); la noticia como lo que los periodistas deciden (de Walter Gieber); o la noticia como el resultado de una negociación del control (de Richard Ercison y otros).

El primer intento sistemático de establecer los criterios de noticia es de Galtung y Ruge (1970), quienes identifican los once rasgos que hacen que un suceso merezca ser contado en los medios (citado en PALMER, 2000, pp. 26-27):

1. Frecuencia: el suceso debe haber terminado antes de la fecha de publicación o edición.
2. Umbral: el suceso ha de superar el umbral de noticiabilidad, es decir, tener suficiente importancia.
3. Claridad: lo que ha pasado debe ser relativamente claro para ser contado.
4. Proximidad cultural: debe significar algo para la audiencia.
5. Consonancia: el suceso debe estar en sintonía con la capacidad de comprensión de la audiencia.
6. Inesperado: debe ser inusual, raro.
7. Continuidad: debe tener la potencialidad de continuar siendo noticia.
8. Composición: debe ajustarse a la estructura interna de las redacciones, que son quienes dictan el tipo de cobertura.
9. Implicación de las élites: los sucesos en los que participan las élites tienen más posibilidades de recibir cobertura que aquellos de gente tenida por no importante.
10. Personificación: los sucesos en los que participan personas individuales tienen más posibilidades de recibir cobertura que las abstracciones.
11. Negatividad: los sucesos malos son más noticiosos que los buenos.

No es posible, ni es objeto de este apartado, realizar ahora una revisión completa de los criterios de noticia que se han ido estableciendo a lo largo de la historia. En esencia, todas las definiciones de criterios (STEMPEL, 1962; BUCKALEW, 1969; BADII y WARD, 1980; ALSINA, 1993) coinciden en afirmar que son objeto de noticia los sucesos actuales, próximos, importantes, inusuales u originales, y de interés público.

Estos criterios se establecen de acuerdo con (GOLDING, 1981: 74-75):

a) La audiencia: se selecciona la noticia en virtud de aquello que se considera que puede atraer e interesar. Algunas investigaciones, como la de Nisbest y Ross, argumentan que los sucesos de interés humano son más noticiables que los que carecen de él (NISBEST y ROSS, 1980), pues tienen más «gancho noticioso» para la audiencia. Por ejemplo, la política salarial atraerá más al público si la cuenta alguien que la padece, a través de una historia particular e individual.

b) La accesibilidad de las informaciones: por ejemplo, las informaciones recogidas de primera mano entrarán más fácilmente que las recogidas de testigos; lo que sucede al alcance del envío de unidad móvil se cubrirán más fácilmente que lo que sucede más lejos; las informaciones que no están completamente comprobadas caen con más facilidad.

c) Las condiciones técnicas: las informaciones que llegan con soportes de buena calidad (buenas imágenes, fotografías, buen diseño, etc.) son más propicias para su publicación que las que carecen de ellos.

d) El espacio y tiempo disponibles. Esto marca una jerarquía que hace que cada medio tenga sus propios criterios de noticia. Una noticia de importancia media, puede adquirir un puesto prioritario en la jerarquía de noticias si el número de las que compiten en el mismo día no es muy elevado; o bajar de puesto, e incluso desaparecer, si se produce una noticia de última hora.

En el caso de las noticias políticas, los medios aplican, además, unos usos profesionales específicos.

a) Noticia política es lo *conflictivo*. Hay noticia si hay controversia al respecto, si hay dos partes enfrentadas en torno a una cuestión polémica de la que saldrán vencedores y vencidos. Así por ejemplo, la noticia del Pleno del Ayuntamiento será, probablemente, las discrepancias entre los Concejales sobre una dotación presupuestaria. Como consecuencia, cuando los periodistas tienen que cubrir la política, tratan de buscar aquellos matices de desacuerdo y diferencia, lo que algunos han criticado por considerarlo periodismo negativo, crítico y escéptico hacia las instituciones políticas (PATTERSON, 1994).

b) La noticia política ha de ser *objetiva*, o al menos, ha de mostrar que, ante el aspecto conflictivo del que se trate, hay por parte del periodista un tratamiento equilibrado, neutral y apartidista (TUCHMAN, 1972). Al cubrirla, los periodistas adoptan la «convención profesional» de dar cobertura a las dos partes, a las dos argumentaciones o a los dos «bandos», aunque uno de ellos carezca de interés noticioso. Por eso, en un problema laboral se habla con el sindicato y con la patronal; ante un conflicto parlamentario se pone micrófono a los representantes de todos los grupos parlamentarios; o ante el anuncio de una medida municipal impopular se acude al Ayuntamiento así como a los perjudicados por la misma. Eso lleva a que, cuando no hay una «segunda cara», se busca, o se desarrolla la poca información que sobre ella se pueda tener.

c) La noticia política ha de tener un respaldo *oficial*. Es decir, entre las distintas versiones del conflicto ha de figurar la versión oficial, ya que ésta da garantías en cuanto que recoge la información segura por parte de la institución. De ahí la tendencia de los periodistas a oficializar la información política, mostrando que, al menos, se ha tratado de hablar con la parte oficial implicada.

Todos estos criterios expuestos están hablando de un enfrentamiento de intereses tras el que se libra una batalla, la de decidir qué y cómo se habla de los problemas políticos y de las personas en ellos implicados. Veamos qué peculiaridad aporta a la determinación de la noticia la relación entre políticos y periodistas.

3. La relación entre políticos y periodistas

Políticos y periodistas tienen un interés común: necesitan llegar al público. Al político le interesa el público en cuanto que en él están los votantes potenciales, susceptibles de engrosar las filas electorales. Al periodista le interesa el público en cuanto que en él están consumidores potenciales de la información, personas que pueden incrementar los índices de audiencias con los que los medios se presentan ante las empresas anunciantes. Pues bien, tanto para conseguir más votantes como para conseguir más audiencia, políticos y periodistas se requieren mutuamente:

a) Los políticos necesitan de los periodistas, ya que quieren que el público, sus votantes potenciales, le vea en los medios de comunicación en «buenas condiciones». Para ello, buscan la portada, el lead, el titular, o la entradilla y con un ángulo de cámara favorecedor o un comentario positivo.

b) Los periodistas, por su parte, necesitan de los políticos, pues sólo tendrán credibilidad ante su audiencia si consiguen información (noticias, entrevistas, exclusivas, declaraciones, etc.) fiable y de primera mano. Los periodistas buscan la cercanía con las fuentes autorizadas.

Como consecuencia, se da una dependencia mutua entre políticos y periodistas, ya que necesidades de unos y de otros sólo se satisfacen mutuamente. Las noticias vienen aquí a ser como un campo común de confluencia de intereses.

Los periodistas quedan así sujetos a los políticos, ya que si quieren información fluida de fuentes autorizadas tendrán que mantener y cultivar contactos regulares con los personajes públicos y pasearse por lo Ministerios o por los despachos institucionales. Además, que esta información fluida se mantenga, exige por parte del periodista una «fidelidad» o «lealtad» a la autoridad, así como una confianza en las explicaciones oficiales.

Por su parte los políticos quedan también sujetos a los periodistas en la medida en que, si quieren un espacio en los medios de comunicación, tendrán que adecuarse a determinadas exigencias (aunque sólo sea de tiempo y espacio) que éstos imponen. Como vimos, han de elaborar mensajes cortos y contundentes que por su interés puedan ir en titular; pronunciar discursos claros y directos que sean atractivos para el público medio; o crear noticias a tiempo de cierre o de emisión.

Toda esta relación de satisfacción mutua de necesidades entre periodistas y políticos puede ser analizada desde dos perspectivas:

a) En primer lugar, desde la *relación normativa* que existe entre la prensa y el poder, y que se apoya, fundamentalmente, en el sistema de regulación de la libertad de prensa.

b) En segundo lugar, desde la *relación fáctica*, que depende de la concepción que periodistas y políticos tienen de la función que los medios de comunicación juegan en un sistema político.

Veamos, a continuación, cada una de ellas.

A) *Tipología normativa*

Con fundamento en el sistema de regulación de la prensa que tiene cada sistema político, los estudiosos del tema han sugerido cuatro teorías sobre la prensa (SIEBERT, PETERSON y SCHRAM, 1956). De ellas expongo sólo las dos que se aplican a los regímenes democráticos.

La teoría liberal de la prensa surge en el siglo XVIII, al hilo de las revoluciones liberales, y amparada en el pensamiento de Milton, Locke, Trenchard, Madison y Jefferson y, posteriormente, ya en el siglo XIX, de Stuart Mill. Se encuadra además en el liberalismo económico clásico propugnado por Adam Smith sobre la libertad de mercado, en el que el precio se fija por el libre juego de la oferta y de la demanda. En la misma línea, la calidad de la información será el resultado de la libre competencia en un «mercado libre de ideas», donde el error se tolera porque la verdad surgirá de la competencia entre opiniones diversas. No corresponde al Estado controlar la calidad de la información sino que será el individuo quien, en el juego de la libre competencia, descubrirá cuál es la buena información.

Subyace a esta teoría una filosofía enemiga del poder y confiada en la libre información y en el debate de los asuntos públicos como medios para la educación política y para el autogobierno. Como consecuencia, la prensa, además de informar, entretener y vender, debe descubrir la verdad, y vigilar y controlar al poder político; la prensa es el «perro que vigila» (el *watchdog*) que los derechos de los ciudadanos no se vean violados por la autoridad.

Desde el punto de vista constitucional la teoría liberal concibe la prensa como el Cuarto Estado o el Cuarto Poder, al que le corresponde controlar y corregir los abusos de los poderes Ejecutivo, Legislativo y Judicial.

Como reacción a la teoría liberal, la *teoría de la responsabilidad social* aparece en el siglo XX tras la revolución industrial, demográfica y tecnológica, como consecuencia de los abusos que se habían producido en el ejercicio de la libertad de prensa. Formalmente aparece después de la segunda Guerra Mundial, con la creación, en los Estados Unidos, de la *Comisión de la Libertad de Prensa*, denominada Comisión *Hutchins*. Esta teoría sugería una mayor intervención del Estado en el control de la información con el fin de que, junto a la libertad de prensa, se asegure también la responsabilidad de la misma. Desde aquí se abogaba por una legislación que evitara los abusos de la libertad de prensa, que garantizara el libre acceso de todos a los medios de comunicación, y que obligara a ayudar económica y subsidiariamente a las empresas de comunicación necesitadas. Las funciones que bajo esta concepción se atribuyen a la prensa son la de servir al poder político (siendo foro de discusión y debate de los asuntos públicos), la de ilustrar al ciudadano para que sea capaz de autogobernarse, la de entretener y la de servir a la economía (siendo foro de encuentro de ofertantes y demandantes).

Desde entonces, y con motivo del rápido desarrollo de los medios de comunicación, el control de la libertad de prensa en el contexto de la teoría de la responsabilidad social ha sido objeto de estudio y revisión. Ya en 1962 la propia *Comisión Hutchins* elaboró un segundo informe con el que trataba de adecuar las máximas de la teoría a la práctica periodística (MERRILL, 1962). Concluye que, en el marco de los postulados de la responsabilidad social, la prensa debe ofrecer un relato veraz y completo de los acontecimientos del día en un contexto inteligente que les dé significado; ha de servir como un foro de intercambio de comentarios y de críticas; tiene obligación de presentar un cuadro representativo de los grupos sociales; y debe proporcionar un pleno acceso a la información sobre los países enemigos (lo que implicaba, en el contexto de la Guerra Fría, un libre acceso a la información gubernamental).

Pero este intento de adecuar la teoría a la práctica periodística se hacía en un momento en el que la competencia entre los medios de comunicación sólo empezaba a aparecer. Por eso en 1984 algunos estudios afirman que es preciso valorar la vigencia de la teoría en un mundo en el que los medios adoptan cambios constantes y rápidos. Pero estos estudios concluyen que la teoría de la responsabilidad social, con la reformulación de 1962, está plenamente vigente, y abogan por una mayor exigencia en la aplicación de las recomendaciones de la Comisión Hutchins (ABEL, 1984). No obstante, también surgen voces críticas que piden una superación de la misma y un nuevo consenso moral de la profesión[1].

En 1986 Lambeth afirma que el desarrollo creciente de los medios de comunicación exige ir más allá de la teoría de la responsabilidad social. Considera este autor que la investigación realizada se queda corta por carecer de una formulación positiva sobre la ética periodística; una formulación que sea rica conceptualmente al mismo tiempo que útil para la práctica del periodismo. La teoría de la responsabilidad social, a juicio de Lambeth, no ha sido suficientemente sensible a los problemas, límites, y potencialidades de los medios; y más concretamente, ayuda poco a los juicios éticos que el periodista tiene que hacer diariamente. No ofrece estándares rigurosos sobre la práctica profesional al no dar respuesta a preguntas como las siguientes: ¿cuáles son los criterios sólidos en los que el periodista tiene que ampararse para tomar decisiones éticas? En caso de que haya dos principios éticos en conflicto, ¿a cuál de ellos habría que dar prioridad? ¿A qué instancia se debe un periodista, a sí mismo, a su público, al que le ha contratado o a sus colegas? Todas estas cuestiones hacen referencia a problemas de

---

[1] Así al menos se planteará en una revisión de las cuatro teorías realizada en 1995. Para sus autores, dichas teorías responden a ideologías o momentos históricos concretos más que a ideas universales de la función del periodismo (Cfr. NERONE, John C. (ed.) (1956): *Last Rights. Revisiting Four Theories of the Press*, Urbana, University of Illinois Press).

la práctica periodística, problemas que no se pueden resolver bajo una concepción teórica. Es preciso atender a una dimensión fáctica.

B) *Tipología fáctica*

Las teorías de la prensa no alcanzan a recoger todos los posibles matices. De hecho encontramos que, dentro de un mismo sistema político (una democracia parlamentaria, por ejemplo), conviven diferentes percepciones sobre lo que es la relación entre los periodistas y el poder. Hay medios de comunicación que se acogen a la concepción del servicio público, más propio de la teoría de la responsabilidad social, mientras que otros se entienden mejor bajo la noción liberal de la información.

Las diferencias se pueden dar, incluso, dentro de una misma redacción, pues no hay en las redacciones de los medios concepciones homogéneas de lo que es la democracia, un Jefe de Gobierno, unas elecciones, o la representación parlamentaria.

De ahí que los estudiosos de la materia hayan querido desarrollar análisis más pegados al terreno, yendo más allá de la ley, preguntándose cuáles son las actitudes de los periodistas y de qué manera éstas pueden influir en los contenidos de las noticias. De estos estudios resultan tipologías fácticas, pues se apoyan en lo que *de facto*, de hecho, hacen y piensan los periodistas.

La investigación al respecto distingue dos modelos de relación entre periodista y político (BLUMLER y GUREVITCH, 1981):

a) El modelo *adversarial*. Este modelo toma como punto de partida la existencia de un permanente conflicto de intereses entre periodistas y políticos. En la medida en que hay un interés que implica a todos, público, periodistas y políticos están enfrentados para conseguirlo, por lo que no cabe las buenas relaciones entre unos y otros. Los políticos son, por definición, enemigos de los periodistas.

La misión del periodista consiste en defender a su audiencia de los abusos del político, en ser adversario del poder. Esta concepción aconseja al periodista mantener una actitud de constante inspección y vigilancia de lo que hace el político, no dejarse sorprender por la retórica de éste y entender que la verdadera noticia está siempre escondida más allá de lo que se ofrece como información «oficial».

Esta noción de periodista adversario del poder tuvo su desarrollo y asentamiento en la década de los años setenta en los Estados Unidos, con motivo del caso *Watergate*, cuando se puso de manifiesto que la autoridad presidencial había mentido a la sociedad. Las investigaciones periodísticas que llevaron a la dimisión del Presidente de la nación dejarían una estela bajo la que se interpretaría que el periodista tiene la responsabilidad de estar siempre al acecho de los abusos del político, quien, con frecuencia, comete errores que necesita esconder y consigue esquivar la rendición de cuentas de su gestión.

La concepción del periodista como un adversario del poder político ha recibido las siguientes críticas:

— El modelo adversarial no cuenta con una clara formulación de los principios éticos que han de guiar el quehacer informativo, en la medida en que no dibuja unos límites a la hostilidad hacia el Gobierno. Según los críticos, la pregunta «¿hasta dónde hay que ser adversario?» queda aquí sin responder. Es decir, este modelo «adversarial» no ofrece fomulaciones específicas sobre el tipo de acceso que los periodistas han de tener a la información o a los portavoces de Gobierno, ni sobre lo que se ha de publicar en relación con la información gubernamental. Al modelo adversarial, dicen los críticos, le falta una fundamentación ética.

— Este modelo ignora además que, en el quehacer informativo diario, los periodistas necesitan mantener con los políticos una relación de colaboración, con el fin de que la información sea fluida y abundante. Si el punto de partida es la hostilidad del periodista, difícilmente se podrá edificar aquí una buena relación.

— Por último, bajo esta concepción se corre el riesgo de que los mensajes, al estar fundamentados en una relación de desconfianza del poder, sean siempre negativos o críticos, provocando en la audiencia un rechazo, escepticismo o cansancio sobre la política. Esto, en último término, erosionará el interés de la audiencia por las realidades públicas, con lo que disminuirá el consumo de medios de comunicación.

b) El modelo de *intercambio*. Este modelo de relación toma como punto de partida el hecho de que periodistas y políticos necesitan un intercambio fluido de opiniones, conocimientos y, fundamentalmente, de informaciones. Es decir, lo que aquí predomina es la idea de que periodistas y políticos son interdependientes.

Las ventaja de este modelo consiste en que, con una concepción así, la relación entre unos y otros es buena y, consecuentemente, la información es fluida. Ahora bien, este modelo de relación tiene a su vez una desventaja: no incluye una estipulación o «regulación» del modo en que debe darse el intercambio o la cooperación. Esta relación de cooperación o intercambio se lleva a cabo por medio de encuentros personales, informales, por medio de reglas no escritas, de amistades y de entendimientos mutuos. Como consecuencia, la información puede verse perjudicada, ya que en este tipo de «foros» resulta fácil que se generen una serie de lealtades para el periodista, lealtades que sólo podrá mantener si oculta parte de la información a su público.

Tanto el modelo adversarial como el modelo de intercambio están poniendo sobre la mesa una cuestión de análisis: ¿quién domina los criterios de noticiabilidad política? ¿Quién decide la noticia, el periodista o el político? Con vistas a obtener respuestas concretas y precisas, los estudiosos han tratado de ofrecer una tipología de actitudes profesionales de los periodistas.

4. Las actitudes profesionales de los periodistas y control de la noticia política

La noción de «actitud profesional» hace referencia a cómo el periodista concibe el papel que su propia profesión tiene en la sociedad. Hay una gran variedad de estudios sobre las actitudes profesionales de los periodistas. Canel y Sádaba

(1999) realizan una revisión del estado de la cuestión en la que, además de describir su evolución histórica, analizan cuáles son los elementos que influyen en la configuración de las actitudes profesionales (qué hace que un periodista se conciba de una manera o de otra) y cómo influyen las actitudes profesionales en el contenido de las noticias. Ortega y Humanes (2000) ofrecen un elaborado estudio sobre lo que denominan modelos profesionales (pp. 115-119).

Expondré primero cómo ha sido la evolución de la investigación para terminar en un diagrama en el que las distintas actitudes aparecen clasificadas respecto al control de la noticia.

El primero en proponer una tipología de actitudes profesionales fue Cohen (COHEN, 1963), tipología que en 1976 aplicaría Johnstone y otros a los periodistas estadounidenses. Era, esta primera, una clasificación muy básica y sencilla. El periodista puede ser:

 a) *neutral*: cuando se limita a informar sólo de lo que ve; o
 b) *participativo*: cuando incluye matices y características que van más allá de lo que ve.

El periodista neutral no participa, en el sentido de que no interviene tomando postura en aquello que cuenta. El participativo es activo, en el sentido de que decide investigar los datos fácticos, especialmente cuando éstos se refieren a informaciones emitidas por organismos oficiales (JOHNSTONE y otros, 1976).

Esta tipología que clasifica a los periodistas en neutrales y participativos encerraba el principio de objetividad tal y como éste había sido entendido hasta los años setenta. Arrancaba éste de la concepción del Estado liberal y se consagraba en torno a la máxima de un periodista del diario *Manchester Guardian*, «los hechos son sagrados y las opiniones libres» (SCOTT, 1926). El periodista debe aspirar a ser objetivo, es decir, a mantenerse distante, frío y aséptico de la información que cubre. Y ha de evitar el subjetivismo desligándose de implicaciones personales en la información. Se proponía con ello la neutralidad como máxima, una información puramente fáctica, una distribución de secciones con radical separación entre información y opinión y una ética del profesional caracterizada por el distanciamiento y el desprendimiento de aquello que reporta (vid. por ejemplo CHARNLEY, 1936; SCANLON, 1972, SMITH, 1978 y HERMÁNUS, 1979).

Cuando en 1986 Weaver y Wilhoit replicaron el estudio de Johnstone, las categorías propuestas por éste presentaron dificultades: *neutral* y *participativo* no son etiquetas suficientes para abarcar todas las posibles actitudes profesionales de los periodistas. El periodista no es o *neutral* o *participativo*, afirman Weaver y Wilhoit, pues «dar información al público con rapidez» no significa ser necesariamente neutral (como se deducía de la obra de Johnstone); o, por ejemplo, «dar información sobre el Gobierno», que Johnstone hubiera calificado de participativo (pues implica favorecerle) no necesariamente significa estar de acuerdo con él (WEAVER y WILHOIT, 1986). Estos autores quisieron además medir si se daba entre los periodistas una concepción «adversaria» de su función, es decir, ver si los periodistas consideraban entre sus funciones la de controlar al Gobierno mediante una actitud desconfiada, distante e investigadora.

Weaver y Wilhoit llegan a la conclusión de que hace falta añadir una tercera categoría a la tipología que había ofrecido Johnstone, y sugieren la siguiente clasificación (WEAVER y WILHOIT, 1986):

a) Periodista *adversario* es aquél que considera que su función consiste en controlar al poder político, distanciándose con escepticismo de las fuentes oficiales, particularmente del Gobierno y de los poderes económicos, e investigando al respecto.

b) Periodista *difusor* de información es aquél que concibe que su papel es distribuir información con rapidez y al mayor número posible de personas.

c) Por último, periodista *intérprete* es el que considera que ha de analizar e interpretar la información que da, particularmente cuando esa información hace referencia a los problemas públicos.

A diferencia de la tipología *neutral/participativo,* esta clasificación de Weaver y Wilhoit no es radical en torno al principio de objetividad, e incluso éste ya no aparece implícito. Incluía matices que permiten registrar de modo específico la actitud que los periodistas tienen ante las fuentes oficiales. Pero dejaba algunas preguntas planteadas: ¿qué es interpretar a diferencia de opinar?; ¿qué es interpretar a diferencia de analizar?; ¿puede el periodista interpretar sin que en esa interpretación quede proyectado su punto de vista?; ¿es ser difusor ser también neutral? Y de modo más radical, ¿puede realmente el periodista ser neutral?

En 1999 Canel, Sánchez-Aranda y Rodríguez-Andrés tratan de completar esta tipología sugiriendo cuatro etiquetas para las actitudes profesionales. Además del *adversario* y *difusor* de información, estos autores sugieren llamar al intérprete *analista* y añaden una etiqueta, la del *abogado*, para designar al periodista que considera que, en su quehacer informativo, tiene importancia propugnar determinados valores e ideas (CANEL, SÁNCHEZ-ARANDA y RODRÍGUEZ-ANDRÉS, 1999 y CANEL, RODRÍGUEZ-ANDRÉS y SÁNCHEZ-ARANDA, 2000). El comportamiento de los periodistas españoles a este respecto será analizado al final de este capítulo.

Por su parte, Donsbach y Patterson (1996 y 2004) sugieren una tipología que trata de abordar dos dimensiones:

a) Respecto a la *autonomía* que el periodista tiene como actor político, el comunicador puede ser:

— *Pasivo*: es transmisor aséptico en cuanto que hace de espejo de la realidad, limitándose a dar a conocer lo que ve. Este periodista pasivo, cuando trata la política, confía en las fuentes oficiales haciendo de altavoz de las mismas. Como consecuencia, en su cobertura transmite las notas de prensa tal y como llegaron a la redacción. Este periodista, más que actuar independientemente, actúa «a instancias de».

— *Activo*: tiene iniciativa, investiga, no confía rutinariamente en las fuentes oficiales, es adversario y vigilante del poder.

b) Respecto a la *toma de postura* del periodista como actor político, éste puede ser:

— *Neutral*: es el que se limita a dar los datos tal y como los ve, recogiendo declaraciones de todos los puntos de vista, no juzgando ni valorando qué ideas, políticas o programas se deberían aplicar. Este periodista no es ni crítico ni apoya al Gobierno. Es alguien que sirve de puente entre la realidad y la audiencia, es imparcial; un observador neutral que recoge datos.

— *Abogado*: es el periodista que aboga por una serie de ideas, ideologías, políticas o programas. Considera que es importante defender una postura e influir en el público. En realidad, es lo que hace el editorialista o el columnista; o incluso el presentador de noticias cuando otorga a la redacción de las noticias un estilo propio y convincente.

De la combinación de estas dos dimensiones surge la siguiente tipología:

— el periodista *pasivo-neutral* es espejo de la realidad, difusor de información, observador imparcial, *gate-keeper* y mensajero; su cobertura es eminentemente fáctica, de datos.

— el periodista *pasivo-abogado* es el periodista que trabaja para un partido político: aboga por una causa pero sin iniciativa propia, sino a instancias de lo que el partido necesita y le pide. Por ejemplo, cubre los mítines electorales de forma tal que el candidato siempre queda bien. Dentro de esta modalidad está el llamado «pack journalism», expresión acuñada en el contexto del marketing político que significa «periodismo de bolsillo»: es el periodismo que hacen los periodistas que acompañan a los políticos en la realización de campañas, especialmente de campañas electorales. El partido paga las dietas, el transporte y facilita todos los medios técnicos a los periodistas. El político lleva así un periodista en su bolsillo con el fin de garantizar que su campaña reciba cobertura;

— el *activo-neutral* es crítico, adversario, vigilante, escéptico, partidario de la concepción de la prensa como Cuarto Estado; y

— el *activo-abogado* es ideólogo, misionario e interpreta los datos con la intención de proyectar sobre ellos un punto de vista.

Por último, Blumler y Gurevitch ofrecen una tipología de las actitudes profesionales de los periodistas referida a los criterios de noticiabilidad de las informaciones gubernamentales (BLUMLER, 1986):

a) El periodista *prágmático* es el que considera que no toda información oficial es noticia; depende de si ésta cumple con los criterios profesionales de noticiabilidad marcados por los medios de comunicación. En consecuencia, la información gubernamental ha de combatir (y por tanto estar elaborada con las exigencias de espacio, estilo, imágenes, etc., propios de los medios) con el resto de las informaciones para conseguir un espacio. El enfoque pragmático implica:

— Una actitud analítica (BLUMLER y GUREVITCH, 1991): se estudia la información oficial, las promesas electorales, los discursos, los proyectos de ley, los decretos, etc., con el fin de valorar su viabilidad. Las noticias que al respecto se elaboran son noticias completas, que tratan de conectar la información ofrecida por distintas fuentes (por ejemplo, se analiza si la información ofrecida por el Jefe de Gobierno es coherente con la ofrecida por un determinado ministerio), y de reflejar la opinión de los expertos como información *background*.

— Una actitud reactiva (BLUMLER, GUREVITCH e IVES, 1978): ante el mensaje del partido, el periodista actúa intentando desenmascararlo, con lo que esto supone de distanciamiento de las oficinas de prensa.

— Añadir a la información oficial valores periodísticos que atraigan a la audiencia (BLUMLER y GUREVITCH, 1991). Por ejemplo, se introducen matices de humor, conflicto, ironía para desvelar a la audiencia los intentos de marketing electoral de los periodistas. Se entiende aquí que la información oficial debe reunir los matices necesarios para convertirse en noticiosa y poder competir con el resto de las informaciones.

b) El periodista *servil*: considera que los medios de comunicación han de ejercer el servicio público de dar a conocer lo que hace la autoridad política. Por tanto, toda información oficial es noticia, aunque no interese al medio ni a la audiencia. Las informaciones gubernamentales son así sobrevaloradas en comparación con el resto de las informaciones; apenas se analizan ni se conectan con informaciones obtenidas por expertos en la materia, y mucho menos se incluye en ellas comentarios irónicos o de humor (BLUMLER, 1986). El periodista servil entiende que debe servir al político transmitiendo el mensaje de éste de forma limpia y libre de interpretaciones.

¿Dónde está el control de la noticia en cada uno de las actitudes arriba descritas? Veamos la respuesta en el Cuadro n.º 12.

Queda plantear, por último, la relación que tienen las actitudes profesionales de los periodistas con los contenidos de las noticias. Es decir, ¿se refleja en la noticia que el periodista que la firma se conciba como «analítico» o como «abogado»? ¿modifica en algo la práctica profesional la percepción que los periodistas tienen de su papel en la sociedad?

La respuesta ofrecida hasta el momento a este respecto parece ser contundente: las actitudes profesionales influyen en la práctica profesional. Es decir, las noticias varían según la concepción que los periodistas tengan de su propio papel. Por ejemplo, los periodistas que se creen actores imparciales, argumentan los investigadores, se comportan de modo distinto de aquellos que se ven como reformistas partisanos (CULBERTSON, 1983; GRABER, 1993).

Análisis referidos al caso español (CANEL, SÁNCHEZ-ARANDA y RODRÍGUEZ-ANDRÉS, 1999) concluyen en la misma línea. Tomando como práctica profesional la edición de las noticias, se comprobó que el periodista que entiende que su función es *abogar por* algo o defender una causa, edita las informaciones con el fin de aumentar el interés de la audiencia y de dar un determinado enfoque político a la información. El que entiende que su profesión consiste en ser *adversario* del poder político, no edita para dar un enfoque político. El periodista que se concibe como *intérprete o analista* de la realidad, no está motivado en su edición por la necesidad de ajustar la información a los hechos, ni por incrementar la neutralidad,

CUADRO N.º 12

Las actitudes profesionales de los periodistas y el control de la noticia

Autor	Clasificación de actitudes profesinales	Control de la noticia	
		Político	Periodista
Cohen/Johnstone	Neutral	•	
	Participativo		•
Weaver y Wilhoit	Difusor	•	•
	Interpretativo		•
	Adversario		•
Canel, Sánchez-Aranda y Rodíguez-Andrés	Difusor	•	•
	Adversario		•
	Analítico		•
	Abogado		•
Donsbach y Patterson	Pasivo-neutral (espejo, difusor, imparcial, mensajero)	•	
	Pasivo-abogado (partidista, *pack journalism*)	•	
	Activo-neutral (crítico, adversario, escéptico)		•
	Activo-abogado (ideólogo, militante, misionario)		•
Blumler y Gurevitch	Pragmático (analítico, reactivo, vigilante)		•
	Servil (altavoz del Gobierno, altavoz de los políticos)	•	

ni por evitar los conflictos con el medio o en la redacción. El *intérprete* se considera con margen de libertad para tratar los hechos y no cree en la neutralidad. Por último, el verse como *difusor* o propagador de información lleva a editar con frecuencia para ajustar la información a los hechos y para incrementar la neutralidad; y no para dar a la información un determinado enfoque político o para evitar conflicto con los intereses del medio.

Ahora bien, todos estos hallazgos proceden de estudios que se apoyan en las percepciones que los propios periodistas tienen de su quehacer, de su práctica profesional. No dejan de ser autopercepciones: es lo que el periodista dice que cree que suele hacer. Pero la distancia que hay entre lo que el periodista dice hacer y lo que el periodista hace realmente introduce aquí un margen de error que pone de manifiesto la necesidad de encontrar modos más adecuados, maneras más precisas de recoger lo que es la práctica profesional así como su resultado, el contenido de las informaciones. Una vía para realizar esto la ofrece la noción de *frame* (encuadre o enfoque) y la teoría del *framing* (acción de encuadrar o enfocar), que trataré más abajo.

III. METODOLOGÍA PARA EL ANÁLISIS DE LAS ACTITUDES PROFESIONALES DE LOS PERIODISTAS ANTE LA NOTICIA POLÍTICA

¿Es el periodista neutral, participativo, militante, simple difusor de información, pragmático o servil? Si a un periodista se le formulara esta pregunta, probablemente no sabría qué contestar. En primer lugar porque no entendería a qué se refiere cada una de estas etiquetas. Y en segundo lugar, porque aunque lo supiera y quisiera contestar, la respuesta no sería de fiar. Un buen periodista, un buen profesional se adjudicaría, de las etiquetas expuestas en el último cuadro, aquéllas que le aseguran que es él/ella quien lleva el control de la noticia política. Ningún periodista reconocería que pueda estar doblegándose al criterio de los políticos para determinar lo que es noticia.

De ahí que se empleen metodologías para el estudio de las actitudes profesionales que permitan obtener descripciones no viciadas o sesgadas por el modelo ideal de lo que al periodista le gustaría llegar a ser y hacer.

Las metodologías que se exponen para el análisis de las actitudes profesionales son las siguientes:

a) Sondeos.
b) Observación de redacciones y entrevistas en profundidad.

1. Los sondeos a los periodistas

El sondeo ha sido la metodología más común en la investigación sobre las actitudes profesionales de los periodistas.

No resulta posible extenderme aquí en las cuestiones técnicas de muestreo que han de ser tenidas en cuenta en todo sondeo, algo más propio de materias como metodología de investigación en Ciencias Sociales. Simplemente mencionaré algunas cuestiones relacionadas con la población específica «periodistas», para extenderme después en el tipo de variables que son necesarias en el estudio de la materia que nos ocupa.

El grupo «periodistas» no es un grupo fácil de analizar por varias razones. En primer lugar, por cuestiones de tiempo: el trabajo periodístico se realiza siempre contrarreloj, lo que hace más difícil que los periodistas estén asequibles a ser encuestados. En segundo lugar, por razones de confianza. La investigación que he podido realizar en esta materia me ha demostrado que se da entre los periodistas un cierto temor a reflejar en un sondeo actitudes de disgusto, queja o discrepancia con la empresa para la que trabajan. De ahí que los sondeos deban preservar al máximo el anonimato, no sólo de la persona individual sino además, de la empresa². Además, los periodistas están acostumbrados a preguntar y no a que se les pregunte.

La *muestra* de periodistas a sondear ha de ser representativa: ha de recoger equilibradamente la prensa, radio, televisión y agencias; ha de recoger equilibradamente también los medios nacionales y los medios regionales; por último, equilibradamente ha de recoger los medios de elevada audiencia y los de baja audiencia.

El *sondeo* ha de combinar preguntas cerradas con preguntas abiertas, y usar rangos para aquellas cuestiones a las que el sondeado no se sienta fácilmente inclinado a contestar de forma precisa (como es el caso, por ejemplo, de la remuneración salarial). En lo que se refiere a la medición de actitudes, se usan escalas con valores extremos.

Con el fin de facilitar la respuesta, la presentación física del sondeo ha de ser buena, es decir, clara, fácil de manejar, y ha de exigir el menor tiempo posible (doce minutos es una duración aconsejable) por parte del encuestado. El sondeo, en su conjunto, debe combinar hábilmente la necesidad de obtener toda la información con el hacerlo de forma rápida.

A continuación expongo la relación de temas que han de estar incluidos en un sondeo para el estudio de las actitudes profesionales de los periodistas ante el mensaje político. Aunque sólo algunas variables son específicas sobre las actitudes profesionales, todas las que se exponen sirven como grupos de control para identificar aquellos rasgos que puedan causar diferencias en los comportamientos de los periodistas. Junto a la relación de las variables pondré algunos ejemplos de lo que sería la formulación concreta de la pregunta correspondiente³.

a) Condiciones sociodemográficas: son las variables correspondientes a edad, sexo, educación básica y educación específica en comunicación. Sirven para establecer grupos de control, de forma tal que se pueda identificar si las diferencias de las actitudes profesionales son debidas a cuestiones sociodemográficas: ver, por ejemplo, si los periodistas que perciben que su función es la de defender una serie de valores se encuentran entre los que tienen un elevado nivel de educación o no.

---

[2] Es preciso mencionar aquí que, comparado con otros países, España es todavía un país en el que no hay tradición de sondeos en las comunidades profesionales. Mientras que el índice de respuestas en otros países es del 50 por 100, en España es del 24 por 100 (WEAVER, 1998).

[3] Los ejemplos de preguntas que aquí se ponen han sido extraídos de WEAVER, David y WILHOIT, Cleveland (1991) *The American Journalist. A portrait of U.S. News People and Their Work*. Bloomington, Indiana: Indiana University Press; PROTESS, David y otros (1991) *The Journalism of Outrage. Investigative Reporting and Agenda Building in America*. Nueva York: Guildford Press; SPLICHAL, Slavko y SPARKS, Colin (1994) *Journalists for the 21st Century*. New Jersey: Ablex Publishing Corporation, así como de los estudios llevados a cabo por MARTÍN ALGARRA, Manuel y GONZÁLEZ, Norberto (1994) La formación de los periodistas españoles en la encuesta «Media and Democracy», *Estudios de Periodística*, 3, pp. 49-75; y por CANEL, María José, RODRÍGUEZ-ANDRÉS, Roberto y SÁNCHEZ-ARANDA, José Javier (2000) *Periodistas al descubierto. Retrato de los profesionales de la información*, Madrid, Centro de Investigaciones Sociológicas.

Un modo de formular la pregunta y de ofrecer las respuestas es el que se expone a continuación:

¿QUÉ ESTUDIOS TERMINÓ USTED? ¿HA RECIBIDO FORMACIÓN ACADÉMICA EN PERIODISMO?

❏ Elementales
❏ Bachillerato
❏ Algunos cursos universitarios
❏ Título universitario
❏ Master o doctorado

❏ Ninguna
❏ Escuela de Periodismo
❏ Licenciatura en Ciencias de la Información
❏ Master de Periodismo
❏ Doctorado en Ciencias de la Información
❏ Otros estudios. Por favor, especificar:

Dependiendo del interés específico del estudio, se podría preguntar, además, cuestiones relacionadas con los intereses en la formación de reciclaje, con la valoración de estudios de postgrado o con la valoración sobre la importancia que los estudios universitarios han tenido en el ejercicio profesional.

b) Condiciones laborales: La situación laboral es un elemento de interés para toda empresa informativa pues permiten medir bien la eficacia del trabajo. Son datos, sin embargo, cuya publicación es temida por los propietarios de los medios de comunicación, por cuanto, en el caso español, revelan situaciones laborales más precarias que en otros países.

La información sobre las condiciones laborales es necesaria para el estudio de las actitudes profesionales pues es preciso identificar hasta qué grado aquéllas pueden ser la causa de una determinada concepción de éstas.

Las condiciones laborales más típicas son la jornada laboral (número de horas de trabajo) y la remuneración salarial, cuestiones sobre las que se puede preguntar con las siguientes respuestas cerradas:

¿CUÁNTAS HORAS TRABAJA AL DÍA? NIVEL DE INGRESOS MENSUALES:

❏ Menos de 8 horas
❏ 8 horas
❏ Entre 8 y 10 horas
❏ Más de 10 horas

❏ Menos de 600 euros
❏ Entre 600 y 900 euros
❏ Entre 900 y 1.200 euros
❏ Entre 1.200 y 1.800 euros
❏ Entre 1.800 y 2.400 euros
❏ Entre 2.400 y 3.000 euros
❏ Entre 3.000 y 4.200 euros
❏ Más de 4.200 euros

La pregunta sobre la remuneración salarial ha de ir muy acorde con las condiciones reales salariales de los medios de comunicación, ya que, en algunos, las pagas extraordinarias constituyen un porcentaje importante de la remuneración anual, información que, en su caso, debería ser recogida.

Estos datos han de ser combinados además con el medio en el que se trabaja (diario, agencia, televisión, radio, revista, etc.), el ámbito del medio (nacional, regional, autonómico o local), propiedad del mismo (público o privado). La movilidad (número de medios en los que se ha trabajado) es un dato también importante en esta profesión.

c) *Satisfacción laboral*: La satisfacción laboral es uno de los rasgos más preciados por los empresarios de la comunicación. Toda empresa desea tener contento a su personal.

El problema que aquí se plantea lo causa el tipo de información que se está tratando de obtener. Lo que estamos necesitando saber es si el periodista está contento con su profesión.

Algunos estudios realizados al respecto han formulado una pregunta directa: «¿está usted satisfecho con su profesión?». Los resultados obtenidos muestran que no es ésta una formulación acertada, ya que registrar la insatisfacción de modo fiel a la realidad está exigiendo, por parte del sondeado, el reconocimiento de una frustración o fracaso profesional, con lo que fácilmente se obtendrán respuestas insinceras.

De ahí que las investigaciones hayan tendido a redactar preguntas más suaves o indirectas del estilo de «¿Ha pensado dejar la profesión?», con una escala de tres valores: «nunca», «alguna vez» y «muchas veces» (GRACE y BARRETT, 1984: 594), seguida de la pregunta «¿Cuáles son las razones por las que ha pensado dejar la profesión?». Otras formas indirectas son las preguntas «¿Aconsejaría a su hijo/a elegir su profesión?» o «¿Dónde le gustaría estar trabajando en los próximos cinco años?».

¿Cuáles son las causas de satisfacción laboral? Se puede responder a esto cruzando los resultados obtenidos de satisfacción laboral con el resto de las variables, especialmente con las relacionadas con las condiciones laborales, con el fin de ver si los periodistas satisfechos son los que trabajan menos o ganan más. Algunos estudios sobre satisfacción laboral añaden una pregunta directa sobre esta cuestión: «¿Qué considera importante en su trabajo, el sueldo, la libertad de expresión, la posibilidad de conocer a gente, la seguridad laboral, etc.?».

d) *Experiencia profesional*: Son todas las cuestiones relacionadas con el número de años que se lleva en la profesión, sección en la que se trabaja, puestos de responsabilidad desempeñados y otros trabajos realizados con anterioridad a los medios de comunicación.

e) *Prácticas profesionales*: Las preguntas sobre las prácticas profesionales permiten identificar si el concebir la profesión de una u otra forma tiene consecuencias en el modo de ejercerla. Con ello se puede dar respuesta al siguiente tipo de cuestiones: el que concibe que su función es difundir información de forma rápida y al mayor número posible de personas, ¿cuenta con una mayor pluralidad de fuentes?; ¿desprecia el periodista adversario las fuentes oficiales?; ¿con qué finalidad edita las noticias el periodista abogado?

Veamos qué tipo de variables serían de utilidad para dar respuesta a estas cuestiones.

a) Uso de *fuentes*. La pregunta más común es «En una escala de 1-10 valore la frecuencia con que usa las siguientes fuentes de información» (entre las que están, por ejemplo, los testigos presenciales, las notas de prensa, las ruedas de prensa, los políticos, los funcionarios, los gabinetes de prensa o el conocimiento personal del tema).

b) *Organización del trabajo informativo.* La organización del trabajo informativo es relevante para identificar si la cultura corporativa de la redacción puede estar siendo determinante de las actitudes profesionales. Son datos importantes sobre la organización del trabajo, por ejemplo, la celebración o no de Consejos de Redacción, la fluidez de comunicación con otros miembros de la redacción, la diversidad de tareas llevadas a cabo por el periodista, etc.

c) *Edición de las informaciones*, práctica profesional sobre la que se puede preguntar del siguiente modo:

Las informaciones que usted elabora son editadas con el fin de:	RARAS VECES			A MENUDO		
Aumentar el interés de la audiencia	1	2	3	4	5	6
Ajustar la información a los hechos	1	2	3	4	5	6
Incrementar la neutralidad	1	2	3	4	5	6
Darle un determinado enfoque político	1	2	3	4	5	6
Mejorar la presentación literaria o gráfica	1	2	3	4	5	6
Evitar eventuales conflictos con los intereses de su medio	1	2	3	4	5	6
Corregir errores formales	1	2	3	4	5	6
Evitar eventuales conflictos en la redacción	1	2	3	4	5	6

f) *Profesionalismo*: Las variables que permiten medir el índice de comunidad profesional son las siguientes:

— *Asociacionismo*: es una pregunta muy básica destinada a medir si el encuestado pertenece o no a una asociación profesional.

— Lectura de *publicaciones especializadas*: «¿Suele consultar alguna de las siguientes publicaciones?» (con una lista cerrada que incluye las publicaciones posibles, seguida de un «Otras. Especificar»).

— *Criterios de noticiabilidad.* Las preguntas sobre los criterios de noticiabilidad han de identificar cuál(es) son los factores más importantes para la determinación de lo que se publica o emite (compañeros de trabajo, otros medios, otras noticias locales, teletipos de agencia), etc. Estos son algunos ejemplos de preguntas:

¿Qué importancia tienen los siguientes procedimientos a la hora de determinar lo que publica o emite su medio?

El juicio del director
  Poca   1   2   3   4   5   6   Mucha
El juicio de los redactores jefes
  Poca   1   2   3   4   5   6   Mucha

El diálogo entre director y redactores-jefes o jefes de sección
  Poca 1 2 3 4 5 6 Mucha
El diálogo entre redactores-jefes y redactores
  Poca 1 2 3 4 5 6 Mucha
El debate en el Consejo de Redacción
  Poca 1 2 3 4 5 6 Mucha
El juicio de los redactores sobre los asuntos que cubren
  Poca 1 2 3 4 5 6 Mucha
El libro de estilo
  Poca 1 2 3 4 5 6 Mucha
Lo que la competencia publica o emite
  Poca 1 2 3 4 5 6 Mucha

Algunas preguntas tratan de medir directamente el grado de libertad que se tiene en la decisión de los aspectos de una noticia. Otras son más indirectas, como la siguiente:

¿QUÉ IMPORTANCIA TIENEN ESTAS LIMITACIONES EN SU TRABAJO?

El insuficiente espacio o tiempo para dar noticias
  Poca 1 2 3 4 5 6 Mucha
La presión de la hora de cierre
  Poca 1 2 3 4 5 6 Mucha
Falta de recursos para cubrir la información
  Poca 1 2 3 4 5 6 Mucha
La presión del superior inmediato
  Poca 1 2 3 4 5 6 Mucha
La presión del director
  Poca 1 2 3 4 5 6 Mucha
El insuficiente acceso a documentos oficiales y a los cargos públicos
  Poca 1 2 3 4 5 6 Mucha
El acceso insuficiente a los responsables y expertos
  Poca 1 2 3 4 5 6 Mucha
Falta de conocimiento sobre algunas materias
  Poca 1 2 3 4 5 6 Mucha
Las presiones de las instituciones empresas y organismos
  Poca 1 2 3 4 5 6 Mucha
La necesidad de captar la atención de la audiencia
  Poca 1 2 3 4 5 6 Mucha

g) Actitudes profesionales: Las preguntas específicas sobre las actitudes profesionales identifican, de modo directo, lo que el periodista dice sobre su función en la sociedad, en forma, por ejemplo, de valoración de la importancia atribuida a determinados aspectos del trabajo, como indica el siguiente ejemplo:

¿QUÉ IMPORTANCIA CREE QUE TIENE EN SU TRABAJO LOS SIGUIENTES ASPECTOS?:				
	Nada	Poca	Bastante	Mucha
Dar información a otros	1	2	3	4
Dar a conocer los problemas	1	2	3	4
Ser el primero en saber qué pasa	1	2	3	4
Influir en el público	1	2	3	4
Promocionar ciertas ideas y valores	1	2	3	4
Expresarme a mí mismo	1	2	3	4

Para la medición del tratamiento que los periodistas dan a la información oficial, es preciso incluir alguna pregunta relacionada con la reacción a las notas oficiales: «Cuando recibe una nota de prensa de un organismo oficial, lo edita para ajustarlo al espacio o al tiempo de que dispone, suele contrastar esa información con otras fuentes o desconfía por sistema de su contenido».

Algunas preguntas como la siguiente, aunque son más sofisticadas, permiten medir mejor cuál es la «participación» del periodista en aquello que cuenta.

AL TOMAR DECISIONES, LOS PERIODISTAS DEBEN ELEGIR A VECES
ENTRE FORMAS ALTERNATIVAS DE RELATO INFORMATIVO

Una elección posible se da entre información donde se deja a los hechos hablar por sí mismos, e información donde el periodista sitúa los hechos en su contexto. ¿Qué actitud suele adoptar usted?

Dejo hablar a los hechos   1   2   3   4   5   6   Sitúo los hechos en su contexto

¿Qué tipo de información es más usual en su trabajo: aquélla que tiene un punto de vista particular o aquélla que se limita a enumerar acontecimientos?

Adopto un punto de vista   1   2   3   4   5   6   Enumero los hechos

Hay otra alternativa posible, entre relatos que incluyen una visión crítica de los líderes políticos para proteger al público del abuso de poder, y los relatos que dejan hablar a los líderes políticos para ayudarles a comunicarse con los ciudadanos que les eligieron. ¿Cuál es el que suele adoptar usted?

Visión crítica   1   2   3   4   5   6   Dejo hablar

Otra elección puede darse entre relatos periodísticos con un tono de entretenimiento y relatos con tono más informativo. ¿Qué tono suele adoptar usted en sus trabajos?

Informativo   1   2   3   4   5   6   Entretenimiento

Una de las cuestiones que está implícita en el estudio de las actitudes profesionales, como vimos, es la adhesión al principio de objetividad. Hay estudios que muestran que los periodistas tienden a afirmar el principio tradicional «los hechos son sagrados y las opiniones libres», pero luego admiten prácticas que no son compatibles con este principio. Por eso es preciso incluir alguna pregunta relacionada con los enfoques de las informaciones: «¿Cuáles, de los siguientes aspectos, cree que le influyen más a la hora de enfocar una información? Su ideología política, su propia escala de valores, los datos de la propia información, la línea editorial de su medio, la percepción que usted tiene de las preferencias de la audiencia.

Las percepciones sobre las actitudes éticas forman también parte de las actitudes profesionales. Los estudios tienden a obtener una medición sobre esto solicitando al encuestado una valoración de prácticas como «pagar para obtener una información, usar informes sin autorización, incumplir la promesa de confidencialidad, adaptar la información a la línea de su medio o utilizar documentos personales sin permiso. Éste es un ejemplo de pregunta que trata de registrar la valoración ética de determinados procedimientos para la obtención de información».

h) *Tendencia política*: Las preguntas sobre tendencia política permiten medir si la ideología (o tendencia) es un factor determinante de la actitud política. Permiten medir también el grado de partidismo: entre periodistas es más común la no-identificación con un partido, pues se considera que el periodista no ha de militar, ya no sólo desde el punto de vista real, sino desde el punto de vista personal, unas determinadas ideas. Ésta es, por otra parte, una pregunta conflictiva, con un elevado índice de rechazo. Con el fin de no confundir la no-identificación con un partido con el rechazo a la pregunta, es preciso incluir una primera pregunta del estilo de «En general, ¿a qué partido se considera usted más próximo?», con respuesta cerrada y en la que una de las opciones sea «ninguno». Para obtener una medición genérica de la tendencia, en el caso de que esta primera pregunta sea rechazada, se puede añadir lo siguiente:

Por favor, sitúe sus ideas políticas en esta escala:							
Izquierda	1	2	3	4	5	6	Derecha

Una vez que se obtienen todos estos datos, el investigador ha de decidir, adecuadamente, el tipo de cruces a realizar, con el fin de buscar cuáles de todos los elementos arriba indicados pueden estar determinando las diferencias en las actitudes profesionales. Un estudio de caso de este tipo, referido a las actitudes profesionales de los periodistas españoles, se recoge en el siguiente epígrafe.

2. La observación de redacciones

La observación directa de redacciones de medios de comunicación es una metodología cada vez más utilizada en la investigación en comunicación. Es un método cualitativo que se ocupa más de la descripción y explicación, que de la medición y de la cuantificación. Consiste propiamente en la presencia en las redacciones de los medios de comunicación con el fin de observar el desarrollo del trabajo informativo.

La observación es *abierta* cuando el investigador se identifica al iniciar el estudio, y los periodistas bajo observación son conscientes de que están siendo analizados. El papel del investigador aquí se limita a observar; no se participa (no se interviene en las decisiones) en el trabajo informativo. Es *observación participante* cuando el investigador se da a conocer como tal y va más allá de la mera observación, convirtiéndose en uno más en la tarea que se observa. Es simplemente *observación* cuando el investigador observa sin que las personas analizadas sean conscientes de que están siendo observadas. Por último el investigador puede participar pero sin darse a conocer como investigador.

La observación directa es enormemente útil para analizar todo el proceso de producción de información, y permite recoger datos que se escapan en el sondeo, tales como factores estructurales, personales, tecnológicos y organizacionales. Es no quedarse en lo que los periodistas dicen qué pasa en las redacciones, sino llegar a verlo realmente[4].

La observación de redacciones permite:

a) completar los resultados del análisis de contenido con los factores de organización técnica y personal de la redacción que intervienen en todas las decisiones que influyen en el producto informativo;

b) analizar la evolución que sufre la noticia desde la toma de decisiones en el Consejo de Redacción hasta el momento de emisión/cierre de la edición la cadena o diario;

c) recoger las impresiones personales de los que participan en el proceso de producción;

d) responder a la pregunta sobre quién y cómo se establece la agenda de temas de los medios;

e) se llega, en definitiva, a identificar las causas que determinan la jerarquía de las noticias.

La posibilidad de hablar directamente con los reporteros, con los jefes de sección o con los diseñadores permite acceder directamente a aquellas motivaciones específicas que no aparecen explícitos en un sondeo o en un análisis de contenido. Con la observación directa se puede llegar, además, a dibujos precisos del diagrama de la toma de decisiones de una redacción.

---

[4] Si bien en otros países la observación de redacciones es una práctica más o menos frecuente, en España apenas hay tradición de estudiar las redacciones. Desde que se hiciera un primer estudio sobre las rutinas profesionales en la producción de noticias de radio y televisión (VILLAFAÑE y otros, 1987), pocos trabajos han tomado como observación empírica la toma de decisiones de las redacciones. Mi experiencia, en este sentido, es que hay en los medios una buena disposición para dejar entrar a los investigadores. No quiero desaprovechar esta ocasión para agradecer la generosidad de tiempo y materiales que siempre he encontrado en las redacciones a las que he asistido para realizar observación no participada.

A continuación se expone las pautas para la observación de redacciones para un estudio de la noticia política en un caso específico, el de las actitudes profesionales en una campaña electoral:

a) La relación de la gente a entrevistar es la siguiente:

— Jefes de informativos.
— Editores de informativos.
— Productores de informativos.
— Realizadores de informativos.
— Corresponsales enviados para la campañas.
— Analistas políticos.
— Personal de programas especiales: editores y productores.
— Productores de debates electorales.
— Jefe de la sección *Nacional*.
— Diseñadores o directores artísticos.

b) La relación de temas a analizar durante la observación de la redacción es la siguiente:

— *Planteamiento general* de la cobertura: agenda de temas a cubrir, tema predominante; programas especiales previstos; ediciones especiales (número y con qué temas); política específica para conseguir audiencia frente a otras cadenas de televisión.
— *Organización técnica y de personal*: creación de equipo especial; en su caso, composición del mismo; organización jerárquica; relación entre el equipo especial y el personal del programa informativo.
— *Organización del trabajo*: reorganización de horarios de plantilla; funciones de cada miembro del equipo.
— *Detalles formales*: longitud de la cobertura; longitud de los programas informativos; cambios en el formato de las noticias (intervención del presentador, intervención del enviado especial, etc.).
— *Consecuencias de la cobertura de campaña en la cobertura de otros temas*: de manera específica, consecuencias en la cobertura de política nacional e internacional.
— *Decisiones de* gatekeeping *y de noticiabilidad:* modos de discusión; influencia de cada miembro de la redacción (redactores, jefes de sección, redactores jefe, editores, director de informativos); evolución de las noticias desde la reunión del Consejo de Redacción hasta el momento de cierre o emisión; razones de las modificaciones sufridas a lo largo del día.
— Decisiones que se toman para mantener la *equidad* en el tratamiento de partidos y candidatos. Medición en tiempo/espacio, tanto diario como acumulado.
— *Relación con partidos políticos*: relación entre corresponsales (o enviados) y los gabinetes de comunicación de los partidos; relación entre corresponsales y jefe de sección y editor. ¿Hay intento, por parte de los partidos, de influir en el orden de las noticias y en el modo de cobertura de campaña? Razones por

las que se dejan de cubrir ruedas de prensa convocadas por los partidos. ¿Cuál es, a su juicio, el partido con más potencia noticiosa?

IV. LAS ACTITUDES PROFESIONALES DE LOS PERIODISTAS ESPAÑOLES

Tal y como afirman Ortega y Humanes (2000), el desarrollo que ha tenido la investigación sobre la sociología de la profesión periodística en España está lejos de la elaboración y profusión de lo realizado en otros países. Apuntan, como causas, las razones históricas (no siempre el periodismo español ha disfrutado de libertad de prensa), la ausencia de tradición en la realización de análisis empíricos sobre la comunicación por parte de los sociólogos, y el escaso interés de los periodistas a ser analizados por instancias ajenas a la profesión (pp. 223-224). Estos autores recogen una relación de los estudios que se han desarrollado hasta el año 2000 (p. 223), a la que habría que añadir los trabajos de Humanes (1998), Canel y Piqué (1998), de Canel, Rodríguez-Andrés y Sánchez-Aranda (2000) y de Canel y Sanders (2006).

El objetivo de estas páginas no es tanto recopilar la información que todos estos estudios ofrecen sobre la situación actual de la profesión periodística en España. Es, más bien, mostrar de qué manera la metodología arriba descrita puede llevar a unos resultados de investigación. Por eso, lo que a continuación se expone es el resultado de lo que de dos investigaciones se refiere exclusivamente a las actitudes profesionales (aún cuando estos trabajos tratan también otros temas como las características sociodemográficas de la profesión, el estatus laboral y la organización del trabajo informativo).

a) La primera llevada a cabo por medio de un sondeo a una muestra nacional de mil periodistas españoles (SÁNCHEZ-ARANDA, CANEL y RODRÍGUEZ-ANDRÉS, 1997; CANEL y PIQUÉ, 1998; CANEL y PIQUÉ, 1999; CANEL, SÁNCHEZ-ARANDA y RODRÍGUEZ-ANDRÉS, 1999; CANEL, RODRÍGUEZ-ANDRÉS y SÁNCHEZ-ARANDA, 2000).

b) La segunda llevada a cabo por medio de observación de redacciones en la campaña electoral nacional española de 1996 (CANEL, 1997; SEMETKO y CANEL, 1997).

No pretenden ser estas páginas una exposición detallada de los resultados de investigación que, por otra parte, aparecen de forma completa en las publicaciones que aquí se refieren; pretenden, más bien, hacer una descripción básica de cómo son las actitudes profesionales de los periodistas.

1. ESTUDIO DE CASO: «LAS ACTITUDES PROFESIONALES DE LOS PERIODISTAS ESPAÑOLES: INFORMAR, DEFENDER, ANALIZAR Y ATACAR»

¿Cuál es la percepción que los periodistas españoles tienen de su función en la sociedad? Para verlo, se hizo a los encuestados una pregunta sobre la valoración de la importancia de una serie de funciones de su trabajo. Estos fueron los resultados:

¿Qué importancia cree que tienen en su trabajo los siguientes aspectos? Importancia del papel del periodista (Porcentaje de la muestra que otorgó valores 3 y 4 en una escala 1-4)	Bastante o mucha. (Porcentajes)
1. Dar información a otros	90,7
2. Hacer públicos los problemas públicos	88,3
3. Ser el primero en saber lo que pasa	69,2
4. Promocionar determinados valores e ideas	50,5
5. Influir en el público	44,8
6. Dar un tono de entretenimiento a los relatos periodísticos	35,1
N = 284; N = 281; N = 279; N = 283; N = 280; N = 281	

El periodista español concibe que su papel consiste, fundamentalmente, en difundir información: considera que es prioritario todo lo que tenga que ver con la distribución de la información de forma rápida y al mayor número posible de personas. Las respuestas relacionadas con esta concepción —«dar información a otros», «ser el primero en conocer la noticia» o «hacer públicos los problemas públicos»— reciben elevadas valoraciones.

Pero la tabla muestra que hay otras concepciones que son también relevantes para los periodistas españoles. Más de uno de cada tres periodistas considera que influir en el público es importante. Y para uno de cada dos es también importante promocionar valores e ideas. Por último, uno de cada tres quiere entretener a la audiencia con su relato informativo. De modo que se puede hacer una afirmación inicial: además de dar información, hay otras tareas, más relacionadas con la influencia en el público, que también son importantes en un elevado porcentaje de los periodistas españoles.

¿Es el periodista español adversario? Para medirlo se utilizó la siguiente pregunta:

Cuando recibe una nota de un organismo oficial:	%
Suele contrastar esa información con otras fuentes	36
Lo edita para ajustarlo al espacio o al tiempo de que dispone	50,6
Desconfía por sistema de su contenido	12,4
N = 278	

Como se ve, uno de cada dos periodistas tiene una actitud pasiva ante la información, ya que afirma limitarse a editar aquellas notas oficiales para ajustarlo al espacio disponible. Sólo un 12,4 por 100 mantiene una actitud de desconfianza ante las fuentes oficiales, y uno de cada tres la contrasta con otras fuentes.

Completamos estos datos con los obtenidos en la siguiente pregunta:

AL TOMAR DECISIONES, LOS PERIODISTAS DEBEN ELEGIR A VECES ENTRE FORMAS ALTERNATIVAS DE RELATO INFORMATIVO. (SE OFRECIÓ UNA ESCALA DE 1 A 6 EN LA QUE LOS EXTREMOS FUERON LOS ABAJO MENCIONADOS. EN LA COLUMNA DE LA IZQUIERDA ESTÁN LOS VALORES 1, 2 Y 3 Y EN LA DE LA DERECHA, LOS VALORES 4, 5 Y 6).

VALORES 1, 2 y 3	%	VALORES 4, 5 y 6	%
Dejo hablar a los hechos por sí mismos.	19,9	Sitúo los hechos en su contexto	80,1
Enumero los hechos	70,5	Adopto un punto de vista	29,5
Dejo hablar a los líderes políticos para ayudarles a comunicarse con los ciudadanos que les eligieron	54,10	Doy una visión crítica de los líderes políticos para proteger al público del aviso de poder	45,9
Tono informativo de los relatos periodísticos	64,9	Tono de entretenimiento de los relatos periodísticos	35,1

N = 285; N = 284; N = 275; N= 277

Pues bien, con estos resultados, y mediante la técnica estadística del análisis factorial, se elaboraron las correspondientes etiquetas de actitudes profesionales del periodista español. El periodista español se ve como *difusor de información* (evita que le «pisen» la exclusiva), *adversario del poder* (desconfía por sistema de las fuentes oficiales y se muestra crítico con los políticos), *defensor de una causa* (trata de influir en el público mediante la promoción de valores e ideas), *analista de los datos* (sitúa los hechos en su contexto y muestra los datos adoptando un punto de vista) y *de entretenimiento* (considera que ha de entretener al público con su relato informativo). Veamos, en la siguiente tabla, qué porcentajes de los periodistas corresponde a cada etiqueta:

ROL DEL PERIODISTA	PORCENTAJE DE PERIODISTAS DE LA MUESTRA*
Difusor de información	82,4
Analista	59,7
Defensor de una causa	52,4
Adversario del poder	39,4
Entretenimiento	35,1

* Resultados de análisis factorial.

Como se ve, los periodistas españoles suscriben tareas diversas. La categoría *analista* de la realidad, suscrita por casi un 60 por 100 de la muestra, lleva a la conclusión de que los periodistas aceptan cada vez más la necesidad de poner los datos en su contexto, lo que significa enfocarlos adoptando un punto de vista. Al cruzar estos resultados con la variable edad, comprobamos que los más jóvenes son más analistas que los mayores. Además, fueron los periodistas jóvenes los que más discreparon de la máxima de objetividad «los hechos son sagrados; las opiniones libres». Se observa, por tanto, una tendencia a distanciarse de la imagen del periodista como espejo de la realidad. Esta conclusión confirma estudios anteriores en los que se predecía un profesionalismo emergente desligado del carácter sagrado de los hechos y que asume que el trabajo informativo lleva consigo una tarea de interpretación y de análisis; lo que hace amalgamar el periodismo de hechos con el periodismo de opinión (CANEL y PIQUÉ, 1998).

Del análisis de estas actitudes profesionales según el tipo de medios se obtienen unos resultados lógicos. Los periodistas de prensa son más analistas que los de radio y televisión. Esto es coherente, porque el formato de la prensa permite poner los datos en contexto más que el formato de radio y televisión. Las exigencias de tiempo y espacio de la radio y televisión obligan a sujetarse a los datos puramente fácticos y dificultan los análisis más pausados y en perspectiva. En la radio predominan los periodistas que se consideran «difusores de información». De nuevo, un resultado lógico: la radio es, de los tres, el medio que mantiene informado a tiempo más real. Es la televisión el medio en el que predomina el periodista «adversario». Y respecto al entretenimiento, no se pueden establecer conclusiones claras: en los tres medios hay periodistas que consideran importante dar a sus relatos informativos un tono de entretenimiento.

Para ver con más detalle cómo son los periodistas españoles se les preguntó: «¿Cuáles, de los siguientes aspectos, cree que le influyen más a la hora de enfocar una información? Su ideología política, su propia escala de valores, los datos de la propia información, la línea editorial de su medio o la percepción que usted tiene de las preferencias de la audiencia». Se analizó, además, si los periodistas usan fuentes distintas según crean que su función es informar, entretener, analizar, defender unos valores o investigar. Por último, se trató de recoger también qué actitud tienen ante las distintas instituciones sociales, políticas y religiosas.

Pues bien, éstas son las conclusiones. El periodista que se identifica con la categoría *abogado* (es decir, el que considera que es importante influir en el público y abogar por una serie de valores e ideas) discrepa de la separación radical entre hechos y opiniones. Entiende que las noticias son enfoques de la realidad. Y considera que estos enfoques están fuertemente condicionados por la propia ideología, por la propia escala de valores y por la línea editorial del medio en el que trabaja. Respecto al uso de fuentes, se apoya más en el conocimiento personal que tiene del tema de que se trate que en las ruedas de prensa. El periodista *abogado* es un guía para el público, un educador.

El periodista *adversario* se cree aséptico. Considera que ni su ideología ni su propia escala de valores le influyen al enfocar las noticias. Desconfía de la información que sale de los organismos oficiales, y por eso hace poco uso de las ruedas de prensa, de las notas de prensa, de las declaraciones de los políticos y de los gabinetes de comunicación. Es crítico con todas las instituciones, de manera particular, con el Gobierno, con la iglesia católica, y con las fuerzas de seguridad del Estado. Y es adversario no sólo de las fuentes oficiales, sino incluso también de la propia línea editorial del medio para el que trabaja.

Para el periodista *difusor de información*, los hechos siguen siendo sagrados. Lo que más le influye en los enfoques de las noticias son los datos de la propia información. Lo demás (la ideología, la escala de valores o la línea editorial) es irrelevante.

Y, para el periodista *analista,* los hechos no bastan. Hay que ponerlos en su contexto. Por eso, es el periodista *analista* quien menos se ve condicionado por los datos de la propia información al enfocar las noticias, y es quien acepta que sus propios valores se proyecten en los análisis que realiza. Considera, en mayor grado que los demás, que su audiencia espera de él el análisis de las informaciones.

¿Hay influencia de las características sociodemográficas? Estudios precedentes, con datos de un sondeo realizado en 1991 mostraron que la edad es una variable importante en la diferenciación de las actitudes profesionales de los periodistas españoles (CANEL y PIQUÉ, 1998). La razón estriba en que en España se ha producido un salto generacional en cuanto a las percepciones que los periodistas tienen de su papel. Está, por una parte, la generación de periodistas que vivieron la Transición a la democracia en pleno desarrollo de su vida profesional. Por otra, los periodistas más jóvenes, que desarrollaron sus habilidades periodísticas siempre en período democrático.

Los primeros se mostraron más analistas-interpretativos (buscando dar a los datos un punto de vista y promocionar una serie de valores e ideas) y defensores de una causa: el establecimiento y estabilidad de las instituciones democráticas. Por eso son más partidarios de un periodismo de opinión que de un periodismo de hechos, más partidistas y menos imparciales que los periodistas jóvenes. Tuvieron que velar por la práctica de la libertad de información en un período en que las consignas, la censura previa y la represión eran práctica común. Desarrollaron un periodismo en el que el estilo redaccional permitiera, por ejemplo, la lectura entre líneas o el doble sentido.

Al pasar a la democracia, aquellos periodistas se convirtieron en aliados del nuevo régimen y opositores a la dictadura. Resulta fácil suponer que, con la experiencia precedente, esos profesionales concibieran los medios como canales para enseñar a los ciudadanos la cultura y los valores democráticos y para difundir el respeto hacia las instituciones que tanto trabajo había costado establecer.

Por el contrario, los periodistas cuyo desarrollo profesional se registra en el período de Transición o democrático, que son periodistas más jóvenes que los periodistas del grupo anterior, son más imparciales, más partidarios del periodismo de hechos y más adversarios (distantes del poder). Su índice de identificación con el partido es menor, comparado con el de los periodistas de más edad. Y no parecen sentirse comprometidos con valores e ideas en el ejercicio de su trabajo.

Las percepciones aquí expuestas corroboran el profesionalismo emergente entre los periodistas españoles. Se ve que es creciente en España la noción de un periodista adversario y desconfiado hacia lo oficial. Y es creciente también la importancia otorgada al análisis de la información (análisis no necesariamente viciado de posturas políticas), que implica la necesidad de poner los datos en contexto, aunque ese análisis vaya en ligero detrimento de la inmediatez y difumine la barrera entre el periodismo de hechos y el periodismo de opinión. El informador español se distancia de la idea del periodista que actúa como espejo de la realidad, dinamitando con ello las máximas objetivistas que han dominado la práctica profesional de la mayor parte de este siglo.

Esta situación paradójica entre lo que los periodistas españoles proclaman sobre su percepción de la objetividad y lo que realmente sucede en la práctica ha vuelto a ponerse de manifiesto en una investigación que actualmente se está llevando a cabo sobre la cobertura del terrorismo. La investigación, que se está realizando mediante entrevistas personales, muestra que los periodistas siguen manteniendo como supuestos y puntos de partida las máximas de objetividad: en el nivel de principios, todos los periodistas coinciden en afirmar que la función de los medios ante el terrorismo es la de «informar con objetividad». Esta función informativa es valorada como prioritaria incluso ante la consideración del riesgo de que la cobertura informativa pueda contribuir a multiplicar el efecto comunicativo del terrorismo. Pero, a su vez, los periodistas entienden que también es función de los medios denunciar y alertar a la población aunque sin alarmar; es decir, que los medios son los principales agentes de concienciación y sensibilización de los ciudadanos ante la barbarie terrorista. Aunque todavía no están concluidos los análisis de contenido, parece que esta segunda percepción se pone de manifiesto en las noticias, en las que se aprecia una clara toma de postura por parte del medio[5].

2. Estudio de caso: «Las actitudes profesionales de los periodistas españoles en la cobertura de la campaña electoral de 1996»

La investigación que a continuación se expone fue llevada a cabo en las redacciones de las cadenas de televisión TVE1 y Antena3 TV durante la campaña electoral nacional de 1996, siguiendo la metodología arriba expuesta sobre observación de redacciones. El tiempo de observación fue una semana de precampaña y una semana de campaña. El objetivo específico de la investigación consistió en comprobar si las diferentes concepciones que los periodistas tienen de la objetividad periodística en campaña tuvieron consecuencias en las noticias electorales.

Expondré primero los códigos de objetividad de cada una de las cadenas, el diseño del programa informativo, el estilo del presentador, el contenido de las noticias electorales y la actitud hacia la información gubernamental, para terminar con una descripción de las actitudes profesionales con que los periodistas cubrieron la campaña.

A) *Los códigos de objetividad de TVE1 y Antena3 TV*

Tanto el *Estatuto General de Radio Televisión Española* como el documento interno *Principios básicos y líneas de programación* de TVE1 entienden que la información debe ser objetiva, veraz e imparcial. Ello exige, por una parte, la separación expresa entre información y opinión; por otra, que las distintas fuer-

---

[5] El trabajo, con financiación de la Comunidad de Madrid y del Ministerio de Educación y Ciencia, se está llevando a cabo en el Departamento de Comunicación Audiovisual y Publicidad 2 de la Universidad Complutense de Madrid, y lleva por título «Terrorismo post 11M y medios de comunicación: los efectos cognitivos y emocionales en la población.

zas políticas, sindicales, sociales, culturales y religiosas tengan un tratamiento equitativo.

En campañas electorales este principio se aplica mediante un «equilibrio matemático». Cada partido tiene derecho a un espacio en el informativo que es proporcional al voto obtenido en las elecciones anteriores. La distribución de tiempos específica para cada campaña se acuerda en el *Consejo de Administración*. Así, en la campaña de 1996 los tres partidos mayoritarios obtuvieron una media de 1 minuto y 40 segundos», 1 minuto y 30 segundos» y 40 segundos» respectivamente; y los partidos minoritarios 40 segundos» cada tres días.

Por su parte, la concepción que Antena3 TV tuvo de la objetividad está recogida en su boletín *Canal Interno*. La credibilidad del periodista, entiende Antena3 TV, radica en «la capacidad que tiene de impregnar los guiones con su personalidad». En contra de la teoría clásica de la pirámide invertida, se afirma que el periodista debe buscar el enfoque de la noticia, humanizarla, y usar un lenguaje con impacto para que el espectador entienda. El presentador ha de involucrarse en la noticia que cuenta (*Canal Interno*, 1996). Por ser Antena3 TV una cadena privada, nada le obliga a adjudicar tiempos fijos a los partidos políticos en los informativos de campaña electoral.

B) *Diseño del programa informativo*

Las reglas de objetividad nada dicen sobre el contenido de las noticias, sólo sobre la adjudicación de tiempos a los partidos. Sin embargo, la crítica que los partidos dirigieron a la cadena pública en las elecciones locales españolas de 1995 llevó a los periodistas de TVE1 a aplicar en 1996 las reglas de objetividad con unos usos profesionales que, en la práctica, condicionaron significativamente el diseño del telediario.

Por una parte, los periodistas se vieron obligados a pedir a los partidos indicaciones sobre la cobertura electoral. Concretamente, se preguntó a los partidos políticos de qué eventos deseaban cobertura diaria; la respuesta de los partidos dio siempre prioridad al mitin del candidato principal. Este imperativo —autoimpuesto por los periodistas ante la presión de los partidos— llevó parejos otros usos profesionales. Por ejemplo, la necesidad de conectar en directo con los mítines en la segunda edición del informativo (con los consecuentes condicionantes técnicos); o la «obligación» de dedicar la primera edición —carente de «noticia» electoral, pues a las 15.00 p.m. no se han celebrado todavía los mítines del día— a la cobertura de noticias viejas, los mítines del día anterior, ya cubiertos en la segunda edición.

El diseño de la información electoral del TVE1 fue entonces el propio de la *strait jacket* (literalmente, camisa de fuerza; pero la traducción más adecuada sería «corsé»): se elaboró un bloque fijo, separado del resto de las informaciones por una careta de entrada y una de salida, con una posición variable dentro del informativo (dependiendo de la hora de conexión directa), y exclusivamente dedicado a la cobertura de mítines. Lo que se emitió de los mítines fue la parte del discurso del candidato solicitada por los partidos. La intervención del presentador y periodista, casi inexistente, sirvió sólo para dar paso a la emisión de las imágenes en directo.

El diseño del informativo de Antena3 TV en campaña electoral ofreció características distintas. El mitin no fue el evento principal, y en caso de recibir cobertura, el discurso del candidato constituyó sólo una parte junto a información «social» del evento (por ejemplo, los datos sobre el número de asistentes, sucesos graciosos, etc.) o junto a la información sobre las tácticas persuasivas utilizadas por los candidatos. La información electoral incluyó una gama más variada de contenidos: visitas de los candidatos a foros públicos, comentarios a los resultados de sondeos, comentarios de expertos sobre la campaña, reportajes de análisis de los programas electorales de los partidos, y documentales cómicos sobre el desarrollo de la campaña. El bloque electoral, más flexible que en el caso de TVE1, estuvo salpicado a lo largo de todo el informativo.

C) *El estilo del presentador y de los periodistas*

Durante los informativos de campaña los periodistas de TVE1 se comportaron siguiendo el lema clásico de objetividad: el periodista ha de parecer distanciado y desinteresado de la información. En las entrevistas llevadas a cabo con los presentadores de los informativos, se comprobó en éstos una constante intención de evitar comentarios personales, valoraciones o expresión de pasión y sentimientos.

El principio que guía Antena3 TV, «la credibilidad depende de la capacidad de impregnar los guiones con la propia personalidad» fue estrechamente seguido por los presentadores, que eran, por política de la casa, los editores de los informativos. Así lo muestran los comentarios recogidos en las entrevistas con los presentadores: «cuando presento las noticias, pienso que estoy contando una historia» —afirmó uno de ellos—. «Tengo que conseguir que la gente se meta en la noticia —afirmó otro— y para ello, la audiencia me ha de ver involucrado». Los presentadores y reporteros usaron gestos para mostrar la relevancia de la noticia o su carácter positivo y negativo. Siguieron el paradigma del *conventional journalistic orientation* (BLUMLER y GUREVITCH, 1995: 150 y ss.), es decir, aplicaron criterios profesionales de la noticia, dando a la información connotaciones de drama, conflicto y humor. En términos generales se podría decir que Antena3 TV siguió un estilo más irónico, personalizado, crítico con los políticos y de entretenimiento.

D) *El contenido de las noticias electorales*

Como ya se ha afirmado, el contenido de las noticias electorales de TVE1 estuvo restringido a los mítines. El de Antena3 TV fue más variado. Las entrevistas realizadas con los directores de informativos de las dos cadenas dan razón de esa diferencia de contenidos. Preguntados por los criterios seguidos en la selección de información, el director de informativos y los editores de TVE1 respondieron que se habían guiado por la necesidad de complacer a los partidos. Ello supuso una ausencia de «política propia de contenidos». Es decir, los periodistas no tomaron parte en la determinación de los contenidos de las noticias electorales. «Nosotros no tenemos una relación de temas preestablecida —afirmó el director de informativos—. Cubrimos los mítines. Por tanto, los temas a los que damos cobertura son aquellos que los candidatos sacan en sus discursos de mitin».

La misma pregunta fue contestada de muy diverso modo por los mismos cargos de Antena3 TV. Con dos meses de antelación, y guiados por un estudio de audiencia, los periodistas de Antena3 TV hicieron una relación de temas a los que dar cobertura durante la campaña. Los temas seleccionados fueron terrorismo, pensiones, educación, sanidad, desempleo y servicio militar. Los periodistas elaboraron unos reportajes de análisis sobre la política que proponían los partidos respecto a los temas seleccionados.

Estas actitudes distintas de los periodistas hacia el contenido de las noticias muestran quiénes determinan las noticias electorales. Mientras que en el caso de TVE1 son los partidos, en el de Antena3 TV es la audiencia. Además, la actitud frente a los partidos fue ligeramente diferente. Estos llamaron diariamente a la redacción con peticiones específicas o críticas sobre la cobertura del día anterior. Pude comprobar en todos los editores y jefes de campaña la intención de satisfacer esas demandas. Pero comparativamente, Antena3 TV tuvo más margen de maniobra, más autonomía e independencia que TVE1. A diferencia de ésta, los periodistas de Antena3 TV se pudieron permitir el lujo de considerar que su audiencia ya había recibido el programa electoral de los partidos en su día; entendieron que lo que en ese momento la audiencia esperaba de los periodistas era un análisis de ese programa. Incluso se comprobó que en Antena3 TV, las peticiones del partido eran ignoradas cuando éstas suponían complicaciones técnicas. No se percibió esa misma actitud en TVE1. El criterio que prevaleció aquí fue el de que, por ser servicio público, la cadena debía contentar a los partidos.

E) *La actitud hacia las informaciones gubernamentales*

Aunque inicialmente el presente estudio estuvo restringido a las informaciones electorales, el desarrollo del trabajo de campo obligó a añadir una pauta seguida por estudios similares de carácter internacional: el análisis de la actitud de los periodistas ante las informaciones gubernamentales. Es éste un aspecto polémico que bien merece un estudio pormenorizado sobre la concepción española de «servicio público» así como sobre la estructura de éste. Aquí me limitaré a exponer aquellos datos que completan la reflexión global del presente análisis.

Existe en la redacción de TVE1 una «cultura gubernamental». El punto de partida para esta conclusión fue el elevado porcentaje de noticias gubernamentales que, comparado con otras cadenas, incluyó TVE1 en sus informativos. Fue también frecuente en TVE1 el uso de declaraciones de miembros del Gobierno para completar informaciones no gubernamentales, como por ejemplo, el análisis de los indicadores económicos o comentarios del Presidente del Gobierno español sobre un ataque terrorista en Israel.

Tanto las entrevistas con directores de informativos, editores, y periodistas, así como la participación en las reuniones del Consejo de Redacción, muestran diferentes actitudes hacia la información gubernamental. En la cadena pública, las declaraciones y noticias gubernamentales fueron sobrevaloradas frente al resto de las informaciones del día. Este trato privilegiado que el Gobierno recibe en la cadena pública es también un resultado en investigaciones similares internacionales (SEMETKO y SCHOENBACH, 1994: 54). Los investigadores concluyeron allí que la razón estriba no en la identificación ideológica de los periodistas con el Gobierno, sino en una concepción de la profesionalidad periodística. Algunas investigaciones sobre sociología redaccional española concluye que existe en los periodistas una tendencia hacia la izquierda (CANEL y PIQUÉ, 1999). Sin embargo, esos datos no permiten una conclusión que identifique a los periodistas de TVE1 con el Gobierno socialista. Las entrevistas mantenidas con los periodistas de TVE1 y mi participación en las reuniones editoriales muestran que la razón estriba en un componente «cultural» propio de la casa: los periodistas de la cadena pública sobrevaloran las informaciones gubernamentales porque se sienten con el deber de dar cobertura al Gobierno. «Toda redacción tiene su dueño. El de la nuestra es el Gobierno, pues es el Gobierno quien nombra a nuestro Director, y éste a nosotros» fue el comentario de la editora del informativo del mediodía.

Preguntados en Antena3 TV por la razón por la que habían excluido determinadas informaciones gubernamentales que sí ofreció la cadena pública, los periodistas manifestaron ser conscientes de que el Gobierno tenía intención de usar actividades oficiales para ocupar espacio en las noticias durante la campaña. Esas actividades fueron ignoradas por los periodistas de Antena3 TV por no ser, a su juicio, noticia.

F) *Clasificación de las redacciones de TVE1 y Antena3 TV*

Al amparo de la teoría sobre actitudes profesionales de los periodistas, el análisis comparado aquí expuesto permite concluir que en la cobertura de la campaña electoral de 1996 los profesionales de TVE1 y Antena3 TV mostraron las siguientes actitudes profesionales.

Respecto a los periodistas y a la redacción de TVE1:

a) Tiene una fórmula rígida de cobertura de campaña electoral, resultado de la aplicación de las reglas de objetividad. Sigue el paradigma clásico que Hardiman-Scott y Hackett identifican en la BBC (HARDIMAN-SCOTT, 1977; HACKETT, 1984).

b) Se adhiere a la *teoría clásica de objetividad*: la presentación y emisión de las noticias carece de valoraciones por parte de los periodistas. Los hechos son sagrados y las opiniones libres.

c) *No* es *reactiva*: resulta fácil para los partidos introducir su mensaje en los informativos, incluso aunque lo que dicen o hacen no siga los criterios profesionales de noticiabilidad.

d) Sigue criterios *menos periodísticos*: los periodistas no añaden a las informaciones electorales valores ajenos a la política (como el humor, el drama o la novedad) para atraer audiencia.

e) Es *servil* para con el Gobierno: las informaciones gubernamentales tienen prioridad sobre el resto de las informaciones.

f) Es *pasiva-abogada*: la neutralidad a la que aspiran para lograr la objetividad acaba en una defensa de los intereses gubernamentales.

Por su parte, se puede definir la actitud de Antena3 del siguiente modo.

a) Sigue la nueva teoría de objetividad (ROSEN, 1993: 48): no se da separación entre hechos y opiniones y los periodistas aparecen involucrados en la noticia.

b) Es *reactiva*, tratando *desenmascarar* el mensaje partidista: al igual que TVE1, Antena3 TV se consideró con el deber de dar cobertura a la campaña; pero para los partidos fue más difícil introducir su mensaje en las noticias de Antena3 TV.

c) Es *periodística*: se añade a la información electoral matices cómicos, dramáticos, o novedosos para atraer audiencia.

d) Es *pragmática* hacia el Gobierno: las informaciones gubernamentales compiten en igualdad de condiciones con el resto de las informaciones.

e) Es *analítica*: los periodistas añaden información de análisis a lo que dicen los partidos.

G) *Unas notas sobre el debate catalán en torno a los bloques electorales de los informativos (junio 2006)*

No puedo terminar este epígrafe sin ofrecer unas notas sobre el debate que se está llevando a cabo en Cataluña respecto a la cobertura de las campañas políticas en la televisión pública autonómica. Son notas que, aunque muy breves, ofrecen pistas sobre el estado de la cuestión; si bien una descripción completa requeriría un análisis profundo de la sociología de las redacciones de los medios catalanes.

Las partes enfrentadas en este debate son la comunidad profesional (representada por el Colegio de Periodistas) y la clase política (representada por los partidos políticos, salvo una fuerza minoritaria que apoya las reivindicaciones de los periodistas por ser befeneficiaria de ellas).

En esencia, la reivindicación de los periodistas es la eliminación de los bloques electorales. Los bloques, como ya he expuesto en epígrafes anteriores, son espacios dentro de los informativos de cadenas públicas que siguen unos criterios de cobertura determinados; en este caso, una duración específica de las piezas informativas (un tiempo proporcional a la representación parlamentaria que tiene el partido que es objeto de la pieza informativa), así como de un orden de las mismas (orden que, de nuevo, refleja la dimensión de la representación con que cuenta cada partido).

El argumento que los periodistas esgrimen para pedir la supresión de los bloques es, básicamente, el de la autonomía profesional en la decisión de noticia, y se viene expresando en los siguientes términos: los bloques electorales suponen una injerencia de los partidos en la organización del informativo; obligan con frecuencia a actuar contra criterios noticiosos (pues, por ejemplo, fuerza a abrir el bloque con el partido mayoritario aun cuando lo que éste haya hecho no sea objeto de la noticia más importante); los contenidos de los bloques electorales no son noticias sino propaganda electoral; los bloques electorales, en definitiva, asumen que los medios de comunicación públicos son de los partidos y de los Gobiernos y no de los ciudadanos.

En Cataluña el debate se hizo más álgido con la cobertura de las elecciones autonómicas en noviembre de 2003, en la que, entre otras cosas, varios periodistas llegaron a no firmar los informativos, expresando así que no se identificaban con unos contenidos que consideraban más propagandísticos que noticiosos. Tanto la campaña para el referéndum de la Constitución europea (febrero de 2005), como la campaña para el referéndum del Estatuto catalán (junio de 2006), han alimentado este debate. En junio de 2006 el Consejo de Administración de la Corporación Catalana de RTV decidió dar un primer paso hacia lo que consideraba una visión que combine los criterios profesionales con la imposición legislativa de respeto a la pluralidad partidista. Este primer paso se sustanciaba en que, por una parte, la cadena pública tomaría el tiempo que corresponde a cada partido de manera global (es decir, lo distribuiría a lo largo de toda la campaña) y no como un tiempo con el que hay que cumplir en cada pieza de cada informativo. Por otra parte, se suprimía la imposición de un orden de aparición de los partidos. Además de que estas medidas ofrecían una mayor flexibilidad a los periodistas para la organización del programa con mayor coherencia informativa, hacían que el interés informativo fuera un criterio más determinante tanto para la decisión del orden de las noticias como para el tiempo de las mismas.

Sin embargo, el Partit dels Socialistes de Catalunya recurrió este acuerdo ante la Junta Electoral Central (tras haberlo recurrido ante la Junta de Barcelona), quien ha establecido una vuelta a los bloques electorales en su naturaleza original: la cobertura de los partidos ha de hacerse en razón a la proporcionalidad que tienen los mismos en el Parlamento, y el orden de cobertura ha de ser el correspondiente a la representación de cada fuerza política. Como ya he afirmado arriba, valorar bien las reivindicaciones de la comunidad profesional así como el fallo de la Junta Electoral Central requiere un análisis más extenso y profundo sobre la situación política y mediática de Cataluña. Pero creo que estos apuntes ofrecen una pista sobre el estado de un debate que, por otra parte, sólo está teniendo consecuencias operativas en esta Comunidad Autónoma.

V. ¿QUÉ DICEN, DE HECHO, LOS MEDIOS DE COMUNICACIÓN?: LA COBERTURA

Hasta aquí hemos seguido el proceso de lo que pasa en una redacción hasta que algo sale publicado o emitido. Podríamos decir que hemos visto la trastienda o el *backstage*. Llegamos ahora a la última fase del proceso, que es el análisis de lo que finalmente sale publicado en los medios de comunicación.

Los medios publican historias con personajes, con una acción, un hilo conductor, unos resultados.... Como ya se ha visto, cada uno de esos elementos implica decisiones, que hacen que un mismo suceso tenga coberturas distintas en los distintos medios. Unos lo dan y otros no lo dan. Unos lo llevan a portada y otros lo dejan en interior. Unos sacan una buena fotografía y otros la fotografía que ridiculiza al político. Unos señalan en el titular el incremento presupuestario anunciado en la rueda de prensa y otros afirman que el incremento presupuestario es menor que el del año anterior. Son... diferentes enfoques, diferentes ángulos. De hecho, los periodistas, cuando están trabajando en una noticia, dicen algo así como «todavía no sé por dónde voy a llevar la historia», qué significa, «por dónde la voy a enfocar».

Pero además, los periodistas necesitan condensar significados, llamar la atención en el titular o impactar visualmente con una imagen. Por eso recurren a metáforas («el corazón del Gobierno»), símbolos (el lazo negro como expresión de luto ante atentados terroristas), imágenes (un político resbalándose al subir al escenario del mitin), palabras clave (como las que se recogen en secciones especiales como «la polémica de» «el affaire X», etc.).

1. LOS MEDIOS ENFOCAN LAS NOTICIAS

El análisis sobre los contenidos de las noticias en los medios ha sido abordado desde la noción de *framing*, cuya derivada, *frame*, puede ser traducido como enfoque, marco o ángulo. La teoría del *framing* asume que el periodista, en su quehacer informativo, se ve enfrentado a tomar decisiones que llevan a seleccionar unos contenidos (con la consecuente exclusión de otros), a subrayar unos aspectos sobre otros otorgando, como consecuencia, un enfoque o encuadre determinado a las informaciones. El *frame* entonces es el enfoque o ángulo que tiene una noticia. De manera que la idea de *framing* se ha utilizado para expresar cómo los periodistas entienden los sucesos y las cuestiones, y cómo los explican a sus audiencias.

La noción de *framing* surge como una respuesta a la corriente objetivista de los años sesenta y setenta, y ofrece una alternativa a este viejo paradigma (TANKARD, 2003: 96). De hecho, literalmente significa «marco» (de una ventana), metáfora con la que sutilmente Tuchman irrumpe en el debate sobre el objetivismo para decir que la noticia es como una ventana abierta al mundo por la que nos enteramos de lo que está fuera de nuestro alcance cognoscitivo. Pero la ventana puede ser grande o pequeña, con uno o varios cristales, de vidrio opaco o claro, con vistas a la calle o a un patio interior... Y el que se asoma puede simplemente atisbar a ventana cerrada o sobrepasar el alféizar inclinándose acentuadamente. La percepción de la realidad depende de múltiples factores (TUCHMAN, 1978).

La investigación sobre el *framing* ha atraído un gran número de estudios tanto teóricos como empíricos. Reese (2003) entiende que eso se debe a que el *framing* es un «acercamiento analítico útil que abre un gran campo de análisis de cómo se construyen los temas, cómo se estructuran los discursos y se desarrollan los significados» (p. 7). En Canel (1999) y Canel y Sanders (2006) se ha tratado de hacer un compendio y revisión de las aportaciones de los distintos autores a la noción de *framing*.

La definición del *framing* y del *frame* tiene que ver, primero, con la idea de *selección*. El *framing* es el resultado de una inclusión y exclusión de contenidos. Aquí estaría la definición de Entman (1993) «enfocar es seleccionar algunos aspectos de una realidad percibida y hacerlos sobresalir, de tal manera que se promueve una determinada definición del problema, una interpretación de su causa, una evaluación moral y/o la recomendación de una solución» (p. 52). El enfoque llama la atención sobre determinados aspectos de la realidad en detrimento de otros. La definición de Tankard y otros (1991) también se centra en la inclusión y exclusión: el enfoque (*frame*) «sugiere de qué va un asunto a través de la selección, exclusión y elaboración» (p. 5).

Las definiciones hacen referencia también a *la forma como las cosas se organizan mentalmente*. Así, se atribuye al *framing* el papel de organizar la realidad: «un enfoque es una idea central organizadora, o la línea que da sentido a la historia» (GAMSON y MODIGLIANI, 1987, p. 143). Estos autores hablan también del enfoque como un paquete interpretativo (GAMSON y MODIGLIANI, 1989), es decir, como aquello que orienta la percepción de lo que realmente está en juego (p. 3).

En tercer lugar, el *framing* está relacionado con la idea del *contexto de un tema*. Los enfoques definen «qué elementos de una cuestión son relevantes en el discurso público, qué problemas son solucionables mediante una política pública, qué soluciones son las posibles, y qué actores tienen credibilidad para solucionarlos» (MEYER, 1995: 175). En la misma línea Rachlin (1988) afirma que «hay determinadas presunciones de las que se derivarán determinados enfoques o contextos dentro de los cuales se presentan los sucesos» (p. 3).

En cuarto lugar, y aplicado al proceso de «manufactura» de la noticia, se entiende que el *frame* es la línea, ángulo o juicio noticioso. Un enfoque es, explica Mendelson (1993), el ángulo que hace que un simple incidente se convierta en un nuevo suceso que, a su vez, genera una nueva noticia (p. 150). Tankard y otros (1991) lo definen como la idea central organizadora del contenido de la noticia (p. 5). Como consecuencia de los juicios noticiosos, los enfoques «se construyen de y mediante palabras clave, metáforas, conceptos, símbolos e imágenes visuales que están enfatizadas en un texto noticioso» (ENTMAN, 1991, p. 7). Gitlin (1980) relaciona el concepto directamente con la producción del discurso noticioso cuando dice que los enfoques «permiten que el periodista procese gran cantidad de información de manera rápida y rutinaria, así como "empaquetar" la información de manera que sea fácilmente "entregada" a su audiencia (...)».

La definición que Reese ofrece del *frame* da un paso importante en la integración de la perspectiva psicológica con la sociológica (sobre estas dos perspectivas ver el interesante trabajo realizado por Belén Amadeo, 1999). Reese define los *frames* como «*principios organizadores* socialmente *compartidos y persistentes* a través del tiempo, que trabajan *simbólicamente* para *estructurar* el significado del mundo social» (2003, p. 11; cursivas en el original).

La definición de este autor se puede resumir de la siguiente manera:

Principios. Al contenido de los medios subyace un principio del que se deriva una forma de enfocar la historia; el enfoque es un esquema abstracto de interpretación que trabaja a través de todo el texto.
Organizadores. Los enfoques hacen el mundo coherente, estructuran significados.
Socialmente compartidos. Los enfoques se aceptan de manera profunda, culturalmente e idiosincrásicamente.
Persistentes a través del tiempo. Se continúan usando porque es una estructura que satisface una necesidad importante.
Trabajan simbólicamente. Operan por medio de recursos simbólicos.
Para estructurar significados. Enfocar es más que una cuestión de inclusión o exclusión. Es, dice este autor, estructurar significados: los enfoques transmiten un patrón del mundo.

Tal y como consideramos en Canel y Sanders (2006), esta definición es verdaderamente útil. Combate la visión del *framing* como un simple proceso de selección: no se limita al análisis de lo que se dice *versus* lo que no se dice. Tiene en cuenta, por tanto, contenidos ausentes que, aunque no están presentes, están siendo evocados a través de contenidos manifiestos; algo de gran importancia si se tiene en cuenta que los contenidos ausentes a veces pueden ser más efectivos que los que están presentes. Por ejemplo, la noticia que lleva por fotografía los escaños vacíos de una determinada fuerza política que decidió ausentarse de la sesión parlamentaria. El enfoque se expresa a través de un contenido manifiesto (escaños vacíos) que evoca una realidad ausente (unos diputados) para expresar un contenido (la opción de éstos de no acudir a la sesión). De manera que el enfoque más importante puede que no sea el más presente sino el más evocado (y ausente).

También encontramos como virtud de esta definición el hecho de que integre una perspectiva psicológica del *framing* con una perspectiva sociológica, apuntando a una dimensión cultural. Dimensión cultural que, al igual que mostré en la revisión de los estudios del *gatekeeping*, es muy importante para poder comprender el proceso de producción de noticias. En la medida en que Reese afirma que los enfoques son principios compartidos socialmente, se está refiriendo a una dimensión cultural por la cual la percepción que unos individuos tienen de la realidad puede ser compartida y también adoptada por otros. Por ejemplo, la utilización del lazo negro o de rosas blancas como logo para la cobertura de atentados terroristas, además de condensar una serie de significados, evoca resonancias culturales que están en la sociedad. Los periodistas utilizan también asociaciones con la historia o con la identidad nacional de un país. Por ejemplo, tal y como se demostró en la aplicación que hicimos de esta definición de *framing* al análisis de la cobertura de los escándalos políticos en la década de los noventa en España y en Gran Bretaña, los periodistas utilizan títulos de películas, refranes populares e incluso referencias históricas tales como «tradiciones victorianas» o la «Transición»; y todos estos recursos añaden determinadas connotaciones (CANEL y SANDERS, 2006: 142-143).

Pero tal y como argumentamos, no nos identificamos del todo con la afirmación de Reese de que los enfoques *estructuran el significado del mundo*. Entendemos que cierto es que algo de eso sucede, pero no compartimos la visión constructivista de la realidad que de alguna manera está implícita en esa frase. A nuestro juicio, lo que hacen los enfoques al usar elementos simbólicos (como ejemplos, frases capciosas, estampas, representaciones o imágenes visuales) es algo parecido a lo que realizan las metáforas. Una metáfora es una figura del discurso en la que una palabra o frase se aplica a algo que no es aplicable directamente; se aplica a un objeto o a un concepto que no denota literalmente, y se hace con el fin de sugerir una comparación y facilitar así su comprensión.

Lo que hacen los enfoques, entonces, no es estructurar la realidad (en el sentido constructivista de la expresión), sino resumir, condensar o representar significados que son más amplios y que están ausentes. Al hacerlo, el enfoque ayuda a hacer más comprensible la realidad, implicando, a su vez, un juicio sobre la misma. Concluímos aquellas reflexiones definiendo el enfoque como «contenido manifiesto (incluidos los elementos simbólicos) que evoca contenido ausente, y que, al utilizar resonancias culturales, ayudan a hacer más comprensible el mundo social, a la vez que implican un juicio sobre el mismo» (CANEL y SANDERS, 2006: 59).

No ignoro el importante debate que suscita la definición del *framing*. En un extremo del mismo están los que consideran que el periodista ha de transmitir la realidad tal y como la ve; y conciben un periodista que ha de rechazar los enfoques. En el otro, están aquellos que consideran que esto no es posible, no sólo por las dificultades que tiene conocer la realidad, sino las que tiene transmitirla sin crear significados configurando realidades nuevas.

Considero que no hay que llevar la teoría, noción o concepto *framing* más allá de donde puede estar. Con un planteamiento pragmático, algunos autores piensan que desde el *framing* se hace posible abordar análisis más realistas del proceso de noticia (BENNETT, 2004: 299), pues tiene en cuenta los condicionantes reales en los que trabajan los periodistas. Los periodistas tienen que resumir, resaltar, seleccionar,... y al hacerlo, enfocan. El *framing* subraya que para el conocimiento de las cosas no hay un único camino, sino que se dispone de múltiples vías, perspectivas, y maneras de acceder; que los periodistas, que tienen que reportar el mundo social, necesitan ordenarlo para comprenderlo y poderlo transmitir; que es un sujeto quien lo ordena; y que redactar una noticia supone colocar un orden en los acontecimientos (SÁDABA, 2006).

Ahora bien, aceptar que las noticias tienen enfoques no abona la escéptica conclusión de que es imposible transmitir lo que pasa. El enfoque no es, necesariamente, sesgar la noticia; el *framing* o acción de enfocar va más allá de estar en contra o favor de algo. Implica la habilidad de definir una situación, de dibujar el problema (TANKARD, 2003). Pero una cosa es que haya diversidad de accesos para conocer y dar a conocer el problema, y otra que todos los accesos sean igualmente válidos o adecuados a la realidad que se comunica (SÁDABA, 2006).

No es posible entrar en mayor profusión en este interesante como complejo debate, por lo que terminaré señalando, simplemente, que el *framing* es resultado del interés de psicólogos, sociólogos y comunicadores por comprender bien la acción de los medios, y por evitar los falsos engaños que la corriente objetivista del siglo pasado trajo consigo.

2. Cómo advertir los enfoques de las noticias

El *framing* o la acción de enfocar no es una cuestión abstracta o teórica, sino que se traduce en contenidos concretos, en imágenes determinadas. La dificultad es que lo hace de una manera sutil (casi nadie se da cuenta de que el lazo negro está en una esquina de la pantalla; o que un ángulo de cámara está perjudicando la imagen de un político al sobredimensionar su papada). Es preciso conocer de qué manera se expresan los enfoques.

Ghanem (1997) habla de cuatro elementos en los que advertir los enfoques, que llama dimensiones del *framing*: el tema de una noticia, la presentación (tamaño y lugar), atributos cognitivos (detalles o datos del contenido expreso) y atributos afectivos (el tono de la noticia) (pp. 10-14). Tankard entiende que son mecanismos explícitos del encuadre o enfoque los titulares, antetítulos, subtítulos, fotografías, pies de foto, *leads*, selección de fuentes, citas, logos, estadísticas, tablas y gráficos (TANKARD y otros, 1991). Entman (1991) va más allá al considerar que para captar no sólo el contenido presente sino también el ausente, hay que entender que los enfoques vienen además expresados en palabras clave, metáforas, conceptos, símbolos e imágenes visuales que están enfatizadas en un texto. Y, por tanto, afirma que se pueden detectar los enfoques buscando, por ejemplo, una palabra específica o una imagen visual que aparece de manera consistente y repetida en una narración. La repetición de palabras y de imágenes hace que ciertas ideas y no otras sean más prominentes en el texto, otras menos, y otras, completamente invisibles (p. 7).

Entman (1991) habla también de otras cuatro dimensiones: importancia (o relevancia que se le da a algo), *agency* o atribución de culpa (es decir, quién hizo algo), categorizaciones (evaluaciones morales de quiénes actúan) y generalizaciones (conexiones del tema específico con otros temas o debates que son más amplios o genéricos). En trabajo posteriores Entman entiende que la función del *framing* es definir el problema, identificar sus causas, formular categorizaciones o evaluaciones morales de quienes están implicados y sugerir los remedios (ENTMAN, 1993 y 2003: 417).

3. ¿Dónde lleva el análisis de los enfoques de las noticias?

Trabajar con los enfoques de las noticias permite, por una parte, *evaluar la importancia que los medios otorgan* a un tema, a un candidato, a un actor político o a una organización. Bajo los términos «prominencia» o «prioridad» algunas investigaciones apoyadas en la metodología de análisis de contenido han tratado de elaborar índices del grado de importancia que los periodistas atribuyen a una noticia (ENTMAN, 1991; GHANEM, 1997). Así por ejemplo, la posición o la extensión de una noticia pueden indicar la valoración que de élla ha hecho el periodista: ciertamente que un tema sea tratado en portada significa que se le ha otorgado mayor relevancia que al resto de temas; del mismo modo, una noticia de minuto y medio tiene más importancia que la de medio. Aunque con ciertas deficiencias (cfr. CANEL y otros 2002), es una forma de medir la visibilidad de una realidad política.

El análisis de los enfoques permite, en segundo lugar, *medir los atributos* con que algo (una medida política, un político, una ONG o un Presidente) es proyectado en los medios. Utilizando terminología propia de la comunicación institucional corporativa, es medir el posicionamiento.

Desde planteamientos más generales de cobertura, algunos estudios de *framing* se han hecho paradigmáticos en la identificación de enfoques de las realidades políticas. Por ejemplo, Iyengar (1991) afirma que hay una cobertura *episódica* (que es una cobertura que se centra en sucesos con protagonistas, historias personales, un guión y cierta tensión dramática) distinta de la cobertura *temática* (las noticias están enfocadas en torno a los problemas, sus causas, así como las soluciones y medidas a tomar). Esta identficación de enfoques se puede aplicar al análisis de cobertura de una campaña, de una ley, de una alcaldía o de una política social.

Para el estudio de campañas electorales se ha consolidado el paradigma de análisis que contrapone el enfoque *issue-campaign* frente al enfoque de *horse-race campaign* (ALTHEIDE, 1976; ARTERTON, 1987). La cobertura tiene un enfoque *horse-race*, de carrera de caballos, cuando se centra en los aspectos de competición que hay en una contienda electoral: qué candidato va ganando según los sondeos, qué otro le puede quitar terreno, qué pasaría si los indecisos se inclinaran por una determinada opción, etc. Las noticias no se fijan tanto en las cuestiones políticas que están en juego (lo que sería una cobertura *issue-campaign*, enfocada en los *issues*).

Otra tipología de enfoques es la que contrapone el enfoque «enfoque *issue*» el «*game frame*» (enfoque de juego), que «se estructura en torno a la idea de que la política es un juego estratégico en el que los candidatos compiten» (PATTERSON, 1994: 57-58). El enfoque *estratégico* es aquel que centra a cobertura en quién gana y quién pierde; el lenguaje es combativo y de competición; predominan las menciones a los actores, a las críticas y a los votantes; pone énfasis en la actuación y estilo con que se percibe al candidato; y da una gran importancia a los sondeos y al puesto que los candidatos van tomando durante la campaña, (CAPPELLA y JAMIESON, 1997). Algunos autores unen la idea de enfoque de juego o estrategia a la idea de conflicto (BENNETT, 1996; GANS, 1980): los actores políticos se sitúan en una contienda de dos bandos, con el consecuente drama que se genera de ganadores y de perdedores.

Para plantear estudios sobre enfoques de noticias, De Vreese (1999) y De Vreese, Peter y Semetko (2001) han ofrecido una muy útil distinción entre lo que llaman *issue-specific news frames* y los *generic news frames*. Los *issue-specific frames* son estudios de enfoques temáticos específicos, es decir, toman la cobertura de un suceso (por ejemplo, la entrada del euro, una catástrofe natural o un atentado terrorista) o de un tema (la política sanitaria). Por su parte, los estudios que adoptan o buscan *frames* genéricos son los que toman como objeto de análisis una serie de temas noticiosos diferentes, algunos incluso a lo largo del tiempo o en contextos culturales diferentes» (p. 108). Y se pueden aplicar a distintos temas. Son *frames* genéricos, afirman estos autores, los que identifica Iyengar (el *episódico* frente al *temático*) o los que identifican Capella y Jamieson (*estratégico*, *conflicto* e *issue*). Esta concepción del enfoque trasciende el tema, el tiempo y el espacio.

El *framing* sirve, en tercer lugar, para *medir y analizar los rasgos estratégicos del enfrentamiento que se representa en las cuestiones políticas*. Pues los enfoques expresan las distintas caras o versiones que ante un conflicto tienen las distintas partes (Gobierno, oposición, partidos nacionalistas, medios de comunicación, ONGs, etc.). De hecho, para algunos autores el *framing* es una acción estratégica en forma discursiva (PAN y KOSICKI, 2003: 29); y enfocar es participar en la deliberación pública, tanto para promover la propia versión como para combatir los enfoques de otros. Cada parte trata de ganar terreno y de lograr apoyo de quien toma la decisión, modificando las dimensiones interpretativas de los hechos que se están evaluando (MILLER y RIECHERT, 2003: 109).

Desde esta perspectiva, el rasgo conflictivo de la política se expresa en pugna de enfoques: cada parte batalla para que su versión sea la que predomine. Y se busca escenificar la política mediante representaciones simbólicas que sirvan para acuñar significados en una dirección. La política fabrica así fórmulas retóricas con las que hacerse con un espacio semántico de relevancia social, de manera que muchos se asocien a una causa. Conocidas son las dos etiquetas («pro-life» y «pro-choice») con las que los dos bandos pujaron bien y fuerte en el comienzo del debate (anti)abortista en los Estados Unidos. El nombre define el problema, la causa, las consecuencias, los remedios; pues definir el aborto como una cuestión relacionada fundamentalmente con la vida del no nacido trae al centro del debate una serie de emociones y valores que inclinan las actitudes hacia la defensa de la causa anti-abortista. En cambio, definir el aborto como una cuestión principalmente relacionada con la libertad de elección de la madre, suscita emociones y valores totalmente diferentes a las anteriores, lo que hace inclinar las actitudes hacia la defensa de la causa abortista. Y, como dice Tankard, convencer a los demás a aceptar el enfoque de uno implica, en buena medida, ganar el debate (TANKARD, 2004: 96).

Por eso, cuando se quiere introducir alguna medida, se buscan nombres que connoten algo positivo. Así por ejemplo, en España el texto legislativo para ayudar a las personas con discapacidad auditiva (personas sordas) se denomina «Ley de lengua de signos y de apoyo a la comunicación oral». Estos son otros ejemplos relacionados con la normativa para ayudar a personas con discapacidades físicas: «Ley de integración social de las personas con limitaciones» (Colombia); «Ley para prevenir y eliminar la discriminación» (México); o «Ley nacional de accesibilidad para personas con movilidad reducida» (Argentina).

La medición de la capacidad estratégica de los enfoques es tan importante que muchos estudios de *framing* han tomado éste como objeto de investigación: mostrar cómo ante un conflicto hay diferentes enfoques, y que a distintos enfoques van asociadas distintas reacciones de las audiencias (GRABER, 2005).

Un último paso en los estudios de enfoques consiste en averiguar las dinámicas, las causas por las qué unos enfoques triunfan sobre otros. El hacerlo, arroja una gran sabiduría estratégica. Varios estudios (HERTOG y MCLEOD, 2003; ENTMAN, 2003 y 2004) argumentan que una variable que ayuda a explicar esa dinámica es la de la «resonancia» o «congruencia» cultural: la capacidad que tenga un enfoque específico de estar en sintonía con el público al que se dirige el discurso. Cuanto menos común sea la comprensión del enfoque, más difícil es comunicarse, estar en sintonía con el destinatario. Ahora bien, las situaciones varían enormemente: en sociedades fragmentadas, cuanto más sintoniza un enfoque con un grupo, más se enfrenta con el resto.

4. Algunos ejemplos de la cobertura de noticias políticas

Muchos estudios que analizan la cobertura de la política han utilizado la teoría, concepto o metodología del *framing*. A este respecto resulta significativa la conclusión que sacan Gulati y otros (2004) al hacer una revisión de la cobertura que entre 1940 y 2000 se ha realizado de las campañas presidenciales americanas: la mayor parte de la cobertura, dice, se refiere a la estrategia de campaña; se centra en qué candidato parece que gana y en cómo puede afectar un determinado suceso electoral al resto de la carrera. El enfoque de las noticias es, fundamentalmente, competitivo (el *game frame*). El autor concluye también que los estudios muestran que a este predominio del enfoque de juego contribuye, por una parte, los políticos: aunque estén deseando hablar de las cuestiones políticas en juego, acaban colaborando con el enfoque de *carrera de caballos* mediante unos discursos o eventos que construyen un aura de victoria alrededor de los candidatos. Este enfoque de carrera o competición también está alimentado por el deseo de los periodistas de mostrar sus habilidades como analistas políticos: acertar con los resultados y ser el primero en darlos equivale a una competición de exclusivas, algo que no es otra cosa que una pauta noticiosa.

Aunque no desde la perspectiva del *framing*, merece la pena señalar algunos otros estudios que se han centrado en la cobertura de campañas en España. Muchos constatan la existencia de enfoques diferentes por medios ante un mismo evento. Por ejemplo, Berrocal y otros (2003) muestran que las tres cadenas de televisión nacionales presentaron las informaciones sobre la campaña de 2000 de forma muy diferente, tanto cualitativamente como cuantitativamente.

Este estudio realiza un análisis de contenido de la cobertura de precampaña y campaña de 2000 en las tres cadenas nacionales de televisión con la idea de identificar cuál es la imagen de candidatos y partidos así como el mensaje. En cuanto a la imagen, se midió si las informaciones hacían referencia a la competencia (capacidad y pericia), fiabilidad (honradez), dinamismo (actividad, potencia y eficacia), atractivo (similitud, familiaridad o agrado) y poder (capacidad de administrar sanciones positivas o negativas). De cada uno de estos atributos (o enfoques, podríamos decir), se midió el sesgo: el carácter favorable o desfavorable. En cuanto al mensaje, se midió si se refería al pasado, a propuestas de futuro, o a objetivos generales; y si la intención era de ataque, de defensa o de aplauso. Entre otras cosas, el estudio concluye que el sesgo general muestra una imagen más positiva de los candidatos que de los partidos, que es mayoritariamente negativo. El mensaje más frecuente hizo referencia a propuestas de futuro, seguido de objetivos generales y, por último, a actos del pasado. Y en el mensaje predominó la intención de ataque al rival (Berrocal y otros 2003: 276-279).

Tomando una forma de *frame*, el de la noticia-icono, un estudio muestra de qué manera algunos términos pueden actuar como iconos y adquirir una gran fuerza simbólica en las noticias (CANEL y SANDERS, 2005).

Hemos visto en este capítulo qué es lo que hacen los periodistas con los mensajes que les llegan de las instituciones. Veamos, por último, qué es lo que los ciudadanos perciben de los mensajes «mediados».

CAPÍTULO 5

¿QUÉ PIENSAN LOS CIUDADANOS DE LAS IMÁGENES POLÍTICAS?: LOS EFECTOS DE LAS ESTRATEGIAS DE COMUNICACIÓN POLÍTICA EN LAS AUDIENCIAS

«¿Hemos ganado? ¿Por qué?»

Cualquier consultor de comunicación política

A lo largo de este libro hemos visto qué hacen los expertos en marketing político para «vender» una oferta electoral, para conseguir votos, para que el Presidente de la nación caiga bien o para que el ciudadano se sienta cercano al Parlamento. Llega ahora el momento de preguntarse: ¿qué hemos logrado? Ésta es la cuestión clave que se plantea todo profesional de la comunicación política. Realmente, ¿influyen las campañas electorales en los votantes? ¿Cuáles son los resultados de las técnicas de comunicación política expuestas a lo largo de este libro?

¿Se creen los ciudadanos esas imágenes políticas creadas por las instituciones y transformadas —mediadas— en los medios de comunicación?

Siguiendo percepciones populares, no apoyadas en estudios científicos, se tiende a pensar que los medios de comunicación son entidades verdaderamente poderosas en la sociedad, que pueden conseguir tanto encumbrar a un líder como destrozar el prestigio de una empresa.

Veamos qué es lo que dice la investigación académica sobre cuáles son los efectos que realmente tiene el mensaje político que salió de las instituciones, y sobre el cual los periodistas proyectaron sus propios enfoques. Entramos con esto en el misterioso mundo que constituye explorar los procesos de influencia que se ponen en marcha con la comunicación política. Trataremos de asomarnos para observar cómo se comportan las personas, para preguntarnos: realmente, ¿hemos conseguido modificar en algo su modo de proceder? ¿Les hemos influido?

Revisaré primero las principales corrientes de investigación, para ver, a continuación, cuáles son los efectos que tienen determinadas técnicas de comunicación política[1].

---

[1] En esta segunda edición he suprimido de este capítulo el epígrafe que en la primera edición se refería a la metodología para el estudio de los efectos. Lo he hecho porque considero que es un tema al que no se le puede dedicar sólo unas páginas; y porque hoy ya se cuentan con monografías sobre metodología de investigación específicas de comunicación (WIMMER y DOMINICK, 1994),

I. ¿QUÉ ES EL «EFECTO» DE LOS MEDIOS DE COMUNICACIÓN?

La medición de los efectos de la comunicación política ha seguido un esquema tradicional recogido de la ciencia de la Psicología y muy utilizado en la publicidad comercial. Este esquema entiende que la comunicación puede influir en nuestro modo de conocer en tres niveles distintos:

a) La *cognición*: es el procedimiento por el que procesamos la información (recepción, selección, memoria, organización y transformación) en nuestro sistema psíquico. Por la cognición *sé* que Pérez es candidato a las elecciones por el partido A. Mi mente ha «almacenado» un cúmulo de información, y la ha organizado, de tal modo que Pérez me aparece asociado al partido A.
b) La *actitud* o *juicio*: es la predisposición de la persona para valorar de manera favorable o desfavorable la realidad. *Considero* que Pérez es un *buen* candidato. Hay en mí una actitud positiva hacia esa persona.
c) El *comportamiento*: es la actuación. En el ejemplo apuntado consiste en *votar* a Pérez.

Estos tres elementos guardan cierta relación: evidentemente, el que vota por Pérez es porque tiene la cognición (sabe que existe y que es candidato a las elecciones) y porque se ha hecho un juicio positivo sobre él. Pero no hay relación en sentido inverso; es decir, puedo tener —y de hecho tengo— muchas cogniciones que no llevan parejas un juicio positivo (sé quiénes son los otros candidatos, lo que no significa que me gusten); o incluso puedo tener juicios positivos que no terminan en comportamientos (hay otros candidatos que valoro positivamente, pero a los que no voto). Puedo, por último, haber votado a un candidato al que valoro negativamente.

Esta relación y diferencia entre cogniciones, juicios y comportamientos es la razón por la que este esquema de análisis ha sido muy utilizado en la práctica profesional. Permite realizar valoraciones de efectos más precisas que aquéllas que sólo tienen en cuenta los comportamientos. Pues puede darse el caso, por ejemplo, de que una campaña ineficaz en el aumento de votos (comportamientos), haya conseguido que el candidato desconocido penetre en la mente del público (cogniciones). O que un candidato mejore su imagen (actitudes o juicios) aunque no consiga más votos (comportamientos).

Esta consideración del «efecto» de la comunicación tiene su origen en la así llamada perspectiva de la «persuasión del votante» que dominó las décadas de 1940 y 1950. Bajo la corriente del determinismo social, los análisis sobre los efectos de la comunicación política aplicaron una metodología que observaba al individuo como en un laboratorio: se examinaba las condiciones psicológicas en las que el votante era vulnerable al mensaje de los medios de comunicación.

---

además de con ejemplos propios de la investigación en comunicación política [Deacon y otros, 1999 y Berganza y Ruiz San Román (coords.), 2005].

Durante los años sesenta políticos, sociólogos y comunicólogos irrumpieron en este área de investigación para, distanciándose de un análisis psicologista, sugerir una perspectiva más rica y completa, que tuviera en cuenta al individuo en sociedad. Las reacciones individuales del votante sólo pueden entenderse en su contexto social. Es decir, que este ciudadano vote por el partido A puede deberse no a que escuchó con atención el discurso que el candidato A dio por televisión, sino a que ha hablado mucho con sus amigos, que también votan al partido A. Para analizar bien los efectos de la comunicación es preciso entonces tener en cuenta tanto las características individuales de la persona, como sus condiciones sociales (tipo de familia en la que vive, entorno en el que se mueve, asociación política en la que participa, etc.).

Así, las investigaciones de finales de los años sesenta y setenta incluyeron no sólo las condiciones psicológicas del votante, sino también elementos institucionales (como, por ejemplo, el tipo de sistema electoral) que puedan influir en la gestión de las campañas y, por tanto, en sus efectos. Esta fase de investigación, llamada «sistémico-institucional», suponía una visión más completa de la persona. Pero heredaba de la primera fase la distinción radical entre cogniciones, actitudes y comportamientos; e ignoraba elementos no institucionales como las tradiciones culturales, por ejemplo, de gran importancia para poder interpretar los efectos de la comunicación.

La investigación sobre los efectos de las campañas de las dos últimas décadas del siglo XX constituye, bajo la llamada «perspectiva cultural», un intento de escapar de las compartimentaciones del individuo. Aspira a una interpretación de los efectos desde la «cultura», entendida ésta no como un conjunto de cogniciones, esquemas o ideas desencarnadas, sino como un conjunto de valores compartidos en sociedad, que son mezcla de sentimiento y de razón (SWANSON y NIMMO, 1990). Desde este enfoque se apunta a una visión más global de la persona, en la que el «efecto» de la comunicación es concebido como la unión de cogniciones, afectos y comportamientos.

Sin embargo, a comienzos del siglo XXI, la investigación tanto académica como profesional, sigue aplicando esquemas de análisis que reproducen la diferenciación entre cogniciones, juicios o actitudes y comportamientos. Por ejemplo, la investigación separa, como ya vimos en el segundo capítulo, el *issue* de la *imagen*, entendiendo que la comunicación que se centra en el *issue* es más racional y argumentativa, y por tanto, según este planteamiento, va orientada a influir en las cogniciones. La comunicación que se centra en la imagen es más emocional afectiva, y va orientada a modificar las actitudes o juicios (tomas de postura) con la esperanza de que finalmente se logre modificar el comportamiento. Los trabajos empíricos aspiran a analizar, entonces, qué es más efectivo, si el uso de lo racional o el uso de lo emocional (y, por tanto, comparan campañas racionales con modificaciones de las cogniciones y campañas emocionales con sus modificaciones en los actitudes).

Otra distinción asociada es la que diferencia la campaña de partido o programa de la campaña de candidato. Se entiende que una campaña que trata de mostrar al partido o la oferta electoral es la que habla de los problemas en juego, de las cuestiones políticas «serias». La campaña de imagen, por su parte, se centra en los rasgos personales del candidato, cuenta con escenificaciones más vívidas, con mayor tensión narrativa y un mejor espectáculo. Siguiendo la distinción anterior, la campaña de partido o programa (y, podríamos decir también, la campaña de *issue*) es una campaña más racional; la segunda, la campaña de candidato, es una campaña más emocional.

Esta distinción es, además, la que subyace a la crítica que argumenta que la política, debido a las exigencias de los medios (particularmente de la televisión), se ha espectacularizado, rallando en una personificación que en nada contribuye a la educación cívica del espectador sino sólo a su escepticismo hacia lo público. Llevando un poco la crítica hasta extremos irónicos, campaña racional, de *issue*, educativa y seria es la que se hace a través de la prensa; la campaña de imagen, de candidato, emocional e incluso irracional es la que se hace a través de la televisión. Una variante es la que considera que la campaña racional es la que se hace a través de las noticias y la emocional a través de la publicidad.

Pero, ¿realmente esto es así? ¿Se pueden modificar nuestros afectos sin pasar por la razón? ¿Y nuestros comportamientos?

Lo que he hecho hasta aquí es una descripción conscientemente ligera (en el peor sentido de la palabra) del núcleo de la cuestión en la que, a comienzos del siglo XXI, nos encontramos investigadores académicos y profesionales de la comunicación política. Es una cuestión de gran complejidad, en la que trataré de entrar en el presente capítulo, no tanto para ofrecer soluciones como para dibujar mejor sus perfiles.

II. ¿SE CREEN LOS CIUDADANOS LO QUE DICEN LOS MEDIOS DE COMUNICACIÓN?

La evolución de la investigación sobre los efectos de los medios en la audiencia queda reflejada en una línea curva en forma de U (BRYANT y ZILLMAN, 1996).

a) En una entusiasta *primera fase*, que se prolonga hasta 1940, y guiándose por lo conseguido por la propaganda de la primera Guerra Mundial, la investigación afirma que los medios tienen efectos muy poderosos en los ciudadanos.

b) En una segunda fase, entre 1940 y 1960, y con el desarrollo de metodologías cuantitativas que permiten comprobar que las campañas apenas consiguen modificar las intenciones de voto, se produce una reacción contraria, profundamente escéptica, que niega la existencia de los efectos o los afirma con carácter muy limitado.

c) Por último, desde 1960 y en una línea ascendente hasta final del siglo XX, la investigación vuelve a afirmar los efectos del mensaje político de los medios, considerándolos esta vez efectos entre «moderados» y «poderosos». Esta fase tiene en cuenta que el público receptor de los medios de comunicación se ha vuelto cada vez más activo en la recepción de los mensajes, lo que hace que los efectos puedan ser mitigados. Por ejemplo, el ciudadano que esté afiliado a un partido será más crítico ante la información política que pueda recibir; el ciudadano que realiza un «consumo plural» de los medios de comunicación (que, por ejemplo, vea el informativo de dos cadenas de televisión distintas) será desconfiado, al comprobar que en éstos se dan coberturas distintas sobre un mismo hecho político; o aquél que sigue por Internet el transcurso de los hechos a tiempo real será muy escéptico ante la versión que sobre lo mismo le está reportando por la televisión un enviado especial.

En esta fase final, por tanto, se afirma que los medios tienen «ciertos» efectos, pues determinados factores mitigan los efectos haciendo que los ciudadanos no se crean del todo el mensaje de la comunicación política. Veamos cuáles son esos factores.

La *motivación* con la que se recibe la información. A esto hace referencia la *teoría de los usos y las gratificaciones* que entiende que el ciudadano, cuando se expone a los mensajes políticos, lo hace con una determinada intención u objetivo: para satisfacer una necesidad psicológica o sociológica, para obtener una gratificación. Según cuál sea la gratificación buscada o el uso que se quiera dar a la información, la recepción del mensaje adoptará formas distintas. Y, como consecuencia, el mensaje tendrá efectos diferentes. De modo que un mismo mensaje político no tiene la misma intensidad de efecto en todos los ciudadanos (KATZ y otros, 1974).

Esta teoría ha sido objeto de críticas por estar amparada en una visión funcionalista de los medios de comunicación. Pero se ha utilizado en el marketing electoral para establecer relaciones entre lo que motiva al votante a acudir a la información y los efectos que en él se quieren provocar con el fin de conseguir que cambie su voto.

Aplicada a las campañas electorales, la teoría sirve para tipificar las motivaciones de los votantes en la información de campaña. Hay quien sigue la información para orientarse a la hora de emitir su voto; hay también quien lo hace para divertirse observando las peleas entre los candidatos o para disfrutar con las situaciones cómicas que éstos puedan sufrir en campaña; o quien lo hace para no quedarse aislado de las conversaciones con sus amigos o colegas; por último, hay también quien lo hace para reforzar sus creencias políticas (BLUMLER, 1978). Pues bien, la investigación afirma que todas estas expectativas condicionan los efectos; y que un mismo contenido puede ser interpretado de distintos modos, e incluso mitigado. Así por ejemplo el mensaje electoral es menos efectivo en aquel ciudadano que sólo se informa para reforzar sus postura política que en aquél que se informa para no quedarse aislado de los demás.

Otro factor que mitiga los efectos de los mensajes políticos son los *prejuicios*, las actitudes o valoraciones que el ciudadano tiene antes de exponerse la información. Los prejuicios hacen que el destinatario de los mensajes políticos se exponga a éstos de manera selectiva.

La percepción selectiva se apoya en la teoría de la disonancia que, a su vez, utiliza el principio de la *homeostasis*, la tendencia que tenemos a mantenernos en un equilibrio o coherencia mental. Por esa tendencia, cuando percibimos elementos disonantes, modificamos nuestro comportamiento con tal de evitar el desequilibrio interior. Así por ejemplo, si me gusta fumar y recibo información sobre lo perjudicial que fumar es para la salud, se produce una disonancia en mi mente entre mi consciencia de peligro y mi afición a lo que lo causa. Como consecuencia puedo, o dejar de fumar, o, si no quiero hacerlo, dejar de informarme del peligro que corro. Es decir, de modo inconsciente dejo de prestar atención a aquellos mensajes que me advierten sobre lo peligroso que fumar es para la salud. Los efectos de estos mensajes quedan así mitigados (OSGOOD y SUCI y TANNENBAUM, 1957; FESTINGER, 1964).

Esto cobra relevancia particular en lo que se refiere a la influencia de las preferencias políticas en la recepción de un mensaje político. Ya sea de modo consciente o inconsciente, y para evitar la disonancia interior, la persona tiende a prestar mayor atención a aquellos mensajes que están en sintonía con sus tendencias políticas y a evitar aquéllos que son contrarios. Cuando la persona no puede hacer esto último (porque aparecen en pantalla, porque alguien le habla de ello, o por los motivos que sea), o no les presta atención, o los percibe, pero interpreta y acomoda a los propios puntos de vista; o bien los olvida más rápidamente que aquellas informaciones con las que está de acuerdo. De manera que el que es de derechas apenas percibirá el mensaje positivo que se dé de un candidato de izquierdas, y viceversa.

En conjunto, este proceso selectivo es una auto-protección o auto-selección, y tiene tres fases.

a) *La exposición selectiva* es la tendencia a exponerse a aquéllas comunicaciones que están en consonancia con los intereses y actitudes ya existentes. Por ejemplo, el votante de izquierdas acude a mítines de un partido de izquierda, y el de derechas al de un partido de la derecha.

b) La *atención selectiva* es la tendencia a *prestar atención* a aquellas partes del mensaje que están en consonancia con las actitudes más sólidas, creencias o conductas, y a evitar aquellas partes del mensaje que no están en consonancia. Por ejemplo, el votante de derechas presta más atención en el telediario a aquellas informaciones que tienen que ver con una visión positiva de la derecha. Y el de izquierdas presta atención a los mensajes positivos sobre la izquierda. Como consecuencia, en un debate electoral, por ejemplo, el votante de derechas encontrará motivos para pensar que su candidato es el que mejor lo ha hecho, mientras que el de izquierdas los encontrará para pensar lo mismo sobre el suyo.

c) La *retención selectiva* es la propensión a *recordar* aquellas partes del mensaje que están en consonancia con los propios intereses y actitudes ya existentes. Es decir, transcurrido el tiempo, los de izquierdas recuerdan más los mensajes positivos sobre la izquierda que los positivos sobre la derecha; y los de derechas recuerdan más los mensajes positivos sobre la derecha que los positivos sobre la izquierda.

Desde las primeras formulaciones sobre los procesos selectivos se ha desarrollado mucha investigación que matiza esos hallazgos. Por una parte se comprueba que la exposición, la atención y la retención selectivas no se dan en todas las personas y en todas las situaciones. Además se sabe muy poco acerca de cómo son estos efectos selectivos cuando la persona se expone al mensaje durante largos períodos de tiempo.

Pero lo que sí se ha puesto de manifiesto es que los procesos selectivos se producen con mucha frecuencia (COTTON, 1985). Es decir, los pre-juicios, las actitudes previas (juicios positivos o negativos sobre la realidad) nos influyen mucho, haciendo que seamos selectivos al exponernos a los mensajes políticos.

Sirva como ejemplo algunos datos sobre las elecciones locales españolas de 1995 y nacionales españolas de 1996. En investigaciones entonces llevadas a cabo se demostró que los votantes, cuando llega la campaña electoral, eligen la cadena de televisión que consideran que está más acorde con sus tendencias políticas. Así, por ejemplo, se observó una sobre-representación de la audiencia de izquierda y centro-izquierda entre los televidentes de TVE-1 y Tele5 y Canal Plus, y una sobre-representación de los de derecha y centro derecha entre los televidentes de Antena 3TV (DÍEZ NICOLÁS y SEMETKO, 1995). Resultados similares se observaron en las elecciones de 1996 (DÍEZ NICOLÁS y SEMETKO, 1999); y hay una relación entre el recuerdo de voto de los votantes y las preferencias ideológicas predominantes en los informativos que escogen para seguir la campaña (MARTÍN y BERGANZA, 2001). Se demuestra, por último, que respecto a los contenidos negativos (de manera particular lo recogido sobre la derecha en el vídeo del doberman, del Partido Socialista) los votantes acusaron efectos de percepción selectiva para la información negativa de los candidatos; es decir, los votantes del Partido Popular se inmunizaron frente a la información que atacaba a su partido y candidato. Pero a medida que aumenta el tiempo con que el votante estuvo expuesto a esa información, la «resistencia» se vio debilitada, consiguiendo la publicidad negativa mayores efectos (SÁNCHEZ-ARANDA, CANEL y LLAMAS, 1997).

III. PARADIGMAS ACTUALES DE INVESTIGACIÓN

Considerados los elementos que mitigan los efectos de los medios de comunicación, veamos cuáles son los paradigmas de investigación que se sitúan en la línea final ascendente que llega a afirmar, de nuevo, que los medios sí tienen efectos en los ciudadanos, aunque sean efectos mitigados.

1. LOS EFECTOS DE LOS MEDIOS EN FORMA DE «ESPIRAL DEL SILENCIO»

La teoría de la «espiral del silencio» entiende que los medios de comunicación tienen un efecto importante que consiste en ejercer una cierta presión sobre la persona individual a la hora de formarse sus opiniones. Pues supone que, cuando nos formamos un juicio sobre algo, en nosotros ejerce una influencia lo que pensamos que los demás opinan sobre lo mismo.

La teoría se apoya en estudios empíricos realizados por la alemana Elizabeth Noelle-Neumann quien, utilizando material de encuestas y el análisis de contenido de prensa e informativos de televisión, estudia la presión que los medios ejercen sobre las opiniones y actitudes del público. La idea que subyace en lo que propone es que, con el fin de no quedar aislado, el individuo observa su propio entorno para ver cuáles son las opiniones que prevalecen. Cuando uno cree que las propias opiniones no son las predominantes, será menos proclive a expresarlas. Como consecuencia, las opiniones minoritarias quedan como silenciadas por una espiral.

De manera que, «cuanto más perciben los individuos estas tendencias y adaptan sus opiniones con arreglo a esta percepción, tanto más una facción se muestra como dominante quedando la otra en descenso. Así, de la tendencia de una facción a manifestar sus opiniones y de la otra a callárselas, se desencadena un proceso en espiral que hace que una opinión sea la mayoritaria» (NOELLE-NEUMANN, 1974: 63).

La teoría asume que la opinión pública es un proceso de largo plazo, en el que hay un juego recíproco entre la comunicación colectiva, la comunicación personal y la percepción que un individuo tiene de su propia opinión frente a otras opiniones en el conjunto de la sociedad.

Pero la autora constata que, lo que se llama opinión pública, no siempre corresponde a la opinión mayoritaria sino a la opinión dominante por efecto de los periodistas que, a través de los medios, moldean las percepciones de los receptores e influyen así en las opiniones individuales. La opinión pública es entonces aquellas opiniones de unos cuantos ciudadanos que son los que dominan el espacio informativo. No importa que sea la corriente mayoritaria en la realidad, sino que sea pública y publicada. La espiral del silencio aparece porque durante un tiempo más o menos largo una parte importante de las opiniones se esconden en el silencio por no encontrar el apoyo necesario en el espacio público (NOELLE-NEUMANN, 1984).

En 2004 la precursora de la teoría de la espiral del silencio junto con Thomas Petterson, realiza una revisión de la que se concluye, por una parte, que a comienzos del siglo XXI la teoría es plenamente vigente; y, por otra, que esta validez es muy reveladora de la naturaleza social del hombre. Contra una visión racionalista (que entiende que la opinión pública se forma sólo tras un análisis racional de coste-beneficio), estos autores abogan por tener en cuenta elementos que están ligados a la naturaleza social del hombre, y que ejercen una función latente importante. Son el sentido de la vergüenza, el temor a estar aislado, la presión para acomodarse a la mayoría. Todos ellos son elementos que, según estos autores, están presentes en la dinámica de la formación de la opinión pública particularmente en situaciones controvertidas o cambiantes (NOELLE-NEWMANN y PETTERSON, 2004).

Del elenco que hacen de los elementos más sobresalientes de la teoría (pp. 349-350) cabe destacar su insistencia por afirmar que la opinión que acaba dominando no es necesariamente la soportada por un mayor número de personas; basta con que sea la predominante en los medios. Por eso, argumenta, los medios son muy significativos en el proceso de espiral del silencio. Los medios tienen efectos.

2. LOS EFECTOS DE LA COMUNICACIÓN POLÍTICA EN EL CONOCIMIENTO. LA TEORÍA DE LA *AGENDA-SETTING*

La teoría de la *agenda-setting* ha constituido un importante paso en la investigación sobre los efectos de los medios. En su formulación más simple la teoría afirma que los medios de comunicación son efectivos en el sentido de que consiguen transferir a la audiencia la importancia que otorgan a los temas en su cobertura. Es decir, si los medios dan prioridad, por ejemplo, al desempleo y a la seguridad ciudadana, el público pensará que son esos los dos problemas más importantes del país.

La teoría es propuesta en 1972 por Maxwell McCombs y Donald Shaw, quienes sugieren una metodología cuantitativa, la correlación estadística, para analizar qué relación se da entre los temas que los medios de comunicación consideran importantes (agenda de los medios) y los temas que las personas consideran de relevancia para el país (agenda del público).

El estudio específico consistió en lo siguiente:

a) Un análisis de la *cobertura* que los medios dieron a la campaña electoral de 1968 en Chapel Hill (Carolina del Norte), con el que construyeron la *agenda de los medios de comunicación*, es decir, la relación de temas que tuvieron más importancia.

b) Un sondeo a los *ciudadanos* de la misma ciudad, utilizando la pregunta de Gallup «¿Cuál piensa usted que es el problema más importante que ha de afrontar hoy este país?», del que se extrajo la *agenda de los ciudadanos*, es decir la relación de temas más repetidos por los encuestados.

Pues bien, utilizando la correlación estadística se comprobó que había una elevada relación entre la agenda de los medios de comunicación y la agenda de los ciudadanos, entre los temas a los que los medios de comunicación dan relevancia y los temas que la gente consideraba más importantes.

Los autores llegan a la conclusión de que los medios consiguen trasladar a la audiencia la prioridad que ellos mismos otorgan a los temas. Aprovechando la máxima que en su día utilizara Cohen, «quizá los medios de comunicación no dicen a la gente qué hay que pensar pero sí establecen la agenda de los temas sobre los que hay que pensar» (COHEN, 1963), McCombs y Shaw extraen una afirmación contundente: los medios establecen la agenda (de ahí el nombre de la teoría, *agenda-setting*) del público, pues consiguen transferir a éste la jerarquía de los temas (MCCOMBS y EVATT, 1972).

Desde entonces se han ido desarrollando investigaciones que han perfeccionado esta teoría, añadiendo elementos e ideas que enriquecen los hallazgos sobre los efectos de los mensajes políticos.

a) Se comprueba, por ejemplo, que los ciudadanos acusan más los efectos de *agenda-setting* cuando hay más «necesidad de orientación», es decir, cuando el receptor necesita realmente la información (porque no sabe, o porque tiene interés en el asunto). En este caso, el receptor será más vulnerable a los efectos de los medios y acusará más el efecto de «establecimiento de la agenda» (MCCOMBS y SHAW, 1977).

b) Los ciudadanos acusan los efectos de la prioridad de temas, medida ésta en términos de dedicación de espacio y de tiempo (FUNKHOUSER, 1973).

c) La prensa y la televisión tienen diferentes efectos en cuanto al establecimiento de la agenda. Referido a una campaña electoral, la prensa es más efectiva durante la precampaña y comienzo de la campaña. Pero a medida que ésta avanza y llega al final, la televisión consigue establecer más la agenda del público que la prensa. Parece que el carácter audiovisual de la información hace que ésta sea más recordada que la información impresa (BENTON y FRAZIER, 1976).

d) Sin embargo la prensa es más efectiva en establecer la agenda de temas en los niveles más profundos de conocimiento (BENTON y FRAZIER, 1976). Estos autores identificaron tres niveles de retención de información con el fin de ver cuál es el efecto de *agenda-setting* en cada uno de ellos. Para identificar los tres niveles, se preguntó en un sondeo lo siguiente: ¿cuáles son los problemas más importantes del país?; ¿qué soluciones han aplicado los políticos a esos problemas?; y ¿por qué está usted en contra o a favor de esas soluciones?

Estos tres niveles exigen diferente atención en la recepción de la información. Aquellos que leen el periódico por encima, alcanzarán a decir sólo los temas que les suenan. Los que lo leen con más profundidad recordarán mejor la información y podrán pronunciarse sobre la efectividad o no de las soluciones. Pues bien, estos autores encontraron que en el segundo y tercer nivel la correlación es más alta con la prensa y más baja con la televisión. Es decir, lo que los ciudadanos recuerdan respecto a las soluciones que se han aplicado, o la postura que tienen sobre las soluciones, se parece más a la información dada por la prensa que a la información dada por la televisión.

Estos resultados llevaron a los autores a concluir que, en niveles más profundos de conocimiento, son los periódicos los que establecen la agenda tanto de sus lectores como de los telespectadores. La televisión, sin embargo, no tiene tanto efecto como la prensa en lo que se refiere a cuestiones políticas más profundas.

e) El grado de influencia de los medios varía con el tipo de temas. Por ejemplo, los temas *unobstrusive* (aquellos que las personas no pueden experimentar directamente y sólo conocen a través de los medios, como la firma de un tratado internacional) son más proclives a los efectos *agenda-setting* que los temas *obstrusive* (aquéllos que la gente puede experimentar directamente, como la subida del precio de la leche) (HAROLD y ZUCKER, 1978). De manera que los mensajes políticos que tengan que ver con realidades «lejanas» (como una unión internacional o un conflicto en país ajeno) tienen más efectos en los ciudadanos.

f) El grado de influencia de los medios varía también con las características sociodemográficas. Aunque estos resultados pueden variar mucho por países y por tipos de mensaje, se puede decir, de modo general, que los que tienen más estudios son menos vulnerables a la *agenda-setting* que los que tienen menos estudios; la izquierda es más vulnerable que la derecha; y las mujeres más que los hombres (CANEL, LLAMAS y REY, 1996).

g) Se comprueba además que los partidos políticos son susceptibles a las agendas de los medios de comunicación (GORMLEY, 1975; ASP, 1983). Es decir, los partidos políticos tienden a guiarse por aquello que los medios publican o emiten para ver sobre qué hay que elaborar los discursos, redactar los programas electorales o incluir en el logo y el eslogan.

Se llega entonces a la conclusión de que los medios consiguen establecer la agenda de temas del público. Pero, ¿quién establece la agenda de temas de los medios de comunicación? ¿Qué es lo que hace que los medios den más importancia a unos temas que a otros? Ésta es la cuestión que se ha planteado en lo que se ha llamado la «cuarta fase de investigación» de la *agenda-setting* (McCombs y Shaw, 1993), que trata de analizar las influencias institucionales (de partidos, de oficinas de relaciones públicas, de Gobiernos, etc.) que tienen los medios y busca en la cultura periodística y en las organizaciones informativas (en la «sociología de redacciones») el porqué y el cómo de los mensajes políticos de los medios de comunicación (Semetko y otros, 1991; Semetko y Canel, 1997; Shoemaker y Reese, 1991).

Pues bien, estas investigaciones concluyen que la agenda de temas de los medios depende de los periodistas (de todas las características de éstos que vimos en el capítulo anterior), del intento que las instituciones políticas realizan para ocupar espacio en las noticias, de los partidos políticos, de las agencias de noticias, de los gabinetes de comunicación, de la competitividad que hay entre los medios, del sistema de partidos políticos, de las actitudes profesionales de los periodistas y de los códigos de objetividad que se aplican en la cobertura de la información política. Entre los resultados más específicos podemos señalar los trabajos que muestran la elevada capacidad noticiosa que tiene la oficina de comunicación de la Presidencia de los Estados Unidos; la fuerte presencia que en los medios tienen las notas de prensa de las PIOS (las oficinas de información de las instituciones públicas norteamericanas); la influencia que tiene en la agenda temática de los medios el discurso presidencial del Estado de la Unión (el equivalente americano al discurso que pronuncia el Presidente del Gobierno en el Debate del Estado de la Nación en los sistemas parlamentaristas); las investigaciones muestran también que los Presidentes estadounidenses tienen más influencia noticiosa sobre los temas que son propios de su partido que de los ajenos (es decir, cuando un Presidente republicano habla sobre economía o política internacional tiene más impacto informativo que cuando habla de políticas sociales, algo sobre lo que influirá más un Presidente demócrata); y, bajo la denominación *intermedia agenda-setting* algunos estudios miden cómo influye en un medio la agenda temática del resto de medios (Gilberg y otros 1980; McCombs, Gilbert y Eyal, 1982; Wanta y otros, 1989; López-Escobar, Llamas, McCombs y Lennon, 1998; Holian, 2000).

En la revisión que del estado de la cuestión de la investigación sobre *agenda-setting* realiza Graber (2005) se apunta el elevado número de estudios que se han desarrollado en los últimos años. Son estudios que sugieren que todos los modos de transmisión —ya sea prensa, radio o audiovisual, Internet, multimedia...— tienen capacidad para influir, aunque su potencia varía dependiendo de los temas y de la sofisticación de la audiencia (Lee y Cappella, 2001; Beck, Dalton, Greene y Huckfeldt, 2002).

La teoría de la *agenda-setting* afirma entonces que los medios son efectivos. Pero en la medida en que hace referencia al efecto que los medios tienen en establecer la agenda sobre lo que hay que pensar, el alcance de la teoría se mueve sólo en el nivel de las cogniciones. Los medios de comunicación transmiten al público la prioridad de los temas, pero ¿tiene esta prioridad de temas influencia en los juicios y en los comportamientos? Más concretamente, ¿ayuda al votante a decidirse por un candidato o partido, el énfasis que los medios ponen en determinados temas de campaña?

3. LA INFLUENCIA DE LOS MEDIOS DE COMUNICACIÓN EN LOS JUICIOS. LA TEORÍA DEL *PRIMING* Y EL SEGUNDO NIVEL DE LA *AGENDA-SETTING*

La teoría del *priming* o «preparación» propuesta por Shanto Iyengar y Donald Kinder hace referencia a los factores que influyen en las valoraciones que la gente hace de los personajes públicos. Mediante experimentos de laboratorio estos autores tratan de observar cuál es el contexto en el que las personas elaboramos nuestros juicios.

Apoyan la hipótesis en la limitada capacidad que tiene la persona de almacenar y procesar información en la mente. Cuando a una persona se le pide un juicio sobre, por ejemplo, el Presidente de su país, ésta no puede realizar un análisis completo y exhaustivo de todo lo que sabe de él, sino que recurre a la información que tiene más a mano en su memoria. Y la información más a mano, afirman estos investigadores, es la que ha recibido a través de los medios de comunicación.

Desde estos postulados se concluye que los medios asientan la agenda de temas con los que los ciudadanos juzgarán a los personajes público. Así, por ejemplo, si los medios están dando prioridad de cobertura a la situación de la Seguridad Social, cuando a la gente se le pida una valoración de la gestión política del Presidente del Gobierno, tenderá a emitir su juicio según lo que el Presidente haya hecho en política sanitaria, quedando al margen otro tipo de políticas.

El caso que llevó a esta conclusión fue el comunicado del Ministro de Justicia en el que se anunciaba la implicación de los Estados Unidos en el asunto Irán-Contra. Para medir las valoraciones del público sobre el Presidente se usaron las encuestas Gallup de la popularidad presidencial y el Estudio Electoral Nacional del ISR de las elecciones de 1986; para medir la prioridad que los medios dieron al comunicado se usaron análisis de contenido de *The New York Times*. Contaron con un grupo de control, encuestado antes de que se emitiera el comunicado, y el grupo experimental compuesto por un sondeo aleatorio a nivel nacional posterior al comunicado.

Los investigadores demostraron que la cobertura del Irán-Contra «preparó» el tipo de juicio de la gente sobre el Presidente, provocando una caída en los índices de aprobación de su gestión. Cuando la televisión incrementa su cobertura sobre un problema específico —concluyeron los investigadores— el público tiende a fijarse en cómo el Presidente actúa sobre ese tema cuando se le pide una valoración presidencial. Así, las cuestiones tratadas por la televisión son las que se vuelven más asequibles en la mente del que juzga, y por tanto, más importantes en las evaluaciones sobre los líderes políticos (KROSNICK y KINDER, 1990; IYENGAR y KINDER, 1987). Las informaciones que los medios de comunicación dan serán las que luego use el público para valorar a los personajes públicos.

Estos autores comprobaron también que los ciudadanos más expertos son los que consumen más información. Pero no son éstos, sin embargo, los que acusan más los efectos del *priming*, sino que son los ciudadanos con menor nivel de estudios. Por último, los votantes que tienen opiniones contrarias al líder político se exponen a la información con posturas propias, por lo que son menos vulnerables a los efectos del *priming*.

Investigaciones posteriores que tratan de testar la teoría del *priming* han demostrado que, cuando un político identifica problemas nuevos (y habla de ellos, cuando antes no se hablaba o se hablaba menos), las noticias sobre estos temas preparan el juicio que la audiencia se hará sobre ese político. Al evaluar su popularidad la gente pensará en qué logros ha tenido en ese problema «nuevo» (VALENTINO, HUTCHINGS y WHITE, 2003). Por ejemplo, la popularidad del político que «rescata» en su discurso el problema de la violencia de género, dependerá de cómo los ciudadanos vean su capacidad para combatirlo.

La teoría del *priming* da un paso sobre la *agenda-setting*: no se queda sólo en el nivel de las cogniciones sino que alcanza el nivel de los juicios. Sin embargo se limita a dar cuenta sólo de la información que se utiliza en el momento de juzgar, no teniendo en cuenta el proceso completo de cómo las personas elaboran sus juicios. Pues por ejemplo, ¿dónde se consideran aquí los efectos que los medios tienen en la creación de sentimientos y afectos hacia los candidatos de una campaña?

Con la idea de alcanzar el nivel de los sentimientos y afectos, en 1995 McCombs y Evatt extienden la afirmación de la teoría de la *agenda-setting* a un segundo nivel: no sólo los medios consiguen transferir la prioridad que otorgan a los temas sino que consiguen transferir también la prioridad que otorgan a los rasgos, cualidades, características o atributos de esos temas. Es decir, comprueban que los medios no sólo consiguen que el público piense que el terrorismo es un problema importante, sino que consiguen también que piense que el terrorismo sólo se solucionará, por ejemplo, con la colaboración ciudadana. «Cualesquiera que sean los atributos de un tema presentado en la agenda de los medios, las consecuencias sobre el comportamiento del público son considerables. La manera en que el locutor enfoca un tema, fija una agenda de atributos, puede influir sobre cómo pensamos acerca del mismo. La *agenda-setting* es entonces un proceso que puede afectar tanto a los temas en que pensamos como a la forma en que pensamos sobre ellos» (MCCOMBS y EVATT, 1995).

Desde 1995 se han realizado estudios con la hipótesis que sostiene el segundo nivel de *agenda-setting* en Estados Unidos, Gran Bretaña, Israel, Italia, Japón, Holanda, Taiwán y España (WEAVER y otros —2004— ofrecen un resumen de éstos en el compendio que realizan).

El segundo nivel de *agenda-setting* es muy importante en lo que se refiere a las imágenes de los políticos. La imagen que los medios otorgan a un líder como persona firme, honrada, ineficaz, carismática, experta, corrupta, etc., tiene influencia en los ciudadanos. Se llega aquí a la conclusión de que los medios confieren status, crean estereotipos y fabrican imágenes.

Con esta ampliación la teoría no se limita ya a las cogniciones sino que alcanza el nivel de los juicios y de las actitudes. Que los medios atribuyan más a un candidato la característica de «corrupto» que la de «honrado», puede tener como consecuencia que el ciudadano acabe con una valoración (juicio o actitud) negativa sobre el mismo. Los efectos de la *agenda-setting* van ahora más allá del mero conocimiento para incluir la dirección de la opinión pública acerca de un tema y alterar las normas según las cuales se valora a los líderes políticos. El segundo nivel de *agenda-setting* pone en conexión dos elementos tradicionalmente separados en la investigación, las cogniciones y los juicios.

Así, McCombs, Shaw y Weaver (1997) consideran que el segundo nivel de la *agenda-setting* constituye una importante reformulación de los planteamientos de la investigación. Estamos, afirman, ante un nuevo paso que acerca la *agenda-setting* a la idea de *priming*, ya que un atributo es un juicio sobre algo, y el *priming* es el proceso por el que una información se «coloca» como prioritaria en el juicio. Se acerca también a la teoría del *framing* (teoría del encuadre), según la cual, como vimos, los periodistas enfocan la realidad proporcionando al público una manera de interpretar los hechos. Estos «enfoques» —consideran estos autores— están relacionados con los «atributos» del segundo nivel de *agenda-setting*. Y mostrar que se cumple la teoría de la *agenda-setting* en su segundo nivel es mostrar la efectividad de los mensajes no sólo en el ámbito de las cogniciones sino también en el ámbito de los juicios o actitudes.

4. PERO, ¿REALMENTE HEMOS CONSEGUIDO RELACIONAR LA COGNICIÓN CON LA EMOCIÓN?

¿Hay consenso entre los investigadores sobre la existencia de este paso tan importante en la investigación? ¿Hemos conseguido relacionar la cognición con la emoción?

Los investigadores de la *agenda-setting* entienden que, aunque no son idénticos procesos, hay ciertos parecidos entre este paradigma y el *priming* y *framing*, hasta el punto de que podemos hablar, dicen, de una convergencia conceptual y teórica.

La argumentación que ofrecen McCombs y Ghanem (2003) para referirse a la relación del segundo nivel de la *agenda-setting* con el *framing* es la siguiente. El segundo nivel de la *agenda-setting* trabaja con la idea de atributos, y los enfoques (los *frames*) son un tipo especial de atributos, los que se refieren a los objetos que están en el contenido de la noticia: por ejemplo, el candidato (objeto) es tratado como corrupto (atributo). Los atributos, además, pueden ser cognitivos (cuando, por ejemplo, se apoya la afirmación de corrupto en una imputación judicial de malversación de fondos) o afectivo (cuando se dice, por ejemplo, que el candidato es un «chorizo» que despierta rechazos sólo con su presencia). Todo depende, dicen, de cómo se defina el *framing*. Y toman como definición relacionada con la *agenda-setting* la que entiende que el *framing* es la selección que los medios hacen de un número determinado de atributos cuando tratan un objeto determinado.

En definitiva, dicen, hay relación entre las dos teorías porque las dos se preocupan no tanto de qué temas tienen prioridad en los medios, sino de cómo esos temas u otros objetos (gente, grupos, organizaciones, países, etc.) son proyectados en los medios. Las dos, la teoría de la *agenda-setting* y del *framing*, toman por objeto de análisis los *aspectos* que son más sobresalientes o promitentes (más visibles)[2]. Y las dos se fijan en los modos de pensar más que en objetos de pensamiento (WEAVER, MCCOMBS y SHAW, 2004: 264).

En cuanto a la relación con el *priming*, los investigadores de la *agenda-setting* toman algunas investigaciones que concluyen en la existencia de un efecto de *second-level agenda-setting priming*. Por ejemplo, la de Wanta y Chang (1999), quienes midiendo la popularidad de Clinton en torno al escándalo Lewinsky, mostraron que aquellos espectadores para quienes el escándalo era el *atributo* más visible en los medios, *puntuaron* más negativamente al Presidente; y aquellos que relacionaron a Clinton más con cuestiones políticas, puntuaron mejor al Presidente. Otra investigación que toman es la de Holian (2000), que demuestra que la popularidad más alta de la Presidencia Reagan se dio en las temporadas en las que tuvo éxito en establecer la agenda temática de las noticias en los medios. Pero Weaver y otros matizan que la visibilidad de los atributos de un tema precede a la formación de la opinión y del juicio; por tanto, la *agenda-setting* (la influencia en la prioridad de unos atributos), es el proceso que precede al *priming* a la formación de la opinión. Aunque relacionados, el segundo nivel de la *agenda-setting* y el *priming* son dos procesos independientes (WEAVER, MCCOMBS y SHAW, 2004: 266).

Estas relaciones de lo que podríamos llamar «territorios» de investigación ha recibido la consideración crítica de Maher (2003) que entiende que el *framing* no es una fase de la *agenda-setting* sino un paradigma de investigación que emerge con independencia. Si los investigadores relacionan estas dos teorías, afirma este autor, es porque están tomando una definición del *framing* que es restrictiva, pues se refiere sólo a las características, visibles, que algo adopta en los medios. Es tomar el *framing* como un mero proceso de inclusión y exclusión. Pero el *framing* —considera— es algo más complejo, muy distinto de una simple agenda de atributos. Por eso, afirma este autor, observar los enfoques de una noticia desde la perspectiva de la *agenda-setting* impide tener en cuenta la relación que hay entre los elementos que están en el texto e ignora el contexto en el que los periodistas toman las decisiones. De nuevo se pone de manifiesto la necesidad de incluir en los análisis los elementos culturales.

En realidad el único interés de McCombs (precursor de la *agenda-setting*), así como el de los investigadores que realizan estas conexiones no es, como ellos dicen, que la *agenda-setting* reemplace otras aproximaciones teóricas. Su interés es, más bien, mostrar la capacidad integradora que esta noción puede ejercer sobre la investigación; y que es una noción compatible y complementaria con otros conceptos y teorías (MCCOMBS y GHANEM, 2003: 69).

Ciertamente lo que estos autores han logrado es una teoría que es de las más productivas, hasta el punto de que algunos analistas llegan a afirmar que la *agenda-setting* continúa siendo el enfoque teórico predominante en el análisis que se han desarrollado en los últimos años sobre el impacto de los medios en las au-

---

[2] El término inglés es *salience*, que literalmente significa notoriedad, prominencia. Un tema es *salient* cuando recibe importante cobertura. Considero que la traducción más adecuada al castellano sería notoriedad o visibilidad.

diencias (GRABER, 2005: 489). Productividad que, estoy segura, en parte tiene que ver con la gran capacidad de su precursor para compartir planteamientos, datos e ideas: en distintos encuentros y trabajos he tenido la suerte de constatar cómo esa capacidad se traduce en un gran y constante impulso a la investigación y a los investigadores.

Por eso, considero que lo verdaderamente interesante de este debate consiste en valorar la capacidad que tienen las diferentes teorías y planteamientos de investigación de avanzar hacia la integración del nivel de las cogniciones, con el de los juicios y el de los comportamientos en el análisis de los procesos de influencia. Pues en realidad, marcar los territorios es importante sólo en la medida en que llegamos a observaciones más reales de lo que estamos analizando[3].

5. No, TODAVÍA NO DAMOS CON EL EFECTO

Una evaluación sobre la capacidad integradora de la *agenda-setting* la realiza Charron (1998). Si bien es elevadamente crítica, su análisis aporta pistas para comprender las deficiencias que hoy día tiene la medición de los efectos de la comunicación.

Charron parte del hecho de que la idea de *agenda-setting* se utiliza para analizar los procesos de influencia que se producen en las noticias (de las fuentes en los contenidos, de los contenidos en los ciudadanos, etc.). Y explora la validez que los tres conceptos (*agenda*, *setting* y atributo) tienen como medidores de influencias.

A) *El concepto de* agenda

Si tomamos el concepto agenda en su origen, estamos hablando de un término anglosajón que significa, según definición de diccionario, «relación de temas a tratar» (en una reunión; el orden del día) o «relación de cosas a hacer».

Pues bien, el término *agenda-setting*, entiende esta autora, se refiere a la conciencia de la existencia de un objeto y a la importancia que por estar se le atribuye. De manera que la agenda se presenta como una lista jerarquizada de temas. Pero nada dice sobre las retóricas o los códigos mediáticos y políticos, como tampoco sobre la sustancia de los mensajes.

Cree Charron que el método de clasificación y comparación de agendas es restrictivo, pues sólo puede medir la influencia que consiste en lograr que se debata un determinado tema. No puede medir la influencia que consiste en lograr que un tema no se debata; tampoco alcanza a medir la influencia que consiste en imponer una definición de la realidad respecto a un objeto, pues no tiene en cuenta

---

[3] Debo decir que la relación entre los distintos territorios de la investigación sigue siendo un objeto de análisis y debate, como han demostrado varios paneles celebrados en las última convención de la *International Communication Association* celebrada en Dresden en junio de 2006.

la sustancia de los mensajes. Por tanto, si bien la agenda da lugar a juegos de influencia, la noción de agenda está lejos de abarcar todas las formas de influencia que se ejercen en los procesos de construcción de la actualidad política. De manera que la metáfora de la agenda está enmascarando otras formas de influencia que son más significativas en la definición de la realidad política.

B) *El concepto de setting*

Aplicar el concepto *setting* supone entender que la influencia consiste en que las fuentes (y entiende por fuentes políticos, ONGs, organizaciones, etc.) transfieren temas a los medios. Así, se supone que quien consigue establecer un tema (*set* la agenda) logra influir en la noticia.

Pero la transferencia de temas —juzga esta autora— representa sólo de una manera restrictiva lo que hacen las fuentes con los medios. Pues tanto el acceso como la capacidad de actuar sobre el medio son el producto de una acción estratégica más compleja que una idea temática. «No hay nada menos apropiado para caracterizar la acción de los medios que la imagen de la correa de transmisión» (p. 79).

Cuando me referí al *gatekeeping* y al *framing* en el capítulo anterior ya hice referencia, de alguna manera, a críticas similares a las que hace ahora esta autora. Entender la influencia como una mera transferencia reduce la función periodística a una simple tarea de selección; concibe el periodista como un *gatekeeper*, que deja o no deja pasar por la barrera unos determinados temas. Pero ya vimos que esto es insuficiente: la noticia no puede conceptualizarse como un material predefinido, producido por iniciativa de la fuente, y sobre el cual el periodista sólo interviene por selección. Las noticias se construyen (es decir, se configuran, se elaboran): «construcción» que es obra conjunta de periodistas, de fuentes políticas y de ciudadanos.

«Setting» es, por tanto, un concepto mecanicista, unilateral (concibe al público como alguien independiente de políticos y periodistas y que se encuentra en el proceso final: recibe el efecto) y determinista (entiende que se puede predecir lo que va a pasar en el público, contemplando lo que pasa en los políticos y en los periodistas). A mi juicio, esto es lo más interesante de esta crítica: el concepto *setting* no permite tener en cuenta la interacción entre los actores que, como mencioné en el capítulo 1, considero clave para observar los procesos de comunicación política. En definitiva, la idea de *agenda-setting* no permite ver bien las influencias que unos juegan sobre otros.

C) *El concepto de atributo*

Por último, Charron tampoco comparte el uso que del concepto de atributo se hace en la idea de «agenda de atributos» que utilizan los investigadores de la *agenda-setting* en su segundo nivel. Considera que hablar de «agenda de atributos» es entender que el sentido de una noticia reside en la suma de informaciones referentes a objetos y a actores; como si para saber el sentido de una noticia bastara con identificar, enumerar, clasificar y asociar sin equívoco los atributos a un objeto. Así, la imagen de un candidato en una noticia se define por la suma de adjetivos que se le asocian. Cuando la noticia, considera, ha de tomarse más como un relato que adopta formas y estructuras narrativas particulares que dan significaciones determinadas. El sentido reside, sobre todo, en la estructuración, la ponderación y la categorización de los elementos que componen cada noticia o conjunto de noticias.

El sentido también se genera «mediante las connotaciones, las imágenes visuales, las formas estilísticas, los rótulos, las puestas en escena, la escritura periférica (la posición en la página, la puesta en el aire, la elección de los títulos, los caracteres tipográficos, las ilustraciones); en suma, mediante una multiplicidad de elementos de los que el concepto de agenda de atributos sólo da cuenta de una manera imperfecta» (p. 83).

La conclusión de esta autora es negativa respecto a la idea de *agenda-setting*: afirma que «carece aún de una teoría del espacio público, de una «genética» de los «temas» y de una sociología de las fuentes» (p. 85).

Considero que su crítica vuelve a poner el acento en la deficiencia que, de distintas formas, se aprecia en algunos planteamientos actuales de investigación: la *agenda-setting* no consigue medir bien la interacción que se da entre los actores de la comunicación política. Mantiene planteamientos unidireccionales de la comunicación. Podría argüirse aquí que sí que atienden a la interacción los estudios de *agenda-setting* que toman también la influencia en el sentido inverso: estudios que analizan cómo la agenda de los ciudadanos afecta a la agenda de los medios; o la de los medios a la de los políticos.

Pero además de que considero que esa mirada recíproca se está realizando con técnicas estadísticas que no permiten precisar bien la relación causa-efecto (es decir, que no permiten asegurar qué agenda fue primero o de quién fue la agenda que influyó), creo que el problema con el que aquí estamos dando es más de fondo. Al concebir la idea de influencia desde los conceptos de *agenda* (relación y jerarquía de) y *set* (influencia en razón de presencia), el planteamiento sigue impregnado de una concepción cognitivista de los efectos, que además de no relacionar bien las cogniciones con los juicios, no facilita la integración de éstas con los comportamientos. No abordar bien el estudio de los efectos desde la interacción lleva consigo, a mi juicio, no lograr relacionar los tres niveles —cogniciones, actitudes y comportamientos— que la investigación ha separado.

Una vez repasadas las tendencias actuales de investigación desde el punto de vista teórico, procederé a continuación a recoger de manera sistemática qué dice la investigación sobre los efectos que tienen determinadas actuaciones de comunicación política. No constituye una descripción crítica, sino más bien un compendio de distintos autores y estudios. Por eso, como se verá, esta descripción refleja la separación que la investigación realiza de cogniciones, juicios y comportamientos; y, por tanto, refleja también los problemas que tal separación lleva consigo. El análisis crítico lo dejo para el final del capítulo así como para algunas consideraciones globales que hago en el capítulo 6.

IV. LOS EFECTOS DE LOS DEBATES ELECTORALES

¿Tienen los debates efectos en los votantes? La investigación sobre los efectos de los debates electorales encuentra una gran dificultad para establecer conclusiones sólidas al respecto. Esta dificultad radica, por una parte, en la enorme variedad de condiciones (contexto político y social, escenario, panorama de audiencias, etc.) en las que se celebran los debates, lo que impide que se llegue a resultados extrapolables. Así por ejemplo, lo que se concluye sobre los debates electorales celebrados en España no se puede aplicar a lo sucedido en Francia.

En segundo lugar, y es ésta la principal dificultad de la investigación, los debates constituyen sólo una información más de las múltiples a las que un votante se expone en campaña electoral. De ahí que resulte muy difícil identificar qué ha sido exactamente efecto del debate, y qué ha sido efecto de otras informaciones.

La investigación realizada hasta el momento concluye lo siguiente:

a) Los debates electorales atraen *audiencias masivas*. Desde los 100 millones de telespectadores en 1960, la audiencia media en los sucesivos debates norteamericanos ha sido de 60 millones, con una cuota de pantalla entre el 43 por 100 y 50 por 100 (TRENT, 1995). España fue también ejemplo de este efecto: si bien tuvieron por delante el partido de fútbol clasificatorio para el mundial entre España y Dinamarca, los dos debates celebrados en 1993 estuvieron en segundo y tercer lugar del ranking del año: «El debate decisivo» (Tele 5) 29,3 por 100, 9 millones y «El debate» (Antena 3) 26,9 por 100, 7 millones.

b) Los debates *atraen cobertura en los medios*. La confrontación dialéctica hace que un debate sea, por definición, noticia. Y de hecho, algunos estudios revelan que las noticias sobre los debates electorales son las más frecuentes en una campaña electoral (KAID y otros, 2000; MCKINNEY y CARLIN, 2004).

c) Los debates electorales influyen en la *agenda* del público: los temas que salen a debate son aquellos que luego la gente considerará más importantes. Además, incrementan el *conocimiento* que la gente tiene de la política. Ahora bien, los resultados parecen sugerir que la agenda de temas del debate no suele coincidir con la agenda de temas de los ciudadanos sino que es aquélla que los periodistas o partidos políticos elaboran. Es decir, no siempre los temas que salen a debate son aquéllos que constituyen los verdaderos intereses ciudadanos sino, más bien los intereses de políticos y periodistas (JACKSON-BEECK y MEADOW, 1979: 173-180).

d) Siguiendo la división entre cogniciones, actitudes y comportamientos para la evaluación de los efectos, algunas investigaciones muestran que los debates son efectivos en la adquisición de conocimientos (BENOIT y otros 2001; MCKINNEY, KAID y ROBERTSON, 2001; BENOIT, MCKINNEY y STEPHENSON, 2002).

e) Los debates modifican las *imágenes* que la gente se forma de los candidatos: hay un elevado número de estudios que afirman que los debates electorales constituyen el evento más configurador de las percepciones públicas de los candidatos (HAGNER y RIESELBACH, 1978; BENOIT, MCKINNEY y STEPHENSON,

2002; McKinney y otros, 2001 y 2003). Un reciente estudio realizado en Alemania se centra en los efectos de las estrategias retóricas, y muestra que mientras que los lugares comunes y las frases afirmativas generan percepciones comunes hacia los candidatos entre votantes de distintas preferencias políticas, es la retórica de ataque la que más polariza y divide a los votantes (Reinemann y Maurer, 2005).

f) La investigación no es todavía conclusiva respecto a cuánto de esa imagen afecta al voto. Tampoco es capaz de afirmar sobre cuánto del efecto cognitivo afecta también a las actitudes. Algunos creen que los efectos van unidos (Carlin, 2000) y otros piensan que el efecto de uno es independiente del efecto del otro (Zhu y otros, 1994). De nuevo, la cuestión de la relación entre *issue* e imagen, como entre razón y emoción, se muestra como asignatura pendiente para la investigación (McKinney y Carlin, 2004).

g) Respecto al *voto*, los debates electorales apenas lo modifican (McLeod y otros, 1979; Hagner y Rieselbach, 1978; McKinney y Carlin, 2004). Los datos más elevados sobre el cambio de opción de voto se sitúan en torno al 6 por 100, cambio producido tras el debate Nixon-Kenedy (Roper, 1960: 10-13). En la misma línea se mueven los datos sobre el caso español en las elecciones de 1993. Sólo un 1 por 100 decidió a qué partido votar después del primer debate y un 3 por 100 después del segundo debate (Díez-Nicolás y Semetko, 1995: 243-304).

h) Lo que hacen los debates es entonces *reforzar* las tendencias políticas preexistentes en la audiencia. Se comprueba aquí un proceso de percepción selectiva: el ciudadano se expone al debate electoral prejuiciado por sus propias tendencias políticas. Ve lo que quiere ver. Tiende a ignorar aquella información negativa sobre su propio candidato y a percibir la positiva. Como consecuencia, los telespectadores traducen las informaciones en evaluaciones que coinciden con sus disposiciones políticas principales: perciben que quien ha ganado es su candidato y, además, discute sobre ello con gente que tiene la misma orientación política y, por tanto, la misma percepción del debate (Sears y Chaffee, 1976; Chaffee 1978; Hellweg, Pfau y Brydon, 1992; Holbrook, 1996).

Pero la investigación afirma también que, superada la percepción selectiva, el votante puede dar la victoria del debate al candidato ajeno, sin que eso se traduzca en un cambio de voto. Es el carácter comparado que tiene el debate (el votante ve a los candidatos al mismo tiempo) lo que incrementa la capacidad del espectador de superar cualquier tendencia de exposición selectiva (McKinney y Carlin, 2004). Ejemplo paradigmático de esto lo constituyen los resultados tras el debate entre Mondale y Reagan en 1984: 61 por 100 dio la victoria a Mondale, juicio no reflejado luego en los resultados electorales.

i) Ahora bien, los debates electorales influyen en los *indecisos*, congelando la campaña en favor del candidato más carismático que será quien se lleve a éstos (Trent y Friedenberg, 1995; McKinney y Carlin, 2004). Éste es un efecto muy importante, pues la franja de indecisos puede inclinar los resultados en una dirección o en otra. Lo que ha llevado a afirmar a algunos estudiosos que, en el caso americano, los debates televisados han jugado un papel muy importante en el resultado de al menos la mitad de las elecciones, incluidas las de 2000 (McKinney y Carlin, 2004: 211).

V. LOS EFECTOS DE LOS ANUNCIOS POLÍTICOS EN TELEVISIÓN

La investigación de campo, apoyada tanto en sondeos como en métodos cualitativos de experimentos de laboratorio, no duda en afirmar que los anuncios políticos de televisión afectan a las cogniciones, actitudes y comportamientos de los votantes (véase la extensa bibliografía que, a este respecto, aporta Kaid, 2004). Pero veamos algunas consideraciones más específicas:

a) Los anuncios políticos contienen *información muy substantiva* sobre cuestiones políticas (PATTERSON y CLURE, 1976). Esta conclusión reacciona contra la frecuente crítica a la publicidad política por considerar que ésta trivializa la política al ironizar sobre élla. Pues bien, estos autores afirman que la publicidad política, cuando menos, es un vehículo de determinadas cogniciones que, de no ser por el anuncio, nunca llegarían al ciudadano

b) Al ser presentada con todos los elementos creativos propios de la publicidad, las *cogniciones* que transmiten los anuncios penetran más fácilmente en la mente del ciudadano que las cogniciones que transmiten los programas informativos (KAID, 1981). Entre los efectos cognitivos hay que destacar el equivalente a lo que en la publicidad comercial es la marca: los anuncios son efectivos en la identificación del nombre del candidato (KAID, 1982). La exposición a anuncios también favorece el recuerdo de temas de campaña. Aplicando la teoría de la *agenda-setting*, la investigación muestra que los contenidos temáticos de los anuncios están correlacionados con los juicios que sobre la importancia de los temas hacen las personas (HERRNSON y PATTERSON, 2000).

c) Los anuncios influyen en la *agenda de los partidos políticos* y en la agenda de las noticias de los medios (ROBERTS, 1997). Es decir, los temas políticos que los partidos llevan al *spot* se convierten en temas importantes tanto para los políticos como para los medios.

d) La investigación es muy contundente en lo que se refiere a la afirmación de que los anuncios publicitarios son muy influyentes en la creación de las *imágenes de candidatos* (KAID, 1995; TEDESCO, 2002; TEDESCO y KAID, 2003). Este efecto varía según cuánto de implicado en la política esté el espectador. A menor implicación, hay más efecto, pues el anuncio se recibe con menos capacidad crítica; por su parte, los votantes muy implicados en la política otorgan menor credibilidad a los anuncios (SAUNDERS y otros, 1978; GARRAMONE, 1984). Hay estudios que muestran casos en los que los anuncios centrados en los temas generan evaluaciones más altas del candidato. Y los estudios muestran cómo la imagen que la gente se hace del candidato varía según cuál sea el canal y el medio —televisión o Internet— en el que se ve (cfr. amplia relación de estudios referidos por Kaid, 2004).

e) Sobre los efectos de la publicidad negativa lo que se puede decir es que hay un gran debate tanto en la comunidad profesional como en la comunidad científica (KAID, 2004; GARCÍA BEAUDOUX y otros, 2005). Cualquier afirmación al respecto requiere un importante ejercicio de matización.

Algunos estudios muestran que la publicidad negativa moviliza al electorado (FINKEL y GEER, 1998; MARTIN, 2004). Otros matizan este resultado afirmando que el efecto en la participación es curvilíneo: la negatividad moviliza la participación salvo en aquellos niveles elevados de negatividad, en los que se reacciona con rechazo y criticismo —por considerar que hay ataques personales— haciendo lo opuesto, no participar (GARCÍA BEAUDOX y otros, 2004: 214).

La publicidad negativa se recuerda más que la positiva (JOHNSON-CARTEE y COPELAND, 1989). Además, los más expuestos a la publicidad negativa tienen visiones más comprometidas sobre los temas políticos que los menos expuestos (BRIANS y WATTENBERG, 1996).

f) En cuanto al contenido, los ataques que se centran en oponerse a las cuestiones de *issue* son mas efectivos que los que se centran en atacar la personalidad del rival (SONNER, 1998); los comparados son más efectivos que los puramente negativos y reducen el efecto *boomerang* (PINKLETON, 1997, 1998).

g) Los efectos de la *publicidad negativa* son mitigados por la percepción selectiva (por la cual el votante sintoniza con la información que están en línea con su tendencia ideológica y se inmuniza frente a la contraria) (SEARS y WITNEY, 1973). En este caso, los votantes del partido atacado no se fían del mensaje que transmite el anuncio; y los votantes del partido que ataca dan al mensaje más credibilidad que el resto de los votantes. Los terceros votantes, es decir, los que no son ni del partido que ataca ni del partido atacado, reciben el mensaje del mismo modo que los votantes atacados, con cierta actitud reacia y descreída (GARRAMONE, 1981).

h) Ahora bien, los efectos de los procesos selectivos pueden ser superados cuanto mayor es el tiempo de exposición a un mensaje: la repetición de un anuncio negativo puede hacer que aquellos que votan al candidato atacado no sean tan selectivos al mensaje. De manera que los anuncios negativos pueden llegar a dañar la imagen que un candidato tiene entre sus propios votantes (KAID, 1981; KAID, 1987; SÁNCHEZ ARANDA, CANEL y LLAMAS, 1997). Es esto lo que sucedió con el vídeo del doberman elaborado por el Partido Socialista para las elecciones nacionales españolas de 1996. Investigaciones realizadas al respecto mostraron que los efectos de la selectividad en la percepción son reducidos cuando hay una mayor exposición a los medios. Es decir, aquellos votantes que estuvieron más expuestos a los medios tuvieron más capacidad de reconocer apreciaciones positivas sobre los candidatos ajenos (no se inmunizaron por tanto frente a la información positiva de otros candidatos); y aquellos votantes del Partido Popular que más vieron el vídeo del doberman mostraron una percepción más negativa sobre su propio candidato, José María Aznar (no se inmunizaron por tanto a la información negativa del candidato por el que votaron) (SÁNCHEZ ARANDA, CANEL y LLAMAS, 1997. La repetición del anuncio negativo puede llegar a tener una efectividad que no tiene en las primeras emisiones.

i) Los anuncios negativos pueden tener un efecto *boomerang*: la imagen negativa se la gana el partido que ataca por adoptar unas técnicas que los ciudadanos consideran agresivas o manipuladoras. Un anuncio de ataque puede provocar incluso la compasión entre los votantes hacia el candidato atacado, produciéndose aquí el efecto *under dog* (ROBINSON, 1981; JASPERSON y FAN, 2002).

j) Respecto a los efectos en el voto, investigaciones que relacionan la cantidad de dinero invertido en publicidad o la cantidad de tiempo de emisión de espacios publicitarios en televisión con el número de votos obtenidos, concluyen que la publicidad consigue voto (KAID, 2004). Pero, en general, los anuncios políticos no consiguen cambiar las intenciones de voto, sino que actúan más como *refuerzo* de las intenciones preexistentes (KAID, 1995; TRENT y FRIEDENBERG, 1995).

k) Los anuncios sí consiguen, inclinar el *voto de los indecisos* (COMSTOCK y otros, 1978; MENDELSON y O'KEEFE, 1976), efecto, como se afirmó arriba, de gran importancia para los resultados electorales finales, particularmente cuando los resultados electorales están muy ajustados (FLETCHER, 2000).

l) En cuanto a los efectos de la publicidad negativa en el voto, de manera genérica se muestra que los candidatos ganadores son los que han utilizado más afirmaciones positivas que negativas; y entre los perdedores son más frecuentes los que han utilizado más afirmaciones negativas que positivas en sus spots (BENOIT, PIER y BLANEY, 1997). Hay algunos datos que muestra que la publicidad negativa es buena cuando se es partido en la oposición; cuando se es partido en el Gobierno (partido saliente), es mejor utilizar la publicidad positiva (LAU y POMPER, 2002).

VI. LOS EFECTOS DE LAS NOTICIAS POLÍTICAS

Ya se expuso en el segundo capítulo qué son las técnicas informativas como estrategia de comunicación electoral. Me refiero ahora a los efectos de las noticias que de esas estrategias resultan.

a) Las noticias que los medios de comunicación ofrecen de los debates electorales pueden ser más efectivas en la evaluación que el ciudadano se hace de un debate que el seguimiento directo del debate. A este respecto resulta interesante mencionar los estudios que recogen McKinney y Carlin (2004: 216), en los que se muestra que en varios debates electorales hubo una gran diferencia de percepción de ganador entre quienes habían visto los comentarios posteriores al debate en los medios y quienes no los habían visto.

b) Las noticias sobre la publicidad política puede reforzar los efectos intencionados de los anuncios (KAID, 2004). Además, las noticias sobre los spots negativos que confirman la información que soporta el ataque, inclina al espectador a favor de quien ataca (O'SULLIVAN y GEIGER, 1995). Y cuando la emisión de un spot negativo va precedido de noticias críticas, el spot es luego valorado más positivamente (SIMONS y STEWART, 1991) (parece que la crítica baja tanto las expectativas que luego siempre parece que el ataque no era para tanto).

c) Sobre las noticias de la realidad política en general, y siguiendo la división de enfoques ya mencionada en este libro, los estudios afirman que mientras la *cobertura issue* tiene el beneficio de que informa a los consumidores y reduce sus actitudes cínicas, la cobertura estratégica incrementa la desconfianza sobre las campañas políticas (PATTERSON, 1994 y CAPPELLA y JAMIESON, 1997). En la misma línea se afirma que la ausencia de enfoques *issue* puede minar el compromiso del ciudadano informado (GRABER, 1997) y afectar negativamente en la participación (PATTERSON, 1994 y CAPPELLA y JAMIESON, 1997). El predominio de los enfoques estratégicos producen más reacciones negativas que los «enfoques sinceros» y la cobertura estratégica reduce sustantivamente la capacidad de retención de información substantiva (VALENTINO, BUHR y BECKMANN, 2001). Otros estudios matizan esta conclusión al afirmar que si los enfoques estratégicos activan el cinismo de la audiencia, los enfoques *issue* no reducen el cinismo de manera significativa, pero tampoco lo incrementan (SABATO, 2000).

VII. LOS EFECTOS DE LOS NUEVOS MEDIOS

No procede reproducir aquí el debate que está en marcha sobre el futuro y posibilidades de los nuevos medios (GRABER, 2005). Unos consideran que los nuevos medios no son más que nuevas herramientas, otras, para que la elite siga dominando el espacio público (DAHLBERG, 2001). Otros piensan que los nuevos medios incrementan la posibilidad de los ciudadanos de participar en la política (DELLI CARPINI, 2000).

En cuanto a los efectos, hay estudios que muestran que las *webs* tienen efectos positivos en las valoraciones que la gente hace sobre los candidatos. Hay estudios que muestran que la posibilidad que ofrece Internet de interactuar con los candidatos reduce el cinismo y escepticismo hacia los políticos. Y sobre la credibilidad, algunas investigaciones muestran que hay personas que otorgan más credibilidad a la información a la que consiguen acceder por la red que a la que les llega a través de los medios tradicionales. Incluso algunos estudios muestran que el spot publicitario es más efectivo en aquellos que lo visionan a través de la red que en aquellos que lo visionan en la televisión tradicional (ver la extensa relación de estudios que recoge KAID, 2004).

En cualquier caso, se espera que para el año 2010 el acceso a las nuevas tecnologías esté tan generalizado que se haga posible llevar a cabo investigaciones más precisas sobre los efectos de la información en la red; algo que reclama la necesidad de invertir esfuerzos teóricos y empíricos que permitan valorar mejor las nuevas posibilidades de comunicación política que ofrecen estos medios (TEDESCO, 2004; DELI CARPINI, 2004; GRABER, 2005).

VIII. LOS EFECTOS DE LA COMUNICACIÓN POLÍTICA EN LA PARTICIPACIÓN Y EN EL COMPROMISO CÍVICO

La mayor parte de los estudios recogidos hasta aquí responden a un planteamiento por el cual se miden los efectos de la comunicación política respecto a quien emite el mensaje de la comunicación, es decir, a si se consigue acercar o no al destinatario del mensaje a las intenciones de quien emite el mensaje.

Pero cabe preguntarse por los efectos de la comunicación política de manera desinteresada. Es decir, ¿cómo afecta la comunicación política a la participación y al compromiso cívico del ciudadano?

Considero muy completo e interesante el análisis que de esta cuestión realiza Delli Carpini (2004).

Recogiendo las aportaciones de un elevado número de autores, ofrece, en primer lugar, algunas precisiones conceptuales. ¿Qué es exactamente un ciudadano comprometido? Se puede decir que un ciudadano está comprometido con lo público, responde este autor, cuando se adhiere a unas determinadas normas y valores; cuando asume unas actitudes y creencias sobre la naturaleza de la política y del mundo social; cuando sobre las cuestiones del momento tiene opiniones informadas, estables y coherentes; y cuando sus comportamientos buscan influir en la calidad de la vida pública (p. 396).

a) Las *normas y valores cívicos* incluyen la conciencia de «eficacia democrática» (lo que yo hago sirve para algo), la confianza en las instituciones políticas y en la comunidad (confianza política y confianza social), el interés por la política, la responsabilidad cívica (al hacer algo considero las repercusiones que puede tener en la comunidad; y se es consciente de la obligación de participar en unas elecciones) y la tolerancia política. Cuando se poseen estas normas y valores cívicos, se equilibra el conflicto con el consenso, el interés particular con el interés colectivo, y el sano escepticismo con la confianza en las instituciones y procesos del Gobierno democrático.

b) Las *actitudes y creencias políticas* incluyen la pertenencia a un partido, las visiones sobre la importancia de la igualdad *versus* libertad, un sentido de la seguridad del mundo, un relativo compromiso con lo individual *versus* los derechos colectivos y nociones generales de lo que es la raza y la diversidad.

Todos estos valores, normas y creencias forman los cimientos sobre los cuales se basa el compromiso democrático. Cuando se aplican a cuestiones políticas específicas (valoración de candidatos, de medidas públicas, etc.), se expresan en opiniones. Por eso, sigue diciendo este autor, la formación de *opiniones* es muy importante para el proceso democrático. Pues un ciudadano comprometido democráticamente es aquél cuyas opiniones y juicios le facilitan *comportamientos* que son cívicos.

Delli Carpini ve necesario precisar también qué se entiende por «medios relevantes para la política», a lo que contesta que toda forma de comunicación, desde la conversación personal, pasando por las noticias y todo género de opinión (*talk shows*, editoriales, documentales, drama, comics, programas de humor, etc.). Todos estos, dice, son formatos a través de los cuales se transmiten mensajes políticos, mensajes que tienen sus efectos.

Aclaradas estos conceptos, Delli Carprini se pregunta ahora, ¿Qué papel juegan los medios en todo esto? ¿Cómo influyen en el compromiso cívico? La idea esencial de su respuesta, que ofrece, de nuevo, apoyándose en una extensísima recopilación de estudios, es que la investigación arroja resultados mixtos:

a) unos estudios afirman que los medios favorecen el compromiso democrático, pues incrementan el interés por lo político y por la participación;

b) y otros estudios afirman que los medios dificultan o perjudican el compromiso democrático, pues fomentan el escepticismo, la apatía, la ignorancia y la desafección.

Más específicamente, respecto a la *confianza política* (confianza en las instituciones y en los políticos) y *social* (confianza en la comunidad), el autor dibuja la situación de evidencias mixtas de la siguiente manera. Están, por una parte, los trabajos que soportan la tesis de la *media-malaise* (epidemia mediática) (PATTERSON, 1994; SABATO, 1993; ANSOLABEHERE e IYENGAR, 1995; CAPPELLA y JAMIESON, 1997), que consideran que la exposición a la televisión incrementa el cinismo y disminuye la confianza en el Gobierno y en el político. Pero, por otra, están también otros estudios que afirman que los medios no contribuyen automáticamente al descenso de la confianza política (NORRIS, 1999 y 2000).

Respecto al *interés por lo político*, este autor recoge algunos estudios que muestran que éste está asociado positivamente al uso de los medios (es decir, cuanto más frecuencia de consumo de medios, más interés por lo político). Pero afirma también que poco se sabe sobre la relación causal, es decir, hasta qué punto la causa de un elevado consumo de medios es la necesidad de obtener información o si es más bien el consumo de medios lo que tiene efectos «socializantes» (es decir, lo que causa un incremento en el interés por lo político).

Y, por último, respecto al *comportamiento cívico*, el autor dibuja también en una situación de resultados mixtos. Parece haber, dice, una relación positiva entre el uso de medios y la participación (las personas que más ejercen su derecho al voto son las que más medios consumen). Pero hay también estudios que muestran que el contenido de los medios puede mitigar y revertir el efecto: más concretamente, una campaña negativa (centrada en ataques y acusaciones) puede reducir la participación; y cuando los medios dan a la política una cobertura cínica (aquella que siembra escepticismo hacia las instituciones y hacia los políticos) o estratégica (se centra en los rasgos de competición entre los distintos actores políticos), se reduce la confianza social (en la comunidad) y la participación.

Resultados de un estudio sobre la percepción que diputados y ciudadanos tienen del Congreso español corroboran la primera línea de esas evidencias. Muestran que los mayores índices de consumo de medios (tanto de prensa, como de radio y de televisión) van asociados a un mayor nivel de confianza ciudadana en el Congreso, a un mayor interés de los ciudadanos en lo público (en la política, en las actividades del Congreso y en las actividades del Gobierno), así como a una mayor participación de los ciudadanos en las elecciones a sus representantes en el Congreso. Parece ser que los medios, más que actuar como diseminadores de sospecha o desafección hacia lo público, están como volviendo la mirada del ciudadano hacia las instituciones públicas en las que están representados. Todo esto no sólo nos impidió apoyar la corriente de estudios que señala que los medios han espectacularizado la política con devastadoras consecuencias para la participación. Al contrario: los datos parecen dibujar unos medios de comunicación que pueden estar funcionando como bisagra o puente para la participación política. Los medios, así, estarían de algún modo acortando distancias entre el Congreso de los Diputados y los ciudadanos (CANEL y otros, en prensa).

De manera que la actitud que han de tener investigadores, académicos y profesionales ante el papel de los medios es la de explorar mejor las potencialidades, a la vez que no despreciar los riesgos y perjuicios posibles. Cierto es, dice Delli Carpini, que el bombardeo que a veces realizan los medios con noticias sobre el crimen y el escándalo no contribuye al compromiso democrático. Pero cierto es también que no son éstos los únicos mensajes que ofrecen los medios (p. 423). La misma equilibrada conclusión aplica a los programas de humor o de entretenimiento: lo importante es saber si el contenido y la forma refuerza o detracta de todo aquello que compone el compromiso democrático. Y hay programas de entretenimiento que pueden contribuir (p. 424). De manera que, termina diciendo, la investigación debe orientarse a cómo distintas formas de comunicación pueden conseguir una mayor calidad de la democracia.

IX. LOS EFECTOS DE LA IMAGEN PRESIDENCIAL EN LOS CIUDADANOS

¿De qué manera percibe el público la imagen presidencial que crean las instituciones de la forma que vimos en el capítulo 3? ¿Cómo pensamos los ciudadanos sobre el Jefe de Estado y el Jefe de Gobierno?

El problema que se plantea para analizar esta cuestión es el de qué es lo que hay que considerar para medir la percepción pública de la imagen presidencial. Es decir, ¿qué entendemos que es lo que los ciudadanos piensan de su Presidente?

Podemos atender a dos tipos de mediciones de la popularidad presidencial.

a) En primer lugar, las mediciones que proceden del ámbito profesional, expresadas en términos de *popularidad*, que se apoyan en sondeos públicos sobre la valoración del Presidente.

b) En segundo lugar, las mediciones que proceden de investigaciones del ámbito académico, que son más elaboradas y que combinan los métodos cuantitativos con los cualitativos, por lo que permiten llegar a dibujos más precisos de lo que es la percepción pública de la imagen presidencial.

1. LA PERCEPCIÓN PÚBLICA DE LA IMAGEN PRESIDENCIAL EN TÉRMINOS DE POPULARIDAD

Respecto a la popularidad, es ésta una medición que se inició en Estados Unidos mediante las encuestas periódicas nacionales encaminadas a obtener una valoración genérica bajo la pregunta «¿cómo valora usted la gestión del Presidente?». Progresivamente, se fueron añadiendo preguntas sobre actuaciones presidenciales concretas, o sobre la valoración de la gestión respecto a una determinada área de gobierno: «¿qué confianza le merece X?»; «¿cómo valora la lucha contra el paro?» o «¿cómo valora las medidas contra la violencia callejera?».

En España el *Centro de Investigaciones Sociológicas* realiza desde 1988 una medición regular de la popularidad con las siguientes preguntas:

«¿Qué confianza le merece X como Presidente del Gobierno?», y
«En una escala de 1 a 10 valore a los siguientes líderes políticos...» (entre los que está el Presidente del Gobierno).

Los índices de popularidad se elaboran sobre los datos básicos y acumulados, es decir, son los porcentajes de sondeados que dan una valoración «buena» o «muy buena» al Presidente.

¿Qué provoca las alzas y las bajas de la popularidad? ¿Qué hace que haya más o menos gente que de una valoración «buena» o «muy buena»?

Los análisis de las curvas de popularidad permiten concluir que hay una cierta relación entre los sucesos y la popularidad presidencial.

Así por ejemplo, tras sucesos relacionados con el logro de la paz (ya sea nacional o internacional) o con la prosperidad económica (por ejemplo, la publicación de indicadores económicos positivos), la popularidad sube (MONROE, 1984). Algunos ejemplos paradigmáticos: la popularidad de Carter subió notablemente (más de 20 puntos) tras el acuerdo de Camp David entre Israel y Egipto en 1978; y bajó drásticamente cuando se duplicó la inflación. La popularidad de Nixon bajó con el caso *Watergate*, y la de Ford bajó cuando éste proclamó el perdón de aquél. La popularidad de Clinton bajó durante el caso Lewinsky sólo cuando la gestión comunicativa de éste emitió señales de mentira; algo que también podría explicar las variaciones de la popularidad de Bush (hijo) y de Blair durante la crisis de Irak. Es decir, se puede concluir que los votantes premian o castigan al Presidente según cuál sea la situación política nacional e internacional (ANSOLABEHERE, BEHR e IYENGAR, 1993; ANSOLABEHERE y otros, 1994).

Las causas de las alzas y las bajas de la popularidad presidencial se recogen en el Cuadro n.º 13.

CUADRO N.º 13

Causas de alzas y bajas de la popularidad presidencial

Alzas	Bajas
Prosperidad económica	Desempleo
	Inflación
Acuerdos de paz	Derrotas militares
Seguridad ciudadana	Acusaciones de corrupción
Acuerdos con sindicatos	Mentiras del Presidente

Se comprueba además que una popularidad en alza permite al Presidente llevar a cabo las medidas políticas que necesita, pues al candidato que está respaldado por unos índices elevados de popularidad le es más fácil negociar con los miembros del Gobierno, con los del partido o con los del Congreso (DENTON y Hahn, 1986).

Ahora bien, si observamos las curvas de popularidad de todos los Presidentes estadounidenses, se pueden observar una serie de pautas que son comunes a los mandatos presidenciales (ANSOLABEHERE, BEHR e IYENGAR, 1993: 192-193).

Las pautas son las siguientes:

a) Fase *inicial*, llamada también «luna de miel», que es un período de elevada popularidad. Lo que justifica este alza es que, al tratarse del período posterior a las elecciones, el Presidente está todavía disfrutando de la «renta de legitimidad» que obtuvo al ganar las elecciones.

b) Fase *intermedia*, en la que se produce un claro declive, probablemente debido a las reacciones contrarias que despiertan las actuaciones gubernamentales, realizadas ya en pleno desarrollo del mandato.

c) Fase *final*, ya casi pre-electoral, en la que se produce una ligera recuperación, resultado quizá de que, al acercarse las elecciones, votantes del Presidente que le fueron críticos (y le dieron quizá una valoración negativa en la fase intermedia) vuelven ahora a su lealtad ideológica y política, acercándose de nuevo al voto presidencial.

Estas fases de la popularidad presidencial las podemos observar también en las valoraciones que los ciudadanos españoles han dado a los Presidentes del Gobierno Felipe González, José María Aznar y José Luis Rodríguez Zapatero. Veamos cuáles son las curvas de popularidad de estos Presidentes según los sondeos realizados por el Centro de Investigaciones Sociológicas (Cuadros n.ºs 14, 15 y 16).

Estas curvas recogen la media de valoración que en la escala 1-10 se pide al encuestado que sitúe a cada líder. Para los dos primeros casos, Felipe González, José María Aznar, se exponen aquí los datos referidos al último mandato. Para el caso de José Luis Rodríguez Zapatero se exponen los datos de los dos primeros años de gobierno.

Pues bien, se puede afirmar que, en términos generales, en las curvas de popularidad presidencial de los Presidentes españoles se reproducen las tres fases que vimos que se producían en las curvas de popularidad de los Presidentes estadounidenses.

a) El mandato comienza con una elevada popularidad.

b) A medida que se avanza en el ejercicio del gobierno, se va produciendo un descenso de popularidad, que está alterado por algunas alzas puntuales que en cada caso merecerían un análisis específico.

c) A medida que se acerca el final del mandato y la celebración de elecciones, la popularidad vuelve al alza[4]. Si bien en el caso norteamericano el ascenso

---

[4] La gráfica de José María Aznar es menos contundente a este respecto. Pero es preciso mencionar aquí que el barómetro de enero de 2004, el último previo a las elecciones de 2004, no incluyó

CUADRO N.º 14

Popularidad de Felipe González

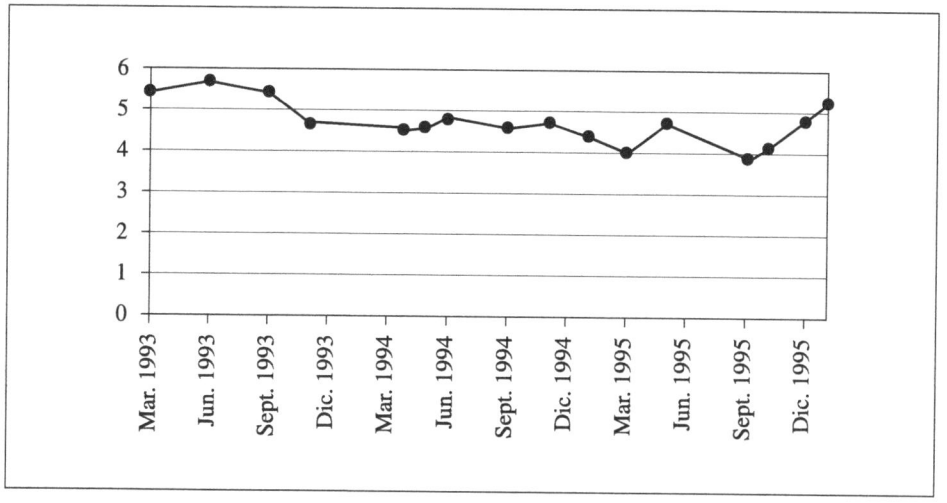

CUADRO N.º 15

Popularidad de José María Aznar

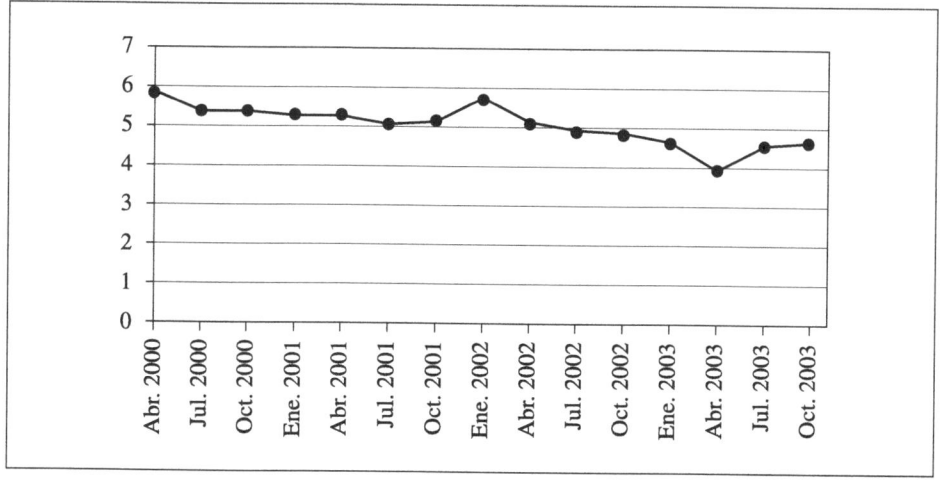

una pregunta de valoración de líderes, por lo que no se cuenta con los datos más cercanos a las elecciones de marzo; resultados que, de seguir la tendencia, tirarían de la curva hacia arriba.

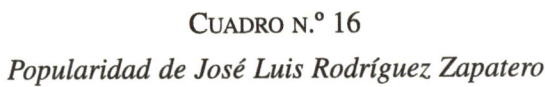

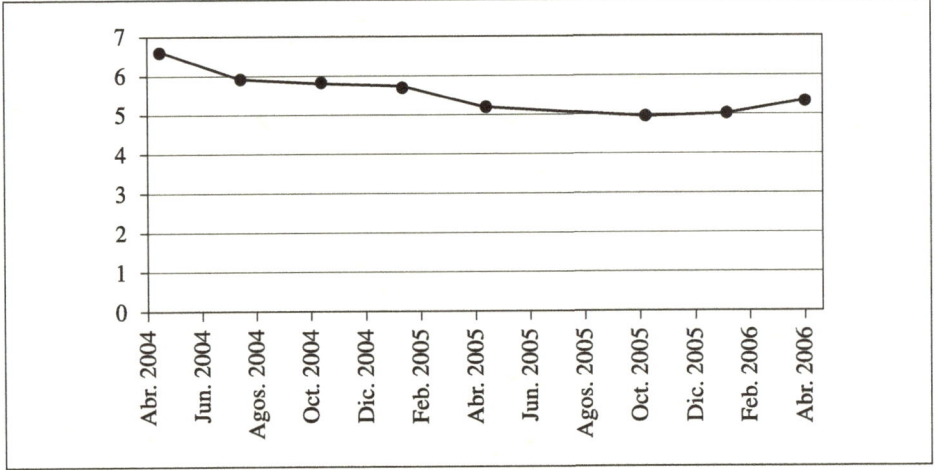

final es más significativo, en el caso español este incremento es más gradual. Esto puede deberse a que si bien en Estados Unidos las elecciones tienen fecha fija, no es así en España, donde se pueden disolver las Cámaras sin que el mandato haya expirado, por lo que los partido comienzan a realizar la precampaña un año antes, con el fin de que la convocatoria de elecciones no les pille desprevenidos.

Vemos que las curvas de popularidad tienen unas pautas más o menos comunes en todos los Presidentes. ¿No estará pasando, entonces, que la curva de popularidad presidencial tiene unos ritmos que son estables, repetidos e independientes de que los sucesos sean positivos o negativos, e independientes también de lo que pueda ser la gestión de la imagen presidencial? ¿Qué es lo que influye entonces en la valoración de la Presidencia? Atendamos ahora a mediciones más elaboradas y sustantivas, que proceden de estudios académicos.

2. MEDICIONES SUSTANTIVAS DE LA PERCEPCIÓN PÚBLICA DE LA IMAGEN PRESIDENCIAL: APORTACIONES DOCTRINALES

Las mediciones «sustantivas» se apoyan en la investigación académica sobre la percepción que de la Presidencia tienen los ciudadanos. Estas aportaciones se pueden resumir del siguiente modo:

a) La imagen presidencial está *mediatizada* por los enfoques que sobre ella proyectan los medios de comunicación. Es decir, los medios otorgan una prioridad de cobertura y una valoración (por medio tanto del periodismo de opinión como del de información) al Presidente, que influye en la imagen que los ciudadanos tienen de éste (McCombs y Shaw, 1993; McCombs y Evatt, 1995; McCombs y Shaw, 1997; Weaver, McCombs y Shaw, 2004).

El tipo de influencia viene determinada, en primer lugar, por la función de establecimiento de la agenda de los medios. Es decir, se comprueba que se cumplen aquí la teoría de la *agenda-setting* y la *teoría del priming*: los medios de comunicación consiguen determinar los temas sobre los que hay que valorar al Presidente (Iyengar, 1991; Iyengar y Kinder, 1987; Krosnick y Kinder, 1990).

Los medios de comunicación consiguen, además, influir en la dirección de la valoración. Es decir, si la cobertura que los medios dan sobre el Presidente es predominantemente crítica, probablemente y como consecuencia, los medios conseguirán que descienda la popularidad presidencial (Iyengar, 1991; Davis, 1992; Merrill, Lee y Friedlander, 1992).

b) La imagen presidencial es percibida como un conjunto global, mezcla de carácter personal, cualificación profesional, honradez e integridad con el equipo gubernamental. Es decir, cuando miran al Presidente para valorarlo, los ciudadanos no distinguen qué del Presidente es una cuestión de personalidad, qué de competencia profesional o qué de gestión política puntual, los tres elementos que, como vimos en el capítulo 3, tratan de construir las estrategias de comunicación de la imagen presidencial.

Veamos algunos ejemplos de las valoraciones sobre líderes políticos que se obtuvieron en un sondeo que preguntaba al encuestado lo siguiente: «¿Qué le diría a un amigo que no supiera nada sobre los líderes nacionales»[5].

Éstas son algunas respuestas que diferentes ciudadanos dieron sobre Felipe González: «Antes me gustaba más». «Es un piquito de oro». «Está cansado». «Me gusta pero no me fío». «Huele a podrido». «Ha hecho lo que ha podido».

Sobre José María Aznar: «No me disgusta». «No sabe». «Cada vez que sale pierde puntos». «Es fachada, falso». «No me gusta». «Me encanta».

Veamos, por último, lo que los encuestados dijeron sobre Julio Anguita: «El mejor». «Me gusta». «Le falta diferenciarse de Felipe». «Lo veo como un poco prepotente». «Es un hombre mesiánico».

Como vemos en estas respuestas el ciudadano no diferencia la honradez de la competencia. Aquél que tiene elementos para pensar que el Presidente es una buena persona, dirá también que es un buen político, que «le gusta».

c) La valoración presidencial depende de la atribución de responsabilidad de los problemas públicos. Es decir, de lo que el ciudadano considere que su Presidente es el «culpable».

¿De qué manera atribuimos los ciudadanos la responsabilidad de las cuestiones públicas? La investigación en Psicología entiende que, en los problemas públicos, hay una responsabilidad «de causa», que determina quién o qué es origen del problema, y una responsabilidad «de tratamiento», que determina quién o qué tiene la capacidad (o responsabilidad) de resolverlo (Weiner, 1985). Así por ejemplo la responsabilidad de causa del problema del terrorismo son los mismos

---

[5] El estudio fue realizado por el Departamento de Comunicación Pública de la Universidad de Navarra con motivo de las elecciones nacionales españolas de 1996.

terroristas; pero la responsabilidad de tratamiento del problema del terrorismo incluye a las autoridades públicas, a aquellos interlocutores a quienes compete solucionarlo.

Pues bien, el público tiende a atribuir la responsabilidad de tratamiento de los problemas públicos al sistema político; y dentro de éste, a la institución o a la autoridad más *visible* en relación con el problema (IYENGAR, 1991: 19).

La atribución de responsabilidad depende además del tipo de cobertura que los medios de comunicación dan a los problemas. Cuando los enfoques de las noticias son predominantemente *episódicos* (es decir, son sucesos que se narran con protagonistas, un guión y cierta tensión dramática) los ciudadanos tienden a atribuir la responsabilidad más al Presidente individual que a la institución Presidencia. Cuando, por el contrario, son enfoques *temáticos* (es decir, se tratan problemas abstractos así como las soluciones y medidas a tomar) los ciudadanos tienden a relacionar el «mal» con entidades o instituciones colectivas o abstractas; en este caso, con la Presidencia y Gobierno.

De todo esto se desprende que cuando la imagen presidencial ha sido configurada con fundamento en un Presidente muy *público* (excesiva visibilidad) y *personal* (excesiva personificación), el resultado puede acabar siendo perjudicial. Las técnicas de comunicación hacen al Presidente tan público, que, efectivamente, éste es visto por los ciudadanos como el impulsor de todo; pero se corre el riesgo de que el Presidente sea visto también como aquél por culpa de quien se dan todos los fracasos (CORNWELL, 1966; ANSOLABEHERE, BEHR e IYENGAR, 1993; DENTON y HOLLOWAY, 1996).

d) ¿Influyen las valoraciones que el público hace del Presidente durante la legislatura en el voto que emitirá cuando lleguen las elecciones? Los datos parecen mostrar que *no hay una estrecha relación entre las valoraciones presidenciales y el voto de las elecciones a las que se somete el Presidente al final de la legislatura*. Es decir, no se pueden tomar los índices de popularidad como indicadores de los futuros resultados electorales.

Las razones que apoyan esto son varias:

— La primera es una cuestión práctica de mecánica de contabilidad. Los índices de popularidad no guardan correlación numérica con los resultados electorales. No pueden hacerlo. La popularidad no es más que tendencias acumuladas, generalmente obtenidas sobre muestras nacionales y basadas en frecuencias, que no reflejan bien las diferencias de aceptación que el Presidente tiene por regiones. Mucho menos reflejan de qué manera el sistema electoral traducirá esas valoraciones en escaños (sistemas parlamentaristas) o en votos presidenciales (sistemas presidencialistas). Al ser índices acumulados, dicen poco de cuál pueda ser el futuro resultado electoral, de los motivos de la popularidad y de la homogeneidad de la aprobación o desaprobación (SMITH, 1996).

— En segundo lugar, por la diferencia de comportamiento que supone «valorar positivamente a alguien» y «votar por alguien». Mientras que la variable «voto» está muy determinada por una serie de características individuales (ideología, renta, educación —cuanto más educación menos vulnerabilidad a las técnicas de comunicación de la imagen presidencial— y recuerdo de voto), no lo está tanto la variable «valoración presidencial». Esto significa que, mientras que la valoración presidencial puede cambiar mucho (el que ayer no valoraba positivamente al Presidente hoy puede hacerlo), el voto no (los que han votado a la izquierda seguirán votando a la izquierda, por mucho que consideren que es buena la gestión presidencial de un Gobierno de derechas). Con otras palabras, los movimientos que pueden darse de valoración presidencial (que hace que un líder suba o baje con facilidad) no tienen por qué darse necesariamente en el voto (de hecho, es muy bajo el porcentaje de voto cambiante).

De manera que el ciudadano que dice en pleno período gubernamental valorar positivamente al Presidente no necesariamente depositará el voto a favor de él una vez llegadas las elecciones (SEYMOR-URE, 1982; SMITH, 1996).

La revisión de lo que es la medición de la popularidad presidencial al amparo de las aportaciones doctrinales me permiten finalizar este epígrafe con las siguientes conclusiones:

— Las técnicas de comunicación del Presidente han de ir encaminadas a mantener una relación fluida con el ciudadano, en la que la institución explique los motivos de las medidas que se adoptan.

— Pero esa relación fluida no implica una constante visibilidad del Presidente. La visibilidad y la personificación de la institución, que vimos en el capítulo 3, han de estar reguladas, pues la imagen excesivamente visible y personal no es siempre eficaz.

— La imagen que los ciudadanos de un país dicen tener sobre su Presidente guarda una estrecha relación con la imagen que de éste proyectan los medios de comunicación. De ahí, que las técnicas de comunicación para la imagen presidencial acudan, cada vez más, a las técnicas informativas, con el fin de evitar que la imagen que la Presidencia quiere dar sea distorsionada por los medios de comunicación.

— No toda visibilidad presidencial se traduce en ascenso de popularidad y no toda popularidad se traduce en incremento de voto. Por tanto, los índices de popularidad presidencial no deben tomarse como los indicadores básicos de la marcha de la política. Hacerlo (lo que Lowi ha llamado «presidencia plebiscitaria», LOWI, 1985) podría ir en detrimento del ritmo político que exige la marcha adecuada de los asuntos públicos. El Presidente está tan ocupado en salir a la luz pública que no tiene tiempo de trabajar. Lo que, a la larga, repercutirá en las variables que sí inciden en el voto.

Como conclusión final, lo que han de buscar las técnicas de comunicación presidencial no es tanto una imagen «que resulte», «que impacte». Las técnicas de comunicación presidencial han de reducir la distancia entre la Presidencia y los ciudadanos por medio de una gestión política que no ignora que el Presidente necesita ser conocido y comunicado; pero que no deja que sea ésta, la gestión de la imagen, lo que marque el ritmo de la gestión política.

El análisis que acabo de hacer viene a subrayar, por una parte, la necesidad de revisar las estrategias de comunicación de las instituciones públicas. Algo en lo que considero que merece la pena invertir importantes esfuerzos. Por otra, lo que revela el análisis de los efectos de la imagen presidencial añade argumentación en la misma línea de lo mantenido a lo largo de todo este capítulo: se hace necesario revisar el concepto de efecto, pues ni los planteamientos teóricos ni los análisis de los resultados prácticos de la comunicación política logran medir bien la influencia. Sobre esto realizaré unas consideraciones finales.

X. LOS EFECTOS EN EL FRONTISPICIO DE LA COMUNICACIÓN POLÍTICA: REPENSAR LA NOCIÓN DE EFECTO

Es necesario repensar la noción de efecto por las razones que a continuación expongo.

Los esquemas de análisis que separan cogniciones de juicios y comportamientos no permiten, en primer lugar, analizar bien los formatos de la comunicación política. Ya mostré en el capítulo 2 las dificultades que se presentan, por ejemplo, para diferenciar un anuncio publicitario racional de uno emocional; o para afirmar que una noticia proyecta a un candidato más en términos de ideas que en términos de actitudes.

En segundo lugar, como ya se comprobó, sobre todo al revisar los efectos de la comunicación política en la participación y en el compromiso cívico, con este esquema la investigación ofrece resultados mixtos y, a veces, contradictorios: si bien muestra, por una parte, que hay una relación positiva entre el uso de medios y la participación, también hay estudios que muestran que los medios de comunicación siembran escepticismo y consiguen desafección entre los ciudadanos hacia la política.

Por último, estos esquemas tampoco permiten llegar a mediciones del todo reales, pues asumen que la persona está fragmentada en compartimentos, como si conocer, sentir o actuar fueran actividades desconectadas entre sí. Con este esquema se consigue medir quizá lo que el ciudadano piensa, pero esa medición no permite decir nada sobre lo que el ciudadano hace.

Como ya afirmé a comienzos de este capítulo, la investigación académica de los últimos veinticinco años, bajo la llamada «perspectiva cultural», trataba de obtener un nivel más rico de estudio desde donde evitar la radical separación entre lo individual y lo social, lo emocional y lo racional, así como las consecuentes compartimentaciones entre cogniciones, juicios y comportamientos a las que se había llegado. Esta perspectiva proponía estudiar la comunicación como una serie de prácticas, convenciones y formas a través de las cuales se crea, modifica y transforma la cultura compartida. Pero a este intento se han acogido estudios tan diversos que resulta imposible dibujar qué es lo que corresponde a la etiqueta «modelo cultural de estudio» (NIMMO y SWANSON, 1990). Además, a juicio de algunos autores, no se puede decir que el modelo haya conseguido la integración que se proponía (LAITIN, 19995).

Considero que hay que repensar la noción de efecto, y más concretamente, se hace necesario avanzar en las siguientes líneas de investigación:

a) Profundizar en cómo las personas conocemos, juzgamos y actuamos, de manera que se pueda comprender mejor la dinámica de relación entre nuestras cogniciones, emociones y actuaciones, si es que tal división se pudiera establecer. Es preciso buscar concepciones de la persona que escapen a compartimentaciones irreales, y aspirar a una interpretación de los efectos desde la «cultura», entendida ésta no como un conjunto de cogniciones, esquemas o ideas desencarnadas, sino como un conjunto de valores compartidos en sociedad, que son mezcla de sentimiento y de razón (SWANSON y NIMMO, 1990). Desde este enfoque se apunta a una visión más global de la persona.

b) Avanzar en planteamientos que tengan en cuenta los elementos culturales de manera que se logre iluminar la observación empírica con un esquema que incluya realidades más simbólicas o rituales como la lengua, la religión, las costumbres cotidianas, el arte, la ideología, la ciencia, la ley moral o el sentido común. Todas esas realidades son claros determinantes de los efectos que el mensaje político puede tener en los ciudadanos.

c) Pensar en el efecto en términos de interacción. Como afirma Benavides (1996), los medios no son estímulos en espera de respuesta, sino que son, más bien, «constructores» de discurso para la interacción social. Los medios se relacionan con los procesos de construcción cultural, y, al hacerlo, no sólo transmiten contenidos, sino que, y especialmente, construyen escenarios donde se relacionan individuos y grupos sociales. La evolución hacia una visión más real de los efectos pasa por una consideración del «efecto» no como algo aislado, individual y unidireccional sino como algo social e interactivo.

CAPÍTULO 6

PENSAR LA COMUNICACIÓN POLÍTICA

Llegados al final del camino, quisiera ofrecer una mirada retrospectiva: ¿qué reflexiones suscita la contemplación de los procesos de comunicación política? Tras mencionar qué estudios se han hecho en los últimos treinta años sobre el estado de la cuestión, analizaré lo que han planteado los más recientes. Lo que pretendo es ofrecer unas consideraciones sobre los retos y problemas con que la Comunicación Política, en su estudio y en su práctica, se encuentra a comienzos del siglo XXI.

I. APORTACIONES PRECEDENTES SOBRE EL ESTADO DE LA INVESTIGACIÓN EN COMUNICACIÓN POLÍTICA

Desde que en 1975 Steven Chaffee publicara *Political Communication: issues and strategies for research*, trabajo en el que sistematizaba lo que constituía una realidad entonces sólo incipiente, varios trabajos se han sucedido con una finalidad crítica, es decir, para ofrece un análisis del estado de la cuestión de la investigación y práctica de la Comunicación Política.

Debo manifestar que la relación que a continuación recojo, amén de que no consigue ser exhaustiva ni siquiera en el ámbito anglosajón, muestra el fuerte predominio que la comunidad científica anglosajona ha ejercido en el desarrollo de este campo. La razón de este predominio se puede encontrar en que la mayor parte de las publicaciones internacionales especializadas son en lengua inglesa; las principales asociaciones de investigación en Comunicación Política tienen como lengua oficial el inglés; y las editoriales de mayor distribución internacional están en el mundo anglosajón. Menciono esto para adelantar que considero que las reflexiones que expongo en este capítulo necesitan de aportaciones de autores que publican en otras lenguas. Y si bien aquí recojo posiciones y análisis de académicos de personas fuera del mundo anglosajón (particularmente de Francia, Alemania, Italia, Japón y, por supuesto, España), no incluyen lo que haría falta para componer un panorama completo de análisis.

Mencionaré por orden cronológico los principales trabajos que constituyen una revisión del campo: una evaluación del desarrollo o una exposición sistemática que compendia los conceptos, las teorías, las investigaciones, los temas y las metodologías más extensamente utilizadas por los investigadores, así como los problemas y los retos. Este primer epígrafe es sólo es un elenco. En los que le siguen, trataré de elaborar una reflexión sobre las aportaciones más recientes que están en ese elenco.

El capítulo que Nimmo y Sanders (1981) publican en el primer manual de comunicación política, titulado «Introduction: The emergence of political communication as a field», constituyó una primera reflexión sobre la entidad y naturaleza de algo que ya se empezaba a configurar como un «campo de estudio», con cierta independencia y autonomía respecto a otros campos cercanos. Más tarde, en 1985, Kaid y Sanders ofrecerían la primera revisión de las teorías que estaban inspirando las primeras aportaciones en el capítulo titulado «Survey of political communication theory and research».

Enfilando la última década del siglo XX, Nimmo y Swanson (1990) («The field of political communication: beyond the voter persuasion paradigm»), ofrecerían una rica reflexión en la que describen la evolución de las teorías partiendo de lo que llaman el «paradigma de la persuasión del votante» (paradigma psicologista que tiene como centro las características individuales de la persona), seguida de la corriente de los estudios institucionales y sistémicos (que introducen los elementos estrucutrales y sociales), para sugerir la fase de los estudios culturales, que aboga por una reconceputalización de la cultura política.

En 1996, y en un momento en el que ya el desarrollo del campo es ciertamente extenso, Kaid considera necesario salir al paso del riesgo de la dispersión de los estudios, abogando con «Political Communication» por lograr mantener un acercamiento integrado de perspectivas y enfoques empíricos.

En el análisis que realizan sobre la dispersión del campo, y apoyándose en una descripción analítica de los factores de cambio que identifican en el ámbito político, social y económico, Blumler y Kavanagh (1999) se preguntan si a finales de siglo XX no estaremos ante una nueva fase de la investigacón, planteamiento que recogen en «The third age of Political Communication: influences and features». Este artículo, publicado junto al de Gurevitch (1999) («Wither the future? Some afterthoughts») en un monográfico de *Political Communication* dedicado al estado de la cuestión, sugerían los retos y líneas de investigación para la Comunicación Política del siglo XXI.

Un año más tarde, estas sugerencias para el cambio de siglo se complementaría con las siguientes. En el año 2000 Blumler y Gurevitch afirman la necesidad de repensar algunos planteamientos del siglo anterior (en particular, el modo de concebir el comportamiento de las audiencias de la comunicación política), y exponen sus retos en «Rethinking the study of Political Communication». En 2001, Swanson escribe «Political Communication Research and the mutations of democracy», artículo en el que, tomando como base los cambios producidos en los partidos políticos como institución, aboga por abordar el estudio de la comunicación política desde un contexto más amplio de lo que es y significa la actividad política. Mutz (2001) apunta la necesidad de redefinir los contenidos de la comunicación política en «The future of political communication research: reflections on the occasion of Steve Chaffee's retirement from Standford University». Y Chaffee (2001) reflexiona sobre los efectos de los nuevos medios y sugiere líneas de investigación al respecto en «Studying the new communication of poltics». En 2004, Kaid edita el último manual internacional sobre el campo, *Handbook of Political Communication*, en el que tras realizar una revisión de las teorías y paradigmas en juego (hay que decir que, a diferencia de algunos anteriores, este manual no contiene un profundo análisis de la evolución de las teorías), sigue el esquema tradicional (análisis de mensajes políticos, cobertura en medios y efectos en la opinión pública) para ofrecer una muy completa descripción del desarrollo del campo a comienzos de siglo. Y, por último Graber (2005), con «Political Communication faces the 21st century», revisa lo publicado y sugiere las cuestiones de investigación que se plantean con el comienzo del siglo XXI.

II. LOS ESFUERZOS INTERDISCIPLINARES DE LA COMUNICACIÓN POLÍTICA

Una de las cuestiones que se plantean en las revisiones arriba recogidas es la del alcance, extensión y cariz que tiene la Comunicación Política como área de estudio. Pues desde sus comienzos, este campo ha ido acogiendo los esfuerzos e intereses de académicos procedentes de distintas disciplinas; y en pocos años se ha producido un gran florecer de estudios teóricos y empíricos en distintos países, culturas, etc. ¿Es la Comunicación Política una ciencia independiente de la Sociología y de la Política? ¿Es una disciplina propia? ¿O es, más bien, un campo dominado por otros académicos?

Lin (2004) se pregunta algo de este estilo, aunque lo expresa en otros términos, al comprobar mediante técnicas biblioteconométricas aplicadas a las publicaciones realizadas en este campo, la existencia de una gran dispersión de trabajos: ¿nos encontramos ante una diversificación integrada o, más bien, ante una dispersión aislacionista? Respuesta que recoge en «Fragmentation of the Structure of Political Communication research: diversification or isolation?». Dahlgren (2004) incide también en esta cuestión con «Theory, Boundaries and Political Communication», artículo en el que, retomando las consideraciones de Blumler sobre los cambios estructurales y sistémicos, sugiere varias tradiciones que, entiende, son complementarias y pueden apuntar a la integración del estudio de la comunicación política.

En esencia, los distintos autores que han abordado esta cuestión, y ante las diferentes disquisiciones sobre los lindes disciplinares de la Comunicación Política, adoptan una postura inteligentemente simple: la Comunicación Política constituye un área de investigación lo suficientemente fuerte y extensa como para reclamar las energías de todos los investigadores por forjar un esfuerzo multidisciplinar.

Lin parte de que la Comunicación Política como un área interdisciplinar comenzó a emerger en los años cincuenta, época en la cual la etiqueta *comunicación política* apareció para designar las interacciones entre los actores, fruto de las cuales se transmiten y movilizan influencias políticas. Acogía a distintas disciplinas y planteamientos.

Este autor constata la fragmentación actual en Comunicación Política: los investigadores de distintas procedencias académicas tienen su propio planteamiento de la investigación. Y apenas se intercambia información tanto como se debiera: los académicos están intelectualmente separados así como limitados dentro de las barreras del propio fragmento. Aboga por lograr la cohesión intelectual del campo, que define como el estado por el que las diferencias entre los distintos fragmentos no sólo son respetadas, sino además estimuladas intercambiando información sobre la relevancia mutua que tienen las distintas partes. Si bien hay una cierta convergencia intelectual, la Comunicación Política todavía no se ha establecido como una disciplina académica

En la misma línea de abogar por una coherencia intelectual, Dahlgren (2004) recorre las tradiciones que han inspirado los estudios de la Comunicación Política. Menciona, por una parte, la tradición de la ciencia política, que, aun criticada por ser muy formalista, demasiado ligada a las exigencias institucionales y demasiado constreñida por las exigencias metodológicas, sigue siendo la que predomina, la «disciplina madre». La segunda es la tradición habbermasiana, que recoge el concepto de la esfera pública, pero también los temas relacionados con la racionalidad comunicativa, la democracia deliberativa y la sociedad civil. Y, por último, la tercera tradición es la que se apoya en la teoría cultural, lo que este autor denomina «el enfoque de los estudios culturales».

Pues bien, este autor entiende que entre las tres tradiciones se da una porosidad o permeabilidad. Son tradiciones que ofrecen diferentes inflexiones en los conceptos clave como la política, la ciudadanía, la deliberación e incluso la democracia en sí misma. De manera que a la vez que respetando sus lindes y diferencias, «haríamos bien en yuxtaponer y comparar las tres tradiciones, más que en defender el asilamiento de cada una respecto de las demás» (p. 17).

III. ¿DÓNDE NOS ENCONTRAMOS CON LA COMUNICACIÓN POLÍTICA A COMIENZOS DEL SIGLO XXI?

Blumler y Kavanagh contestan a esta pregunta diciendo que a comienzos del siglo XXI estamos ante lo que llaman una tercera fase de la investigación en Comunicación Política.

Así lo argumentan en 1999. Sugieren que se puede hablar de tres fases de investigación. Una primera está formada por las dos décadas que siguieron a la primera Guerra Mundial, y que denomina la «La edad de oro de los partidos», época en la que se gozaba de un elevado consenso gracias a la también elevada confianza de los ciudadanos en las instituciones. Era una época, dicen estos autores, en la que los mensajes políticos substantivos y serios tenían fácil acceso a los medios y lograban de los votantes actitudes consecuentes.

La segunda época es la de 1960, caracterizada, a juicio de estos autores, por la aparición de la televisión que, entre otras cosas, desencadena la pérdida del predominio de los partidos. Desciende el consumo de los medios de comunicación; se desarrollan otras organizaciones distintas de los partidos; la televisión extiende la audiencia de la comunicación política; se personaliza la presentación de la política y se transforma el lenguaje político. En definitiva, Blumler y Kavanagh ven en esta etapa una paradoja: en una sociedad más abierta y flexible la comunicación política tiene menos contenido.

Pues bien, a comienzos del siglo XXI, según estos autores, podemos estar también a comienzos de una nueva etapa en la investigación en Comunicación Política. Sería la «Tercera etapa», que tiene las siguientes características: modernización (la diferenciación y especialización ha fragmentando la organización social en intereses e identidades; han proliferado los diversos estilos de vida y planteamientos morales); la individualización (las personas se han convertido más en consumidores que en portadores de convicciones); la secularización (debilitamiento de la identidad partidista); la economización (incremento de los factores económicos en la agenda política, e incluso en otras agendas como la social, cultural, artística, deportiva, etc.); la estetización (asociación de la política con la cultura popular); la racionalización (por la que se da solvencia a los argumentos probados con datos); y la mediatización (por la que los medios se convierten en el centro del proceso social, hasta hacer que la esfera pública sea sólo posible por ellos (BLUMLER, 1999: 210-211). En definitiva, la arena política se ha convertido en «más turbulenta, menos predictible, menos estructurada y más difícil de controlar» (p. 211).

¿Estamos realmente ante una tercera etapa y caracterizada como estos autores exponen? A continuación trataré de dar respuesta a esta pregunta. Seguiré una visión analítica triangular: expondré los cambios que algunos académicos identifican y los clasificaré en los tres niveles (o actores) de la comunicación política: los políticos (la política), los periodistas (los medios) y los ciudadanos (la sociedad). Posteriormente trataré de ofrecer una reflexión sobre las consecuencias que estos cambios llevan consigo, para terminar con unas notas sobre lo que considero que son los problemas y retos que ha de abordar el estudio y la práctica de la Comunicación Política.

IV. LOS CAMBIOS EN LA POLÍTICA: LA PROFESIONALIZACIÓN

Uno de los argumentos que preside algunos juicios sobre el estado de la comunicación política a comienzo del siglo XXI es el de su exagerada profesionalización. Es un concepto ampliamente tratado (BUTLER y RANNEY, 1992; MANCINI y SWANSON, 1996; NEGRINE y PAPATHANASSOPUOLOS, 1996; MANCINI, 1999; BLUMLER y KAVANAGH, 1999; ORNSTEIN y MANN, 2000).

La esencia de este argumento es, básicamente, como sigue: las instancias políticas (más específicamente, las instituciones tales como la presidencia, el parlamento o la justicia), ante las exigencias de los medios, han profesionalizado su comunicación en detrimento del contenido político de las medidas y de las políticas. La tecnificación de la comunicación profesionaliza la política vaciándola de contenido.

De manera más elaborada, esto significa que la política se ha hecho más dependiente de la profesionalización de la comunicación, pues ciertamente un político que hoy no sabe comunicarse tiene escasas posibilidades de éxito. Los medios exigen a los políticos que conozcan el ciclo de las noticias, los ritmos informativos, planificar la comunicación con estrategia, hacerse con reacciones rápidas a los sucesos cotidianos, realizar un seguimiento de las tendencias de opinión mediante *focus groups* y adecuarse a los enfoques que los periodistas utilizan para enmarcar su discurso. Y porque parte de las técnicas de profesionalización de la comunicación política provienen de los Estados Unidos, en algunas argumentaciones se identifica la profesionalización con un proceso de «americanización» de la comunicación. En Gran Bretaña el debate se desarrolla a partir de 1997, con el triunfo del laborista Tony Blair quien establece en Downing Street un modelo de comunicación política profesional elaborado por su Jefe de Comunicación, el periodista Allastair Campbell. En 2003, con la gestión de la comunicación de la Guerra de Irak por parte del Gobierno británico, el debate llega a su punto álgido, y lleva a los críticos a afirmar que el Gobierno se ha obsesionado con la comunicación, olvidando la sustancia de la política e incluso manipulando la realidad para adecuarla a sus intereses.

Quienes sustentan el argumento de la profesionalización de la política (como consecuencia de su dependencia de la comunicación) afirman que este proceso tiene las siguientes consecuencias:

a) Los partidos se transforman en estructuras más técnicas en detrimento de los contenidos políticos. Al introducirse en la «maquinaria de la comunicación» (MANCINI, 1999: 231), dejan de ser partidos de masas para pasar a convertirse en «partidos-electorales».

b) Se produce una redefinición de los candidatos, en la que el criterio predominante es la posesión de habilidades comunicativas. Así, los nuevos políticos profesionales son los expertos mediáticos, los publirelacionistas, los consultores y los expertos en sondeos (MANCINI, 1999: 233). Los partidos necesitan además recurrir a productores, creativos, compradores de medios y agentes de prensa.

c) El consultor político adquiere prioridad sobre el resto del personal. Son los consultores los que definen la estrategia, función que antes ejercía el partido como organismo después de una compleja deliberación en la que participaban todos los niveles de la organización. De manera que los consultores no se limitan a funciones ejecutivas o técnicas sino que han llegado a ocupar el puesto de quienes antes eran la verdadera esencia del partido.

d) La comunicación estratégica electoral traspasa el día de las elecciones, traduciéndose en una «campaña permanente». Una vez que el partido llega al poder, necesita mantener, de manera permanente, las mismas técnicas y cálculo de comunicación electoral que empleó para lograr los votos que necesitó para ganar las elecciones. Se diseña la comunicación política única y exclusivamente para mantener el poder. Por lo que la comunicación de instituciones públicas se hace comunicación rival, comunicación de ataque (o defensa) de la oposición, con un cariz eminentemente adversarial.

e) Se modifica, también, el papel de los think tanks. Si antes se dedicaban a ofrecer la reflexión propia del experto en cuestiones políticas, hoy su principal función es gestionar el consenso entre las personas del Gobierno, los grupos de ciudadanos, las agencias, etc., así como lograr influir en la agenda de la política y de los medios.

V. LOS CAMBIOS EN LOS MEDIOS: LAS MODIFICACIONES EN EL PROCESO DE *GATEKEEPING*

En el ámbito periodístico, la principal modificación se da en los criterios de noticia: lejos de ser criterios profesionales marcados por los profesionales de la información, los periodistas, son otras las «fuerzas» que han logrado ocupar posiciones determinantes en los criterios de noticia (SHOEMAKER y REESE, 1991; MANCINI, 1999; BLUMLER y KAVANAGH, 1999; SCHUDSON, 2000; BLUMLER y GUREVITCH, 2000; ENTMAN y BENNETT, 2001; ROSPIR, 2003; BENNETT, 2004). Ya me referí a estas modificaciones cuando en el capítulo 4 exploré los distintos modelos de *gatekeeping* que ofrecen los distintos autores. Los cambios en el ámbito periodístico a comienzos de siglo XXI pueden resumirse de la siguiente manera:

a) *Más extensa pluralidad de fuentes de información gracias a las transformaciones de las tecnologías.* Efectivamente, Internet ha supuesto la posibilidad de que públicos especializados satisfagan sus necesidades de información en fuentes diferentes a las de los medios tradicionales.

b) *Incremento de la competencia mediática.* La evolución de los medios, particularmente en Europa, ha hecho que el predominio de los medios públicos (con ciertas formas de control gubernamental, ya fuera directo o indirecto), haya dado paso a una mayor competencia con los medios privados. Hay más medios, más canales, mayor competencia,... es la comunicación «multicanal» (MANCINI, 1999, p. 249).

c) *Mayor desarrollo de géneros híbridos*, no sólo porque la información aparezca más entremezclada con la opinión (en titulares más valorativos que informativos o en ángulos de cámara intencionados), sino también porque la información política se ha mezclado con el drama, dando lugar al género de denominación ya acuñada como *infotainment*. Hasta el punto de que los *talk shows* o los programas políticos de humor han llegado a constituir una de las principales vías de consumición de información política por parte de algunos ciudadanos (DELLI CARPINI y WILLIAMS, 2001; BERROCAL y otros, 2003).

d) *Mayores posibilidades de que sea el mismo ciudadano fuente de información,* pues Internet ofrece la posibilidad de generar formatos y contenidos informativos sin necesidad de grandes infraestructuras (BENNETT, 2004).

El principal resultado de estas modificaciones, consideran quienes ven estos cambios de manera negativa, consiste en que las normas convencionales del periodismo se han trastocado, apareciendo diferencias, controversias e inseguridades: se incrementa la cobertura de los escándalos, hay mayor receptividad hacia periodismo popular, se incrementa la participación de los comentaristas sensacionalistas de la noticia política, la especulación se presenta como noticia, la información no contrastada como hechos, y el rumor como prueba. Además, los periodistas políticos, al tener que competir con más medios y más periodistas, pierden su estatus de analistas, combinando los valores cívicos con valores más populares.

VI. LOS CAMBIOS EN LA SOCIEDAD: FRAGMENTACIÓN DE AUDIENCIAS Y GLOBALIZACIÓN

Fragmentación y globalización son dos rasgos que muy presentes están en las argumentaciones sobre las modificaciones que a comienzos del siglo XXI padece la sociedad en términios comunicativos (MOUCHON y GAUTHIER, 1998; BLUMLER y KAVANNAGH, 1999; BLUMLER y GUREVITCH, 2000; ROSPIR, 2003). Estas argumentaciones se pueden resumir en lo siguiente:

a) *Frente a la diversificación centrípeta (reacción homogénea del público masa a los medios) se produce una diversificación centrífuga* (BLUMLER y KAVANNAGH, 1999): hay más canales de comunicación, así como más y mejores oportunidades de diseñar la política comunicativa de acuerdo con las diferentes identidades, condiciones y gustos.

b) *Fragmentación de la* audiencia, que ya no es masa, sino una reunión de segmentos pequeños y diferentes entre sí; pero esta fragmentación se ve, a la vez, como una deficiencia por cuanto impide la cohesión de las comunidades.

c) *Polarización de la audiencia* es el calificativo que utilizan quienes entienden que el desarrollo tecnológico deriva en una «brecha» que separa a quienes tienen más posibilidad de acceder a las comunicaciones de quienes tienen menos.

d) *Transnacionalización de la audiencia*, que recibe de manera diferente los efectos de la comunicación política; y que hace que determinados fenómenos se muevan entre la globalización y la localización.

e) *Distanciamiento de los ciudadanos* que, desencantados de la política, ven cada vez más sus intereses muy lejos de las propuestas que realizan los políticos. Es un público con debilitados lazos con su comunidad.

VII. ALGUNAS PARADOJAS REVELADORAS

Hasta aquí la exposición de los cambios que identifican los autores, siguiendo el modelo analítico triangular por el que he optado. Es una descripción ciertamente pesimista, de la que casi habría que concluir que es mejor suprimir la comunicación política.

Sin embargo no se puede terminar este análisis ignorando lo expuesto en el capítulo anterior: las investigaciones sobre los efectos de la comunicación política arrojan unos resultados mixtos. Unas permiten seguir abonando el escepticismo sobre el sentido y destino de la comunicación política; pero otras parecen pinchar este escepticismo por cuanto apuntan vías eficaces y realistas de avanzar en la contribución de la comunicación al desarrollo de la política y de la democracia.

Expreso mi reflexión señalando dos paradojas.

1. Espectáculo *versus* visibilidad del político «monitorizada» por el ciudadano: del público-espectador al público-inspector

Las modificaciones arriba apuntadas arrojan, desde el punto de vista conceptual, una paradoja:

a) por una parte, la profesionalización de la comunicación centra la política en la persona, haciendo de aquella un espectáculo.

Es el debate sobre la *personalización y espectacularización de la política*, debate que ha ocupado los esfuerzos y diagnóstico de no pocos autores (Sartori, 1998; Muñoz-Alonso, 1999; Berrocal, 2003; Louw, 2005; Sánchez Alonso, 2005).

Berrocal (2003), que realiza un extenso recorrido de autores y argumentos al respecto, cifra las señales de la personalización en el nuevo lenguaje de los políticos [que incluye «cada aspecto no verbal de la comunicación —incluyendo actitud física, sonido de la voz, forma del cuerpo y sus movimientos, apariencia, ropa, y elección de la colocación— que operan como símbolos para crear formas que interfieran en el intercambio comunicativo» (Berrocal, 2003, p. 72)], además de en los gabinetes de comunicación, y en la modificación de la relación entre el ciudadano y el líder político. Esta autora apunta que el principal problema de la personalización es la separación de la forma de su contenido: «La política se convierte en comunicación; es más importante la propaganda que se hace del producto que el propio contenido. Los programas políticos disminuyen su eficacia, mientras que la gana el líder. La ideología pierde peso en los partidos que ahora optan por medidas mucho más pragmáticas» (Berrocal, 2003, p. 79). Se desarrolla lo que Louw denomina la «hype-politics» (Louw, 2005: 18): la política necesita del bombo y platillo publicitario si desea competir en la agenda de noticias.

De manera que el político se ve forzado a subir a la escena y a interpretar un papel; el periodista adopta también su papel, el de «celebrity», es decir, el de cómplice de la audiencia a quien representa y protege de los abusos del político; la noticia, entonces, llega a ser un constructo: son significados generados por los políticos que se trasmiten a través de los pseudoeventos que generan a su vez pseudoeventos competidores (Heclo, 31). Los medios, en definitiva, son la comparsa de los políticos y se centran en la construcción de la imagen más que en los contenidos de las políticas públicas y más que en la toma de decisiones. Y de ahí, la conversión de la política en una competición, en un juego estratégico o en un *talk show* (Blumler y Gurevitch, 2001: 394). Es, en consecuencia, un tipo de política que estimula simplificaciones, estereotipos y clichés (Louw, 2005: 33). Se vacía de sustancia, y los periodistas se orientan más hacia las personas que hacia las situaciones (Cappella y Jamieson, 1997: 84). En todo esto, los votantes no son más que los espectadores del espectáculo.

b) Pero, y es la otra parte de la paradoja, las modificaciones que se han producido tanto en los medios como en las audiencias no permiten afirmar que el tipo de público que se está configurando en torno a la política sea el de mero espectador.

Una de las características más interesantes que presenta la comunicación política a comienzos del siglo XXI es, a mi juicio, la de que los fáciles planteamientos del siglo pasado que dibujaban una audiencia fácilmente influenciable han saltado por los aires. Las características mecionadas en el epigrafe VI se pueden asociar también a algunas consecuencias positivas: el público de hoy parece ser un público más reflexivo, más activo, más reactivo y proactivo.

Ante este público, el discurso paternalista del político deja de ser una opción. Pues al ser un público más segmentado, los políticos han de hacer más esfuerzos para idear y adecuar mejor los mensajes a cada segmento. Al ser un público más activo, desarrolla con mayor potencia los procesos selectivos, no sólo en la exposición sino también en el consumo y recuerdo; selectividad que dificulta la comunicación de los políticos. Al ser un público de comunicación «multicanal», a los políticos les es más difícil controlar los efectos de su comunicación.

Pero, sobre todo, es un público que interactúa «monitorizando» al político. Es la argumentación que mantiene Thompson (a algo de ella me referí en el capítulo 1) cuando habla de la «cuasi interacción mediada»: el ciudadano no es tan manipulable como pudiera parecer, pues tiene el poder de seguir al detalle todos los gestos y actuaciones del personaje público. A través de los medios puede ver si el político titubea en un razonamiento, si se pone nervioso ante la acusación de su rival, si se cae al subir a un estrado o si mira el reloj por cansancio en un debate. Pero además, los ciudadanos están en condiciones de contrastar esa comunicación con lo que son los efectos de la política en sus vidas personales, pues después de ver la televisión, acuden a comprar el pan, pagan su hipoteca o tienen que soportar largas listas de espera para la cita médica. Los ciudadanos pueden, por tanto, monitorizar al político.

De manera que, como concluí en el capítulo 5, la visibilidad que el político adquiere al aceptar su papel en el espectáculo de la política, viene a ser una espada de doble filo que deja al político sometido al escrutinio de la mirada pública, una mirada que tiene al alcance el contraste de las imágenes y de las palabras con la realidad. Más que de público-espectador habría que hablar, entonces, de público-inspector.

2. Mediatización ilimitada *versus* mediación respetuosa con los límites

El panorama de la comunicación política de comienzos del siglo XXI presenta una segunda paradoja.

a) Por una parte, esta la argumentación que habla del *problema de la mediatización*: los medios de comunicación han hurtado a las instituciones públicas el papel dinamizador de la política, haciendo que la política sea hoy una política de medios. Es la mediación ilimitada de los medios, que ha mediatizado la política con graves perjuicios para la sociedad.

Wolton (1998), quien define el problema en términos habbermasianos, ve en esta mediatización ilimitada una contradicción. Por una parte, el proceso de deliberación pública aspira a dar acceso al espacio público al mayor número posible de personas. Pero por otra, lo que realmente resulta, es que los medios, que son quienes dan el acceso, se convierten en el único criterio de legitimidad. Ahora bien, critica este autor, no todo lo que sale en los medios es de calidad, pues el discurso periodístico se ve obligado con facilidad a la simplificación de los discursos (p. 119).

Esta visión omnipotente de los medios en el actual panorama de la comunicación política es compartida por muchos autores. Consideran que la comunicación ha transformado la política en algo diferente a lo que piensan los que apoyan los postulados de la democracia liberal. Según estas visiones, los medios han distorsionado el proceso político al convertirlo en un juego de mercado que humilla la dignidad del ciudadano, y ridiculiza las obras y las palabras de los líderes políticos (ENTMAN, 1989; JAMIESON, 1992; PATTERSON, 1993; SARTORI, 1997).

Parte de este problema viene expresado por, otro, que Wolton (1998) define como la absorción que el espacio público ha acabado haciendo de la sociedad civil (p. 115). La democratización ha socializado todos los aspectos de la realidad social, los ha hecho entrar en el espacio público (siguiendo el concepto habermasiano) y los ha politizado, reduciendo, en consecuencia, la distancia entre el espacio público y el espacio político y, por tanto, también entre la sociedad civil y lo político. Es como consecuencia de esta confusión como desaparece la frontera entre la vida pública y la vida privada.

b) Pero, por otra, están análisis más refinados que ponen distancia y escepticismo sobre el poder de los medios de comunicación.

El análisis que sobre esta cuestión realizan Mazzoleni y Schulz (1999) contrasta con la visión mediatizada. Consideran que, si bien es verdad que la política es connatural a la comunicación, eso no significa que los medios hayan conquistado el terreno hasta tomar el control de la política. Quizá haya situaciones, países y momentos, dicen, en los que los medios verdaderamente sean intrusos de la política. Pero no se puede afirmar que sea ése un proceso global.

Por eso abogan por diferenciar el concepto de *mediatización* del concepto de *mediación*. Decir que la política está *mediada* no es más que referir una exigencia sistémica: la política de manera creciente se va moldeando por pautas comunicativas. Y los medios son, ciertamente, agentes mediadores cuya función es transmitir significados entre los comunicadores y las audiencias. Como mediadores que son, tienen el potencial de establecer puentes entre los actores. Ahora bien, esto es muy distinto, dicen, de hablar de *política mediatizada*, expresión que va más allá de una mera descripción sistémica. Pues es política mediatizada la que ha perdido su autonomía, haciendo depender su función central de los medios de comunicación.

Política mediada y política mediatizada son, por tanto, dos cuestiones distintas. Concluyen diciendo que «mantener que nos dirigimos hacia una democracia controlada por los medios, es decir, hacia la disolución de la primacía de la política, es una conclusión que se apoya en la errónea percepción de fenómenos que son simplemente connaturales a la política moderna, que ciertamente está entretejida con la comunicación. En resumen, «política de medios» no significa política guiada por los medios»[1] (pp. 259-260).

---

[1] El texto literal es: «In brief, «media politics» does not mean «politics by the media».

Quizá estas consideraciones no sean otra cosa que el resultado del deseo de reducir el pesimismo que con frecuencia aflora en algunos análisis de comunicación política, y que, a mi juicio, puede estar minando la capacidad de investigadores y profesionales para abordar los retos que se presentan a la Comunicación Política a comienzos del siglo XXI.

VIII. A MODO DE FINAL: LOS RETOS DE LA COMUNICACIÓN POLÍTICA

Termino con lo que considero que son problemas y retos para la investigación y práctica de la Comunicación Política de los próximos años. Además de apoyarme en las revisiones de los distintos autores, utilizaré también las discusiones y debates mantenidos en la última convención internacional de la *International Communication Association*, la celebrada en Dresden en junio de 2006, donde, como todos los años, se dieron cita académicos del mundo entero para tratar las tendencias, los problemas, los casos, las teorías y los retos.

No pretendo ofrecer una relación completa, sino señalar aquellos retos que considero más interesantes. Son los siguientes:

a) Seguir explorando qué aporta la idea de interacción entre políticos, periodistas y ciudadanos al estudio y a la práctica de la Comunicación Política: La necesidad de tener en cuenta la interacción ha sido puesta de manifiesto en todas y cada una de las etapas del proceso de Comunicación Política que se han revisado en este libro.

Considero que es preciso desarrollar más estudios, tanto desde el ámbito de la teoría de la comunicación como de la psicología y de la sociología, que nos permitan observar mejor qué significa la interacción como pilar para la definición de la Comunicación Política; estudios que apunten hacia una concepción de la estrategia de comunicación de las instituciones políticas desde la interacción que se produce entre organizaciones y sus públicos; estudios que expliquen el procesamiento de información que se realiza en las redacciones de los medios tomando como eje la interacción entre periodistas y políticos y entre periodistas y audiencias; estudios que apliquen, como sugieren Schudson (2000) y Sádaba (2006), el planteamiento del interaccionismo simbólico en los procesos de elaboración de la noticia; y estudios que expliquen los efectos de los medios desde una concepción interactuada del proceso de comunicación política.

Se hace necesario avanzar en la consideración de la interacción como eje, así como profundizar en cuál es la naturaleza de esa interacción (¿transaccional? ¿interactividad? ¿simbólica? ...) que se produce entre políticos, periodistas y ciudadanos en el proceso de la comunicación política. Considero que es sólo por esta vía como se hará posible superar planteamientos que no abordan bien la explicación de la comunicación, y avanzar en lo que Lin (2004) apunta cuando dice que «a medida que los investigadores continuamos examinando el proceso complejo transaccional, resulta más difícil seguir utilizando el planteamiento de Lasswell» (LIN, 2004: 73). Un reto parejo a éste es el de encontrar las metodologías de investigación que son más adecuadas para abordar un proceso que ya no es considerado lineal sino circular e interactuado.

b) Recuperar el concepto de mediación para la representación del papel que los medios juegan en la sociedad: Comparto con Mazzoleni y Shulz (1999) la necesidad de distinguir la mediatización de la mediación. No sólo porque éstos sean dos conceptos distintos, como ya se ha expuesto. Sino porque considero que confundir la mediación con la mediatización mina la capacidad de realizar análisis más realistas (no se puede huir del hecho de que los medios median) y precisos sobre el papel que los medios están jugando en la sociedad. La mediación no tiene las consecuencias negativas de la mediatización; y explorar qué significa que en la sociedad de hoy los medios tengan un papel mediador es una tarea por la que ha de pasar con éxito cualquier investigador de la Comunicación Política.

Desde la perspectiva del espacio público deliberativo, Juergen Habermas (2006) ha apuntado también hacia este reto en su intervención en el último congreso de la *International Communication Association*: se hace necesario profundizar qué significa la comunicación política mediada por los medios, y el papel que juegan en la democracia, es decir, en la inclusión de todos en el discurso público.

Parte de esa tarea está relacionada con conocer mejor qué significa la representación que los medios realizan del mundo político, y más concretamente, la dimensión simbólica de la política: explorar los lazos entre los símbolos, la política y las estrategias de comunicación. Como afirman Newman y Perloff (2004), «el enfoque de la política simbólica, aunque no sin deficiencias, ofrece un rico marco para examinar los efectos del marketing político» (p. 35). Esta tarea está relacionada también con la necesidad de conocer mejor qué significa la dimensión dramatúrgica de la comunicación: la relación entre la teatralidad de lo político y del juego; con la necesidad de comprender la relación entre la esfera de lo público y lo privado, para llegar a planteamientos sólidos que fundamenten la ética de peridodismo (SANDERS, 2003). Y también en relación con esto, los avances en los estudios desde la perspectiva del *framing*, y más específicamente, de los efectos de los enfoques, serán de gran utilidad.

c) Trasladar los planteamientos de la comunicación institucional y corporativa a la comunicación de las instituciones públicas: Mientras que en la comunicación de organizaciones empresariales se ha dado un gran desarrollo de teorías y conceptos sobre qué es la comunicación organizacional, tal desarrollo no se ha producido en el ámbito de las instituciones públicas. Es decir, todavía se cuentan con pocos estudios conceptuales y prácticos que analicen cuestiones como qué es la estrategia de comunicación política; qué es la identidad y la imagen corporativa de una institución pública; cómo ha de construirse la relación entre organización política y sus públicos; qué es el carisma y el liderazgo político y cómo se proyecta; etc. Así se ha puesto de manifiesto, por otra parte, en el panel que la *International Communication Association* organizó entre la división de Comunicación Política y la de Relaciones Públicas en la convención celebrada en junio de 2006 en Dresden.

Avanzar en esto significaría avanzar también en trasladar los planteamientos de la comunicación simétrica (por oposición a la asimétrica o a la unidireccional, como mencioné en el capítulo 1) en las instituciones políticas; y en comprender de qué manera esa relación simétrica entre instituciones políticas y públicos sirve a la adecuada interpretación del contexto político por parte de todos los actores (periodistas, políticos y ciudadanos). Es, también, avanzar en qué significa que quien se comunica sea una institución como tal: qué significa la comunicación entre instituciones (y no sólo de instituciones) (NIMMO y SWANSON, 1990: 28). Qué significa, en definitiva, que la mediación vaya más allá de los medios, para llegar a la mediación interinstitucional de las realidades políticas por los Gobiernos; es, en fin, llegar a un verdadero análisis de la mediación del mensaje teniendo en cuenta todos los elementos.

d) *Avanzar en la profesionalización de la comunicación política*: Los análisis arriba mencionados consideran la profesionalización como un problema. Lo es, a mi juicio, en cuanto que relacionado con la «tecnificación»: la comunicación política como un conjunto de tácticas o técnicas que vacían la política de sustancia y eluden cualquier compromiso. También considero que lo es en cuanto que relacionado con la «americanización»: la profesionalización como imposición de unos modelos comunicativos, propios de la cultura y sociedad americana, que transportados a otros países y culturas poco respetan, y por tanto, vulneran, la naturaleza de éstos. Y, por supuesto, considero que la profesionalización es un problema cuando equivale a un mejor y más hábil desarrollo de las técnicas de manipulación para lograr el apoyo del ciudadano.

Pero creo que estos negativos análisis fácilmente pueden ignorar una realidad: hay democracias de países y contextos que están todavía lejos de gozar de una comunicación política cuya profesionalidad contribuiría a un mejor desarrollo tanto de la sociedad como de la democracia. La profesionalización de la comunicación no ha tenido como resultado sólo y siempre la manipulación. Y, en contrapartida, ha contado con importantes beneficios que se perderían aquellos que se quedan sólo en los perjuicios.

Un planteamiento de comunicación interactuada facilita aspirar a que los ciudadanos conozcan mejor las instituciones y sus actividades; y habría que analizar en qué medida la comunicación institucional profesionalizada logra, realmente, la comunicación simétrica. De alguna manera esto es avanzar en lo que apunta Gauthier (1998) cuando dice que «lo que está en juego no es tanto el dominio de un discurso determinado. Es antes bien la capacidad para preservar la dimensión antropológica de la comunicación política y defenderla de todas las realizaciones técnicas que aparentemente deben hacerla más viva. Lo que está en juego en la comunicación política continúa siendo ciertamente la interpretación de una situación política, y no la velocidad de circulación de las informaciones o de las mediciones de las reacciones de la opinión pública, o de la capacidad de innovación discursiva de los políticos. Se trata ciertamente de la relación con la realidad, con sus contradicciones, con sus lentitudes, y ése es el desafío de la comunicación política» (pp. 129-130).

e) *Repensar la noción de efecto de la comunicación*: Se han puesto de manifiesto a lo largo de todo el libro los problemas que genera, tanto para los investigadores como para los profesionales, la noción de efecto que separa el nivel de las cogniciones, de las actitudes y comportamientos. Mencioné en el capítulo 5 los que considero que son los retos de la Comunicación Política respecto al estudio de sus efectos: profundizar en cómo a las personas nos influyen las cosas, teniendo en cuenta los elementos culturales y desde la perspectiva de la interacción. Mirar así a la noción de efecto significa contar con los procesos evaluativos culturales relacionados con la formación de la opinión pública; con consideraciones históricas; con la observación del cambio social a largo plazo; con los enfoques creados por los medios de comunicación; con los elementos culturales del contexto. Desde una revisión de la noción de efecto será más fácil interpretar, además, los resultados mixtos que tanto arrojan los distintos estudios, dificultando con ello los avances teóricos. Se podría afrontar mejor los problemas que generan los esquemas que tratan de distinguir la campaña-*issue* de la campaña-imagen; o la campaña-candidato de la campaña-programa/partido. En definitiva, el reto en cuanto a la noción de efecto, consiste en definir qué es el efecto desde una perspectiva no lineal unidireccional sino interactuada y circular.

f) Reconceptualizar la cultura política: Muchos son los trabajos que han tratado de definir la cultura política en relación con la comunicación política. Particularmente desde la perspectiva cultural, como ya mencioné, se intenta integrar cogniciones con juicios y comportamientos, explicando las conexiones que hay entre la cultura, la estructura social y las instituciones políticas, e integrando, a su vez, un planteamiento psicológico con el sociológico. Pero Laitin (1995) considera que los modelos culturales no han tenido éxito en su empresa de integrar. La razón del «fracaso» de estos estudios, dice este autor, estriba en que no han incluido el enfoque etnográfico de «interpretación densa» de la cultura que propone Geertz, enfoque que sugiere tener como centro del estudio los símbolos de la sociedad y no las actitudes de los individuos que la componen. Se hace preciso, por tanto, a mi juicio, desarrollar más los planteamientos culturales de Geertz mediante el desarrollo de los métodos etnográficos que este mismo autor sugiere.

Considero que avanzar en estos retos permitirá abordar mejor las nuevas realidades que se le plantean a la Comunicación Política, tales como los efectos de Internet, los efectos del *infotainment* o los fenómenos globales como la comunicación y el terrorismo o la comunicación y los movimientos migratorios.

REFERENCIAS BIBLIOGRÁFICAS

ABEL, Elie (1984): «Hutchins revisado: treinta y cinco años de Teoría de la responsabilidad social», en SCHMUHL, Robert, *Las responsabilidades del periodismo*, Mitre, Barcelona.
ALSINA, Miguel Rodrigo (1993): *La construcción de la noticia*, Paidós Comunicación, Barcelona.
ALTHEIDE, D. L. (1976): *Creating Reality: How TV News Distorts Events*, Sage, Londres.
ALTSCHULL, J. (1995): *Agents of Power. The Media and Public Policy*, Longman, Nueva York.
AMADEO, Belén (1999): *Los enfoques de los medios de comunicación y cultura política: la teoría del enfoque en la cobertura de corrupción de la prensa argentina*, tesis inédita, Facultad de Comunicación, Universidad de Navarra, Pamplona.
AMOR BRAVO, E. (1994): *El impacto de los debates políticos en televisión en términos de audiencia y voto. Investigación sobre la televisión*, AEDEMO, Madrid.
ANDERSON, J. A. (1987): *Communication Research: Issues and Methods*, McGraw Hill, Nueva York.
ANSOLABEHERE, Stephen e IYENGAR, Shanto (1994): «Riding the wave and claiming ownership over issues: the joint effects of advertising and news coverage in campaigns», *Public Opinion Quarterly* 58(3), pp. 335-357.
— (1995): *Going negative: how political advertisements shrink and polarize the electorate*, Free Press, Nueva York.
ANSOLABEHERE, Stephen, BEHR, Roy e IYENGAR, Shanto (1993): *The Media Game. American Politics in the Television Age*, Macmillan, Nueva York.
ANSOLABEHERE, Stephen, IYENGAR, Shanto, SIMOM, Adam y VALENTINO, Nicholas (1994): «Does Attack Advertising Demobilize the Electorate?», *American Political Science Review*, vol. 88, n.° 4, pp. 829-838.
ARCEO, José Luis (1982): *Cómo ganar unas elecciones*, Fomento de Bibliotecas S.A., Madrid.
ARORA y LASSWELL, H. (1969): *Political Communications: The Public Language of Political Elites in Indiana and the United States*, Holt, Rinehart and Winston, Nueva York.
ARTERTON, Christopher (1987): *Las estrategias informativas de las campañas presidenciales*, Publigrafic S.A., México.
ASP, Kent (1983): «The Struggle for the Agenda. Party Agenda, Media Agenda and Voter Agenda in the 1979 Swedish Election Campaign», *Communication Research*, vol. 10, n.° 3, pp. 333-355.
BADII, N. y WARD, W. J. (1980): «The nature of news in four dimensions», *Journalism Quarterly*, 57, pp. 243-248.
BAKER, K. L. y NORPOTH, H. (1981): «Candidates on television: the 1972 electoral debates in West Germany», *Public Opinion Quarterly*, 45, pp. 329-345.
BARBER, B. R., MATTSON, K. y PETERSON, J. (1997): *The state of «electronically enhanced democracy»: a survey of the Internet*, Walt Whitman Center for the Culture and Politics of Democracy, New Brunswick, NJ.
BARRANCO, Francisco Javier (1982): *Técnicas de marketing político*, Ediciones Pirámide, Madrid.
BASS, A. Z. (1969): Refining the «gatekeeper» concept: a UN radio case study, *Journalism Quarterly*. 46: 69-72.
BECK, P. A., DALTON, R. J., GREENE, S. y HUCKFELDT, R. (2002): «The social calculus of voting: interpersonal, media and organizational influences on presidential choices», *American Political Science Review*, 96, pp. 57-73.
BENAVIDES, Juan (1996): «Los escenarios de la comunicación mediática. Por una vía diferente de investigación», *Telos*, n.° 44, diciembre-febrero, pp. 132-141.
BENAVIDES, Juan y CANEL, María José (2003): «Los discursos de los medios, de los políticos y de los electores en la campaña electoral de 2000 ¿coherencia o contradicción?», en CRESPO, I.

(ed.), *Las campañas electorales y sus efectos en la decisión de voto,* vol. II, *Los resultados de la investigación,* Tirant lo Blanch, Valencia, pp. 295-310.

BENNET, C. (1997): «Assessing the impact of ad watches on the strategic decision-making process: a comparative analysis of ad watches in the 1992 and 1996 presidential elections», *American Behavioural Scientist,* 40(8), pp. 1161-1182.

BENNETT, Lance W. (2004): «Gatekeeping and Press-Government Relations: a multigated model of news construction», en KAID, Linda Lee (ed.), *Handbook of Political Communication,* Lawrence Erlbaum Associates, New Jersey, pp. 283-313.

BENNETT, W. Lance (1996): «An Introduction to Journalism Norms and Representations of Politics», *Political Communication,* vol. 13(4), pp. 373-384.

BENNETT, W. Lance y ENTMAN, Robert M. (2001): «Mediated Politics: An Introduction», en BENNETT, Lance y ENTMAN, Robert (eds.), *Mediated Politics. Communication in the Future of Democracy,* Cambridge University Press, Cambridge/New York, pp. 1-29.

BENOIT, W. L., MCKINNEY, M. S. y HOLBERT, R. L. (2001): «Beyond learning and persona: extending the scope of presidential debate effects», *Communication Monographs,* 66, pp. 341-357.

BENOIT, W. L. PIER, P. M. y BLANEY J. R. (1997): A functional approach to televised political spots: acclaiming, attacking, defending, *Communication Quarterly,* 45, pp. 1-12.

BENOIT, W. L., MCKINNEY, M. S. y STEPHENSON, M. T. (2002): «Effects of watching primary debates in the 2000 U.S. presidential campaign», *Journal of Communication,* 52, pp. 316-331.

BERGANZA, Rosa y RUIZ SAN ROMÁN, José A. (coords.) (2005): *Investigar en comunicación. Guía práctica de métodos y técnicas de investigación social en comunicación,* McGraw-Hill, Madrid.

BERKOWITZ, Dan (1992): «Who sets the media agenda? The ability of policymakers to determine news decisions», en KENNAMER, David (ed.), *Public Opinion, the Press and Public Policy,* Praeger, Westport, Connecticut, pp. 81-102.

BERROCAL, Salomé (2003): «La personalización de la política», en BERROCAL, Salomé (coord.) (2003), *Comunicación política en televisión y nuevos medios,* Ariel, Barcelona, pp. 55-79.

BERROCAL, Salomé (coord.) (2003): *Comunicación política en televisión y nuevos medios,* Ariel, Barcelona.

BERROCAL, Salomé, ABAD, Leopoldo, CEBRIÁN, Elena y PEDREIRA, Elena (2003): «El infoentretenimiento televisivo. Las elecciones legislativas de 2000 en El Informal, Caiga Quien Caiga y las Noticias del Guiñol», en BERROCAL, Salomé (coord.) (2003): *Comunicación política en televisión y nuevos medios,* Ariel, Barcelona, pp. 281-307.

BEVANIDES, Juan (1998): «Las estrategias comunicativas», en BENAVIDES, Juan. *El debate de la comunicación,* Fundación General de la Universidad Complutense/Ayuntamiento de Madrid, Madrid, pp. 87-89.

BISHOP, George y MEADOW, Robert y JACKSON-BEECK, M. (eds.), (1978): *The Presidential Debates: Media, Electoral, and Policy Perspectives,* Praeger, Nueva York.

BITZER, L. y REUTER, T. (1980): *Carter vs Ford: The counterfeit debates of 1976,* University of Wisconsin Press, Madison.

BLAKE, R. y HAROLDSEN, E. (1975): *A Taxonomy of Concepts in communication,* Husting House, Nueva York.

BLONDEL, Jean. (1990): *Comparative Government, an introduction,* Philip Allan, Londres.

BLUMENTHAL, S. (1980): *The Permanent Campaign,* Simon and Schuster, Nueva York.

BLUMLER, Jay (1978): «A Three-Nation Analysis of Voters' Attitudes to Election Communication», *European Journal of Political Research,* 6, pp. 127-156.

BLUMLER, Jay y GUREVITCH, Michael (1981): «Politicians and the press: an essay on role relationships», en NIMMO, Dan y SANDERS, Keith (eds.), *Handbook of Political Communication,* Sage, Londres.

— (1986): «Journalists' Orientations to Political Institutions: The Case of Parliamentary Broadcasting», en GOLDING, Peter, MURDOCH, Graham y SCHLESSINGER, Philip (eds.), *Communicating Politics,* Leicester University Press, Leicester.

— (1991): «The Election Agenda-Setting Roles of Television Journalists: Comparative Observation at the BBC and NBC», SEMETKO, Holli A., BLUMLER, Jay G., GUREVITCH, Michael y WEAVER, David H. (1991), *The Formation of Campaign Agendas: A Comparative Analysis of Party and Media Roles in Recent American and British Elections,* Lawrence Erlbaum Associates, New Jersey, pp. 33-61.

— (1995): *The Crisis of Public Communication*, Routledge, Madrid.
— (2000): «Rethinking the study of Political Communication», en CURRAN, James y GUREVITCH, Michael (eds.), *Mass Media and Society*, Arnold, Londres, pp. 175-200.
BLUMLER, Jay y KAVANAGH, Dennis (1999): The third age of Political Communication: influences and features, *Political Communication*, 16, pp. 209-230.
BLUMLER, Jay, GUREVITCH, Michael e IVES, J. (1978): *The Challenge of Election Broadcasting*, Leeds University Press, Leeds.
BRIANS, C. L. y WATTENBERG, M. P. (1996): «Campaign issue knowledge and salience comparing reception from TV commercials, TV news and newspapers», *American Journal of Political Science*, 20 (february), pp. 172-193.
BROWN, R. M. (1979): «The gatekeeper reassessed: A return to Lewin». *Journalism Quarterly*. 56, 595-601.
BRYANT, Jennings y ZILLMAN, Dolf (1996): *Los efectos de los medios de comunicación. Investigaciones y teorías*, Paidós, Barcelona.
BUCKALEW, J. K. (1969): «A Q-analysis of television news' editors decisions», *Journalism Quarterly*, 46, pp. 135-137.
BUCHANAN, B. (1978): *The Presidential Experience*. Englewood Cliffs, Prentice-Hall, New Jersey.
CAMPBELL, A., CONVERSE, P., MILLER, W. y STOKES, D. (1960): *The American Voter*, John Wiley, Nueva York.
CAMPBELL, Karlyn Kohrs y JAMIESON, Kathleen (1985): «Inaugurating the Presidency», *Presidential Studies Quarterly*, 15, spring: 394-411.
— (1990): *Deeds Done in Words: Presidential Rhetoric and the Genres of Governance*, University of Chicago Press, Chicago.
CANEL, María José (1997): «La objetividad periodística en campaña electoral: las actitudes profesionales de los periodistas de TVE1 y Antena3 TV en las elecciones de 1996», *Zer. Revista de estudios de comunicación*. 2, mayo, pp. 55-70.
— (1999): «El País, El Mundo y Abc: tres manchetas, tres enfoques distintos de la realidad», *Zer*, 6, pp. 23-46.
— (2005): *Recuperar al hombre formulando con él la estrategia de la comunicación política. Una propuesta desde el Interaccionismo Simbólico*, III Encuentro Iberoamericano sobre estrategias de comunicación, Universidad Iberoamericana Ciudad de México, 21-23 septiembre.
CANEL, María José e INNERARITY, Carmen (2000): «Elecciones europeas y medios de comunicación», en MÉNDEZ, Mónica y MARTÍNEZ, Antonia *Las elecciones europeas*, Tirant lo Blanch, Valencia, pp. 133-148.
— (2000): «La imagen de las Cortes españoles en la prensa. Sugerencias para su comunicación», en BENAVIDES, Juan, ALAMEDA, David y FERNÁNDEZ, Elena, *Las Convergencias de la Comunicación*, Fundación General Complutense, Madrid, pp. 323-341.
CANEL, María José y BERGANZA, Rosa (2001): «La campagna in Spagna: localizzazione mediatica o discorso politico europeo?», en MARINI, Rolando, *L'Europa dell'euro e della guerra. La campagna elettorale europea 1999 in Italia e in sette paesi dell'Unione*, Rai Radiotelevisione italiana, Roma, pp. 91-120.
CANEL, María José y ECHART, Nazareth y DEL RÍO, Pablo (2003): «El triunfo del enfoque fáctico sobre el enfoque conflictivo», en CRESPO, I. (ed.), *Partidos, medios de comunicación y electores*, Planeta, pp. 180-189.
CANEL, María José y PIQUE, Antoni M. (1998): «Journalists for emerging democracies. The case of Spain», en WEAVER, David (ed.), *The Global Journalist*, Hampton Press, Nueva Jersey, pp. 299-319.
— (1999): «La evolución profesional de los periodistas españoles», *Comunicación y Sociedad. Revista mexicana de comunicación*, enero-abril, 32, pp. 107-134.
CANEL, María José y SÁNCHEZ ARANDA, José Javier y RODRÍGUEZ-ANDRÉS, Roberto (1999): «La influencia de las actitudes profesionales del periodista español en las noticias», *Anàlisi*, 23, pp. 89-108.
CANEL, María José y SANDERS, Karen (2005): «El poder de los medios en los escándalos políticos: la fuerza simbólica de la noticia icono», *Anàlisi*, 32, pp. 163-178.
— (2006): *Morality Tales. Political Scandal and Journalism in Britain and Spain in the 1990s*, Hampton Press, New Jersey.

CANEL, María José y SANTOS, Felipe (2005): *Analysis of coverage of political television news in Spain, informe presentado ante el Congreso de los Diputados en Italia. Commissione Parlamentare per l'Indirizzo Generale e la Vigilanza dei Servizi Radiotelevisivi – ISIMM ricerche*, Sesión titulada: *Oltre la quantificazione delle presenze: la rappresentazione della politica in televisione*, 14 de febrero.

CANEL, María José, BENAVIDES, Juan y ECHART, Nazareth (2003): «La campaña en los medios de comunicación», en Crespo, I (ed.), *Las campañas electorales y sus efectos en la decisión de voto*, Vol. II, *Los resultados de la investigación*, Tirant Lo Blanch, Valencia, pp. 223-277.

CANEL, María José, BENAVIDES, Juan, DEL RÍO, Pablo y ECHART, Nazareth (2002): «El análisis de contenido en los medios de comunicación», en CRESPO, Ismael, *Las campañas electorales y sus efectos en la decisión de voto*, vol. I. *Métodos y técnicas para el estudio de las campañas electorales*, Tirant lo Blanch, Valencia, pp. 103-128.

CANEL, María José, BENAVIDES, Juan, ECHART, Nazareth y VILLAGRA, Nuria (en prensa): «Explaining frame contest. The "cascading activation" model applied to the 11th March Madrid bombing», Wroclaw University Press Series in Communication and Media Studies.

— (en prensa, b): «Los medios de comunicación, puentes para la representación política», en MARTÍNEZ, Antonia (ed.), *Representación y calidad de la democracia*, Tecnos, Madrid.

CANEL, María José, LLAMAS, Juan Pablo y REY, Federico (1996): «El primer nivel del efecto *agenda—setting* en la información local: los "problemas más importantes" de la ciudad de Pamplona», *Comunicación y Sociedad*. Número monográfico: *Agenda-Setting: Investigaciones sobre el primero y el segundo nivel*, vol. IX, n.ᵒˢ 1 y 2, pp. 17-37.

CANEL, María José, RODRÍGUEZ-ANDRÉS, Roberto y SÁNCHEZ-ARANDA, José Javier (2000): *Periodistas al descubierto. Retrato de los profesionales de la información*, Centro de Investigaciones Sociológicas, Madrid.

CANEL, María José, y SÁDABA, Teresa (1999): «La investigación académica sobre las actitudes profesionales de los periodistas. Una descripción del estado de la cuestión», *Comunicación y Sociedad*, 12, 2, pp. 9-32.

CAPDEVILA, Arantxa (2004): *El discurso persuasivo. La estructura retórica de los spots electorales en televisión*, Universitat Autònoma de Barcelona, Barcelona.

CAPPELLA, Joseph y JAMIESON, Kathelen H. (1997): *Spiral of Cynicism*, Oxford University Press, Nueva York.

CARLIN, D. B. (2000): «Watching the debates: a guide for viewers», en COLEMAN, S. (ed.), *Televised elections debates: international perspectives*, St. Martin's Press, Nueva York.

COHEN, Bernard (1963): *The Press and Foreign Policy*, Princeton University Press, Princeton.

COMSTOCK, George (1981): «Social and Cultural Impact of the Mass Media», en ABEL, Elie (ed.), *What's News: The Media in American Society*, Institute for Contemporary Studies, San Francisco.

COMSTOCK, George y otros (1978): *Television and Human Behavior*, Columbia University Press, Nueva York.

COOK, Timothy E. (1998): *Governing with the News. The News Media as a Political Institutions*, The University of Chicago Press, Chicago.

CORNWELL, Elmer E. (1966): *Presidential Leadership of Public Opinion*, Indiana University Press, Bloomington.

COTARELO, Ramón (1996): *El alarido ronco del ganador. Las elecciones de 1996, los medios de comunicación y el porvenir de España*, Grijalbo, Barcelona.

COTTON, J. L. (1985): «Cognitive dissonance in selective exposure», en ZILLMANN, D. y BRYANT, J. (eds.), *Selective Exposure to Communication*. Hillsdale, Lawrence Erlbaum, New Jersey, pp. 11-33.

CRAGAN, John F. y SHIELDS, Donald C. (1995): *Symbolic Theories in Applied Communication Research*, Hampton Press, New Jersey.

CRESPO, ISMAEL (ed.) (2002): *Las campañas electorales y sus efectos en la decisión de voto. Vol. I. Métodos y técnicas para el esttudios de las campañas electorales*, Tirant Lo Blanch, Barcelona.

— *Partidos, medios de comunicación y electorales*, Planeta.

— (2003): *Las campañas electorales y sus efectos en la decisión de voto. Vol. II. Los resultados de la investigación*, Tirant Lo Blanch, Valencia.

CULBERTSON, Hugh M. (1994): «Working with the Press Between Elections», en STEMPEL, Guido H. *The Practice of Political Communication*, Prentice Hall, New Jersey.

— (1993): *Three Perspectives on American Journalism*, Journalism Monographs, n.º 83, AEJMC, Columbia, S.C., pp. 5-7.
CHAFFEE, S. y DENNIS, J. (1979): «Presidential debates: an empirical assessment», en RANNEY, A. (ed.), *The past and future of presidential debates*, American Enterprise Institute, Washington, D.C, pp. 75-106.
CHAFFEE, Stephen (1975): *Political Communication*, Beverly Hills, Sage.
— (1978): «Presidential debates. Are they helpful to voters?», *Communication Monographs*, 45, pp. 330-346.
— (2001): «Studying the new communication of politics», *Political Communication*, 18, pp. 237-244.
CHARNLEY, Michael (1963): Preliminary Notes on a Study of Newspaper Accuracy, *Journalism Quarterly*, 13, pp. 311-313.
CHARRON, Jean (1998): «Los medios y las fuentes. Los límites del modelo de *agenda-setting*», en GAUTHIER, Gilles, GOSSELIN, André y MOUCHON, Jean (comps.), *Comunicación y Política*, Gedisa, Barcelona, pp. 72-94.
DADER, José Luis (1998): *Tratado de comunicación política,* Parte I, Cersa, Madrid.
— (1999): «Entre la retórica mediática y la cultura política autóctona: la comunicación política electoral española como encrucijada de la *americanización* y el pluralismo democrático tradicional», *Cuadernos de Información y Comunicación (CIC)*, vol. 4, 1998-99: 63-88.
— (2003): «Ciberdemocracia y comunicación política virtual: El futuro de la ciudadanía electrónica tras la era de la televisión», en BERROCAL, Salomé (coord.), *Comunicación política en televisión y nuevos medios*, Ariel, Barcelona, pp. 309-342.
DADER, José Luis y DOMÍNGUEZ, Eva: Internet parlamentario en España (1999-2005): «Los recursos para el contacto ciudadano y su uso, con una comparación europea», *ZER. Revista de Estudios de Comunicación*, vol. 11, n.º 20, 105-132.
DAHLBERG, L. (2001): «Democracy via cyberspace: mapping the rhetorics and practices of three prominent camps», *New Media & Society*, 2, pp. 157-177.
DAHLGREN, Peter (2004): «Theory, Boundaries and Political Communication. The use of disparity», *European Journal of Communication*, 19(1), pp. 7-18.
DAVIS, Richard (1992): *The Press and American Politics. The New Mediator*, Longman, Nueva York.
DAYAN, Daniel y KATZ, Elihu (1992): *Media events. The live broadcasting of* history, Harvard University Press, Cambridge.
DE FLEUR, M. L. (1966): *Theories of Mass Communication*, McKay, Nueva York.
DE VREESE, Claes H. (1999): *News and European Integration: News content and effects in cross-national comparative perspective*, Research Report. Amsterdam School of Communications Research, University of Amsterdam.
DE VREESE, Claes H., JOCHEN, Peter y SEMETKO, Holli. (2001): «Framing politics at the launch of the Euro: a cross-national comparative study of frames in the news», *Political Communication*, 18, pp. 107-122.
DEACON, David, PICKERING, Michael, GOLDING, Peter, y MURDOCH, Graham. (1999): *Researching Communication. A Practical Guide to Methods in Media and Cultural Analysis*, Arnold, Londres.
DEL REY, Javier (1989): *Comunicación política*, Eudema Universidad, Madrid.
— (1997): *Los juegos de los políticos*, Tecnos, Madrid.
DEL RÍO, Pablo (1996): *Psicología de los medios de comunicación*, Síntesis, Madrid.
DELLI CARPINI, M. X. (2000): «In search of the informed citizen: what Americans know about politics and why it matters», *Communicating Review*, 4, pp. 129-164.
DELLI CARPINI, Michael (2004): «Mediating Democratic Engagement: the impact of communications on citizens' involvement in political and civic life», en KAID, Linda Lee (ed.), *Handbook of Political Communication*, Lawrence Erlbaum Associates, New Jersey, pp. 395-434.
DELLI CARPINI, Michael y WILLIAMS, Bruce A. (2001): «Let us infotain you: politics in the new media environment», en BENNETT, Lance y ENTMAN, Robert (eds.), *Mediated Politics. Communication in the future of democracy*, Cambridge University Press, pp. 160-181.
DENTON, Robert E. y HAHN, Dan F. (1986): *Presidential Communication. Description and Analysis,* Praeger, Nueva York.
DENTON, Robert E. y HOLLOWAY, Rachel (eds.) (1996): *The Clinton Presidency: Images, Issues and Communication Strategies*, Praeger, Westport.

— (1996): «Clinton and the Town Hall Meetings: Mediated Conversation and the Risk of Being "In Touch"», en DENTON, Robert E. y HOLLOWAY, Rachel L. (eds.), *The Clinton Presidency. Images, Issues and Communication Strategies*, Westport, Connecticut, Praeger, pp. 17-41.
DENTON, Robert E. y WOODWARD, Gary C. (1998): *Political Communication in America*, Praeger.
DEUTSCJ, K. W. (1963): *The nerves of government: models of political communication and control*, Free Press of Glencoe, Nueva York.
DEVLIN, L. (1986): «An Analysis of presidential television commercials», en KAID, Linda y otros (eds.), *New Perspectives on Political Advertising*, Southern Illinois University Press, Carbondale, pp. 21-54.
DÍEZ NICOLÁS, Juan y SEMETKO, Holli A. (1999): «Los programas de noticias de televisión y las campañas electorales de 1993 y 1996: propiedad, contenido e influencia», en MUÑOZ-ALONSO, Alejandro y ROSPIR, Juan Ignacio (1999), *Democracia mediática y campañas electorales*, Ariel Comunicación, Barcelona, pp. 151-201.
— (1995): «La televisión y las elecciones de 1993», en MUÑOZ ALONSO, Alejandro y ROSPIR, Juan (eds.), *Comunicación Política*, Editorial Universitas, Madrid.
DURANDIN, Guy (1983): *La mentira en la propaganda política y en la publicidad*, Paidós Comunicación, Barcelona.
DUVERGER, Maurice (1970): *Instituciones políticas y derecho constitucional*, Ariel, Barcelona.
EDWARDS, G. C. (1983): *The Public Presidency: The Pursuit of Popular Support*, St Martin's, Nueva York.
ENTMAN, Robert (1991): «Framing U.S. Coverage of International News: Contrasts in Narratives of the KAL and Iran Air Incidents», *Journal of Communication*, 41, 4, pp. 6-27.
— (1993): «Framing: toward clarification of a fractured paradigm», *Journal of Communication*, 43, 4, pp. 51-58.
— (2003): «Cascading activation: contesting the White House's frame after 9/11», *Political Communication*, 20, pp. 415-432.
ENTMAN, Robert M. (1989): *Democracy Without Citizens. Media and the Decay of American Politics*, Oxford University Press, Nueva York.
— (2004): *Projections of Power. Framing news, public opinion, and US foreign policy*, The University of Chicago Press, Chicago.
ESTEBAN, Jorge de (1977): *El proceso electoral*, Labor, Barcelona.
ESTEVE, Francisco (1977): *Manual del elector*, Mayler, Madrid.
FAGEN, R. (1966): *Politics and Communication*, Little Brown, Boston.
FARRELL, David, KOLODNY, Robin y MEDVIC, Stephen (2001): «Parties and campaign professionals in a digital age», *Press and Politics*, n.º 6 (4), otoño, pp. 11-30.
FERNÁNDEZ, Carmen Beatriz y REYES, Luz Mely (2003): *Herramientas para ganar elecciones*, Konrad Adenauer Stiftung, Caracas.
FERRATER MORA, J. (1992): *Diccionario de Filosofía*, Círculo de Lectores, Barcelona, Voz «Imagen», pp. 1764-1766.
FERRER, Eulalio (1992): *De la lucha de clases a la lucha de frases*, El País Aguilar, Madrid.
FESTINGER, Leon (1964): *Conflict Decision and Dissonance*. Evanston, Illinois: Row Peterson.
FINKEL, S. E. y GEER, J. G. (1998): «A spot check: casting doubt on the demobilizing effect of attack advertising», *American Journal of Political Science*, 42, pp. 573-595.
FISHMAN, Mark (1980): *Manufacturing the News*, Texas University Press, Austin.
FLETCHER, Winston (2000): «Political advertising at the end of the twentieth century», en TUMBER, Howard (ed.), *Media Power, Professionals and Policies*, Routledge, Londres, pp. 167-177.
FRANKLIN, Bob (1994): *Packaging Politics. Political Communications in Britain's Media Democracy*, Edward Arnold, Londres.
FRENCH, Blaire (1982): *The Presidential Press Conference: its History and Role in the American Political System*, University Press of America, Lanham.
FULLER, Jack (1996): *News Values. Ideas for an Information Age*, The University of Chicago Press, Chicago.
FUNKHOUSER, R. (1973): «The Issues of the Sixties: an Exploratory Study in the Dynamics of Public Opinion», *Public Opinion Quarterly*, 37, primavera, pp. 62-75.
GALINDO, Fermín (1998): *Fundamentos de comunicación política*, Tórculo Ediciόns.

GAMSON, William A. y MODIGLIANI, Andre (1989): «Media Discourses and Public Opinion on Nuclear Power: A Constructionist Approach», *American Journal of Sociology,* 95 (1), pp. 1-37.
— (1987): «The changing culture of affirmative action», en BRAUNGART, R. y BRAUNGART, M. M. (eds.), *Research in Political Sociology*, vol. 3, JAI Press, Greenwich, CT, pp. 137-177.
GANS, Herbert (1980): *Deciding What is News*, Vintage, Nueva York.
GARCÍA BEAUDOUX, Virginia, D'ADAMO, Orlando y SLAVINSKY, Gabriel (2005): *Comunicación política y campañas electorales. Estrategias en elecciones presidenciales,* Gedisa, Barcelona.
GARRAMONE, G. M. (1986): «Candidate image formation: the role of information processing», en KAID, Linda, NIMMO, Dan y SANDERS, K. R. (eds.), *New perspectives on political advertising*, Southern Illinois University Press, Carbondale, pp. 235-247.
GARRAMONE, G. M. (1984): «Voter responses to negative political ads», *Journalism Quarterly,* 61, pp. 250-259.
GARRIDO, Francisco Javier (2001): *Comunicación estratégica. Las claves de la comunicación empresarial en el siglo XXI,* Gestión 2000 comunicación, Barcelona.
GAUTHIER, Gilles (1998): «El análisis de contenido de los debates políticos televisados», en GAUTHIER, Gilles, GOSSELIN, André y MOUCHON, Jean (comps.), *Comunicación y Política,* Gedisa, Barcelona, pp. 394-411.
GAUTHIER, Gilles, GOSSELIN, André y MOUCHON, Jean (comps.), (1998): *Comunicación y Política,* Gedisa, Barcelona.
GERMOND, J. W. y WITCOVER, J. (1979): «Presidential debates: An overview», en RANNEY, A. (ed.), *The past and future of presidential debates,* American Enterprise Institute, Washington, D.D.
GHANEM, Salma. (1997): «Filling in the tapestry: the second level of agenda-setting», en MCCOMBS, Maxwell, SHAW, Donald y WEAVER, David (eds.), *Communication and Democracy. Exploring the international frontiers in agenda-setting theory,* Lawrence Erlbaum Associates, New Jersey, pp. 3-14.
GILBERG, S., EYAL, C. MCCOMBS, M. y NICHOLAS, D (1980): «The state of the union address and the press agenda», *Journalism Quarterly,* 57, pp. 584-588.
GINNINS, Mac (1970): *Cómo se vende un presidente,* Península, Barcelona.
GITLIN, Todd. (1980): *The whole world is watching,* University of California Press, Berkley.
GLASS, Andrew J. (1996): «On-line elections: the Internet's impact on the political process», *Press and Politics,* 1 (4), pp. 140-146.
GOLDSTEIN, Tom (ed.) (1989): «News and reality», en *Killing the Messenger. 100 Years of Media Criticism,* Columbia University Press, Nueva York, pp. 232-267.
GÓMEZ ANTÓN, Francisco (1996): *¿Cómo reconocer si es una democracia lo que se tiene delante?* Eiunsa, Barcelona.
— (1996): *Siete potencias,* Eiunsa, Barcelona.
GÓMEZ BERMÚDEZ, Javier y BENI, Elisa (2006): *Levantando el velo. Manual de periodismo judicial,* Dossat, Madrid.
GONZÁLEZ REQUENA, Jesús (1988): *El discurso televisivo: espectáculo de la posmodernidad,* Cátedra, Madrid.
GONZÁLEZ VILA, T. (1997): *Diccionario del Pensamiento Contemporáneo,* San Pablo, Voz «Política», Madrid.
GORMLEY, W. (1975): «Newspaper Agendas and Political Elites», *Journalism Quarterly,* 52, verano, pp. 304-308.
GOSSELIN, André (1998): «La comunicación política. Cartografía de un campo de investigación y de actividades», en GAUTHIER, Gilles, GOSSELIN, André y MOUCHON, Jean (comps.), *Comunicación y Política,* Gedisa, Barcelona, pp. 9-28.
GRABER, Doris (1992): *Public Sector Communication: How Organization Manage Information,* Congressional Quarterly, Washington, D.C.
— (1993): *Mass Media and American Politics,* Congressional Quarterly Press, Washington D.C.
— (2005): «Political communication faces the 21st century», *Journal of Communication,* 55(3), pp. 479-507.
GROFMAN y LIJPHART, A. (1986): *Electoral laws and their political consequences,* Aghaton, Nueva York.
GRUNIG, James y HUNT, Todd (1984): *Managing Public Relations,* Fort North, Harcourt Brace.
GUNSCH, M. A., BROWNLOW, S. HAYNES, S. E. y MABE, Z. (2000): «Differential linguistic content of various forms of political advertising», *Journal of Broadcasting and Electronic Media,* 44, pp. 27-42.

GUREVITCH, Michael (1999): «Wither the future? Some afterthoughts», *Political Communication*, 16, pp. 281-284.
HABERMAS, Juergen (2006): «Political Communication in Media Society - Does Democracy still enjoy an epistemic dimension? The impact of normative theory on empirical research», Conferencia pronunciada en la Convención Anual de la *International Communication Association*, 20 de junio, Dresden, Alemania.
HACKER, Kenneth L. (1995): *Candidates Images in Presidential Elections*. Connecticut: Praeger.
HACKETT, R. A (1984): «Decline of a Paradigm? Bias and Objectivity in news media studies», *Critical Studies in Mass Communication*, 1 (3), pp. 229-259.
HAGNER, Paul y RIESELBACH, Leroy (1978): «The Impact of the 1976 Presidential Debates: Conversion or Reinforcement?», en BISHOP, George y MEADOW, Robert (eds.), *The Presidential Debates: Media, Electoral, and Policy Perspectives*, Praeger, Nueva York.
HARDIMAN-SCOTT, P. (1977): «Some Problems Identified», *RAI/Prix Italia, TV and Elections*, Edizioni Rai Radiotelevisione Italiana, Torino.
HARIOU, A. (1970): *Derecho constitucional e instituciones políticas*, Ariel, Barcelona.
HAX, Arnold y MAJLUF, Nicolás (1997): *Estrategias para el liderazgo competitivo. De la visión a los resultados*, Granica, Barcelona.
HECLO, Hugh (2000): «Compaign an Governing: a conspectus», en ORNSTEIN, Norman J., MENN, Thomas E. (eds.), *The permanent campaign and its future*, Amerrican Enterprise Institute and the Booking Institution, Washington D.C., pp. 1-37.
HELLWEG, S. A., PFAU, M. y BRYDON, S. R. (1992): *Televised presidential debates: advocacy in contemporary America*, Greenwood, Westport, CR.
HERMÁNUS, Pertti (1979): «La objetividad en la comunicación de masas», *El periodista demócrata*, 10, pp. 8-11.
HERRERO, Julio Cesar y CONNOLLY-AHERN, Colleen (2004): «Origen y evolución de la propaganda política en la España democrática (1975-2000): análisis de las técnicas y de los mensajes en las elecciones generales del año 2000», *Doxa Comunicación*, mayo (II), pp. 151-172.
HERREROS, Mario (1989): *Teoría y técnica de la propaganda electoral (formas publicitarias)*, Promociones y Publicaciones Universitarias, Barcelona.
HERRNSON, P. S. y PATTERSON, K. D. (2000): «Agenda setting and campaign advertising in congressional elections», en THURBER, J. A., NELSON, C. J. y DULIO, D. A. (eds.), *Crowded airwaves: campaign advertising in elections*, Brookings Institution, Washington, DC, pp. 96-112.
HERTOG, James F. y MCLEOD, Douglas M. (2003): «A multiperspectival approach to framing analysis: a field guide», en REESE, Stephen D., GHANDI, Oscar H. (jr.) y GRANT, Auguste E. (eds.), *Framing Public Life. Perspectives on Media and Our Understanding of the Social World*, Lawrence Erlbaum Associates, New Jersey, pp. 139-161.
HESS, Stephen (1984): *The government/Press Connection: Press Officers and Their Offices*, Brookings Institutions, Washington, D.C.
— (1996): *News and Newsmaking*, The Brookings Institution, Washington D.C.
HOLBROOK, T. M. (1996): *Do campaigns matter?* Sage, Thousands Oaks, CA.
HOLIAN, D. B. (2000): *The press, the presidency and the public: agenda-setting, issue ownership and presidential approval from Reagan to Clinton*. Tesis inédita. Departamento de Ciencia Política. Universidad de Indiana, Bloomington.
HUERTAS, Fernando (coord.) (1994): *Televisión y política*, Editorial Complutense, Madrid.
HUICI, Adrián (1996): *Estrategias de la persuasión. Mito y propaganda política*, Ediciones Alfar, Sevilla.
HUMANES, María Luisa (1998): «La profesión periodística en España», *Zer*, 4, pp. 265-278.
HUTCHESON, John, DOMKE, David, BILLEAUDEAUX, Andre y GARLAND, Philip (2004): «U.S. national identity, political elites, and a patriotic press following september 11», *Political Communication*, 21, pp. 27-50.
INNERARITY, Carmen y CANEL, María José (1999): «El Parlamento en los medios, terreno de juego. La evolución de la cobertura del Debate sobre el estado de la nación desde la Transición», en MARTÍN, Antonia (ed.), *El Congreso de los Diputados en España*, Tecnos, Madrid.
IYENGAR, Shanto (1991): *Is Anyone Responsible? How Television Frames Political Issues*, The University of Chicago Press, Chicago.

IYENGAR, Shanto y KINDER, Donald R. (1987): *News that Matters. Television and American Opinion*, The University of Chicago Press, Chicago.
IYENGAR, Shanto y REEVES, Richard (eds.), (1997): *Do Media Govern? Politicians, Voters and Reporters in America*, Sage, California.
IZARD, Ralph (1994): «After the Campaign: How Media Cover Government», en STEMPEL, Guido H. *The Practice of Political Communication*, Prentice Hall, New Jersey.
JACKALL, Robert (ed.), (1995): *Propaganda*, Macmillan, Reino Unido.
JACKSON-BEECK, Marilyn y MEADOW, Robert (1979): «The Triple Agenda of Presidential Debates», *Public Opinion Quarterly*, 42, verano, pp. 173-180.
JAMIESON, Katherine (1996): «The evolution of political advertising in America», en KAID, Linda Lee y otros, (eds.), *New Perspectives in political advertising*, Carbondale, Southern Illinois University Press, pp. 1-20.
JASPERSON, A. E. y FAN, D. P. (2002): An aggregate examination of he backlash effect in political advertising: the case of the 1996 U.S. senate race in Minnesota, *Journal of Advertising*, 31(1), pp. 1-12.
JOHNSON-CARTEE, K. S. y COPELAND, G. A. (1989): «Southern voters' reaction to negative political ads in 1986 election», *Journalism Quarterly*, 66, pp. 888-893.
— (2004): *Strategic Political Communication. Rethinking social influence, persuasion and propaganda*, Rowman & Littlefieeld, Nueva York.
JOHNSTONE, John W. C., SLAWSKI, Edward J., y BOWMAN, William W. (1976): *The News People*, University of Illinois Press, Urbana.
JONES, Nicholas (1995): *Soundbites and Spindoctors: How Politicians Manipulate the Media and Vice Versa*, Cassell, Londres.
KAID, Lynda Lee (1981): «Political Advertising», en NIMMO, Dan y SANDERS, Keith (eds.), *Handbook of Political Communication*, Sage, Londres, pp. 249-271.
— (1982): Paid television advertising and candidate name identification, *Campaigns and elections*, 3, pp. 34-36.
— (1991): «The effects of television broadcasts on perceptions of political candidates in the United States and France», en KAID, Linda Lee y GERSTLÉ, J. y SANDERS, K. (eds.), *Mediated politics in two cultures: presidential campaigning in the United States and France*, Praeger, New York, pp. 247-260.
— (1995): *Political Advertising in Western Democracies. Parties and Candidates on Television*, Sage, Londres.
— (1996): «Political communication», en SALWEN, M. y STACKS, D. W. (eds.), *An integrated approach to communication theory and research*, Lawrence Erlbaum, Hillsdale, Nueva Jersey, pp. 443-457.
— (1998): «Videostyle and the effects of the 1996 Presidential campaign advertising», en DENTON, Robert, jr. (ed.), *The 1996 presidential campaign: a communication perspective*, Westport C.T., Praeger, pp. 143-159.
— (2000): «Ethics in political advertising», en DENTON, R. E. jr. (ed.), *Political Communication Ethics*, Praeger, Westport, C.T., pp. 146-177.
— (2002): «Videostyle and political advertising effects in the 2000 presidential campaign», en DENTON, R. E. jr. (ed.), *The 2000 presidential campaign: a communication perspective*, Westport, CT, Praeger, pp. 183-197.
— (2004): *Handbook of Political Communication*, Lawrence Erlbaum Associattes, New Jersey.
— (2004): «Political Advertising», en KAID, Linda Lee (ed.), *Handbook of Political Communication*, Lawrence Erlbaum Associates, New Jersey, pp. 155-202.
KAID, Lynda Lee y BOYDSTON, J. (1987): «An experimental study of the effectiveness of negative political advertisements», *Communication Quarterly*, 35, pp. 193-201.
KAID, Lynda Lee y JOHNSTON, A. (1991): «Negative versus positive advertising in U.S. presidential campaigns, 1960-1988», *Journal of Communication*, 41, pp. 53-64.
— (2001): *Videostyle in presidential campaigns*, Praeger/Greenwood, Westport, CT.
KAID, Lynda Lee y SANDERS, K. R. (1985): «Survey of political communication theory and research», en SANDERS, K, KAID, L, y NIMMO, D. (eds.), *Political Communication Yearbook, 1984*, Southern Illinois University Press, Carbondale, pp. 283-308.
KAID, Lynda Lee, MCKINNEY, M. S. y TEDESCO, J. C. (2000): *Civic dialogue in the 1996 presidential campaign: candidate, media and public voices*, Hampton Press, Cresskill, Nueva Jersey.

KATZ, Elihu, BLUMLER, Jay y GUREVITCH, Michael (1974): «Utilization of mass communication by the individual», en BLUMLER, Jay y KATZ, Elihu (eds.), *The Uses of Mass Communications: Current Perspectives on Gratifications Research.* Beverly Hills, Sage, California, pp. 19-32.

KAVANAGH, Dennis (1996): «New Campaign Communications: Consequences for British Political Parties», *Harvard International Jouranl of Press and Politics*, 1, 3, pp. 60-76.

KERN, Montague (1989): *30-Seconds Politics. Political Advertising in the Eighties*, Praeger, Nueva York.

KERNELL, Sam (1986): *Going Public: New Strategies of Presidential Leadership*,C.Q. Press, Washington D.C.

— (1997): «The Theory and Practice of Going Public», en IYENGAR, Shanto y REEVES, Richard (eds.), *Do Media Govern? Politicians, Voters and Reporters in America*, Sage Publications, California, pp. 323-333.

KOCH, Tom (1990): *The News as Myth. Fact and Context in Journalism*, Greenwood Press, Nueva York.

KRAUS, S. y DAVID, Davis (1976): *The Effects of Mass Communication on Political Behavior.* State College, Pensylvania State University Press, Pensylvania.

KRAUS, Sidney (ed.), (1979): *The Great Debates: Carter vs. Ford*, Indiana University Press, Bloomington.

KROSNICK, Jon A. y KINDER, Donald (1990): «Altering the foundations of support for the president through priming», *American Political Science Review*, vol. 84, 2, pp. 497-511.

KUMAR, Martha Joynt (2001a): «The Office of Communications», *Presidential Studies Quarterly*, 31 (4), pp. 609-634.

— (2001b): «The Office of the Press Secretary». *Presidential Studies Quarterly.* 31 (2), pp. 296-322.

— (2003): «The contemporary presidency: communcations operations in the white house of president George W. Bush: making news on his terms», *Presidential Studies Quarterly*, 33 n.º 2, pp. 366-393.

KURTZ, Howard (1998): *Spin Cycle. Inside the Clinton Propaganda Machine*, The Free Press, Nueva York.

LAITIN, David (1995): «The Civic Culture», *American Political Science Review*, vol. 89, n.º 1, marzo, pp. 168-173.

LAMBETH, Edmund (1986): *Committed Journalism. An Ethics for the Profession*, University of Indiana Press, Bloomington.

LASSWELL, Harold, D. (1948): «The structure and function of communication in society», en BRYSON, Lyman (ed.), *The communication of ideas*, Harper and Brothers, Nueva York, pp. 37-51.

LAU, R. R. y POMPER, G. M. (2002): «Effectiveness of negative campaigning in U.S. senate elections», *American Journal of Political Science*, 46(1), pp. 47-66.

LAZARSFELD, Paul.F., BERELSON, B. y GAUDET, H. (1944): *The People´s Choice*, Columbia University Press, Nueva York.

LEE, G. y CAPPELLA, J. N. (2001): «The effects of political talk radio on political attitude formation: exposure versus knowledge», *Political Communication*, 18, pp. 369-394.

LEÓN, José Luis (1996): *Los efectos de la publicidad*, Ariel Comunicación, Barcelona.

LEVINE, Myron A. (1992): *Presidential Campaigns and Elections. Issues, Images and Partisanship*, Peacock Publishers, Illinois.

LEWINE, Kurt (1951): *Field Theory in Social Science: Selected Theoretical Papers*, Harper, Nueva York.

LIN, Yang (2004): «Fragmentation of the structure of Political Communication research: diversification or isolation?», en KAID, Linda Lee (ed.), *Handbook of Political Communication*, Lawrence Erlbaum Associates, New Jersey, pp. 69-107.

LINDLOF, T. R. (1987): *Natural Audiences: Qualitative Research of Media Uses and Effects*, Norwood, Ablex, New Jersey.

LINDON, Denis (1977): *Marketing político y social*, Tecniban, Madrid.

LIPSCHULTZ, Jeremy J. (2003): «A Content analysis of American network newscasts before 9/11», en NOLL, Michael A. (ed.), *Crisis Communications. Lessons from September 11*, Rowman y Littlefield Publishers, pp. 99-112.

LÓPEZ AGUDÍN, Fernando (1996): *En el laberinto: diario de interior(1994-1996)*, Plaza & Janés, Barcelona.

LOPEZ PINA, Antonio (1970): *Estructuras electorales contemporáneas*, Tecnos, Madrid.

LÓPEZ-ESCOBAR, Esteban (1997): «Comunicación y comunicación colectiva, estudio introductorio», en MCQUAIL, Dennis y WIINDHAL, S., *Modelos para el estudio de la comunicación colectiva*, Eunsa, Pamplona.
LÓPEZ-ESCOBAR, Esteban, LLAMAS, Juan Pablo y MCCOMBS, Maxwell (1996): «Una dimensión social de los efectos de los medios de difusión: *agenda-setting* y consenso», *Comunicación y Sociedad*. Número monográfico: *Agenda-Setting: Investigaciones sobre el primero y el segundo nivel*, vol. IX, n.ᵒˢ 1 y 2, pp. 91-125.
LÓPEZ-ESCOBAR, Esteban, LLAMAS, Juan Pablo y REY, Federico (1996): «La agenda entre los medios: primero y segundo nivel», *Comunicación y Sociedad*. Número monográfico: *Agenda-Setting: Investigaciones sobre el primero y el segundo nivel*, vol. IX, n.ᵒˢ 1 y 2, pp. 67-89.
LÓPEZ-ESCOBAR, Esteban, LLAMAS, Juan Pablo, MCCOMBS, Maxwell y REY, Federico (1998): «Two levels of agenda-setting among advertising and news in the 1995 Spanish elections», *Political Communication*, vol. 15, n.º 2, pp. 225-238.
LÓPEZ-ESCOBAR, Esteban, MCCOMBS, Maxwell y REY, Federico (1996): «La imagen de los candidatos: el segundo nivel de la *agenda-setting*», *Comunicación y Sociedad*. Número monográfico: *Agenda-Setting: Investigaciones sobre el primero y el segundo nivel*, vol. IX, n.ᵒˢ 1 y 2, pp. 39-65.
LOUW, Eric (2005): *The media and political process*, Sage.
LOWI, Theodore (1985): *The Personal President: Power Invested, Promise Unfulfilled*. Ithaca, Cornell University Press, Nueva York.
LUQUE, Teodoro (1996): *Márketing político. Un análisis del intercambio político*, Ariel, Barcelona.
MAAREK, Philippe J. (1995): *Political Marketing and Communication*, John Libbey, Londres.
MAC GINNIS, Joe (1972): *Cómo se vende un presidente*, Península, Barcelona.
MAHER, Michael T. (2003): «Framing: an emerging paradigm or a phase of agenda setting?», en REESE, Stephen D., GHANDI, Oscar H. (jr.) y GRANT, Auguste E. (eds.), *Framing Public Life. Perspectives on Media and Our Understanding of the Social World*, Lawrence Erlbaum Associates, New Jersey, pp. 83-94.
MALTESE, J. A. (1994): *Spin Control. The White House Office of Communications and the Management of Presidential News*, The University of North Carolina Press, Chapel Hill.
MANCINI, Paolo (1999): «New frontiers in political professionalism», *Political Communication*, 16, pp. 231-245.
MANCINI, Paolo y SWANSON, D. L. (1996): «Politics, media and modern democracy: introduction», en SWANSON, D. L. y MANCINI, Paolo (eds.), *Politics, media and modern democracy: an international study of innovations in electoral campaigning and their consequences*, Praeger, Westport, CT, pp. 1-26.
MARÍN, Benjamín (2003): «Debates electorales por televisión», en BERROCAL, Salomé (coord.), *Comunicación política en televisión y nuevos medios*, Ariel, Barcelona, pp. 207-243.
MARTEL, M. (1983): *Political Campaign Debates: Images, Strategies and Tactics*, Longman, Nueva York.
MARTÍN ALGARRA, Manuel (2003): *Teoría de la comunicación: una propuesta*, Tecnos, Madrid.
MARTÍN ALGARRA, Manuel y GONZÁLEZ, Norberto (1994): «La formación de los periodistas españoles en la encuesta "Media and Democracy"», *Estudios de Periodística*, 3, pp. 49-75.
MARTÍN ALGARRA, Manuel y LÓPEZ-ESCOBAR; Esteban (1992): «La teoría dramatística de la comunicación de Kenneth Burke. Análisis de un caso, en VV.AA.», *Estudios en honor de Luka Brajnovic*, Eunsa, Pamplona.
MARTIN, John L. (1981): «Government and the News Media», en NIMMO, Dan y SANDERS, Keith R., *Handbook of Political Communication*, Sage, Beverly Hills, pp. 445-467.
MARTÍN, Lourdes (2002): *Marketing político. Arte y ciencia de la persuasión en democracia*, Paidós, Barcelona.
MARTÍN, Marta y BERGANZA, Rosa (2001): «Votantes y medios de comunicación: exposición selectiva en las elecciones nacionales de 1996», *Comunicación y Sociedad*, 2001, XIV, 1, pp. 51-71.
MARTIN, P. (2004): «Inside the black box for negative campaign effects: three reasons why negative campaigns mobilize», *Political Psychology*, vol. 25, 4, pp. 545-562.
MAZZOLENI, Gianpietro y SCHULZ, Winfried (1999): «Mediatization of politics: a challenge for democracy?», *Political Communication*, 16, pp. 247-261.

McCombs, Maxwell y Evatt, Dixie (1972): «The agenda-setting Function of Mass Media», *Public Opinion Quarterly*, 36, verano, pp. 176-187.
— (1995): «Los temas y los aspectos: explorando una nueva dimensión de la agenda setting», *Comunicación y sociedad*, 8, pp. 7-32.
McCombs, Maxwell y Ghanem, Salma (2003): «The Convergence of agenda-setting», en Reese, Stephen D., Ghandi, Oscar H. (jr.) y Grant, Auguste E. (eds.), *Framing Public Life. Perspectives on Media and Our Understanding of the Social World*, Lawrence Erlbaum Associates, New Jersey, pp. 67-81.
McCombs, Maxwell y Shaw, Donald (1993): «The Evolution of Agenda-Setting Research: Twenty-Five Years in the Market-place of Ideas», *Journal of Communication*, 43(2), primavera.
McCombs, Maxwell, Gilvert, S. y Eyal, C. H. (1982): «The Satet of the Union addresss and the press agenda: a replication», Comunicacón presentada a la International Communication Association, Boston.
McCombs, Maxwell, Llamas, Juan Pablo, López-Escobar, Esteban y Rey, Federico (1997): «Candidate images in Spanish elections: second level agenda—setting effects», *Journalism and Mass Communication Quarterly*. Invierno, 74 (4), pp. 703-717.
McCombs, Maxwell. y Shaw, Donald (1977): «Agenda-Setting and the Political Process», en McCombs, Maxwell y Shaw, Donald (eds.), *The Emergence of American Political Issues: The Agenda-Setting Function of the Press*, West Publishing Co, St. Paul.
McCombs, Maxwell, Shaw, Donald L y Weaver, David (1997): *Communication and Democracy. Exploring the Intelectual Frontiers in Agenda-Setting Theory*, Lawrence Erlbaum Associates, New Jersey.
McKinney, M. S., Kaid, L. L. y Robertson, R. A. (2001): «The front-runner, contenders and also-rans: effects of watching a 2000 Republican primary debate», *American Behavioral Scientist*, 44, pp. 2232-2251.
McKinney, Mitchell S. y Carlin, Diana B. (2004): «Political campaign debates», en Kaid, Linda Lee (ed.), *Handbook of Political Communication*, Lawrence Erlbaum Associates, New Jersey, pp. 203-234.
McLeod, Jack M. y Hawley, Searle E. (1964): «Professionalization among newsmen», *Journalism Quarterly*, vol. 41, pp. 529-539.
McLeod, Jack y otros (1979): «Reactions of Young and Older Voters: Expanding the Context of Effects», en Kraus, Sidney (ed.), *The Great Debates: Carter vs. Ford*, Indiana University Press, Bloomington.
McLeod, Jack y Rush, Ramona (1969): «Professionalization of Latin American and U.S. Journalist. Parte I y Parte II», *Journalism Quarterly*, vol. 46, otoño, pp. 583-590 y vol. 46, invierno, pp. 784-789.
McNair, Brian (1995): *An Introduction to Political Communication*, Routledge, Londres.
McQuail, Dennis y Wiindhal, S. (1997): *Modelos para el estudio de la comunicación colectiva*, Eunsa, Pamplona.
Meadow, Robert (1980): *Politics as Communication*, Ablex Publishing, Norwood, NJ.
Mendelson, M. (1993): «Television's frames in the 1988 Canadian election», *Canadian Journal of Communication*, 18, pp. 149-171.
Mendelson, M. y O'Keefe, O. (1976): *The People Choose a President: Influences on Voter Decision Making*, Praeger, Nueva York.
Menendez, César (1983): *La experiencia electoral. Márketing electoral*. Ibérico Europea, Madrid.
Merrill, J. (1962): «Hutchins Commission. Freedom of Information Center», Publicación número 69, Universidad de Missouri, Missouri.
Merrill, John C. Lee, John, y Friedlander, Edward Jay (1992): *Medios de comunicación social. Teoría y práctica en Estados Unidos y en el mundo*, Fundación Sánchez Ruipérez, Madrid.
Meyer, D. (1995): «Framing National Security: elite public discourse on nuclear weapons during the Cold War», *Political Communication*, 12, pp. 173-192.
Miller, Mark M. y Riechert, Bonnie P. (2003): «The spiral of opportunity and frame resonance: mapping the issue cycle in news and public discourse», en Reese, Stephen D., Ghandi, Oscar H. (jr.) y Grant, Auguste E. (eds.), *Framing Public Life. Perspectives on Media and Our Understanding of the Social World*, Lawrence Erlbaum Associates, New Jersey, pp. 107-121.

MINTZBERG, H., AHLSTRAND, B. y LAMPEL, J. (1999): *Safari a la estrategia*, Gránica, Buenos Aires.
MONROE, Kristie (1984): *Presidential Popularity and the Economy*, Agathon Press, Nueva York.
MONZÓN, Cándido (1996): *Opinión Pública, comunicación y política. La formación del espacio público*, Tecnos, Madrid.
MOUCHON, Jean (1998): «La comunicación presidencial en busca de un modelo», en GAUTHIER, Gilles, GOSSELIN, André y MOUCHON, Jean (comps.), *Comunicación y Política*, Gedisa, Barcelona, pp. 203-219.
MUÑOZ-ALONSO, Alejandro (1989): *Política y nueva comunicación*, Fundesco, Madrid.
— (1999): «La democracia mediática», en MUÑOZ-ALONSO, Alejandro y ROSPIR, Juan Ignacio (1999), *Democracia mediática y campañas electorales*, Ariel Comunicación, Barcelona, pp. 13-53.
MUÑOZ-ALONSO, Alejandro y ROSPIR, Juan Ignacio (1995): *Comunicación política*, Editorial Universitas, Madrid.
— (1999): *Democracia mediática y campañas electorales*, Ariel Comunicación, Barcelona.
MUTZ, Diana C. (2001): «The future of political communication research: reflections on the occasion of Steve Chaffee's retirement from Stanford University», *Political Communication*, 18, pp. 231-236.
NERONE, John C. (ed.), (1956): *Last Rights. Revisiting Four Theories of the Press*, Urbana, University of Illinois Press.
NEUSTADT, Richard E. (1966): *El poder presidencial: la dirección de un gobierno*, Limusa-Wiley, México.
NEWMAN, Bruce I. (1994): *The Marketing of the President. Political Marketing as Campaign Strategy*, Sage, California.
NEWMAN, Bruce I. y PERLOFF, Richard M. (2004): «Political Marketing: theory, research and applications», en KAID, Linda Lee (ed.), *Handbook of Political Communication*, Lawrence Erlbaum Associates, New Jersey, pp. 155-202.
NIMMO, Dan (1970): *The Political Persuaders. The Techniques of Modern Election Campaign*, Prentice Hall, New Jersey.
— (1974): *Popular Images of Politics*, Prentice Hall, New Jersey.
— (1978): *Political Communication and Public Opinion in America*, Goodyear Publishing Company, California.
NIMMO, Dan y COMBS, James E., (1990): *Mediated Political Realities*, Longman, Nueva York.
NIMMO, Dan y SANDERS, Keith (1981): «Introduction: The emergence of political communication as a field», en NIMMO, Dan y SANDERS, Keith (eds.), *Handbook of Political Communication*, Sage, Londres.
NIMMO, Dan y SANDERS, Keith (eds.) (1981): *Handbook of Political Communication*, Sage Londres.
NIMMO, Dan y SWANSON, David (1990): «The field of political communication: beyond the voter persuasion paradigm», en SWANSON, David L. y NIMMO, Dan (1990): *New Directions in Political Communication*, Sage, Newbury Park, pp. 7-45.
NISBETT, R. y ROSS, L. (1980): *Human Inference: Strategies and Shortcomings of Social Judgment*. Prentice-Hall, Nueva York.
NOELLE-NEUMANN, Elisabeth (1974): «The Spyral of Silence: A theory of public opinion», *Journal of Communication*, 24, pp. 43-51.
— (1984): *The Spiral of Silence. Public Opinion: Our Social Skin*, The University of Chicago Press, Chicago.
NOELLE-NEUMANN, Elizabeth y PETERSEN, Thomas (2004): «The Spiral of Silence and the social nature of man», en KAID, Linda Lee (ed.), *Handbook of Political Communication*, Lawrence Erlbaum Associates, New Jersey, pp. 339-356.
NORRIS, Pippa (2000): *A virtuous cincle. Political Communicatión in Postindustrial Societies*, Cambridge University Press.
— (1999): *Critical citizens. Global support for democratic governance*, Oxford University Press, Oxford.
NORRIS, Pippa, CURTICE, John, SANDERS, David, SCAMMELL, Margaret y SEMETKO, Holli A. (1999): *On Message. Communicating the Campaign*, Sage.
O'SULLIVAN, P. B. y GEIGER, S. (1995): «Does the watchdog bite? Newspaper ad watch articles and political attack ads», *Journalism & Mass Communication Quarterly*, 72, pp. 771-785.

ORNSTEIN, Norman J., MANN, Thomas E. (eds.) (2000): *The permanent campaign and its future*, American Enterprise Institute and the Brookings Institution, Washington, D.C.
ORTEGA, Félix y HUMANES, María Luisa (2000): *Algo más que periodistas. Sociología de una profesión*, Ariel, Barcelona.
ORTIZ CABEZA, Francisco (1983): *Guía de marketing político. Cómo actuar para llegar y mantenerse líder*, Esic, Madrid.
ORTIZ CASTAÑO, Pedro (1993): *Manual de técnicas electorales*, Ediciones de las Ciencias Sociales, Madrid.
OSGOOD, C. E., SUCI, J. G. y TANNENBAUM, P. G. (1957): *The Meassurement of Meaning*, University of Illinois Press, Urbana.
PALETZ, David (ed.) (1996): *Political Communication in Action*, Hampton Press, New Jersey.
PALMER, Jerry (2000): *Spinning into control. News values and source strategies*, Leicester University Press, Londres.
PAN, Zhongdang y KOSICKI, Gerald, M. (2003): «Framing as a strategic action in public deliberation», en REESE, Stephen D., GHANDI, Oscar H. (jr.) y GRANT, Auguste E. (eds.), *Framing Public Life. Perspectives on Media and Our Understanding of the Social World*, Lawrence Erlbaum Associates, New Jersey, pp. 35-65.
PATTERSON, Thomas E. (1994): *Out of Order*, Vintage Books, Nueva York.
PATTERSON, Thomas E. y DONSBACH, Wolfgang (1996): «News decisions: journalists as partisan actors», *Political Communication*, vol. 13, pp. 455-468.
— (2005): «Political news journalists: partisanship, professionalism and political roles in five countries», en ESSER, Frank y PFETSCH, Barbara (2005): *Comparing Political Communication. Theories, cases and challenges*, Cambridge University Press, Cambridge, pp. 251-270.
PÉREZ, David (2003): *Técnicas de comunicación política. El lenguaje de los partidos*, Tecnos, Madrid.
PÉREZ, Rafael A. (1996): *Estrategia publicitaria y de las relaciones públicas*, Universidad Complutense de Madrid, Madrid, pp. 24-25.
PERRY, Roland (1986): *Elecciones por ordenador*, Fundesco, Madrid.
PINKLETON, B. E. (1997): «The effects of negative comparative political advertising on candidate evaluations and advertising evaluations: an exploration», *Journal of Advertising*, XXVI (primavera), pp. 19-29.
— (1998): «Effects of print political comparative advertising on political decision-making and participation», *Journal of Communication*, 48, pp. 24-36.
PROCTER, David E. y RITTER, Kurt (1996): «Inaugurating the Clinton Presidency: Regenerative Rhetoric and the American Community», en DENTON, Robert E. y HOLLOWAY, Rachel L. (eds.), *The Clinton Presidency. Images, Issues and Communication Strategies*, Praeger, Westport, Connecticut, pp. 1-16.
PROTESS, David L., COOK, Fay Lomax, DOPPELT, Jack C., ETTEMA, James S., GORDON, Margaret T., LEFF, Donna R. y MILLER, Peter. (1991): *The Journalism of Outrage. Investigative Reporting and Agenda Building in America*, Guilford Press, Nueva York.
RACHLIN, A. (1988): *News as Hegemonic Reality. American Political Culture and the Framing of News Accounts*, Praeger, Nueva York.
RANNEY, A. (ed.) (1979): *The Past and Future of Presidential debates*, American Enterprise Institute, Washington, D. C.
REESE, Stephen (2003): «Prologue—Framing Public Life: A Bridging Model for Media Research», en REESE, Stephen D., GHANDI, Oscar H. (jr.) y GRANT, Auguste E. (eds.), *Framing Public Life. Perspectives on Media and Our Understanding of the Social World*, Lawrence Erlbaum Associates, New Jersey, pp. 7-31.
REINEMANN, Carsten y MAURER, Marcus (2005): «Unifying or polarizing? Short-term effects and postdebate consequences of different rhetorical strategies in televised debates», *Journal of Communication*, diciembre 55(4), pp. 775-794.
REY, Federico (1995): «Marketing político, ¿hacer pensar o hacer soñar?», *Comunicación y Sociedad*, vol. VIII, n.° 2, pp. 173-184.
REYES, Rafael y MUCH, Lourdes (2003): *Comunicación y mercadotecnia política*, Noriega Editores, México D.F.
ROBERTS, Marilyn (1997): «Political Advertising's Influence on News, the Public, and Their Behavior», en MCCOMBS, Maxwell, SHAW, Donald y WEAVER, David (eds.), *Communication and Democracy*, Erlbaum, Nueva Jersey, pp. 85-96.

ROBINSON, Michael, J. (1981): «The Media in 1980: Was the Message the Message?», en RANNEY, Austin, (ed.), *The American Elections of 1980*, American Enterprise Institute for Public Policy Research, Washington, D.C.
RODRÍGUEZ-ANDRÉS, Roberto y CANEL, María José (en prensa): «La mediación de Internet en la comunicación de las instituciones políticas».
ROGERS, Everett M. (2004): «Theoretical Diversity in Political Communication», en KAID, Linda Lee (ed.), *Handbook of Political Communication*, Lawrence Erlbaum Associates, New Jersey, pp. 3-16.
RONCAROLO, Franca (1994): *Controllare I media. Il presidente americano e gli apparati nelle campagne di comunicazione permanente*, Franco Angeli, Milán.
ROPER, Elmo (1960): «Polling Post-Mortem», *Saturday Review*, noviembre.
ROSPIR, Juan Ignacio (2003): «Introducción a la comunicación política», en BERROCAL, Salomé (coord.), *Comunicación política en televisión y nuevos medios*, Ariel, Barcelona, pp. 21-54.
ROSEN, Jay (1993): «Beyond Objectivity», *Nieman Reports*, Winter, pp. 48-53.
SABATO, L. J. (1981): *The Rise of Political Consultants*, Basic Books, Nueva York.
SABATO, Larry (1993): *Feeding frenzy: how attack journalism has transformed American politics*, Free Press, Nueva York.
— (2000): *Feeding frenzy: attack journalism and American politics*, Lanahan, Baltimore, MD.
SÁDABA, Teresa (2003): «Los anuncios de los partidos en televisión. El caso de España (1993-2000)», en BERROCAL, Salomé (coord.), *Comunicación política en televisión y nuevos medios*, Ariel, Barcelona, pp. 163-205.
— (2006): *Framing. Una teoría para los medios de comunicación*, Ulzama Ediciones, Pamplona.
SAMPEDRO, Víctor (2000): *Opinión pública y democracia deliberativa. Medios, sondeos y urnas*, Istmo, Madrid.
SÁNCHEZ ALONSO, Oscar (2005): *El servicio postventa de la política. Lógica publicitaria mercadotécnico político y repercusiones democráticas*, Universidad Pontificia de Salamanca, Salamanca.
SÁNCHEZ NORIEGA, José Luis (1997): *Crítica de la seducción mediática. Comunicación y cultura de masas en la opulencia informativa*, Tecnos, Madrid.
SÁNCHEZ-ARANDA, José Javier, CANEL, María José y LLAMAS, Juan Pablo (1997): «Framing Effects of Negative Political Advertising», comunicación presentada en el Congreso regional de la World Association for Public Opinion Research (WAPOR), mayo, Pamplona.
SANCHÍS, José Luis (1996): *Cómo se gana el poder*, Espasa Calpe, Madrid.
SANDERS, Karen y CANEL, María José (en prensa): «A Scribbling Tribe. Reporting Political Scandal in Britain and Spain», *Journalism. Theory, Practice and Criticism*.
SANDERS, Karen (2003): *Ethics and Journalism*, Sage.
SANDERS, Karen, BALE, Timothy y CANEL, María José (1998): «The Buck Stops Here but so does the Sleaze. Constructing Primer-Ministerial "Plausible Deniabliliy" in Socialist Spain and Conservative Great Britain», comunicación presentada en las sesiones del *European Consortium for Political Research*, abril, Warwick.
— (1999): «Managing Sleaze. Prime ministers and news management in Conservative Great Britain and Socialist Spain», *European Journal of Communication*, XIV (4), pp. 461-486.
SARTORI, Giovanni (1998): *Homo videns. La sociedad teledirigida*, Taurus Pensamiento, Madrid.
SAUNDERS y ROTHSCHILD, Michael L. (1978): «Political Advertising: A Neglected Policy Issue in Marketing», *Journal of Marketing Research*, 15, pp. 58-71.
SCANLON, Joseph (1972): «A New Approach to the Study of Newspaper Accuracy», *Journalism Quarterly*, 49, pp. 587-590.
SCOTT, C. P. (1926): *Manchester Guardian*, 6 de mayo.
SCHLESINGER, Philipe (1978): *Putting «Reality» Together: BBC News*, Constable, Londres.
SCHROTT, P. R. (1990): «Electoral consequences of "winning" televised campaign debates», *Public Opinion Quarterly*, 54, pp. 567-585.
SCHUDSON, Michael (1997): «Sending a political message: lessons from the American 1790s», *Media Culture and Society*, vol. 19, pp. 311-330.
— (2000): «The Sociology of news production revisited (again)», en CURRAN, James y GUREVITCH, Michael (eds.), *Mass Media and Society*, Arnold, Londres, pp. 175-200.
SEARS, David O. y WHITNEY, R. E. (1973): «Political Persuasion», en ITHIAL DE SOLA POOL y otros (eds.), *The Handbook of Communication*, Rand McNally, Chicago.

SEARS, David y CHAFFEE, Steven (1979): «Uses and Effects of the 1976 Debates: An Overview of Empirical Studies», en KRAUS, Sidney (ed.), *The Great Debates: Carter vs. Ford, 1976*, Indiana University Press, Bloomington.
SELNOW, Gary W. (1998): *Electronic whistle-stops: the impact of the Internet on American politics*, Westport, Praeger.
SEMETKO, Holli A. y CANEL, María José (1997): «Agenda-Senders versus Agenda-Setters: Television in Spain's 1996 Election Campaign», *Political Communication Journal*, 14(4), pp. 457-479.
SEMETKO, Holli A. y SCHOENBACH, Klaus (1994): *Germany's «Unity Election». Voters and the Media*, Hampton Press, New Jersey.
SEMETKO, Holli A., BLUMLER, Jay G., GUREVITCH, Michael y WEAVER, David H.(1991): *The Formation of Campaign Agendas: A Comparative Analysis of Party and Media Roles in Recent American and British Elections*, Lawrence Erlbaum Associates, Nueva Jersey.
SEVERIN, Werner y TANKARD, James W. (1992): *Communication Theories: Origins, Methods, and Uses in the Mass Media*, Longman, Nueva York.
SEYMOR-URE, Collin (1982): *The American President: Power and Communication*, Macmillan, Londres.
— (2000): «Prime Ministers and Presidents' News Operations. What effects on the job?», en TUMBER, Howard, (ed.), *Media, power, professionals, and policies*, Routledge, Londres, pp. 151-166.
SHOEMAKER, Pamela (1991): *Gatekeeping*, Sage, Newbury Park.
SHOEMAKER, Pamela y REESE, Stephen D. (1991): *Mediating the Message. Theories of Influences on Mass Media Content*, Longman, Nueva York.
SIEBERT, F., PETERSON, T. y SCHRAM, W. (eds.) (1956): *Four theories of the Press*, University of Illinois, Urbana.
SIMONS, H. W. y STEWART, D. J. (1991): «Network coverage of video politics: "a new beginning" in the limits of criticism», en BIOCCA, F. (ed.), *Television and policial advertising, Vol. 2. Signs, codes and images*, Lawrence Erlbaum, Hillsdale, Nueva Jersey, pp. 203-228.
SMITH, Anthony (1978): «The Long Road to Objectivity and Back Again», en BOYCE, G. E. (ed.), *Newspaper History*, Constable, Londres.
SMITH, Carolyn (1990): *Presidential Press Conferences: A Critical Approach*, Praeger, Nueva York.
SMITH, Craig (1996): «Rough Stretches and Honest Disagreements: Is Bill Clinton Redefining the Rhetorical Presidency?», en DENTON, Robert E. y HOLLOWAY, Rachel L. (eds.), *The Clinton Presidency. Images, Issues and Communication Strategies*, Praeger, Westport, Connecticut.
SMITH, Craig Allen (1990): *Political Communication*, Harcourt Brace Jovanovich, Nueva York.
SMITH, Craig Allen y SMITH, Kathy (1994): *The White House Speaks: Presidential Leadership as Persuasion*, Wesport, Praeger.
SMITH, Joel (1995): *Understanding the Media. A Sociology of Mass Communication*, Hampton Press, New Jersey.
SOLER, Margarita (2001): *Campañas electorales y democracia en España*, Publicaciones de la Universitat Jaume I, Castellón.
SONNER, B. S. (1998): «The effectiveness of negative political advertising: a case study», *Journal of Advertising Research*, 28, pp. 37-42.
SPEAKES, Larry (1988): *Speaking Out*, Scribners, Nueva York.
SPLICHAL, Slavko y SPARKS, Colin (1994): *Journalists for the 21st Century*, Ablex Publishing Corporation, New Jersey.
STEIN, Stuart D. (2003): *Politics on the web*, Prentice Hall, Harlow.
STEMPEL, Guido H. (1962): «Content patterns of small and metropolitan dailies», *Journalism Quarterly*, 39, pp. 88-91.
— (1994): *The Practice of Political Communication*, Prentice Hall, New Jersey.
STEWART, Charles, SMITH, Craig y DENTON, Robert (1995): «The persuasive functions of slogans», en JACKALL, Robert (ed.), *Propaganda*, Macmillan, Reino Unido, pp. 400-422.
SWANSON, David (2001): «Political communication research and the mutations of democracy», *Communication Yearbook*, Sage, pp. 189-205.
SWANSON, David L. y NIMMO, Dan (1990): *New Directions in Political Communication*, Sagem, Newbury Park.

TAAGEPERA, R. y SOBERG, M. (1989): *States and Votes: The Effects and Determinants of Electoral Systems*, Yale University Press, Londres.
TANKARD, James Jr., HENDRICKSON, L., SILBERMAN, J., BLISS, K. y GHANEM, S. (1991): «Media frames: approaches to conceptualization and measurement», Comunicación presentada a la Association for Education in Journalism and Mass Communication, agosto, Boston.
TANKARD, James W. Jr. (2003): «The empirical approach to the study of media framing», en REESE, Stephen D., GHANDI, Oscar H. (jr.) y GRANT, Auguste E. (eds.), *Framing Public Life. Perspectives on Media and Our Understanding of the Social World*, Lawrence Erlbaum Associates, New Jersey, pp. 95-106.
TEBBEL, John y WATTS, Sarah Miles (1985): *The Press and the Presidency: From George Washington to Ronald Reagan*, Oxford University Press, Nueva York.
TEDESCO, John C. (2002): Televised political advertising effects: evaluating responses during the 2000 Robb-Allen Senatorial election, *Journal of Advertising*, 31(1), pp. 37-48.
— (2004): «Changing the channel: use of the Internet for communicaitng about politics», en KAID, Linda Lee (ed.), *Handbook of Political Communication*, Lawrence Erlbaum Associates, New Jersey, pp. 507-532.
TEDESCO, John C. y KAID, Linda Lee (2003): «Style and effects on the Bush and Gore spots», en KAID, L., TEDESCO, D., BYSTROM, D. y MCKINNEY, M. S. (eds.), *The millennium election: communication in the 2000 campaign*, Rowman y Littlefield, Lanham, MD.
THOMPSON, John, B. (1995): *The media and modernity. A social theory of the media*, Polity Press, Cambridge.
TOLSON, Andrew (1996): *Mediations: Text and Discourse in Media Studies*, Arnold, Londres.
TRENT, Judith S. y FRIEDENBERG, Robert V. (1995): *Political Campaign Communication. Principles and Practices*, Praeger, Connecticut.
TUCHMAN, Gaye (1972): «Objectivity as strategic ritual: An examination of newsmen's notions of objectivity», *American Journal of Sociology*, 77, pp. 660-679.
— (1978): *Making News*, Free Press Nueva York.
TULIS, Jeffrey (1987): *The Rhetorical Presidency*, Princeton University Press, Princeton, New Jersey.
TUMBER, Howard (1999): *News. A reader*, Oxford University Press, Oxford.
TUNSTALL, Jeremy (1971): *Journalists at Work*, Constable, Londres.
TUROW, Joseph (1992): *Media Systems in Society. Understanding Industries, Strategies and Power*, Longman, Nueva York.
VALENTINO, N. A., HUTCHINGS, V. L. y WHITE, I. K. (2002): «Cues that matter: how political ads prime racial attitudes», *American Political Science Review*, 96, pp. 75-90.
VALENTINO, Nicholas A., BUHR, Thomas, A. y BECKMANN, Matthew N. (2001): «When the Frame is the Game: Revisiting the Impact of "Strategic" Campaign Coverage on Citizens' Information Retention», *Journalism and Mass Communication Quarterly*, vol. 78, 1, pp. 93-112.
VAVREK, L (2001): «The reasoning voter meets the startegic candidate: signals and specificity in campaign advertising, 1998», *American Politics Research*, 29, pp. 507-529.
VILLAFAÑÉ, Justo, BUSTAMANTE, Enrique y PRADO, Emilio (1987): *Fabricar noticias. Las rutinas productivas en radio y televisión*, Mitre, Barcelona.
VV.AA. (2001): *Sphera Pública*, n.º extra.
WANTA, Wayne y CHANG, K. (1999): «Priming and the second level of agenda setting: merging two theoretical approaches», Comunicación presentada a la International Communication Association, San Francisco.
WANTA, Wayne, STEPHENSON, M. A., TURK, J. y MCCOMBS, Maxwell (1989): «How president's state of union talk influenced news media agendas», *Journalism Quarterly*, 66, pp. 537-541.
WEAVER, David (ed.), (1998): *The Global Journalist*, Hampton Press, Nueva Jersey.
WEAVER, David y WILHOIT, Cleveland (1986): *The American Journalist. A portrait of U.S. News People and Their Work*, Indiana University Press, Bloomington, Indiana.
— (1996): *The American journalist in the 1990s: U.S. news people at the end of an era*, Erlbaum, Mahwah, NJ.
WEAVER, David, MCCOMBS, Maxwell y SHAW, Donald (2004): «Agenda-Setting research: issues, attributes and influences», en KAID, Linda Lee (ed.), *Handbook of Political Communication*, Lawrence Erlbaum Associates, New Jersey, pp. 257-282.

WEBSTER, Frank (2001): *Culture and politics in the information age: a new politics?*, Routledge, Nueva York.
WEINER, Bernard (1985): «An attribution theory of achievement motivation and emotion», *Psychological Review*, 92, pp. 548-573.
WHITE, D. M. (1950): «The "gatekeeper": A case study in the selection of news», *Journalism Quarterly*, 27, pp. 383-389.
WILCOX, Dennis L., AUTT, Philips H., AGEE, Warren K. y CAMERON, Glen T. (2001): *Relaciones públicas. Estrategias y tácticas*, Gestión 2000, Barcelona.
WIMMER, Roger y DOMINICK, Joseph (1994): *La investigación científica de los medios de comunicación. Una introducción a sus métodos*, Bosch, Barcelona.
WOLTON, Domenique (1989): «Communication politique: construction d'un modèle», *Le nouvel espace public*, Hermes 4, julio.
— (1992): *Elogio del gran público*, Gedisa, Barcelona.
— (1998): «Las contradicciones de la comunicación política», en GAUTHIER, Gilles, GOSSELIN, André y MOUCHON, Jean (comps.), *Comunicación y Política*, Gedisa, Barcelona, pp. 110-130.
ZELIZER, Barbie (1997): «Journalists as Interpretive Communities», en BERKOWITZ, Dan, *Social Meanings of* News, Sage, California, pp. 401-419.
ZHU, J., MILAVSKY, J. R. y BISWAR, R. (1994): «Do televised debates affect image perception more than issue knowledge? A study of the first 1992 presidential debate», *Human Communication Research*, 20, pp. 302-333.